中华传世藏书 【图文珍藏版】

王陽明全集

[明]王阳明·原著

马昊宸·主编

线装書局

教条示龙场诸生

诸生相从于此，甚盛。恐无能为助也，以四事相规，聊以答诸生之意：一曰立志；二曰勤学；三曰改过；四曰责善。其慎听毋忽！

立志

志不立，天下无可成之事，虽百工技艺，未有不本于志者。今学者旷废隳惰，玩岁愒时，而百无所成，皆由于志之未立耳。故立志而圣，则圣矣；立志而贤，则贤矣。志不立，如无舵之舟，无衔之马，漂荡奔逸，终亦何所底乎？昔人有言，使为善而父母怒之，兄弟怨之，宗族乡党贱恶之，如此而不为善可也；为善则父母爱之，兄弟悦之，宗族乡党敬信之，何苦而不为善为君子？使为恶而父母爱之，兄弟悦之，宗族乡党敬信之，如此而为恶可也；为恶则父母怒之，兄弟怨之，宗族乡党贱恶之，何苦而必为恶为小人？诸生念此，亦可以知所立志矣。

勤学

已立志为君子，自当从事于学。凡学之不勤，必其志之尚未笃也。从吾游者，不以聪慧警捷为高，而以勤确谦抑为上。诸生试观侪辈之中，苟有虚而为盈，无而为有，讳己之不能，忌人之有善，自矜自是，大言欺人者，使其人资禀虽甚超迈，侪辈之中，有弗疾恶之者乎？有弗鄙贱之者乎？彼固将以欺人，人果遂为所欺，有弗窃笑之者乎？苟有谦默自持，无能自处，笃志力行，勤学好问，称人之善，而咎己之失，从人之长，而明己之短，忠信乐易，表里一致者，使其人资禀虽甚鲁钝，侪辈之中，有弗称慕之者乎？彼固以无能自处，而不求上人，人果遂以彼为无能，有弗敬尚之者乎？诸生观此，亦可以知所从事于学矣。

改过

夫过者，自大贤所不免，然不害其卒为大贤者，为其能改也。故不贵于无过，而贵于能改过。诸生自思平日亦有缺于廉耻忠信之行者乎？亦有薄于孝友之道，陷于狡诈偷刻之习者乎？诸生殆不至于此。不幸或有之，皆其不知而误蹈，素无师友之讲习规饬也。诸生试内省，万一有近于是者，固亦不可以不痛自悔咎。然亦不当以此自歉，遂馁于改过从善之心。但能一旦脱然洗涤旧染，虽昔为寇盗，今日不害为君子矣。若日吾昔已如此，今虽改过而从善，将人不信我，且无赎于前过，反怀羞涩凝沮，而甘心于污浊终焉，则吾亦绝望尔矣。

责善

责善，朋友之道，然须忠告而善道之。悉其忠爱，致其婉曲，使彼闻之而可从，绎之而可改，有所感而无所怒，乃为善耳。若先暴白其过恶，痛毁极诋，使无所容，彼将发其愧耻愤恨之心，虽欲降以相从，而势有所不能，是激之而使为恶矣。故凡讦人之短，攻发人之阴私，以沽直者，皆不可以言责善。虽然，我以是而施于人不可也。人以是而加诸我，凡攻我之失者，皆我师也，安可以不乐受而心感之乎？某于道未有所得，其学卤莽耳。谬为诸生相从于此，每终夜以思，恶且未免，况于过乎？人谓事师无犯无隐，而遂谓师无可谏，非也。谏师之道，直不至于犯，而婉不至于隐耳。使吾而是也，因得以明其是；吾而非也，因得以去其非：盖教学相长也。诸生责善，当自吾始。

五经臆说十三条

师居龙场，学得所悟，证诸《五经》，觉先儒训释未尽，乃随所记忆，为之疏解。阅十有九月，《五经》略遍，命曰《臆说》。既后自觉学益精，功夫益简易，故不复出以示人。洪尝乘间以请。师笑曰："付秦火久矣。"洪请问。师曰："只致良知，虽千经万典，异端曲学，如执权衡，天下轻重莫逃焉，更不必支分句析，以知解接人也。"后执师丧，偶于废稿中得此数条。洪窃录而读之，乃叹曰："吾师之学，于一处融彻，终日言之不离是矣。即此以例苏，全经可知也。"

元年春王正月〇人君即位之一年，必书"元年"。元者，始也，无始则无以为终。故书元年者，正始也。大哉乾元，天之始也。至哉坤元，地之始也。成位乎其中，则有人元焉。故天下之元在于王，一国之元在于君，君之元在于心。"元"也者，在天为生物之仁，而在人则为心。心生而有者也，曷为为君而始乎？曰："心生而有者也。未为君，而其用止于一身；既为君，而其用关于一国。故元年者，人君为国之始也。当是时也，群臣百姓，悉意明目以观维新之始。则人君者尤当洗心涤虑，以为维新之始。故元年者，人君正心之始也。"曰："前此可无正乎？"曰："正也，有未尽焉，此又其一始也。改元年者，人君改过迁善，修身立德之始也，端本澄源，三纲五常之始也；立政治民，休戚安危之始也。呜呼！其可以不慎乎？"

"元年"者，鲁隐公之元年。"春"者，天之春。"王"，周王也。王次春，示王者之上承天道也。"正月"者，周王之正月。周人以建子为天统，则夏正之十一月也。夫子以天下之诸侯不复知有周也，于是乎作《春秋》以尊王室，故书"王正月"，以大一统也。书"王正月"以大一统，不以王年，而以鲁年者，《春秋》鲁史，而书"王正月"，斯所以为大一统也。隐公未尝即位也，何以有元年乎？曰："隐公即位矣。不即位，何以有元年？夫子削之不书，欲使后人之求其实也。"曰："隐公即位矣，而不书，何也？"曰："隐公以桓之幼而摄焉，其以摄告，故不即位也。然而天下知隐公让国之善，而争夺觊觎者知所愧矣。"曰："以摄告，则宜以摄书，而不书何也？"曰："隐公，兄也，桓公，弟也，庶均以长，隐公君也，奚摄焉？然而天下知嫡庶长幼之分，而乱常失序者知所定也。"曰："隐公君也，非摄也，则宜即位矣，而不即位焉，何也？"曰："诸侯之立国也，承之先君，而命之天子，隐无所承命也。然而天下知父子君臣之伦，而无父无君者知所惧矣。一不书即位，而隐公让国之善见焉，嫡庶长幼之分明焉，父子君臣之伦正焉，善恶兼著，而是非不相掩。呜呼！此所以为化工之妙也欤！"

《郑伯克段于鄢》书"郑伯"，原杀段者惟郑伯也。段以弟篡兄，以臣伐君，王法之所必诛，国人之所共讨也。而专罪郑伯！盖授之大邑，而不为之所，纵使失道，以至于败者，伯之心也。段之恶既已暴著于天下，《春秋》无所庸诛矣。书"克"，原伯之心素视段为寇敌，至是而始克之也。段居于京，而书于鄢，见郑伯之既伐诸京，而复伐诸鄢，必杀之而后已也。郑伯之于叔段，始焉授之大邑，而听其收鄢，若爱弟之过而过于厚也。既其畔也，王法所不赦，郑伯虽欲已焉，若不容已矣。天下之人皆以为段之恶在所必诛，而郑伯讨之宜也。是其迹之近似，亦何以异于周公之诛管、蔡。故《春秋》特诛其意而书曰"郑伯克段于鄢"，辩似是之非，以正人心，而险谲无所容其奸矣。

天地感而万物化生，实理流行也。圣人感人心而天下和平，至诚发见也。皆所谓"贞"也。观天地交感之理，圣人感人心之道，不过于一贞，而万物生，天下和平焉，则天地万物之情可见矣。

《恒》，所以亨而无咎，而必利于贞者，非《恒》之外复有所谓贞也，久于其道而已。贞即常久之道也。天地之道，亦惟常久而不已耳，天地之道无不贞也。"利有攸往"者，常之道，非滞而不通，止而不动之谓也。是乃始而终，终而复始，循环无端，周流而不已者也。使其滞而不通，止而不动，是乃泥常之名，而不知常之实者也，岂能常久而不已乎？故"利有攸往"者，示人以常道之用也。以常道而行，何所往而不利！无所往而不利，乃所以为常久不已之道也。天地之道，一常久不已而已。日月之所以能昼而夜，夜而复昼，而照临不穷者，一天道之常久而不已也。四时之所以能春而冬，冬而复春，而生运不穷者，一天道之常久不已也。圣人之所以能成而化，化而复成，而妙用不穷者，一天道之常久不已也。夫天地、日月、四时、圣人之所以能常久而不已者，亦贞而已耳。观夫天地、日月、四时、圣人之所以能常久而不已者，不外乎一贞，则天地万物之情，其亦不外乎一贞也，亦可见矣。《恒》之为卦，上《震》为雷，下《巽》为风，雷动风行，簸扬奋厉，翕张而交作，若天下之至变也。而所以为风为雷者，则有一定而不可易之理，是乃天下之至恒也。君子体夫雷风为《恒》之象，则虽酬酢万变，妙用无方，而其所立，必有卓然而不可易之体，是乃体常尽变。非天地之至恒，其孰能与于此？

《遁》，阴渐长而阳退遁也。《彖》言得此卦者，能遁而退避则亨。当此之时，苟有所为，但利小贞而不可大贞也。夫子释之以为《遯》之所以为亨者，以其时阴渐长，阳渐消，故能自全其道而退遁，则身虽退而道亨，是道以遁而亨也。虽当阳消之时，然四阳尚盛，而九五居尊得位；虽当阴长之时，然二阴尚微，而六二处下应五。盖君子犹在于位，而其朋尚盛，小人新进，势犹不敌，尚知顺应于君子，而未敢肆，其恶故几微。君子虽已知其可遁之时，然势尚可为，则又未忍决然舍去，而必于遁，且欲与时消息，尽力匡扶，以行其道。则虽当遁之时，而亦有可亨之道也。虽有可亨之道，然终从阴长之时，小人之朋日渐以盛。苟一裁之以正，则小人将无所容口而大肆其恶，是将以救敝而反速之乱矣。故君子又当委曲周旋，修败补罅，积小防微，以阴扶正道，使不至于速乱。程子所谓"致力于未极之间，强此之衰，艰彼之进，图其暂安"者，是乃小利贞之谓矣。夫当遁之时，道在于遁，则遁其身以亨其道。道犹可亨，则亨其遁以行于时。非时中之圣与时消息者，不能与于此也。故曰："《遁》之时义大矣哉！"

"明出地上，《晋》，君子以自昭明德。"日之体本无不明也，故谓之大明。有时而不明者，入于地则不明矣。心之德本无不明也，故谓之明德。有时而不明者，蔽于私也。去其私，无不明矣。日之出地，日自出也，天无与焉。君子之明明德，自明之也，人无所与焉。自昭也者，自去其私欲之蔽而已。

初阴居下，当进之始，上与四应，有晋如之象。然四意方自求进，不暇与初为援，故又有见摧之象。当此之时，苟能以正自守，则可以获吉。盖当进身之始，德业未著，忠诚未显，上之人岂能遽相孚信。使其以上之未信，而遂汲汲于求知，则将有失身枉道之耻，怀愤用智之非，而悔咎之来必矣。故当宽裕雍容，安处于正，则德久而自孚，诚积而自感，又何咎之有乎？盖初虽晋如，而终不失其吉者，以能独行其正也。虽不见信于上，然以宽裕自处，则可以无咎者，以其始进在下，而未尝受命当职任也。使其已当职任，不信于上，而优裕废弛，将不免于旷官之责，其能以无咎乎？

《时迈》十五句，武王初克商，巡守诸侯，朝会祭告之乐歌。言我不敢自逸，而以时巡行诸侯之邦。我勤民如此，天其以我为子乎？今以我巡行之事占之，是天之实有以右序夫我有周矣。何者？我之巡行诸侯，所以兴废举坠，削有罪，黜不职者，亦聊以警动震发其委靡颓惰者耳。而四方诸侯莫不警惧修者，敦薄立懦，而兴起夫维新之政，至于怀柔百神，而河之深广，岳之崇高，莫不感格焉。则信乎天之以我为王，而于以君临夫天下矣。于是我其宣明昭布我有周之典章，于以式序在位之诸侯；我其戢敛夫干戈弓矢，以偃夫武功；我其旁求懿德之士，陈布于中国，以敷夫文德。则亦信乎可以为王，而能保有上天右序我有周之命矣。

《执竞》十四句，言武王持其自强不息之心，其功烈之盛，天下既莫得而强之矣。成、康继之，其德亦若是其显，而复为上帝之所皇焉。夫继武王之后，盖难乎其为德也，然自成、康之相继为君，而其德愈益彰明，则于武王无竞之烈为有光，而成、康诚可谓善继矣。今我以三王之功德，作之于乐，以祈感格，而果能降福之多且大若此，我其可不反身修德，而思有以成之乎？我能反身修德，而威仪之反，则可享神之福，既醉既饱，而三王之所福我者，益将反覆而无穷矣。此盖祭武王、成王、康王之诗也。

《思文》八句，言思文后稷，其德真可以配上天矣。盖凡使我蒸民之得以粒食者，莫非尔后稷之德之所建也。斯固后稷之德矣，然来牟之种，非天不生，则是来牟之贻我者，实由上帝，以此命之后稷，而使之遍养夫天下，是以天下之民皆有所养，而得以复其常道，则后稷之德，固亦莫非上天之德也。此盖郊祀后稷以配天之诗，故颂后稷之德而卒归之于天云。

《臣工》十五句，戒农官之诗。言嗟尔司农之臣工，当各敬尔在公之事。今王以治农之成法赐汝，汝宜来咨来度，而敬承毋怠也。因并呼农官之属而总诏之曰："嗟尔保介，当兹暮春之月，牟麦在田，而百谷未播，盖农工之暇也，汝亦何所为乎？"因问："汝所治之新田，其牟麦亦如何哉？"夫牟麦之茂盛，皆上帝之明赐也。牟麦渐熟，则行将受上帝之明赐矣。上帝有是明赐，尔苟惰农自安，是不克灵承，而泯上帝之赐矣。尔尚永力尔田，以昭明上帝之赐，务底于丰年有成可也。然则尔亦乌可谓兹农工之尚远，而遂一无所事乎？汝当命尔众农，乘兹闲暇，预修播种之事，以具乃田器。奄忽之间，又将艾麦而与东作矣。"暮春"，周正建寅之月，夏之正月也。

《有瞽》十三句，言"有瞽有瞽，在周之廷"，而乐工就列矣。"设业设虡，崇牙树羽，应田县鼓，鞉磬柷圉"，而乐器具陈矣。乐器既以备陈，于是众乐乃奏，而箫管之属亦皆备举矣。由是乐声之喤喤，其整密丽肃者，莫非至敬之所寓，而雍容畅达者，莫非至和之所宜，其肃雍和鸣如此，是以幽有以感乎神，而先祖是听，明有以感乎人，而我客来观厥成者。盖武王功成作乐，使非继述之孝真无愧于文考，固无以致先祖之格，而非其盛德之至，伐纣救民之举，真有以顺乎天，应乎人，而于汤有光焉！其亦何以能使亡国者之子孙永观厥成，而略无忌嫉之心乎？此盖始作乐而合于祖庙之诗。

与滁阳诸生书并问答语

诸生之在滁者，吾心未尝一日而忘之。然而阔焉无一字之往，非简也，不欲以世俗无益之谈徒往复为也。有志者，虽吾无一字，固朝夕如面也。其无志者，盖对面千里，况千里之外盈尺之牍乎！孟生归，聊寓此于有志者，然不尽列名，且为无志者讳，其因是而尚能兴起也。

或患思虑纷杂，不能强禁绝。阳明子曰："纷杂思虑，亦强禁绝不得，只就思虑萌动处省察克治，到天理精明后，有个物各付物的意思，自然静专，无纷杂之念。《大学》所谓'知止而后有定'也。"

德洪曰："滁阳为师讲学首地，四方弟子，从游日众。嘉靖癸丑秋，太仆少卿吕子怀复聚徒于师祠。洪往游焉，见同门高年，有能道师遗事者。当时师惩末俗卑污，引接学者，多就高明一路，以救时弊。既后渐有流入空虚，为脱落新奇之论。在金陵时，已心切忧焉。故居赣则教学者存天理，去人欲，致省察克治实功。而征宁藩之后，专发致良知宗旨，则益明切简易矣。兹见滁中子弟尚多能道静坐中光景。洪与吕子相论致良知之学无间于动静，则相庆以为新得。是书孟源伯生得之金陵。时闻滁士有身背斯学者，故书中多愤激之辞。后附问答语，岂亦因静坐顽空而不修省察克治之功者发耶？

家书墨迹四首

四首墨迹，先师胤子正亿得之书柜中，装制卷册，手泽宛然，每篇乞洪跋其后。

一 与克彰太叔

克彰号石川，师之族叔祖也。听讲就弟子列，退坐私室，行家人礼。

别久缺奉状，得诗，见迩来进修之益，虽中间词意未尽纯莹，而大致加于时人一等矣。愿且玩心高明，涵泳义理，务在反身而诚，毋急于立论饰辞，将有外驰之病。所云"善念才生，恶念又在"者，亦足以见实尝用力。但于此处，须加猛省。胡为而若此也？无乃习气所缠耶？

自俗儒之说行，学者惟事口耳讲习，不复知有反身克己之道。今欲反身克己，而犹狃于口耳讲诵之事，固宜其有所牵缚而弗能进矣。夫恶念者，习气也；善念者，本性也；本性为习气所汩者，由于志之不立也。故凡学者为习所移，气所胜，则惟务痛惩其志。久则志亦渐立。志立而习气渐消。学本于立志，志立而学问之功已过半矣。此守仁迩来所新得者，愿毋轻掷。

若初往年亦常有意左、屈，当时不暇与之论，至今缺然。若初诚美质，得遂退休，与若初了凤心，当亦有日。见时为致此意，务相砥砺以臻有成也。人行遽，不一一。

恶念者，习气也；善念者，本性也；本性为习所胜、气所汩者，志不立也。痛惩其志，使习气消而本性复，学问之功也。噫！此吾师明训昭昭，告太叔者，告吾人也，可深省也夫！德洪为亿弟书。

二 与徐仲仁

仲仁即曰仁，师之妹婿也。

北行仓率，不及细话。别后日听捷音，继得乡录，知秋战未利。吾子年方英妙，此亦未足深憾，惟宜修德积学，以求大成。寻常一第，固非仆之所望也。家君舍众论而择子，所以择子者，实有在于众论之外，子宜勉之！勿谓隐微可欺，而有放心，勿谓聪明可恃，而有怠志；养心莫善于义理，为学莫要于精专；毋为习俗所移，毋为物诱所引；求古圣贤而师法之，切莫以斯言为迂阔也。

昔在张时敏先生时，令叔在学，聪明盖一时，然而竟无所成者，荡心害之也。去高明而就污下，念虑之间，顾岂不易哉！斯诚往事之鉴，虽吾子质美而淳，万无是事，然亦不可以不慎也。意欲吾子来此读书，恐未能遂离侍下，且未敢言此，俟后便再议。所不避其切切为吾子言者，幸加熟念，其亲爱之情，自有不能已也。

海日翁为女择配，人谓曰仁聪明不逮于其叔，海日翁舍其叔而妻曰仁。既后，其叔果以荡心自败，曰仁卒成师门之大儒。噫！聪明不足恃，而学问之功不可诬也哉！德洪跋。

三 上海翁书

寓吉安男王守仁百拜书上父亲大人膝下：

江省之变，昨遣来隆归报，大略想已如此。时宁王尚留省城，未敢远出，盖虑男之捣其虚，蹑其后也。男处所调兵，亦稍稍聚集，忠义之风，日以奋扬，观天道人事，此贼不久断成擒矣。昨彼遣人赍檄至，欲遂斩其使，奈赍檄人乃参政季敩，此人平日善士，又其势亦出于不得已，姑免其死，械系之。已发兵至丰城诸处分布，相机而动。所虑京师遥远，一时题奏无由即达。命将出师，缓不及事，为可忧尔。男之欲归已非一日，急急图此，已两年，今竟陷身于难。人臣之义，至此岂复容苟逃幸脱！惟俟命师之至，然后敢申前恳。俟事势稍定，然后敢决意驰归尔。伏望大人陪万保爱，诸弟必能勉尽孝养旦暮，切勿以不孝男为念。天苟悯男一念血诚，得全首领，归拜膝下，当必有日矣。因闻巡检便，草此。临书慌愦，不知所云。七月初二日。

　　右吾师逢宁濠之变，上父海日翁第二书也。自丰城闻变，与幕士定兴兵之策，恐翁不知，为贼所袭，即日遣家人间道趋越。至是发兵于吉安，复为是报，慰翁心也。且自称姓者，别疑也。尝闻幕士龙光云："时师闻变，返风回舟。濠追兵将及，师欲易舟潜遁。顾夫人诸、公子正宪在舟。夫人手提剑别师曰：'公速去，毋为妾母子忧。脱有急，吾恃此以自卫尔！'及退还吉安，将发兵，命积薪围公署，戒守者曰：'倘前报不利，即举火爇公署。'时邹谦之在中军，闻之，亦取其夫人来吉城，同誓国难。人劝海日翁移家避仇。翁曰：'吾儿以孤旅急君上之难，吾为国旧臣，顾先去以为民望耶？'遂与有司定守城之策，而自密为之防。"噫！吾师于君臣、父子、夫妇之间，一家感遇若此，至今人传忠义凛凛。是书正亿得于故纸堆中，读之怆然，如身值其时。晨夕展卷，如侍对亲颜。嘉靖壬子，海夷寇黄岩，全城煨烬。时正亿游北雍，内子黄哀惶奔亡，不携他物，而独抱木主图像以行，是卷亦幸无恙。噫！岂正亿平时孝感所积，抑吾师精诚感通，先时身离患难，而一墨之遗，神明有以护之耶？后世子孙受而读之，其知所重也哉！德洪拜手跋。

四　岭南寄正宪男

初到江西，因闻姚公已在宾州进兵，恐我到彼，则三司及各领兵官未免出来迎接，反致阻挠其事，是以迟迟其行。意欲俟彼成功，然后往彼，公同与之一处。十一月初七，始过梅岭，乃闻姚公在彼，以兵少之故，尚未敢发哨，以是只得昼夜兼程而行。今日已度三水，去梧州已不远，再四五日可到矣。途中皆平安，只是咳嗽尚未全愈，然亦不为大患。书到，可即告祖母汝诸叔知之，皆不必挂念。家中凡百皆只依我戒谕而行。魏廷豹、钱德洪、王汝中当不负所托，汝宜亲近敬信，如就芝兰可也。廿二叔忠信好学，携汝读书，必能切励汝。不审近日亦有少进益否？聪儿还来眠食如何？凡百只宜谨听魏廷豹指教，不可轻信奶婆之类，至嘱至嘱！一应租税帐目，自宜上紧，须不俟我丁宁。我今国事在身，岂复能记念家事，汝辈自宜体悉勉励，方是佳子弟尔。十一月望。

正亿初名聪，师之命名也。嘉靖壬辰秋，依其舅氏黄久庵寓留都，值时相更名于朝，责洪为文告师，请更今名。当时问眠食如何，今正亿壮且立，男女森列矣。噫，吾何以不负师托乎！方今四方讲会日殷，相与出求同志，研究师旨，以成师门未尽之志，庶乎可以慰遗灵于地下尔。是在二子！嘉靖丁巳端阳日，门人钱德洪百拜跋于天真精舍之传经楼。

赣州书示四侄正思等

近闻尔曹学业有进，有司考校，获居前列，吾闻之喜而不寐。此是家门好消息，继吾书香者，在尔辈矣。勉之勉之！吾非徒望尔辈但取青紫，荣身肥家，如世俗所尚，以夸市井小儿。尔辈须以仁礼存心，以孝弟为本，以圣贤自期，务在光前裕后，斯可矣。吾惟幼而失学无行，无师友之助，迨今中年，未有所成。尔辈当鉴吾既往，及时勉力，毋又自贻他日之悔，

明朝火器攻城图

如吾今日也。习俗移人，如油渍面，虽贤者不免，况尔曹初学小子能无溺乎？然惟痛惩深创，乃为善变。昔人云："脱去凡近，以游高明。"此言良足以警，小子识之！吾尝有《立志说》与尔十叔，尔辈可从钞录一通，置之几间，时一省览，亦足以发。方虽传于庸医，药可疗夫真病。尔曹勿谓尔伯父只寻常人尔，其言未必足法；又勿谓其言虽似有理，亦只是一场迂阔之谈，非我辈急务。苟如是，吾末如之何矣！读书讲学，此最吾所宿好，今虽干戈扰攘中，四方有来学者，吾亦未尝拒之。所恨牢落尘网，未能脱身而归。今幸盗贼稍平，以塞责求退，归卧林间，携尔曹朝夕切磋砥砺，吾何乐如之！偶便先示尔等，尔等勉焉，毋虚吾望。正德丁丑四月三十日。

又与克彰太叔

日来德业想益进修，但当兹末俗，其于规切警励，恐亦未免有群雌孤雄之叹，如何？印弟凡劣，极知有劳心力，闻其近来稍有转移，亦有足喜。

所贵乎师者，涵育薰陶，不言而喻，盖不诚未有能动者也。于此亦可以验己德。因便布此言，不尽意。

正月廿六日，得旨，令守仁与总兵各官解囚至留都。行及芜湖，复得旨回江西抚定军民。皆圣意有在，无他足虑也。家中凡百安心，不宜为人摇惑，但当严缉家众，扫除门庭，清静俭朴以自守，谦虚卑下以待人，尽其在我而已，此外无庸虑也。正宪辈狂稚，望以此意晓谕之。近得书，闻老父稍失调，心极忧苦。老年之人，只宜以宴乐戏游为事，一切家务皆当屏置，亦望时时以此开劝，家门之幸也。至祝至祝！事稍定，即当先报归期。家中凡百，全仗训饬照管，不一。

老父疮疾，不能归侍，日夜苦切，真所谓欲济无梁，欲飞无翼。近来诚到，知渐平复，始得稍慰。早晚更望太叔宽解怡悦其心。闻此时尚居丧次，令人惊骇忧惶。衰年之人，妻孥子孙日夜侍奉承直，尚恐居处或有未宁，岂有复堪孤疾劳苦如此之理！就使悉遵先生礼制，则七十者亦惟衰麻在身，饮酒食肉处于内，宴饮从于游可也。况今七十五岁之人，乃尚尔茕茕独苦若此，妻孥子孙何以自安乎？若使祖母在冥冥之中，知得如此哀毁，如此孤苦，将何如为心？老年之人，独不为子孙爱念乎？况于礼制亦自过甚，使人不可以继，在贤知者亦当俯就，切望恳恳劝解，必须入内安歇，使下人亦好早晚服事。时尝游嬉宴乐，快适性情，以调养天和。此便自为子孙造无穷之福。此等言语，为子者不敢直致，惟望太叔为我委曲开譬，要在必从而后已，千万千万！至恳至恳！正宪读书，一切举业功名等事，皆非所望，但惟教之以孝弟而已。来诚还，草草不尽。

祖母岑太夫人百岁考终时，海日翁寿七卜有五矣，尤茕茕苦块，哀毁逾制。师十二失恃，鞠于祖母，在赣屡乞终养弗遂，至是闻讣，已不胜痛割。又闻海日翁居丧之戚，将何以为情？"欲济无梁，欲飞无翼"，读之令人失涕。师之学发明同体万物之旨，使人自得其性，故于人义天常，无不恳至，而居常处变，神化妙应，以成天下之务，可由此出。其道可以通诸万世而无弊者，得其道之中也。录此可以想见其概。德洪跋。

寄正宪男手墨二卷

正宪字仲肃，师继子也。嘉靖丁亥，师起征思、田，正亿方二龄。托家政于魏廷豹，使饬家众，以字胤子。托正宪于洪与汝中，使切磨学问，以饬内外。延途所寄音问，当军旅倥偬之时，犹字画道劲，训戒明切。至今读之，宛然若示严范。师没后，越庚申，邹子谦之、陈子惟浚来自怀玉，奠师墓于兰亭，正宪携卷请题其后。噫！今二子与正宪俱为泉下人矣，而斯卷独存。正宪年十四，袭师锦衣荫，喜正亿生，遂辞职出就科试。即其平生，邹子所谓"授简不忘"，"夫子于昭之灵，实宠嘉之"，其无愧于斯言矣乎！

即日舟已过严滩，足疮尚未愈，然亦渐轻减矣。家中事凡百与魏廷豹相计议而行。读书敦行，是所至嘱。内外之防，须严门禁。一应宾客来往，及诸童仆出入，悉依所留告示，不得少有更改。四官尤要戒饮博，专心理家事。保一谨实可托，不得听人哄诱，有所改动。我至前途，更有书报也。

舟过临江，五鼓与叔谦遇于途次，灯下草此报汝知之。沿途皆平安，咳嗽尚未已，然亦不大作。广中事颇急，只得连夜速进，南、赣亦不能久留矣。汝在家中，凡宜从戒谕而行。读书执礼，日进高明，乃吾之望。魏廷豹此时想在家，家众悉宜遵廷豹教训，汝宜躬率身先之。书至，汝即可报祖母诸叔。况我沿途平安，凡百想能体悉我意，钤束下人，谨守礼法，皆不俟吾喋喋也。廷豹、德洪、汝中及诸同志亲友，皆可致此意。

近两得汝书，知家中大小平安。且汝自言能守吾训戒，不敢违越，果如所言，吾无忧矣。凡百家事，及大小童仆，皆须听魏廷豹断决而行。近闻守度颇不遵信，致牴牾廷豹。未论其间是非曲直，只是牴牾廷豹，便已大不是矣。纪闻其游荡奢纵如故，想亦终难化导。试问他毕竟如何乃可，宜自思之。守悌叔书来，云汝欲出应试。但汝本领未备，恐成虚愿。汝近来学业所进，吾不知，汝自量度而行，吾不阻汝，亦不强汝也。德洪、汝中及诸直谅高明，凡肯勉汝以德义，规汝以过失者，汝宜时时亲就。汝若能如鱼之于水，不能须臾而离，则不及人不为忧矣。吾平生讲学，只是"致良知"三字。仁，人心也；良知之诚爱恻怛处便是仁，无诚爱恻怛之心，亦无良知可致矣。汝于此处，宜加猛省。家中凡事不暇一一细及，汝果能敬守训戒，吾亦不必一一细及也。余姚诸叔父昆弟皆以吾言告之。前月曾遣舍人任锐寄书历，此时当已发回。若未发回，可将江西巡抚时奏报批行稿簿一册，共计十四本，封固付本舍带来。我今已至平南县，此去田州渐近。田州之事，我承姚公之后，或者可以因人成事。但他处事务似此者尚多，恐一置身其间，一时未易解脱耳。汝在家凡百务宜守我戒谕，学做好人。德洪、汝中辈须时时亲近，请教求益。聪儿已托魏廷豹时常一看。廷豹忠信君子，当能不负所托。但家众或有桀骜不肯遵奉其约束者，汝须相与痛加惩治。我归来日，断不轻恕。汝可早晚常以此意戒饬之。廿二弟近来砥砺如何？守度近来修省如何？保一近来管事如何？保三近来改过如何？王祥等早晚照管如何？王祯不远出否？此等事，我方有国事在身，安能分念及此？琐琐家务，汝等自宜体我之意，谨守礼法，不致累我怀抱乃可耳。

东廓邹守益曰："先师阳明夫子家书二卷，嗣子正宪仲肃甫什袭藏之。益趋天真，奠兰亭，获睹焉。喜曰：'是能授简不忘矣！'书中'读书敦行，日进高明'、'铃束下人，谨守礼法'，及切磋道义，请益求教，互相夹持，接引来学，真是一善一药。至'吾平日讲学，只是"致良知"三字。仁，人心也；良知之诚爱恻怛处便是仁，无诚爱恻怛，亦无良知可致'，是以继志述事望吾仲肃也。仲肃日孳孳焉，进而书绅，退而服膺，则大慰吾党爱助之怀，而夫子于昭之灵实宠嘉之。"

又

去岁十二月廿六日始抵南宁，因见各夷皆有向化之诚，乃尽散甲兵，示以生路。至正月廿六日，各夷果皆投戈释甲，自缚归降，凡七万余众。地方幸已平定。是皆朝廷好生之德，感格上下，神武不杀之威，潜孚默运，以能致此。在我一家，则亦祖宗德泽阴庇，得无杀戮之惨，以免覆败之患。俟处置略定，便当上疏乞归。相见之期，渐可卜矣。家中自老奶奶以下，想皆平安。今闻此信，益可以免劳挂念。我有地方重寄，岂能复顾家事！弟辈与正宪，只照依我所留戒谕之言，时时与德洪、汝中辈切磋道义，吾复何虑。余姚诸弟侄，书到咸报知之。

八月廿七日，南宁起程，九月初七日，已抵广城，病势今亦渐平复，但咳嗽终未能脱体耳。养病本北上已二月余，不久当得报。即逾岭东下，则抵家渐可计日矣。书至即可上白祖母知之。近闻汝从汝诸叔诸兄皆在杭城就试。科第之事，吾岂敢必于汝得，汝立志向上，则亦有足喜也。汝叔汝兄，今年利钝如何？想旬月后此间可以得报，其时吾亦可以发舟矣。因山阴林掌教归便，冗冗中写此与汝知之。

我至广城已逾半月，因咳嗽，兼水泻，未免再将息旬月，候养病疏命下，即发舟归矣。家事亦不暇言，只要戒饬家人，大小俱要谦谨小心，余姚八弟等事，近日不知如何耳？在京有进本者，议论甚传播，徒取快谗贼之口，此何等时节，而可如此！兄弟子侄中，不肯略体息，正所谓操戈入室，助仇为寇者也，可恨可痛！兼因谢姨夫回便，草草报平安。书至，即可奉白老奶奶及汝叔辈知之。钱德洪、王汝中及书院诸同志皆可上覆，德洪、汝中亦须上紧进京，不宜太迟滞。

近因地方事已平靖，遂动思归之怀，念及家事，乃有许多不满人意处。守度奢淫如旧，非但不当重托，兼亦自取败坏，戒之戒之！尚期速改可也。宝一勤劳，亦有可取。只是见小欲速，想福分浅薄之故，但能改创亦可。宝三长恶不悛，断已难留，须急急遣回余姚，别求生理；有容留者，即是同恶相济之人，宜并逐之。来贵奸惰，略无改悔，终须逐出。来隆、来价不知近来干办何如？须痛自改省，但看同辈中有能真心替我管事者，我亦何尝不知。添福、添定、王三等辈，只是终日营营，不知为谁经理，试自思之！添保尚不改过，归来仍须痛治。只有书童一人实心为家，不顾毁誉利害，真可爱念。使我家有十个书童，我事皆有托矣。来琐亦老实可托，只是太执戆，又听妇言，不长进。王祥、王祯务要替我尽心管事，但有阙失，皆汝二人之罪。俱要拱听魏先生教戒，不听者责之。

明水陈九川曰："此先师广西家书付正宪仲肃者也。中间无非戒谕家人谨守素训。至'致良知'三字，乃先师平素教人不倦者。云'诚爱恻怛之心即是致良知'，此晚年所以告门人者，仅见一二于全集中，至为紧要。乃于家书中及之，可见先师之所以丁宁告戒者，无异于得力之门人矣。仲肃宜世袭之。"

续编二

与郭善甫

朱生至，得手书，备悉善甫相念之恳切。苟心同志协，功夫不懈，虽隔千里，不异几席，又何必朝夕相与一堂之上而为后快耶？

来书所问数节，杨仁夫去，适禅事方毕，亲友纷至，未暇细答。然致知格物之说，善甫已得其端绪。但于此涵泳深厚诸如数说，将沛然融释，有不俟于他人之言者矣。荒岁道路多阻，且不必远涉，须稍收稔，然后乘兴一来。不缕缕。

寄杨仕德

临别数语极奋励，区区闻之，亦悚然有警。归途又往西樵一过，所进当益不同矣。此时已抵家。大抵忘己逐物，虚内事外，是近来学者时行症候。仁德既已看破此病，早晚自不废药石。康节云："与其病后能服药，不若病前能自防。"此切喻爱身者自当无所不用其极也。病疏至今未得报，此间相聚日众，最可喜。但如仕德、谦之既远去，而惟乾复多病，又以接济乏人为苦尔。尚谦度未能遽出。仕德明春之约，果能不爽，不独区区之望，尤诸同游之切望也。

与顾惟贤

闻有枉顾之意，倾望甚切。继闻有夹剿之事，盖我独贤劳，自昔而然矣。此间上犹、南康诸贼，幸已扫荡，渠魁悉已授首，回军且半月。以湖广之故，留兵守隘而已。奏捷须湖广略有次第然后举。朱守忠闻在对哨，有面会之图，此亦一奇遇。近得甘泉书，已与叔贤同往西樵，令人想企不能一日处此矣。承示："既饱，不必问其所食之物。"此语诚有病。已不能记当时所指，恐亦为世之专务辨论讲说而不求深造自得者说，故其语意之间不无抑扬太过。虽然，苟诚知求饱，将必五谷是资。鄙意所重，盖以责夫不能诚心求饱者，故遂不觉其言之过激，亦犹养之未至也。凡言意所不能达，多假于譬喻。以意逆志，是为得之。若必拘文泥象，则虽圣人之言，且亦不能无病，况于吾侪，学未有至，词意之间，本已不能无弊者，何足异乎。今时学者大患，不能立恳切之志，故鄙意专以责志立诚为重。同志者亦观其大意之所在，斯可矣。惟贤谓："有所疑而未解，正如饥者之求食，若一日不食，则一日不饱。"诚哉是言！果能如饥者之求饱，安能一日而不食，又安能屏弃五谷而食画饼者乎？此亦可以不言而喻矣。承示为益已多，友朋切磋之职，不敢言谢。何时遇甘泉，更出此一正之。

闽广之役，偶幸了事，皆诸君之功，区区盖坐享其成者。但闽寇虽平而虔南之寇乃数倍于闽，善后之图，尚未知所出。野人归兴空切，不知知己者亦尝为念及此否也？曰仁近方告病，与二三友去耕雪上。雪上之谋，实始于陆澄氏。陆与潮人薛侃，皆来南都从学，二子并佳士，今皆举进士，未免又失却地主矣。向在南都相与者，曰仁之外，尚有太常博士马明衡、兵部主事黄宗明、见素之子林达有、御史陈杰、举人蔡宗充、饶文璧之属。蔡今亦举进士，其时凡二三十人，日觉有相长之益。今来索居，不觉渐成放倒，可畏可畏！闲中有见，不妨写寄，庶亦有所警发也。甘泉此时已报满。叔贤闻且束装，会相见否？霍渭先亦美质，可与言。见时皆为致意。

承喻讨有罪者，执渠魁而散胁从，此古之政也，不亦善乎！顾涮贼皆长恶怙终，其问胁从者无几，朝撤兵而暮聚党，若是者亦屡屡矣，诛之则不可胜诛，又恐以其患遗诸后人。惟贤渭："政教之不行，风俗之不美，以至于此。"岂不信然。然此膏肓之疾，吾其旬日之间，可奈何哉？故今三省连累之贼，非杀之为难，而处之为难；非处之为难，而处之者能久于其道之为难也。贱躯以多病之故，日夜冀了此塞责而去，不欲复以其罪累后来之人，故犹不免于意必之私，未忍一日舍置。嗟乎！"我躬不阅，遑恤我后？"尽其力之所能为。今其大势亦幸底定，如其礼乐，以俟君子而已。数日前，已还军赣州。风毒大作，壅肿坐卧，恐自此遂成废人，行且告休。人还，草草复。

承喻用兵之难，非独曲尽利害，足以开近议之惑，其所以致私爱于仆者，尤非浅也，愧感愧感！但龙川群盗为南、赣患，岁无虚月，剿捕之命屡下，所以未敢轻动，正亦恐如惟贤所云耳。虽今郴、桂夹攻之举，亦甚非鄙意所欲，况龙川乎！夏间尝具一疏，颇上其事，以湖广奉有成命，遂付空言。今录去一目，鄙心可知矣。湖广夹攻，为备已久。郴、桂之贼，为湖广兵势所迫，四出攻掠，南、赣日夜为备，今始稍稍支持。然广东以府江之役，尚未调集，必待三省齐发，复恐老师费财，欲视其缓急，以次渐举。盖桂东上游之贼，湖广与江西夹攻，广东无与也。昌乐、乳源之贼，广东与湖广夹持，江西无与也。龙川之贼，江西与广东夹攻，湖广无与也。

事虽一体，而其间贼情地势，自不相及，若先举桂东上游，候广东兵集，然后举乳源诸处，末乃及于龙川，似亦可以节力省费，而易为功。不知诸公之见又何如耳？所云龙川亦止浰头一巢。盖环巢数邑，被害已极，人之痛愤，势所不容已也。

来谕谓："得书之后，前疑涣然冰释。"幸甚幸甚！学不如此，只是一场说话，非所谓盈科而后进，成章而后达也。又自谓："终夜思之，如污泥在面而不能即去。"果如污泥在面，有不能即去者乎，幸甚幸甚！自来南、赣，平生益友离群索居，切磋之间不闻。近日始有薛进士辈一二人自北来，稍稍各有砥砺。又以讨贼事急，今屯兵浰头，且半月矣。浰头贼首池大鬓等二十余人，悉已授首。漏网者甲从一二辈，其余固可略也。狼兵利害相半，若调犹未至，且可已之。此间所用，皆机快之属，虽不能如狼兵之犀利，且易驱策，就约束。闻乳源诸贼已平荡，可喜。湖兵四哨，不下数万，所获不满二千，始得子月朔日会剿依期而往。彼反以先期见责，所谓文移时出侵语，诚有之。此举本渠所倡，今所俘获反不能多，意有未慊，而愤激至此，不足为怪。浰头巢穴虽已破荡，然须建一县治以控制之，庶可永绝啸聚之患。已檄赣、惠二知府会议可否。高见且以为何如？南、赣大患，惟桶冈、横水、浰头三大贼，幸皆以次削平。年来归思极切，所恨风波漂荡，茫无涯涣。乃今幸有湾泊之机，知己当亦为吾喜也。乳源各处克捷，有两广之报，区区不敢冒捷。然亦且须题知，事毕之日，须备始末知之。

近得甘泉、叔贤书，知二君议论既合。自此吾党之学廓然同途，无复疑异矣，喜幸不可言！承喻日来进修，警省不懈，尤足以慰倾望。此间朋友亦集，亦颇有奋起者。但惟鄙人冗疾相仍，精气日耗，兼之淹滞风尘中，未遂脱屣林下，相与专心讲习，正如俳优场中奏雅，纵复音调尽协，终不免于剧戏耳。乞休疏已四上，銮舆近闻且南幸，以疮疾暂止。每一奏事，辄往复三四月。此番倘得遂请，亦须冬尽春初矣。后山应援之说，审度事势，亦不必然，但奉有诏旨，不得不一行。此亦公文体面如此。闻彼中议论颇不齐，惟贤何以备？见示，区区庶可善处也。

近得省城及南都诸公书，报云即日初十日圣驾北还，且云船头已发，不胜喜跃。贱恙亦遂顿减。此宗社之福，天下之幸，人臣之至愿，何喜何慰如之！但区区之心犹怀隐忧，或恐须及霜降以后，冬至以前，方有的实消息。其时贱恙当亦平复，即可放舟东下，与诸群一议地方事，遂图归计耳。闻永丰、新淦、白沙一带皆被流劫，该道守巡官皆宜急出督捕，非但安靖地方，亦可乘此机会，整顿兵马，以预备他变。今恐事势昭彰，惊动远近，且不行文，书至，即可与各守巡备道区区之意，即时一出，勿更迟迟，轻忽坐视。思抑归兴，近却如何，若必不可已，俟回銮信的，徐图之未晚也。

近得江西策问，深用警惕。然自反而缩，固有举世非之而不顾者矣，其敢因是遂靡然自弛耶？《易》曰："知至至之。""知至"者，知也；"至之"者，致知也；此知行之所以合一也。若后世致知之说，止说得一知字，不曾说得致字，此知行所以二也。病发茶苦之人，已绝口人间事，念相知之笃，辄复一及。

北行不及一面，甚阙久别之怀。承寄《慈湖文集》，客冗未能遍观。来喻欲摘其尤粹者再图翻刻，甚喜。但古人言论，自各有见，语脉牵连，互有发越。今欲就其中以己意删节之，似亦甚有不易。莫若尽存，以俟具眼者自加分别。所云超捷，良如高见。今亦但当论其言之是与不是，不当逆观者之致疑，反使吾心昭明洞达之见有所掩覆而不尽也。尊意以为何如？

与当道书

江省之变，大略具奏内。此人逆谋已非一日，久而未发，盖其心怀两图，是以迟疑未决，抑亦虑生之蹑其后也。近闻生将赴闽，必经其地，已视生为几上肉矣。赖朝廷之威灵，诸老先生之德庇，竟获脱身虎口。所恨兵力寡弱，不能有为尔。南、赣旧尝屯兵四千，朝有警而夕可发。近为户部必欲奏革商税，粮饷无所取给，故遂放散，未三月而有此变，复欲召集，非数月不能，亦且空然无资矣。世事之相挠阻，每每如此，亦何望乎？今亦一面号召忠义，取调各县机快，且先遣疲弱之卒，张布声势于丰城诸处，牵蹑其后。天夺其魄，彼果迟疑而未进。若再留半月，南都必已有备。彼一离窠穴，生将奋捣其虚，使之进不得前，退无所据。勤王之师，又四面渐集，必成擒矣。此生忆料若此，切望诸老先生急赐议处，速遣能将，将重兵声罪而南，以绝其北窥之望。飞召各省，急兴勤王之师。此人凶残忌刻，世所未有，使其得志，天下无遗类矣。谅在庙堂，必有成算，区区愚诚，亦不敢不竭尽，生病疲尪，仅存余息。近者入闽，已具本乞休，必不得已，且容归省。不意忽遭此变，本非生之责任。但阖省无一官见在，人情涣散，汹汹震摇，使无一人牵制其间，彼得安意顺流而下，万一南都无备，将必失守。彼又分兵四掠，十三郡之民，素劫于积威，必向风而靡。如此，则湖、湘、闽、浙皆不能保。及事闻朝廷，大兵南下，彼之奸计渐成，破之难矣。以是遂忍死暂留于此，徒以空言收拾散亡，感激忠义。日望命帅之来、生得以舆疾还越，死且瞑目。伏惟诸老先生鉴其血诚，必赐保全，勿遂竭其力所不能，穷其智所不及，以为出身任事者之戒，幸甚幸甚！

与汪节夫书

　　足下数及吾门，求一言之益，足知好学勤勤之意。人有言："古之学者为己，今之学者为人。"今之学者须先有笃实为己之心，然后可以论学。不然，则纷纭口耳讲说，徒足以为为人之资而已。仆之不欲多言者，非有所靳，实无可言耳。以足下之勤勤下问，使诚益励其笃实为己之志，归而求之，有余师矣。有能一日用其力于仁矣乎，我未见力不足者。足下勉之！"道南"之说，明道实因龟山南归，盖亦一时之言，道岂有南北乎？凡论古人得失，莫非为己之学，诵其诗，读其书，不知其人，可乎？是以论其世也，是尚友也。果能有所得于尚友之实，又何以斯录为哉？节夫姑务为己之实，无复往年务外近名之病，所得必已多矣，此事尚在所缓也。凡作文，惟务道其心中之实，达意而止，不必过求雕刻，所谓修辞立诚者也。

寄张世文

　　执谦枉问之意甚盛。相与数月，无能为一字之益，乃今又将远别矣，愧负愧负！今时友朋，美质不无，而有志者绝少。谓圣贤不复可冀，所视以为准的者，不过建功名，炫耀一时，以骇愚夫俗子之观听。呜呼！此身可以为尧、舜参天地，而自期若此，不亦可哀也乎？故区区于友朋中，每以立志为说。亦知往往有厌其烦者，然卒不能舍是而别有所先。诚以学不立志，如植木无根，生意将无从发端矣。自古及今，有志而无成者则有之，未有无志而能有成者也。远别无以为赠，复申其立志之说。贤者不以为迂，庶勤勤执谦枉问之盛心为不虚矣。

与王晋溪司马

伏惟明公德学政事高一世，守仁晚进，虽未获亲炙，而私淑之心，已非一日。乃者承乏鸿胪，自以迂腐多疾，无复可用于世，思得退归田野，苟存余息。乃蒙大贤君子，不遗蔚菲，拔置重地，适承前官，谢病之后，地方亦复多事，遂不敢固以疾辞。已于正月十六日抵赣，扶疾莅任。虽感恩图报之心，无不欲尽，而精力智虑，有所不及，恐不免终为荐举之累耳。伏惟仁人君子，器使曲成，责人以其所可勉，而不强人以其所不能，则守仁羁鸟故林之想，必将有日可遂矣。因遣官诣阙陈谢，敬附申谢私于门下，伏冀尊照。不备。

守仁近因崟贼大修战具，远近勾结，将遂乘虚而入，乃先其未发，分兵掩扑。虽斩获未尽，然克全师而归，贼巢积聚，亦为一空。此皆老先生申明律例，将士稍知用命，以克有此。不然，以南、赣素无纪律之兵，见贼不奔，亦已难矣。况敢暮夜扑剿，奋呼追击，功虽不多，其在南、赣，则实创见之事矣。伏望老先生特加劝赏，使自此益加激励，幸甚。今各巢奔溃之贼，皆聚横水、桶冈之间，与郴、桂诸贼接境。生恐其势穷，或并力复出。且天气炎毒，兵难深入远攻。乃分留重卒于金坑营前，扼其要害，示以必攻之势，使之且夕防守，不遑他图。又潜遣人于已破各巢山谷间多张疑兵，使既溃之贼不敢复还旧巢，聊且与之牵持。候秋气渐凉，各处调兵稍集，更图后举。惟望老先生授之以成妙之算，假之以专一之权，明之以赏罚之典。生虽庸劣，无能为役，敢不鞭策驽钝，以期无负推举之盛心。

秋冬之间，地方苟幸无事，得以归全病喘于林下，老先生肉骨生死之恩，生当何如为报耶！正署，伏惟为国为道自重，不宣。

前月奏捷人去，曾渎短启，计已达门下。守仁才劣任重，大惧覆𫗧，为荐扬之累。近者南、赣盗贼虽外若稍定，其实譬之疽痈，但未溃决。至其恶毒，则固日深月积，将渐不可瘳治。生等固庸医，又无药石之备，不过从旁抚摩调护，以纾目前。自非老先生发针下砭，指示方药，安敢轻措其手，冀百一之成？前者申明赏罚之请，固来求针砭于门下，不知老先生肯赐俯从，卒授起死回生之方否也？近得峝中消息，云将大举，乘虚入广。盖两广之兵，近日皆聚府江，生等恐其声东击西，亦已密切布置，将为先事之图。但其事隐而未露，未敢显言于朝。然又不敢不以闻于门下。且闻府江不久班师，则其谋亦将自阻。大抵南、赣兵力极为空疏，近日稍加募选训练，始得三千之数。然而粮赏之资，则又百未有措。若夹攻之举果行，则其势尤为窘迫。欲称贷于他省，则他省各有军旅之费。欲加赋于贫民，则贫民又有从盗之虞。惟赣州虽有盐税一事，迩来既奉户部明文停止。但官府虽有禁止之名，而奸豪实窃私通之利。又盐利下通于三府，皆民情所深愿，而官府稍取其什一，亦商人所悦从。用是辄因官僚之议，仍旧抽放。盖事机窘迫，势不得已。然亦不加赋而财足，不扰民而事办，比之他图，固犹计之得者也。今特具以闻奏，伏望老先生曲赐扶持，使兵事得赖此以济，实亦地方生灵之幸。生等得免于失机误事之诛，其为感幸，尤深且大矣。自非老先生体国忧民之至，何敢每事控蝎若此？伏冀垂照。不具。

生于前月二十日，地方偶获微功，已于是月初二日具本闻奏。差人既发，始领部咨，知夹攻已有成命。前者尝具两可之奏，不敢专主夹攻者，诚以前此三省尝为是举，乃往复勘议，动经岁月，形迹显暴，事未及举，而贼已奔窜大半。今老先生略去繁文之扰，行以实心，断以大义，一决而定，机速事果，则夹攻之举，固亦未尝不善也。凡败军偾事，皆缘政出多门，每行一事，既禀巡抚，复禀镇守，复禀巡按，往返需迟之间，谋虑既泄，事机已去。昨睹老先生所议，谓阃外兵权，贵在专委；征伐事宜，切忌遥制。且复除去总制之名，使各省事有专责，不令掣肘，致相推托。真可谓一洗近年琐屑牵扰之弊。非有大公无我之心发强刚毅者，孰能与于斯矣？庙堂之上，得如老先生者为之张主，人亦孰不乐为之用乎？幸甚幸甚？今各贼巢穴之近江西者，盖已焚毁大半。但擒斩不多，徒党尚盛。其在广东、湖广者，犹有三分之一。若平日相机掩扑，则贼势分而兵力可省。今欲大举，贼且并力合势，非有一倍之众，未可轻议攻围。况南、赣之兵，素称疲弱，见贼而奔，乃其长技。广、湖所用，皆土官狼兵，贼所素畏，夹攻之日，势必偏溃江西，今欲请调狼兵以当其锋，非惟虑其所过残掠，兼恐缓不及事。生近以漳南之役，亲见上杭、程乡两处机快，颇亦可用，且在抚属之内。故今特调二县各一千名，并凑南、赣新集起倩，共为一万二千之数。若以军法五攻之例，必须三省合兵十万而后可。但南、赣粮饷无措，不得已而从减省若此。伏望老先生特赐允可。若更少损其数，断然力不足以支寇矣。腐儒小生，素不习兵，勉强当事，惟恐覆公之悚。伏惟老先生悯其不逮，教以方略，使得有所持循，幸甚幸甚！

　　守仁始至赣，即因闽寇猖獗，遂往督兵。故前者渎奏谢启，极为草略，迄今以为罪。闽寇之始，亦不甚多，大军既集，乃连络四面而起，几不可支。今者偶获成功，皆赖庙堂德威成算，不然，且不免于罪累矣，幸甚。守仁腐儒小生，实非可用之才。盖未承南、赣之乏，已尝告病求退。后以托疾避难之嫌，遂不敢固请，黾勉至此，实恐得罪于道德，负荐举之盛心耳。伏惟终赐指教而曲成之，幸甚幸甚！今闽寇虽平，而南、赣之寇，又数倍于闽，且地连四省，事权不一，兼之敕旨又有不与民事之说，故虽虚拥巡抚之名，而其实号令之所及，止于赣州一城。然且尚多抵牾，是亦非皆有司者敢于违抗之罪，事势使然也。今为南、赣，止可因仍坐视，稍欲举动，便有掣肘。守仁窃以南、赣之巡抚，可无特设，止存兵备，而统于两广之总制，庶几事体可以归一。不然，则江西之巡抚，虽三省之务尚有牵碍，而南、赣之事，犹可自专。一应军马钱粮，皆得通融裁处，而预为之所，犹胜于今之巡抚，无事则开双眼以坐视，有事则空两手以待人也。夫弭盗所以安民，而安民者弭盗之本。今责之以弭盗，而使无与于民，犹专以药石攻病，而不复问其饮食调适之宜，病有日增而已矣。今巡抚之改革，事体关系，或非一人私议之间便可更定，惟有申明赏罚，犹可以稍重任使之权，而因以略举其职，故今辄有是奏。伏惟特赐采择施行，则非独生一人得以稍逭罪戮，地方之困亦可以少苏矣。非恃道谊深爱，何敢冒渎及此？万冀鉴恕。不宣。

即日，伏惟经纶帮政之暇，台候万福。守仁学徒慕古，识乏周时，谬膺简用，惧弗负荷。祗命以来，推寻酿寇之由，率因姑息之弊。所敢陈情，实恃知己。乃蒙天听，并赐允从，蕃锡宠石，恩与至重。是非执事，器使曲成，奖饰接引，何以得此？守仁无似，敢不勉奋庸劣，遵禀成略，冀收微效，以上答圣眷，且报所自乎？兹当发师，匆遽陈谢，伏惟台照。不备。

生惟君子之于天下，非知善言之为难，而能用善之为难。舜在深山之中，与木石居、鹿豕游，其所以异于深山之野人者几希。舜亦何以异于人哉？至其闻一善言，见一善行，沛然若决江河，莫之能御，然后见其与世之人相去甚远耳。今天下知谋才辩之士，其所思虑谋猷，亦无以大相远者。

然多敝而不知，或虽知而不能用，或虽用而不相决，雷同附和。求其的然真见其孰为可行，孰为不可行，孰为似迂而实切，孰为似是而实非，断然施之于用，如神医之用药，寒暑虚实，惟意所投，而莫不有以曲中其机，此非有明睿之资，正大之学，刚直之气，其孰能与于此？若此者，岂惟后世之所难能，虽古之名世大臣，盖亦未之多闻也。守仁每诵明公之所论奏，见其洞察之明，刚果之断，妙应无方之知，灿然剖析之有条，而正大光明之学，凛然理义之莫犯，未尝不拱手起诵，歆仰叹服。自其识事以来，见世之名公巨卿，负盛望于当代者，其所论列，在寻常亦有可观，至于当大疑，临大利害，得丧毁誉，眩瞀于前，力不能正，即依违两可，掩覆文饰，以幸无事，求其卓然之见，浩然之气，沛然之词，如明公之片言者，无有矣。在其平时，明公虽已自有以异于人，人固犹若无以大异者，必至于是而后见其相去之甚远也。守仁耻为佞词以谀人，若明公者，古之所谓社稷大臣，负王佐之才，临大节而不可夺者，非明公其谁欤！守仁后进迂劣，何幸辱在驱策之末。奉令承教，以效其尺寸，所谓驽骀遇伯乐而获进于百里，其为感幸何如哉！迩者龙川之役，亦幸了事，穷本推原，厥功所自，已略具于奏末，不敢复缕缕。所恨福薄之人，难与成功，虽仰赖方略，侥幸塞责，而病患日深，已成废弃。昨日乞休疏入，辄尝恃爱控其恳切之情，日夜瞻望允报。伏惟明公终始曲成，使得稍慰老父衰病之怀，而百岁祖母，亦获一见为诀，死生骨肉之恩，生当何如为报耶！情隘词迫，乞冀矜亮，死罪死罪！

近领部咨，见老先生之于守仁，可谓心无不尽，而凡其平日见于论奏之间者，亦已无一言之不酬。虽上公之爵，万户侯之封，不能加于此矣。自度鄙劣，何以克堪，感激之私，中心藏之，不能以言谢。然守仁之所以隐忍扶疾，身披锋镝，出百死一生，以赴地方之急者，亦岂苟图旌赏，希阶级之荣而已哉？诚感老先生之知爱，期无负于荐扬之言，不愧称知己于天下而已矣。今虽不能大建奇伟之绩，以仰答知遇，亦幸苟无挠败戮辱，遣缪举之羞于门下，则守仁之罪责亦已少塞，而志愿亦可以无大憾矣，复何求哉！复何求域！伏惟老先生爱人以德，器使曲成，不责人以其所不备，不强人以其所不能，则凡才薄福，尪羸疾废如某者，庶可以遂其骸骨之请矣。乞休疏待报已三月，尚杳未有闻。归魂飞越，夕不能旦。伏望悯其迫切之情，早赐允可，是所谓生死而肉骨者也，感德当何如耶！

　　辄有私梗，仰恃知爱，敢以控陈。近日三省用兵之费，广、湖两省皆不下十余万，生处所乞，止于三万，实皆分毫扣算，不敢稍存赢余。已蒙老先生洞察其隐，极力扶持，尽赐准允。后户部复见沮抑，以故昨者进兵之际，凡百皆临期那借屑凑，殊为窘急。赖老先生指授，幸而两月之内，偶克成功。不然，决致败事矣。此虽已遂之事，然生必欲一鸣其情者，窃恐因此遂误他日事耳。又南、赣盗贼巢穴，虽幸破荡，而漏殄残党，难保必无。兼之地连四省，深山盘谷，逃流之民，不时啸聚。辄采民情，议于横水大寨，请建县治，为久安之图。乘间经营，已略有次第。守仁迂疏病懒，于凡劳役之事，实有不堪。但筹度事势，有不得不然者，是以不敢以病躯欲归之故。闭遏其事而不可闲，苟幸目前之塞责而已也。伏惟老先生并赐裁度施行，幸甚！

　　守仁不肖，过蒙荐奖，终始曲成，言无不行，请无不得，既假以赏罚之权，复委以提督之任，授之方略，指其迷谬，是以南、赣数十年桀骜难攻之贼，两月之内，扫荡无遗。是岂驽劣若守仁者之所能哉？昔人有言，追获兽兔，功狗也；发纵指示，功人也。守仁赖明公之发纵指示，不但得免于挠败之戮，而又且与于追获兽兔之功，感恩怀德，未知此生何以为报也！因奏捷人去，先布下恳。俟兵事稍间，尚当具启修谢。伏惟为国为道自重，不宣。

迩者南、赣盗贼遂获底定，实皆老先生定议授算，以克有此。生辈不过遵守奉行之而已。何功之有，而敢冒受重赏乎？伏惟老先生橐龠元和，含洪无迹，乃欲归功于生物。物惟不自知其生之所自焉，尔苟知其生之所自，其敢自以为功乎？是自绝其生也已。拜命之余，不胜惭惧，辄具本辞免，非敢苟为逊避，实其中心有不自安者。升官则已过甚，又加之荫子，若之何其能当之。负且乘致寇至。生非无贪得之心，切惧寇之将至也。伏惟老生鉴其不敢自安之诚，特赐允可，使得仍以原职致事而去，是乃所以曲成而保全之也，感刻当何如哉！渎冒尊威，死罪死罪！

忧危之际，不敢数奉起居，然此心未尝一日不在门墙也。事穷势极，臣子至此，惟有痛哭流涕而已，可如何哉！生前者屡乞省葬，盖犹有隐忍苟全之望。今既未可，得以微罪去归田里，即大幸矣。素蒙知爱之深，敢有虚妄，神明诛殛。惟鉴其哀恳，特赐曲成，生死肉骨之感也。地方事决知无能为，已闭门息念，袖手待尽矣。惟是苦痛切肤，未免复为一控，亦聊以尽吾心焉尔。临启悲怆，不知所云。

自去冬畏途多沮，遂不敢数数奉启，感刻之情，无由一达，缪劣多忤，尚获曲全，非老先生何以得此。"中心藏之，何日忘之。"诵此而已，何能图报哉！江西之民，困苦已极，其间情状，计已传闻，无俟复喋。今骚求既未有艾，钱粮又不得免，其变可立待。去岁首为控奏，既未蒙旨，继为申请，又不得达，今兹事穷势极，只得冒罪复请。伏望悯地方之涂炭，为朝廷深忧远虑，得与速免，以救燃眉，幸甚幸甚！生之乞归省葬，去秋已蒙"贼平来说"之旨，冬底复请，至今未奉允报。生之汲汲为此，非独情事苦切，亦欲因此稍避怨嫉。素蒙老先生道谊骨肉之爱，无所不至，于此独忍不一举手投足为生全之地乎？今地方事残破愈极，其间宜修举者百端，去岁尝缪申一二，奏皆中途被沮而归。继是而后，遂以形迹之嫌，不敢复有所建白。兼贱恙日尪瘵，又以父老忧危致疾之故，神志恍恍，终日如在梦寐中。今虽复还省城，不过闭门昏卧，服药喘息而已。此外人事，都不复省，况能为地方救灾拯难，有所裨益于时乎？所以复有蠲租之请者，正如梦中人被锥刺，未能不知疼痛，纵其手足扑疗不及，亦复一呻吟耳。老先生幸怜其志，哀其情，速免征科，以解地方之倒悬。一允省葬之乞，使生得归全首领于牖下，则阖省蒙更生之德，生父子一家，受骨肉之恩举含刻于无涯矣。昏愦中控诉无叙，临启不胜怆慄。

屡奉启，皆中途被沮，无由上达。幸其间乃无一私语可以质诸鬼神。自是遂不敢复具。然此颠顿窘局，苦切屈仰之情，非笔舌可尽者，必蒙悯照，当不俟控吁而悉也。日来呕血，饮食顿减，潮热夜作。自计决非久于人世者，望全始终之爱，使得早还故乡。万一苟延余息，生死肉骨之恩，当何如图报耶？余情张御史当亦能悉，伏祈垂亮。不备。

比兵部差官来赍示批札，开谕勤倦，佐亦随至，备传垂念之厚。昔人有云，公之知我，胜于我之自知。若公今日之爱生，实乃胜于生之自爱也，感报当何如哉！明公一身系宗社安危，持衡甫旬月，略示举动，已足以大慰天下之望矣。百凡起居，尤望倍常慎密珍摄，非独守仁之私幸也。佐且复北，当有别启。差官回，便辄先附谢，伏惟台鉴。不具。

与陆清伯书

屡得书，见清伯所以省愆罪己之意，可谓真切恳到矣。即此便是清伯本然之良知。凡人之为不善者，虽至于逆理乱常之极，其本心之良知，亦未有不自知者。但不能致其本然之良知，是以物有不格，意有不诚，而卒入于小人之归。故凡致知者，致其本然之良知而已。《大学》谓之"致知格物"，在《书》谓之"精一"，在《中庸》谓之"慎独"，在《孟子》谓之"集义"，其功夫一也。向在南都，尝谓清伯吃紧于此。清伯亦自以为既知之矣。近睹来书，往往似尚未悟，辄复赘此。清伯更精思之。《大学》古本一册寄去，时一览。近因同志之士，多于此处不甚理会，故序中特改数语。有得便中写知之。季惟乾事善类所共冤，望为委曲周旋之。

与许台仲书

荣擢谏垣，闻之喜而不寐。非为台仲喜得此官，为朝廷谏垣喜得台仲也。孟子云："人不足与适也，政不足与间也。惟大人为能格君心之非。""一正君而国定矣。"碌碌之士，未论其言之若何，苟言焉，亦足尚矣。若夫君子之志于学者，必时然后言而后可，又不专以敢言为贵也。去恶先其甚者。颠倒是非。固已得罪于名教；若搜罗琐屑，亦君子之所耻矣。尊意以为何如？向时格致之说，近来用功有得力处否？若于此见得真切，即所谓一以贯之。如前所云，亦为琐琐矣。

又

吾子累然忧服之中，顾劳垂念，至勤贤即以书币远及，其何以当！其何以当！道不可须臾而离，故学不须臾而间，居丧亦学也。而丧者以荒迷自居，言不能无荒迷尔，学则不至于荒迷，故曰："丧事不敢不勉。"宁戚之说，为流俗忘本者言也。喜怒哀乐，发皆中节谓和。哀亦有和焉，发于至诚，而无所乘戾之谓也。夫过情，非和也；动气，非和也；有意必于其间，非和也。孺子终日啼而不嗌，和之至也。知此，则知居丧之学，固无所异于平居之学矣。闻吾子近日有过毁之忧，辄敢以是奉告，幸图其所谓大孝者可也。

与林见素

执事孝友之行，渊博之学，俊伟之才，正大之气，忠贞之节，某自弱冠从家君于京师，幸接比邻，又获与令弟相往复，其时固已熟闻习见，心

明朝服饰

悦而诚服矣。第以薄劣之资，未敢数数有请。其后执事德益盛，望益隆，功业益显，地益远，某企仰益切，虽欲忘其薄劣，一至君子之庭，以濡咳唾之余，又益不可得矣。执事中遭谗嫉，退处丘园，天下之士，凡有知识，

莫不为之扼腕不平，思一致其勤惓。而况某素切向慕者，当如何中为心？顾终岁奔走于山夷海獠之区，力不任重，日不暇给，无由一申起居，徒时时于交游士夫间，窃执事之动履消息。皆以为人不堪其忧愤，而执事处之恬然，从容礼乐之间，与平居无异。《易》所谓"时困而德辨，身退而道亨"，于执事见之矣。圣天子维新政化，复起执事，寄之股肱，诚以慰天下之望。此盖宗社生民之庆，不独知游之幸，善类之光而已也。正欲作一书，略序其前后倾企纡郁未伸之怀，并致其欢欣庆忭之意，值时归省老亲，冗病交集，尚尔未能。而区区一时侥幸之功，连年屈辱之志，乃蒙为之申理，诱掖过情，而褒赏逾分，又特遣人驰报慰谕。此固执事平日与人为善之素心，大公无我之盛节，顾浅陋卑劣，其将何以承之乎！感激惶悚，莫知攸措。使还，冗剧草草，略布下悃。至于恩命之不敢当，厚德之未能谢者，尚容专人特启。不具。

与杨邃庵

某之缪辱知爱，盖非一朝一夕矣。自先君之始托交于门下，至于今，且四十余年。父子之间，受惠于不知，蒙施于无迹者，何可得而胜举？就其显然可述不一而足者，则如先君之为祖母乞葬祭也，则因而施及其祖考。某之承乏于南、赣，而行事之难也，则因而改授以提督。其在广会征，偶获微功，而见诎于当事也，则竟违众议而申之。其在西江，幸夷大憝，而见构于权奸也，则委曲调护，既允全其身家，又因维新之诏，而特为之表扬暴白于天下，力主非常之典，加之以显爵。其因便道而告乞归省也，则既嘉允其奏，而复优之以存问。其颁封爵之典也，出非望之恩而遂推及其三代。此不待人之请，不由有司之议，傍无一人可致纤毫之力，而独出于执事之心者，恩德之深且厚也如是，受之者宜何如为报乎！夫人有德于己，而不知以报者，草木鸟兽也，栎之树，随之蛇，尚有灵焉，人也而顾草木鸟兽之弗若耶？顾无所可效其报者，惟中心藏之而已。中心藏之，而辄复言之，惧执事之谓其藐然若罔闻知，而遂以草木视之也。迩者先君不幸大故，有司以不肖孤方茕然在疚，谓其且无更生之望，遂以葬祭赠谥为之代请，颇为该部所抑，而朝廷竟与之以葬祭。是执事之心，何所不容其厚哉！乃今而复有无厌之乞，虽亦其情之所不得已，实恃知爱之笃，遂径其情，而不复有所讳忌嫌沮，是诚有类于藐然若罔闻知者矣。事之颠末，别具附启。惟执事始终其德而不以之为戮也，然后敢举而行之。

与萧子雍

缪妄迂疏，多招物议，乃其宜然。每劳知已为之忧念不平，徒增悚赧耳。荼毒未死之人，此身已非己有，况其外之毁誉得丧，又敢与之乎？哀痛稍苏时，与希渊一二友喘息于荒榛丛草间，惴惴焉惟免于戮辱是幸，他更无复愿矣。近惟教化大行，已不负平时祝望。知者不虑其不明，而虑其过察；果者不虑其无断，而虑其过严。若夫尊德乐义，激浊扬清，以丕变陋习，吾与昔人，可无间然矣。盛价还，草草无次。

与德洪

《大学或问》数条，非不愿共学之士尽闻斯义，顾恐藉寇兵而赍盗粮，是以未欲轻出。且愿诸公与海内同志口相授受，俟其有风机之动，然后刻之非晚也。此意尝与谦之面论，当能相悉也。江、广两途，须至杭城始决。若从西道，又得与谦之一话于金、焦之间。冗甚，不及写书，幸转致其略。

续编三

自劾不职以明圣治事疏

臣闻之，主圣则臣直，上易知而下易治。今圣主在上，泽壅而未宣，怨积而不闻。臣等曾无一言，是甘为容悦，而上无以张主之圣，下无以解于百姓之惑也。伏惟陛下神明英武，自居春宫，万姓仰德。及登大宝，四夷向风。不幸贼臣刘瑾，窃弄威柄，流毒生灵，潜谋僭逆，几危郊社。赖祖宗上天之灵，俾张永等早发其奸，陛下奋雷霆之断，诛灭党与，划涤凶秽；复祖宗之旧章，吊黎元之疾苦；任贤修政，与民更始。天下莫不欢欣鼓舞，谓陛下固爱民之主，而前此皆贼瑾之荼毒；知陛下固有为之君，而前此皆贼瑾之蒙蔽。日早跂足延颈，以望太平。奈何积暴所加，民瘼未复，余烈所煽，妖孽连兴，几及二年，愈肆愈横。兵屯不解，民困日深。贼势相连殆遍，财匮粮竭，且夕汹汹。臣等备位大臣，不能展一筹以纾患害，宽一缚以苏倒悬。抚心反己，自知之罪，莫可究言。至其暴扬于天下，訾詈于道途，而尤难掩饰者，大罪有三，请自陈其略，以伏厥辜。

夫朝以出政，政以成事。陛下每月视朝，朔望之外，不过一二。岂不以臣等分职于下，事苟无废，不朝奚损乎？然群臣百司，愿时一睹圣颜而不获，则忧思徬徨，渐以懈驰。远近之民，遂疑陛下不复念其困苦，而日兴怨怼；四方盗贼，亦谓陛下未尝有意剪除，而益猖獗。夫昧爽临朝，不过顷刻间，不何惮而不为？

陛下日于后苑训练兵事，鼓噪之声，震骇城域。岂不以寇盗未平，思欲奋威讲武乎？然此本亦将卒之事，兼非宫禁所宜。况今前星未耀，震位犹虚，而乃劳力于掣肘，耗气于驰逐，群臣惶惑，两宫忧危，宗社大本，无急于是。而臣等不能力劝陛下蓄精养神，以衍皇储之庆，思患预防。以为燕翼之谋，是其大罪二也。

夫日近儒臣，讲论道德，涵泳义理，以培养本原，开发志意。则耳目日以聪明，血气日以和畅，穷天地之化，尽万物之情，忧游泮涣，以与古先神圣为伍，此亦天下之至乐矣。陛下苟知此，则将乐之终身而不能以须臾舍，奚暇游戏之娱乎？今陛下自即位以来，经筵之御，未能四五，而悦心于骑射疲劳之事，皆由臣等不能备陈至乐，以易陛下之所好，是其大罪三也。

陛下有尧舜之资，臣等不能导陛下于三代，而使天下之民疾首蹙额相告，归咎怀愤，若汉、唐之季，臣等死有余罪矣。伏愿陛下继自今昧爽以视朝，励精而图治。端拱玄默以养天和，正《关雎》之风，毓《麟趾》之祥。日御经筵，讲求治道，务理义之悦心，去游宴之败度。正臣等不职之罪，罢归田里，举耆德宿望之贤，与共天职。使天下晓然皆知陛下忧悯元元之本心，由臣等不能极言切谏，以至于斯。自兹以往，务在休养生息，无复有所骚扰。躬修圣政，以弭天下之艰；屯广圣嗣，以定天下之危；疑勤圣学，以立天下之大本。其余习染，以次洗刷。则民生自遂，若阳气至而万物春；寇盗自消，若白日出而魍魉灭。上以承祖宗之鸿休，下以垂子孙之统绪；近以慰臣庶之忧惶，远以答四方之观向。臣等虽死之日，犹生之年。不胜激切颠陨待罪之至，具疏上闻。

乞恩表扬先德疏

窃照臣父致仕南京吏部尚书王华，以今年二月十二日病故。臣时初丧荼苦，气息奄奄，不省人事。有司以臣父忝在大臣之列，特为奏闻，兼乞葬祭赠谥。事下，该部以臣父为礼部侍郎时，尝为言官所论，谓臣父于暮夜受金而自首，清议难明；承朝廷遣告而乞归，诚意安在。又为南京吏部尚书时，因礼部尚书李杰乞恩认罪回话事，奉钦依李杰、王华彼时共同商议，如何独言张升，显是饰词。本当重治，姑从轻，都著致仕。伏遇圣慈，覆载宽容，不轻绝物。然犹赐之葬祭，感激浩荡之恩，阖门粉骨，无以为报。窃念臣父始得暗投之金，若使其时秘而不宣，人谁知者。而必以自首，其于心迹，可谓清矣。乞便道省母，于既行祭告之后，其于遣祀之诚，自无妨矣。当时论者不察其详，而辄以为言。臣父盖尝具本六乞退休，请究其事。当时朝廷特为暴白，屡赐温旨，慰论勉留，其事固已明白久矣。乃不意身没之后，而尚以此为罪也，臣切痛之。

正德初年，逆瑾肇乱，威行中外。其时臣为兵部主事，因瑾绑拿科道官员，臣不胜义愤，斥瑾罪恶。瑾怒臣，因而怒及臣父。既而使人讽臣父，令出其门。臣父不往，瑾益怒。然臣父乃无可加之罪，后遂推寻礼部旧事，与臣父无干者，因传旨并令臣父致仕，以泄其怒。此则臣父以守正不阿，触忤权奸，而为所摈抑，人皆知之，人皆冤之。乃不知身没之后，而反以此为咎也，臣尤痛之。

臣父以一甲进士，授官翰林院修撰，历升春坊论德，翰林院学士，詹事府少詹事，礼部侍郎，南京吏部尚书。其间充经筵官，经筵讲官，日讲官，又选充东宫辅导官，东宫讲读官，与修《宪庙实录》及《大明会典》、《通监纂要》等书。积劳久而被遇深矣。故事，侍从日讲辅导等官身没之后，类得优以殊恩，荣以美谥。而臣父独以无实之谤，不附权奸之义，生被诬抑，而没有余耻，此臣之所以割心痛骨，不得不从陛下而求一表暴者也。

夫人子之孝，莫大于显亲；其不孝亦莫大于辱亲。臣以犬马微劳，躐致卿位。故事在卿佐之列者，亲没之后，皆得为之乞请恩典。臣今未敢有所陈乞以求显其亲，而反以无实之诟辱其亲于身没之后，不孝之罪，复何以自立于天地间乎。此臣之所尤割心痛骨，不得不从陛下而求一表暴者也。

臣自去岁乞恩便道归省，陛下垂悯乌鸟，且念臣父系侍从旧臣，特推非常之恩，赐之存问。臣父先于正德九年尝蒙朝廷推恩进阶，臣伏睹制词有云："直道见沮于权奸，晚节遂安于静退。"则当时先帝固已洞知臣父之枉矣。臣又伏睹陛下即位诏书，内开："自弘治十八年五月十八日以后，大小官员有因忠直谏诤，及守正被害去任等项，各该衙门备查奏请，大臣量进阶级，并与应得恩荫。"臣父以守正触怒逆瑾，无故被害去任，此固恩诏之所悯录，正在量进阶级之列。臣父既耻于自陈，而有司又未为奏请，乃今身没之后，而反犹以为诟，臣窃自伤痛其无以自明也。臣父中遭屈抑，晚遇圣明，庶几沐浴恩泽，以一雪其拂郁。而忽复逝矣，岂不痛哉。今又反以为辱，岂不冤哉。

臣又查得先年吏部尚书马文升、屠滽等，皆尝屡被论劾，其后朝廷推原其事，卒赐之以赠谥。臣父才猷虽或不逮于二臣，而无故被诬，实有深于二臣者。惟陛下矜而察之。臣以功微赏重，深忧覆败，方尔冒死辞免封爵，前后恩典，已惧不克胜荷。故于臣父之没，断已不敢更有乞请。乃不意蒙此诬辱，臣又安能含羞饮泣，不为臣父一致其辩乎？

夫人臣之于国也，主辱则臣死；子之于父也，亦然。今臣父辱矣，臣何以生为哉。

夫朝廷恩典，所以报有功而彰有德，岂下臣所敢幸乞。顾臣父被无实之耻于身后，陛下不为一明其事，自此播之天下，传之后代，孝子慈孙，将有所不能改，而臣父之目不瞑于地下矣，岂不冤哉。

夫饰非以欺其上者，不忠；矫辞以诬于世者，无耻；不忠无耻，亦所以为不孝。若使臣父果有纤毫可愧于心，而臣乃为之文饰矫诬以欺陛下，以罔天下后世，纵幸逃于国宪，天地鬼神实临殛之。臣虽庸劣之甚，不忠无耻之事，义不忍为也。惟陛下哀而察之。臣不胜含哀抱痛，战慄惶惧，激切控吁之至，谨具本令舍人王宗海代赍奏闻，伏候敕旨。

辩诛遗奸正大法以清朝列疏

丁忧南京兵部尚书臣王某谨奏，为诛遗奸，正大法，以清朝列事。

嘉靖元年十月初十等日，准南京兵部咨，准都察院咨，该巡按广西监察御史张钺奏，为前事，题奉圣旨：是"这所劾张子麟事情，还著王守仁、伍希儒、伍文定看了，上紧开具明白，奏来定夺，钦此。"又准该部咨，准都察院咨，该丁忧刑部尚书张子麟奏，为辨污枉，清名节，以雪大冤事，题奉圣旨：是"张子麟所奏事情，著王守仁等一并看了来说，钦此。"俱钦遵外，方在衰经之中，忧病哀苦，神思荒愦，一切世务，悉已昏迷恍惚，奉命震悚。旋复追惟，臣先正德十四年六月初六日，奉敕前往福建查处聚众谋反等事。本月十五日，行至丰城地方，适遇宁藩之变，仓卒脱身，誓死讨贼。十八日回至吉安，督同知府伍文定等起兵。七月二十日，引兵收复南昌。二十三日，宸濠还救。二十六日，宸濠就擒。其时余党尚有未尽，百务业集，臣因先令各官分兵守视王府各门。至月初五六间，始克率同御史伍希儒、知府伍文定等入府，按视宫殿库藏诸处。其间未经烧毁者，重加封识，以俟朝命。已被残坏者，分令各官逐一整检。有刑部尚书张子麟启本一封，众共开视，云是胡世宁招词。臣当与各官商说，此等公文书启之类，皆在宸濠未反数年前事。虽私与交往，不为无罪，而反逆之举，未必曾与通谋。况此交通之人，今或多居禁近，分布联络，若存此等形迹，恐彼心怀疑惧，将生意外不测之变。且虑俭人因而点缀掇拾，异时根究牵引，奸党未必能惩，而忠良或反被害。昔人有焚吏民交关文书数千章以安反侧之心者，今亦宜从其处，以息祸端。遂议与各官公同烧毁。后奉刑部题奉钦依："原搜簿籍，既未送官封记收掌，又事发日久，别生事端，委的真伪难辨，无凭查考。著原搜获之人尽行烧毁，钦此。"钦遵外，臣等莫不仰叹圣主包含覆帱之量，范围曲成之仁，可谓思深而虑远也已。以是臣等不复为言，且谓朝廷于此等事既已一概宥略，与天下洗涤更始矣。

今御史张钺风闻其事，复有论列，是亦防闲为臣之大义，效忠于陛下之心也。尚书张子麟力辩其事，而都察院覆奏，以为世宁之狱，悉由该院，与张子麟无干，则诚亦暧昧难明之迹。今臣等亦不过据事直言其实耳，岂能别有所查访。然以臣愚度之，尝闻昔年宸濠奸党，为之经营布置于外，往往亦有诈为他人书启，归以欺濠而罔利者。则此子麟之启，无乃亦是类欤？不然，子麟身为执法大臣，非一日矣，纵使与濠交通，岂略不知有畏忌，而数年之前，辄以肆然称臣于濠耶？

夫人臣而怀二心，此岂可以轻贷？然亦加人以不忠之罪，则亦非细故矣。此在朝廷必有明断。臣偶有所见，亦不敢不一言之。缘奉钦：依"这所劾张子麟事情，还著王守仁、伍希儒、伍文定看了，上紧开具明白奏来定夺"；及"张子麟所奏事情，著王守仁等一并看了来说"事理，为此具本差舍人李升亲赍奏闻，伏候敕旨。

书同门科举题名录后

尝读《文中子》，见唐初诸名臣若房、杜、王、魏之流，大抵皆出其门，而论者犹以文中子之书乃其徒伪为之而托焉者，未必其实然也。今以邃庵先生之徒观之，则文中子之门又奚足异乎？予尝论文中子盖后世之大儒也，自孔、孟既没，而周、程未兴，董、韩诸子未或有先焉者。

先生自为童子，即以神奇荐入翰林，未弱冠而已为人师。其颖悟之蚤，文学之懿，比之文中，实无所愧。而政事之敏卓，才识之超伟，文中未有见焉。文中之在当时，尝以策干隋文，不及一试，而又蚤死。先生少发科第，入中书，督学政，典礼太常，经略边陲，弭奸战乱，陟司徒，登冢宰，晋位师相，威名振于夷狄，声光被于海宇，功成身退，优游未老之年，以身系天下安危，圣天子且将复起之，以恢中兴之烈，而海内之士日翘首跂足焉。则天之厚于先生者，殆文中子所不能有也。

文中之徒，虽显于唐，然皆异代隔世。若先生之门，具体而微者，亦且几人，其余或得其文学，或得其政事，或得其器识，亦各彬彬成章，足为名士，布列中外，不下数十，又皆同朝共事，光耀于时，其间乔、靳诸公，遂与先生同升相位，相继为冢宰。若此者，文中子之门，益有所不敢望矣。且文中子之门，其亲经指受，若董常、程元之流，多不及显而章明于世，往往或请益于片言，邂逅于一接，非若今之题名所载，皆出于先生之陶冶，其出于陶冶而不显于世，若常、元之徒，殆未暇悉数也。

先生之在吏部，守仁常为之属，受知受教，盖不止于片言一接者。然以未尝亲出陶冶，不敢憾于兹录之不与。若其出于陶冶而有若常、元者焉，或亦未可以其不显于世而遂使之不与也。续兹录者，且以为何如？嘉靖甲申季冬望。

书宋孝子朱寿昌孙教读源卷

教读朱源，见其先世所遗翰墨，知其为宋孝子寿昌之裔也，既弊烂矣，使工为装缉之。因论之曰："孝，人之性也。置之而塞乎天地，溥之而横乎四海，施之后世而无朝夕。保尔先世之翰墨，则有时而弊；保尔先世之孝，无时而或弊也。人孰无是孝？岂保尔先世之孝，保尔之孝耳。保先世之翰墨，亦保其孝之一事，充是心而已矣。"源归，其以吾言遍谕乡邻，苟有慕寿昌之孝者，各充其心焉，皆寿昌也已。正德己卯春三月晦，书虔台之静观轩。

书汪进之卷

程先生云："有求为圣人之志，然后可与共学。"夫苟有必为圣人之志，然后能加为己谨独之功。能加为己谨独之功，然后于天理人欲之辨日精日密，而于古人论学之得失，孰为支离，孰为空寂，孰为似是而非，孰为似诚而伪，不待辩说而自明。何者？其心必欲实有诸己也。必欲实有诸己，则殊途而同归，其非且伪者，自不得而强入。不然，终亦忘己逐物，徒弊精力于文句之间，而曰吾以明道，非惟有捕风捉影之弊，抑且有执指为月之病，辩析愈多，而去道愈远矣。故某于朋友论学之际，惟举立志以相切砺。其于议论同异之间，姑且置诸未辩。非不欲辩也，本之未立，虽欲辩之，无从辩也。夫志，犹木之根也；讲学者，犹栽培灌溉之也。根之未植，而徒以载培灌溉，其所滋者，皆萧艾也。进之勉之。

书赵孟立卷

赵仲立之判辰也，问政于阳明子。阳明子曰："郡县之职，以亲民也。亲民之学不明，而天下无善治矣。""敢问亲民。"曰："明其明德以亲民也。""敢问明明德。"曰："亲民以明其明德也。"曰："明德亲民一乎？君子之言治也，如斯而已乎？"曰："亲吾之父，以及人之父，而孝之德明矣；亲吾之子，以明其明德以亲民也，故能以一身为天下；亲民以明其明德也，故能以天下为一身。夫以天下为一身也，则八荒四表，皆吾支体，而况一郡之治，心腹之间乎？"

书李白骑鲸

李太白，狂士也。其谪夜郎，放情诗酒，不戚戚于困穷。盖其性本自豪放，非若有道之士，真能无入而不自得也。然其才华意气，足盖一时，故既没而人怜之。骑鲸之说，亦后世好事者为之，极怪诞，明者所不待辩。因阅此，间及之尔。

书三酸

人言鼻吸五斗醋，方可作宰相。东坡平生自谓放达，然一滴入口，便尔闭目攒眉，宜其不见容于时也。偶披此图，书此发一笑。

书韩昌黎与太颠坐叙

退之与孟尚书书云："潮州有一老僧，号太颠，颇聪明，识道理。与之语，虽不尽解，要自胸中无滞碍。因与来往，及祭神于海上，遂造其庐。来袁州，留衣服为别，乃人情之常，非崇信其法，求福田利益。"退之之交太颠，其大意不过如此。而后世佛氏之徒张大其事，往往见之图书，真若弟子之事严师者，则其诬退之甚矣。然退之亦自有以取此者。故君子之与人不可以不慎也。

春郊赋别引

钱君世恩之将归养也，厚于世恩者皆不忍其去，先行三日，会于天官郎杭世卿之第，以聚别。明日，再会于地官秦国声。与者六人：守仁与秋官徐成之、天官杨名父及世卿之弟进士东卿也。

世恩以其归也，以疾告也，皆不至。于是惜别之怀，无所于发，而托之诗，前后共得诗十首。六人者，以世恩之犹在也，而且再会而不一见，其既去也，又可以几乎。乃相与约为郊饯，必期与世恩一面以别。至日，成之以候旨，东卿以待选，世卿名父以各有部事，皆势不容出。及饯者，守仁与国声两人而已。世恩既去之明日，复会于守仁，各言所以，相与感叹咨嗟，复成二诗。

世卿曰："世恩之行也，终不及一钱。虽发之于诗，而不以致之世恩，吾心有缺也。盍亦章次而将之，何如？"皆曰："诺。"国声得小卷，使世卿首会之作，国声与名父、东卿分书再会，成之书末会，谓守仁弱也，宜为诸公执笔砚之役以叙。

嗟乎。一别之间，而事之参错者凡几。虽吾与世恩复期于来岁之秋，以为必得重聚于此，然又何可以逆定乎。惟是相勉以道义，而相期于德业，没之污涂之中，而质之天日之表，则虽断金石，旷百世，而可以自信其常合。然则未忘于言语之间者，其亦相厚之私欤。考功正郎乔希大闻之，来题其卷端曰："春郊赋别"。给事陈惇贤复为之图。皆曰："吾亦厚于世恩也，聊以致吾私。"

告谕庐陵父老子弟

庐陵文献之地，而以健讼称，甚为吾民羞之。县令不明，不能听断，且气弱多疾。今与吾民约，自今非有迫于躯命，大不得已事，不得辄兴词。兴词但诉一事，不得牵连，不得过两行，每行不得过三十字。过是者不听。故违者有罚。县中父老谨厚知礼法者，其以吾言归告子弟，务在息争兴让。呜呼。一朝之忿，忘其身以及其亲，破败其家，遗祸于其子孙。孰与和巽自处，以良善称于乡族，为人之所敬爱者乎？吾民其思之。

今灾疫大行，无知之民，惑于渐染之说，至有骨肉不相顾疗者。汤药饘粥不继，多饥饿以死。乃归咎于疫。夫乡邻之道，宜出入相友，守望相助，疾病相扶持。乃今至于骨肉不相顾。县中父老岂无一二敦行孝义，为子弟倡率者乎？夫民陷于罪，犹且三宥致刑。今吾无辜之民，至于阖门相枕藉以死。为民父母，何忍坐视？言之痛心。中夜忧惶，思所以救疗之道，惟在诸父老劝告子弟，兴行孝弟。各念尔骨肉，毋忍背弃。洒扫尔室宇，具尔汤药，时尔饘粥。贫弗能者，官给之药。虽已遣医生老人分行乡井，恐亦虚文无实。父老凡可以佐令之不逮者，悉已见告。有能兴行孝义者，县令当亲拜其庐。凡此灾疫，实由令之不职，乘爱养之道，上干天和，以至于此。县令亦方有疾，未能躬问疾者，父老其为我慰劳存恤，谕之以此意。

谕告父老，为吾训戒子弟，吾所以不放告者，非独为吾病不任事。以今农月，尔民方宜力田，苟春时一失，则终岁无望，放告尔民将牵连而出，荒尔田亩，弃尔室家，老幼失养，贫病莫全，称贷营求，奔驰供送，愈长刁风，为害滋甚。昨见尔民号呼道路，若真有大苦而莫伸者。姑一放告，尔民之来讼者以数千。披阅其词，类虚妄。取其近似者，穷治之，亦多凭空架捏，曾无实事。甚哉，尔民之难喻也，自今吾不复放告。尔民果有大冤抑，人人所共愤者，终必彰闻，吾自能访而知之。有不尽知者，乡老据实呈县。不实，则反坐乡老以其罪。自余宿憾小忿，自宜互相容忍。夫容忍美德，众所悦爱，非独全身保家而已。嗟乎。吾非无严刑峻罚以惩尔民之诞，顾吾为政之日浅，尔民未吾信，未有德泽及尔，而先概治以法，是虽为政之常，然吾心尚有所未忍也。姑申教尔。申教尔而不复吾听，则吾亦不能复贷尔矣。尔民其熟思之，毋遗悔。

一应公差人员经过河下，验有关文，即行照关应付，毋得留难取罪。其无关文，及虽有关文而分外需求生事者，先将装载船户摘拿，送县取供。即与搜盘行李上驿封贮，仍将本人绑拿送县，以凭参究惩治。其公差人安分守法，以礼自处，而在官人役辄行辱慢者，体访得出，倍加惩究，不恕。

借办银两，本非正法。然亦上人行一时之急计，出于无聊也。今上人有急难，在尔百姓，亦宜与之周旋。宁忍坐视不顾，又从而怨詈讪讦之，则已过矣。夫忘身为民，此在上人之自处。至于全躯保妻子，则亦人情之常耳。尔民毋责望太过。吾岂不愿尔民安居乐业，无此等骚扰事乎？时势之所值，亦不得已也。今急难已过，本府决无复行追求之理。此必奸伪之徒，假府为名，私行需索。自后但有下乡征取者，尔等第与俱来，吾有以处之。毋遽汹汹。

今县境多盗，良由有司不能抚绥，民间又无防御之法，是以盗起益横。近与父老豪杰谋，居城郭者，十家为甲；在乡村者，村自为保。平时相与讲信修睦，寇至务相救援。庶几出入相友，守望相助之义。今城中略已编定。父老其各写乡村为图，付老人呈来。子弟平日染于薄恶者，固有司失于抚绥，亦父老素缺教诲之道也。今亦不追咎，其各改行为善。老人去，宜谕此意，毋有所扰。

谕示乡头粮长人等，上司奏定水次兑运，正恐尔辈在县拖延，不即起运。苟钱粮无亏，先期完事，岂有必以水次责尔之理？纵罪不免，比之后期不纳者，获罪必轻。昨呼兑运军期面语，亦皆乐从，不敢有异。尔辈第于水次速兑，苟有益于民，吾当身任其咎，不以累上官。但后期误事，则吾必尔罚。定限二十九日未时完报。

今天时亢旱，火灾流行，水泉枯竭，民无屋庐，岁且不稔。实由令之不职，获怒神人，以致于此。不然，尔民何罪？今方斋戒省咎，请罪于山川社稷，停催征。纵轻罪。尔民亦宜解讼罢争，息心火，无助烈焰。禁民间毋宰杀酗饮。前已遣老人遍行街巷，其益修火备，察奸民之因火为盗者。

中华传世藏书

王阳明全集

《王阳明全集》原典

一三七三

县令政有不平，身有缺失，其各赴县盲言，吾不惮改。

昨行被火之家，不下千余，实切痛心。何延烧至是，皆由衢道太狭，居室太密，架屋太高，无砖瓦之间，无火巷之隔。是以一遇火起，即不可救扑。昨有人言，民居夹道者，各退地五尺，以辟衢道，相连接者，各退地一尺，以拓火巷。此诚至计。但小民惑近利，迷远图，孰肯为久长之虑，徒往往临难追悔无及。今与吾民约，凡南北夹道居者，各退地三尺为街；东西相连接者，每间让地二寸为巷。又间出银一钱，助边巷者为墙，以断风火。沿街之屋，高不过一丈五六，厢楼不过二丈一二。违者各有罚。地方父老及子弟之谙达事体者，其即赴县议处，毋忽。

昨吴魁吴、石洪等军民互争火巷，魁昊等赴县腾告，以为军强民弱已久。在县之人，皆请抑军扶民。何尔民视吾之小也？夫民吾之民，军亦吾之民也。其田业吾赋税，其室宇吾井落，其兄弟宗族吾役使，其祖宗坟墓吾土地，何彼此乎？今吉安之军，比之边塞虽有间，然其差役亦甚繁难，月粮不得食者半年矣。吾方悯其穷，又可抑乎？今法度严厉，一陷于罪，即投诸边裔，出乐土，离亲戚，坟墓不保其守领，国典具在，吾得而绳之，何强之能为？彼为之官长者，平心一视，未尝少有同异。而尔民先倡为是说，使我负愧于彼多矣。今姑未责尔，教尔以敦睦，其各息争安分，毋相侵陵。火巷吾将亲视，一不得，吾其罪尔矣。诉状诸军，明早先行赴县面审。

谕告父老子弟，县令到任且七月，以多病之故，未能为尔民兴利去弊。中间局于时势，且复未免催科之扰。德泽无及于民，负尔父老子弟多矣。今兹又当北觐，私计往返，与父老且有半年之别。兼亦行藏靡定，父老其各训诫子弟，息忿罢争，讲信修睦，各安尔室家，保尔产业，务为善良，使人爱乐，勿作凶顽，下取怨恶于乡里，上招刑戮于有司。呜呼。言有尽而意无穷，县令且行矣，吾民其听之。

庐陵县公移

庐陵县为乞蠲免以苏民困事，准本县知县王关查得正德四年十一月二十六日，本县抄蒙本府纸牌，抄奉钦差镇守江西等处太监王钧牌，差吏龚彰赍原发银一百两到县，备仰掌印官督同主簿宋海拘集通县粮里，收买葛纱。比因知县员缺，主簿宋海官征钱粮，典史林嵩郭粮，止有县丞杨融署印。又蒙上司络绎行委，催提勘合人犯印信，更替不一。

正德五年三月十八日，本职方才到任，随蒙府差该吏郭孔茂到县守，并当拘粮里陈江等，著令领价收买。据各称本县地方，自来不产葛布，原派岁额，亦不曾开有葛布名色，惟于正德二年，蒙钦差镇守太监姚案行本布政司，备查出产葛布县分，行令依时采办，无产县分，量地方大小，出银解送收买。本县奉派折银一百五两。当时百姓呶呶，众口腾沸。江等迫于征催，一时无由控诉，只得各自出办赔贩。正德四年，仍前一百五两，又复忍苦赔解。今来复蒙催督买办，又在前项加派一百五两之外。百姓愈加惊惶，恐自此永为定额，遗累无穷。兼之岁办料杉、楠木、炭、牲口等项，旧额三千四百九十八两，今年增至一万余两，比之原派，几于三倍。其余公差往来，骚扰刻剥，日甚一日。江等自去年以来，前后赔贩七十余两，皆有实数可查。民产已穷，征求未息。况有旱灾相仍，疾疫大作，比巷连村，多至阖门而死，骨肉奔散，不相顾疗。幸而生者，又为征求所迫，弱者逃窜流离，强者群聚为盗，攻劫乡村，日无虚夕。今来若不呈乞宽免，切恐众情忿怨，一旦激成大变。为此连名具呈，乞为转申祈免等情。

据此欲为备由申请间，蓦有乡民千数拥入县门，号呼动地，一时不辨所言。大意欲求宽贷。仓卒诚恐变生，只得权辞慰解，谕以知县自当为尔等申诸上司，悉行蠲免。众始退听，徐徐散归。

本月初七日，复蒙镇守府纸牌催督前事，并提当该官吏，看得前项事件，既已与民相约，岂容复肆科敛？非惟心所不忍，兼亦势有难行。参照本职自到任以来，即以多病不出，未免有妨职务。坐视民困而不能救，心切时弊而不敢言，至于物情忿激，拥众呼号，始以权辞慰谕，又复擅行蠲免，论情虽亦纾一时之急，据理则亦非万全之谋。既不能善事上官，又何以安处下位？苟欲全信于民，其能免祸于己。除将原发银两解府转解外，合关本县当道垂怜小民之穷苦，俯念时势之难为，特赐宽容，悉与蠲免。其有迟违等罪，止坐本职一人，即行罢归田里，以为不职之戒。中心所甘，死且不朽等因。备关到县，准此，理合就行。

教场石碑

正德丁丑，瑶寇大起，江、广、湖、郴之间，骚然且四三年矣。于是三省奉命会征。乃十月辛亥，予督江西之兵，自南康人。甲寅，破横水、左溪诸巢，贼败奔。庚辛，复连战，贼奔桶冈。十一月癸酉，攻桶冈，大战西山界。甲戌，又战，贼大溃。丁亥，尽殄之。凡破巢八十有四，擒斩三千余，俘三千六百有奇，释其胁从千有余众。归流亡，使复业。度地居民，凿山开道，以夷险阻。辛丑，师旋。于乎。兵惟凶器，不得已而后用。刻茶寮之石，匪以美成，重举事也。

明朝皇帝列表

戊寅正月癸卯，计擒其魁，遂进兵击其懈。丁未，破三浰，乘胜追北，大小三十余战，灭巢三十有八，俘斩三千余。三月丁未，回军，壶浆迎道，耕夫遍野，父老咸欢。农器不陈，于今五年，复我常业，还我室家，伊谁之力？四省之寇，惟浰尤黠，拟官僭号，潜图孔蒸。正德丁丑冬，崋贼既殄，盖机险阱毒，以虞王师，我乃休士归农。赫赫皇威，匪威曷凭。爰伐山石，用纪厥成。

铭一首

来尔同志，古训尔陈。惟古为学，在求放心。心苟或放，学乃徒勤。勿忧文辞之不富，惟虑此心之未纯；勿忧名誉之不显，惟虑此心之或湮。斯须不敬鄙慢人，造次不谨放僻成。反观而内照，虚己以受人。言勿伤于烦易，志勿惰于因循。勿以亡而为有，勿以虚而为盈。勿遂非而文过，勿务外而徇名。温温恭人，允惟基德。堂堂张也，难与为仁。卓尔在如愚之回，一贯乃质鲁之参。终身可行惟一恕，三年之功去一矜。不贵其辩贵其讷，不患其钝忠其轻。惟黾焉而时敏，乃门然而日新。凡我同志，宜鉴兹铭。

箴一首

古之教者，莫难严师。师严道尊，教乃可施。严师维何？庄敬自持，外内若一，匪徒威仪。施教之道，在胜己私，孰义孰利，辨析毫厘。源之弗洁，厥流孔而。毋忽其细，慎独谨微，毋事于言，以身先之。教不由诚，日惟自欺。施不以序，孰云匪愚。庶予知新，患在好焉。凡我师士，宜鉴于兹。

阳朔知县杨君墓志铭

阳明子谪居贵阳，有齐衰而杖者，因乡进士郑銮氏而来请曰："阳朔令杨尚文卒，其孤侄卿来谓銮曰：'先伯父死无嗣子，所知我。后人又不竞，非得当世名贤勚一言于墓，将先德其泯废无日。子辱于伯父久，亦宜所甚悯，其若之何？'敢遂以卿奉其先人之遗币，再拜阶下以请。"

阳明子曰："嘻。予摈人惧僇辱之弗遑，奚取以铭人之墓为？其改图诸。"

卿伏阶下，泣弗兴。郑为之请益固。则登其状与币于席，而揖使归曰："吾徐思之。"

明日，卿来伏阶下泣。又明日复来，曰："不得命，无以即丧次。"馆下之士多为之请，且言尚文之为人曰："尚文敦信狷直，其居乡不苟与，所交必名士巨人，视侪辈之弗臧者若浼焉。尝召其友饮，狂士有因其友愿纳欢者，与偕往。尚文拒弗受曰：'吾为某不为若。'其峻绝如是。"

阳明子曰："其然，斯亦难得矣。今之人，惟同汙逐垢，弗自振立，故风俗靡靡至此。若斯人，又易得耶？"

因取其状视之，多若馆下士之言焉，乃许为之志：

维杨氏之先，居扬之泰州，祖廉，为监察御史，擢参议贵阳，卒遂家焉。考祥，终昭化县尹。生三子：伯敫；仲敞，即尚文；季敬，宰荆门之建阳驿。

尚文始从同郡都宪徐公授《易》。寻举乡荐，中进士乙榜，三为司训庐江、溧阳、平乐，总试事于蜀。末用大臣荐，擢尹桂林阳朔具。

瑶顽，弗即工者累年，尚文谕以威德，皆相率来受约束，供赋税。流移闻之，归复业者以千数。部使者以闻，将加擢用，而尚文死矣。得年仅五十有五。又无嗣。天于善人何哉。

然尚文所历，三庠之士思其教，阳朔之民怀其惠，乡之后进高其行，其与身没而名踣。又为人所秽鄙者，虽有子若孙何如哉？

娶同郡阮氏瑞，新昌主簿君女。尚文虽无子，有卿存焉，犹子也。

铭曰：狮山之麓，有封若斧。左冈右砠，栩栩其树。爰有周行，于封之下。乡人过者，来视其处，曰："呜乎。斯杨尹之墓耶？"

刘子青墓表

此浙江按察金事刘子青之墓。呜呼。子青洁其行不洁其名，有其实不宏其声。宁藩之讨，子青在师，相知甚悉。吾每称其才敏，而世或訾之以无能。吾每称其廉慎，而世或诟之以不清。岂非命耶？安常委命，其往而休。人谓子青为愤抑不平以卒，殆其不然。既以奠于子青，复以识其墓石。

祭刘仁征主事

维正德三年岁次戊辰十一月十八日，友生王某谨以清酌庶羞，致奠于亡友刘君。

呜呼。仁者必寿，吾敢谓斯言之予欺乎？作善而降殃，吾窃于君而有疑乎？蹠、跷之得志，在往昔而既有，夷、平之馁以称也，亦宁独无于今之时乎？人谓君之死，瘴疠为之。

噫嘻。彼封豕长蛇，膏人之髓，肉人之肌者，何啻千百，曾不彼厄，而惟君是罹。斯言也，吾初不以为是。人又谓瘴疠盖不正之气，其与人相遭于幽昧遭难之区也，在险邪为同类，而君子为非宜。则斯言也，吾又安得而尽非之乎？

于乎。死也者，人之所不免。名也者，人之所不可期。虽修短枯荣，变态万状，而终必归于一尽。君子亦曰："朝闻道，夕死可矣。"视若夜旦。其生也奚以喜？其死也奚以悲乎？其视不义之物，若将浼己，又肯从而奔趋之乎？而彼认为己有，恋而弗能舍，因以沉酗于其间者，近不出三四年，或八九年，远及一二十年，固已化为尘埃，荡为沙泥矣。而君子之独存者，乃弥久而益辉。

呜呼。彼龟鹤之长年，蜉蝣亦何自而知之乎？属有足疾，弗能走哭，寄奠一觞，有泪盈掬。复何言哉。复何言哉。呜呼尚飨。

祭陈判官文

维嘉靖七年月日，钦差总制四省军务新建伯兵部尚书兼都察院左部御史王，差南宁府推官冯衡，南宁卫指挥王佐，致祭于已故德庆州陈判官之墓。

往年罗漭、渌水诸贼为地方患害，判官尝与已故指挥李松议设墟场以制御贼党，安靖地方，殚心竭力，尽忠国事，人皆知之。然其时百姓虽稍赖以宁，而各贼之不得肆其凶虐者，嫉恨日深。其后不幸判官与李松竟为贼首赵木子等所害。以忠受祸，心事未由暴白。连年官府亦欲为之讨贼雪愤，然以地方多事之故，义恐锋刃所加，玉石无分，滥及良善，是以因循未即进兵。今贼首赵木子等已为该道官兵用计擒获，明正典刑。松与判官之忠勤益以彰著。已特遣官以赵木子等各贼首级祭告于李松之墓矣。今复遣南宁府卫官祭告于判官之墓。死而有知，亦可以少泄连年忠愤不平之气也夫。

祭张广溪司徒

呜呼。留都之别，倏焉二载，讵谓迄今，遂成永诀，呜呼伤哉。悼朋侪之零落，悲岁月之遄逝，感时事之艰难，叹老成之凋谢。伤心触目，有泪如泻。灵柩南还，维江之湄。聊奠一觞，以寄我悲。呜呼伤哉。

续编四

是卷师作于弘治初年，筮仕之始也。自题其稿曰《上国游》。洪葺师录，自辛巳以后文字，厘为《正录》；已前文字，则间采《外集》，而不全录者。盖师学静入于阳明洞，得悟于龙场，大彻于征宁藩。多难殷忧，动忍增益，学益彻则立教益简易，故一切应酬诸作，多不汇入。是卷已废阁逸稿中久矣，兹刻《续录》，复检读之。见师天禀夙悟，如玉出璞，虽未就追琢，而暗暗内光。因叹师禀夙智，若无学问之全功，则逆其所造，当只止此。使学者智不及师，肯加学问之全功，则其造诣日精，当亦莫御。若智过于师，而功不及师，则终无所造，自负其质者多矣。乃复取而刻之。俾读师全录者，闻道贵得真修，徒恃其质，无益也。嘉靖辛酉，德洪百拜识。

鸿泥集序

《鸿泥集》十有三卷、《燕居集》八卷，半闲龙先生之作也。其子金宪君致仁将刻诸梓，而属其序于守仁曰："斯将来之事也，然吾家君老矣，及见其言之传焉，庶以悦其心。吾子以为是传乎？"

守仁曰："是非所论也，孝子之事亲也，求悦其心志耳目，惟无可致力，无弗尽焉。况其言语文辞，精神之所存，非独意玩于泽之余，其得而忽也。既思永其年，又思永其名，笃爱无已也。将务悦其亲，宁是之与论乎？"

君曰："虽然，吾子言之。"

守仁曰："是乃所以自尽者。夫必其弗传也，斯几于不仁；必其传之也，斯几于不知其传也。属之己，其传之弗传之也，属之人。姑务其属之己也已。"

君曰："虽然，吾子必言之。"

守仁曰："绘事之诗，不入于《风》、《雅》；《孺子之歌》，见称于孔、孟。然则古之人其可传而弗传者多矣，不冀传而传之者有矣。抑传与不传之间乎！昔马谈之史，其传也，迁成之；班彪之文，其传也，固述之。卫武公老矣，而有抑之戒，盖有道矣。夫子删《诗》，列之《大雅》，以训于世。吾闻先生年八十，而博学匪懈，不忘乎警惕，又尝数述《六经》、宋儒之绪论。其于道也，有闻矣；其于言也，足训矣。致仁又尊显而张大之，将益兴起乎道德，而发挥乎事业，若泉之达，其放诸海，不可限而量。是集也，其殆有传乎？"

致仁起拜曰："是足以为家君寿矣。霓也敢忘吾子之规？"遂书之为叙。

澹然子序有诗

澹然子四易其号：其始曰凝秀，次曰完斋，又次曰友葵，最后为澹然子。阳明子南迁，遇于潇湘之上，而语之故，且属诗焉，诗而叙之。

其言曰："人，天地之心，而五行之秀也。凝则形而生，散则游而变。道之不凝，虽生犹变。反身而诚，而道凝矣。故首之以'凝秀'。道凝于己，是为率性。率性而人道全，斯之谓'完'，故次之以'完斋'。完斋者，尽己之性也。尽己之性，而后能尽人之性，尽万物之性，至于草木，至矣。

葵，草木之微者也，故次之以'友葵'。友葵，同于物也。内尽于己，而外同乎物，则一矣。一则吻然而天游，混然而神化，同归而殊途，一致而百虑，天下何思何虑矣。故次之以'澹然子'终焉。"

或曰："阳明子之言，伦矣，而非澹然子之意也。澹然之意，玄矣，而非阳明子之言也。"

阳明子闻之曰："其然，岂其然乎？"书之以质于澹然子。澹然子，世所谓滇南赵先生者也。

诗曰：两端妙阖辟，五连无留停。藐然覆载内，真精谅斯凝。鸡犬一驰放，散失随飘零。惺惺日收敛，致曲乃明诚。

明诚为无忝，无忝斯全归。深渊春冰薄，千钧一丝微。肤发尚如此，天命焉可违？参乎吾与尔，免矣幸无亏。

人物各有禀，理同气乃殊。曰殊非有二，一本分澄淤。志气塞天地，万物皆吾躯。炯炯倾阳性，葵也吾友于。

孰葵孰为予，友之尚为二。大化岂容心，縶我亦何意。悠哉澹然子，乘化自来去。澹然匪冥然，勿忘还勿助。

寿杨母张太孺人序

考功主事杨名父之母张太孺人，以敏慧贞肃为乡邑女氏师，凡乡人称闺阃之良，必曰张太孺人。而名父亦以孝行闻。苟拟人物，有才识行谊，无问知不知，必首曰名父。名父盖今乡评士论之公则尔也。

今年六月，太孺人寿六十有七，大夫卿士美杨氏母子之贤，以为难得，举酒毕贺。于是太孺人之长女若婿，从事于京师，且归，太孺人一旦欣然治装，欲与俱南。名父帅妻子从亲戚百计以留。太孺人曰："噫，小子无庸尔焉！自尔举进士，为令三邑，今为考功，前后且十有八年，吾能一日去尔哉？尔为令，吾见尔出入以劳民务，昕夕不遑，而尔无怠容，吾知尔之能勤。然其时监司督于上，或尔有所畏也。见尔之食贫自守，一介不以苟，而以色予养，吾知尔之能廉。然其时方有以贿败者，或尔有所惩电。见尔毁淫祠，崇正道，礼先贤之后，旌行举孝，拳拳以风俗为心，吾知尔能志于正。然其时远近方以是烨，尔或以是发闻也。自尔入为部属且五年，庶几得以自由，而尔食忘味，寝忘寐，鸡鸣而作，候予寝而出朝于上，疾风甚雨，雷电晦暝，而未尝肯以一日休，予然后信尔之诚于勤身。与妻子为清苦，而澹然以为乐；交天下之士，而莫有以苞苴馈遗至，予然后信尔之诚于廉。凡交尔而来者，予耳其言，非文学道义之相资，则朝廷之政、边徼之务是谋，磨砻砥砺，惟不及古之人是忧焉，予然后信尔之诚志于正，而非有所色取于其外，吾于是而可以无忧尔也已。且尔弟亦善养。吾老矣，姻族乡党之是怀，南归，予乐也。"名父跽请不已。太孺人曰："止。而独不闻之，夫煦煦焉饮食供奉以为孝，而中衡拂之，孰与乐亲之心而志之养乎？"名父惧，乃不敢请。缙绅士夫闻太孺人之言者，莫不咨嗟叹息，以为虽古文伯、子舆之母何以加是。于是相与倡为歌诗，以颂太孺人之贤，而嘉名父之能养。某于名父厚也，比而序之。

对菊联句序

职方南署之前，有菊数本，阅岁既槁。李君贻教为正郎。于时天子居亮闇，西北方多事，自夏徂秋，荒顿窘戚，菊发其故丛，高及于垣署。花盛开且衰，而贻教尚未之知也。一日，守仁与黄明甫过贻教语，开轩而望，始见焉。计其时，重阳之节既去之旬有五日。相与感时物之变衰，叹人事之超忽，发为歌诗，遂成联句。郁然而忧深，悄然而情隐，虽故托辞于觞咏，而沉痛惋悒，终有异乎昔之举酒花前，剧饮酣歌，陶然而乐者矣。古之人谓菊为花之隐逸，则菊固惟涧谷岩洞村圃篱落之是宜。而以植之簿书案牍之间，殆亦昔之所谓"吏而隐者"欤？守仁性僻而野，尝思鹿豕木石之群。贻教与明甫，虽各惟利器，处剧任，而飘然每有烟霞林壑之想。以是人，对是菊，又当是地，呜呼！固宜其重有感也已！

东曹倡和诗序

正德改元之三月，两广缺总制大臣。朝议以东南方多事，其选于他日，宜益慎重。于是湖南熊公由兵部左侍郎且满九载秩矣，擢左都御史以行。众皆以两广为东南巨镇，海外诸蛮夷之所向背，如得人而委之，天子四方之忧可免二焉。虽于资为屈，而以清德厚望，选重可知矣。然而司马执兵之枢，居中斡旋，以运制四外，不滋为重欤？方其初议时，亦有以是言者。虑非不及，而当事者卒以公之节操才望为辞，谓非公不可，其意实欲因是而出公于外也。于是士论哄然以为非宜。然已命下无及矣。为重镇得贤大臣而抚之，朝议以重举，而公以德升，物议顾怏然而不满也。衡物之情，以行其私，而使人怀不满焉，非夫忘世避俗之士，不能无忧焉。自命下，暨公之行，曹属之为诗以写其眷留之情者，凡若干人。以前驱之骤发也，叙而次之仅十之一。遮公御而投之，庸以寄其私焉。

豫轩都先生八十受封序

弘治癸亥冬，守仁自会稽上天目，东观于震泽。遇南濠子都玄敬于吴门。遂偕之入玄墓，登天平。还，值大雪，次虎丘。凡相从旬有五日。予与南濠子为同年，盖至是而始知其学之无所不窥也。

归造其庐，获拜其父豫轩先生。与予坐而语，盖屯然其若避而汇趋也，秩然其若敛而阳煦也。予坎然而心撼焉，倏而色惭焉，倏而目骇焉，亡予之故。

先生退，守仁谓南濠子曰："先生殆有道者欤！胡为乎色之不存予，而德之予薰也？"南濠子笑而颔之曰："然，子其知人哉！吾家君于艺鲜不通，而人未尝见其学也。于道鲜不究而人未尝知其有也。夫善之弗彰也，则于子乎避。虽然，吾家君则甚恶之。吾子既知之也，穆其敢隐乎？凡穆之所见知于吾子皆吾家君之所弗屑也。故乡之人无闻焉。非吾子之粹于道，其宁孰识之？"

夫南濠子之学以该洽闻，四方之学者，莫不诵南濠子之名，而莫有知其学之出自先生者。先生之学，南濠子之所未能尽，而其乡人曾莫知之。古所谓潜世之士哉！彼且落其荣而核之存，彼且固灵株而塞其兑，彼且被褐而怀玉，离形迹，遁声华，而以为知己者累，孰比比焉？迹形骸而求之，其远哉！

今年先生寿八十，神完而气全，齿发无所变。八月甲寅，天子崇徽，号于两宫，推恩臣下。于是南濠子方为冬官主事，得被异数，封先生如其官。同年之任于京者，美先生之高寿，乐南濠子之获荣其亲也，集而贺之。

夫乐寿康宁，世之所慕，而予不敢以为先生侈。章服华宠，世之所同贵，而予不敢以为先生荣。南濠子以予言致之先生，亦且以予为知言乎？乙丑十月序。

送黄敬夫先生佥宪广西序

古之仕者，将以行其道；今之仕者，将以利其身。将以行其道，故能不以险夷得丧动其心，而惟道之行否为休戚。利其身，故怀土偷安，见利而趋，见难而惧。非古今之性尔殊也，其所以养于平日者之不同，而观夫天下者之达与不达耳。

吾邑黄君敬夫，以刑部员外郎擢广西按察佥事。广西，天下之西南徼也。地卑湿而土疏薄，接境于诸岛蛮夷；瘴疠郁蒸之气，朝夕弥茫，不常睹日月；山獐海獠，非时窃发；鸟妖蛇毒之患，在在而有。固今仕者之所惧而避焉者也。

然予以为中原固天下之乐土，人之所趋而聚居者。然中原之民至今不加多，而岭广之民至今不加少，何哉？中原之民，其始非必尽皆中原者也，固有从岭广而迁居之者矣。岭广之民，其始非必尽皆岭广者也，固有从中原而迁居之者矣。久而安焉，习而便焉，父兄宗族之所居，亲戚坟墓之所在，自不能一日舍此而他也。古之君子，惟知天下之情不异于一乡，一乡之情不异于一家，而家之情不异于吾之一身。故视其家之尊卑长幼，犹家之视身也；视天下之尊卑长幼，犹乡之视家也。是以安土乐天，而无人不自得。后之人视其兄之于己，固已有间，则又何怪其险夷之异趋，而利害之殊节也哉？今仕于世，而能以行道为心，求古人之意，以达观夫天下，则岭广虽远，固其乡闾；岭广之民，皆其子弟；郡邑城郭，皆其父兄宗族之所居；山川道里，皆其亲戚坟墓之所在。而岭广之民，亦将视我为父兄，以我为亲戚，雍雍爱戴，相眷恋而不忍去，况以为惧而避之耶？

敬夫吾邑之英也。幼居于乡，乡之人无不敬爱。长徙于南畿之六合，六合之人，敬而爱之，犹吾乡也。及举进士，宰新郑，新郑之民曰："吾父兄也。"入为冬官主事，出治水于山东，改秋官主事，擢员外郎，僚采曰："吾兄弟也。"盖自居于乡，以至于今，经历且十余地，而人之敬爱之如一日。君亦自为童子以至于为今官，经历且八九职，而其所以待人爱众者，恒如一家。今之擢广西也，人咸以君之贤，宜需用于内，不当任远地。君曰："吾则不贤。使或贤也，乃所以宜于远。"

呜呼！若君者可不谓之志于行道，素养达观，而有古人之风也欤？夫志于为利，虽欲其政之善，不可得也。志于行道，虽欲其政之不善，亦不可得也。以君之所志，虽未有所见，吾犹信其能也。况其赫烨之声，奇伟之绩，久熟于人人之耳目，则吾于君之行也，颂其所难而易者见矣。

性天卷诗序

锡之崇安寺有浮屠净觉者，扁其居曰"性天"。因地官秦君国声而请序于予。予不知净觉，顾国声端人也，而净觉托焉，且尝避所居以延国声诵读其间，此其为人必有可与言者矣。然"性天"既非净觉之所及，而"性"与"天"又孔子之所罕言，子贡之所未闻，则吾亦岂易言哉？吾闻浮屠氏以寂灭为宗，其教务抵于木槁灰死，影绝迹灭之境，以为空幻。则净觉所谓"性天"云者，意如此乎？净觉既已习闻，而复予请焉，其中必有愿也，吾不可复以此而渎告之。姑试与净觉观于天地之间，以求所谓"性"与"天"者而论之。

则凡赫然而明，蓬然而生，訇然而惊，油然而兴，凡荡前拥后，迎盼而接眙者，何适而非此也哉？今夫水之生也润以下，木之生也植以上，性也。而莫知其然之妙，水与木不与焉，则天也。激之而使行于山巅之上，而反培其末，是岂水与木之性哉？其奔决而仆，天固非其天矣。人之生，入而父子、夫妇、兄弟，出而君臣、长幼、朋友，岂非顺其性以全其天而已耶？圣人立之以纪纲，行之以礼乐，使天下之过弗及焉者，皆于是乎取中，曰"此天之所以与我，我之所以为性"云耳。不如是，不足以为人，是谓丧其性而失其天。而况于绝父子，屏夫妇，逸而去之耶？吾儒之所谓性与天者，如是而已矣。若曰"性天之流行"云，则吾又何敢躐以亵净觉乎哉？

夫知而弗以告，谓之不仁；告之而躐其等，谓之诬；知而不为焉者，谓之惑。吾不敢自陷于诬与不仁。观净觉之所与，与其所以请，亦岂终惑者邪？既以复国声之请，遂书于其卷。

送陈怀文尹宁都序

木之产于邓林者，无弃材；马之出于渥洼者，无凡足。非物性之有异，其种类土地使然也。剡溪自昔称多贤，而陈氏之居剡者，尤为特盛。其先有讳过者，仕宋，为侍御史。子匡，由进士为少詹事。匡之四世孙圣，登进士，判处州。子颐，征著作。颐子国光，元进士，官大理卿。光侄彦范为越州路总管。至怀文之兄尧，由乡进士掌教濮州。弟璟，蜀府右长史。

珂，进士，刑曹主事。衣冠文物，辉映后先，岂非人之所谓邓林、渥洼者乎？宜必有环奇之材，绝逸之足，干青云而蹑风电者，出乎其间矣。

怀文始与予同举于乡，望其色而异，耳其言而惊。求其世，则陈氏之产也。曰：“嘻！异哉，土地则尔，他时柱廊庙而致千里者，非彼也欤！”既而匠石靡经，伯乐不遇，遂复困寂寞而伏监车者十有五年。斯则有司之不明，于怀文固无病也。今年赴选铨曹，授尹江西之宁都。夫以怀文合抱之具，此宜无适而不可。顾宁都百里之地，吾恐怀文之骥足有所不展也。然而行远之迹，登高之卑，自今日始矣。则如予之好于怀文者，于其行能无言乎？赠之诗曰：

矫矫千金骏，郁郁披云枝。跑风拖雷电，梁栋惟其宜。寒林栖落日，暮色江天厄。元龙湖海士，客衣风尘缁。牛刀试花县，鸣琴坐无为。清濯庐山云，心事良独奇。悠悠西江水，别怀谅如斯。”

送骆蕴良潮州太守序

昔韩退之为潮州刺史，其诗文间亦有述潮之土风物产者。大抵谓潮为瘴毒崎险之乡。而海南帅孔戣又以潮州小，禄薄，特给退之钱千十百，周其阙乏。则潮盖亦边海一穷州耳。今之岭南诸郡，以饶足称，则必以潮为首举，甚至以为虽江、淮财赋之地，亦且有所不及。岂潮之土地啬于古而今有所丰，抑退之贬谪之后，其言不无激于不平而有所过也？退之为刑部侍郎，谏迎佛骨，天子大怒，必欲置之死。裴度、崔群辈为解，始得贬潮州。则潮在当时不得为美地，亦略可见。今之所称，则又可以身至而目击，固非出于妄传。特其地之不同于古，则要为有自也。

予尝谓：牧守之治郡，譬之农夫之治田。农夫上田，一岁不治则半收。再岁不治则无食，三岁不治则化为芜莽，而比于瓦砾。苟尽树艺之方，而勤耕耨之节，则下田之收与上等。江、淮故称富庶，当其兵荒之际，凋残废瘠，固宜有之。乃今重熙累洽之日，而其民往往有不堪之叹，岂非以其俗素习于奢逸，而上之人又从而重敛繁役之刻剥，环四面而集，则虽有良守牧，亦一暴十寒，其为生也无几矣。潮地岸大海积，无饶富之名，其民贡赋之外，皆得以各安地利，业俭朴，而又得守牧如退之、李德裕、陈尧佐之徒相望而抚掬梳摩之，所以积有今日之盛，实始于此。迄十余年来，富盛之声既扬，则其势不能久而无动。有司者又将顾而之焉。则吾恐今日之潮，复为他时之江淮，其甚可念也。

今年潮知府员缺，诸暨骆公蕴良以左府经历擢是任以往。公尝守安陆，至今以富足号，遂用是建重屏其地。继后循其迹而治之者，率多有声闻。及入经历左府都督事，兵府政清，自府帅下迨幕属军吏，礼敬畏蚁，不谋而同。其于潮州也，以其治安陆者治之，而又获夫上下之心，如今日之在兵府，将有为而无不从，有革而无不听，政绩之美，又果足为后来者之所遵守，则潮之富足，将终保于无恙，而一郡民神为有福矣。夫为天子延一郡之福，功岂小乎哉？推是以进，他日所成，其又可论？公僚友李载旸辈请言导公行。予素知公之心，且稔其才，自度无足为赠者，为潮民庆之以酒，而颂之以此言。

高平县志序

《高平志》者，高平之山川、土田、风俗、物产无不志焉。曰高平，则其地之所有皆举之矣。

《禹贡职方》之述，已不可尚。汉以来《地理郡国志》、《方舆胜览》、《山海经》之属，或略而多漏，或诞而不经，其间固已不能无憾。惟我朝之《一统志》，则其纲简于《禹贡》而无遗，其目详于《职方》而不冗。然其规模宏大阔略，实为天下万世而作，则王者事也。若夫州县之志，固又有司者之职，其亦可缓乎？

弘治乙卯，慈溪杨君明甫令泽之高平。发号出令，民既悦服。乃行田野，进父老，询邑之故，将以修废举坠。而邑旧无志，无所于考。明甫慨然太息曰："此大阙，责在我。"遂广询博采，搜秘阙疑，旁援直据，辅之以己见，遵《一统志》凡例，总其要节，而属笔于司训李英，不逾月编成。于是繁剧纷沓之中，不见声色，而数千载散乱沦落之事，弃废磨灭之迹，灿然复完。明甫退然若无与也。邑之人士动容相庆，骇其昔所未闻者之忽睹，而喜其今所将泯者之复明也。走京师，请予序。

予惟高平即古长平，战国时秦白起攻赵，坑降卒四十万于此，至今天下冤之。故自为童子，即知有长平。慷慨好奇之士，思一至其地，以吊千古不平之恨，而不可得。或时考图志以求其山川形势于仿佛间。予尝思睹其志，以为远莫致之，不谓其无有也。盖尝意论赵人以四十万俯首降秦，而秦卒坑之，了无哀恤顾忌，秦之毒虐，固已不容诛，而当时诸侯，其先亦自有以取此者。夫先王建国分野，皆有一定之规画经制。如今所谓志书之类者，以纪其山川之险夷，封疆之广狭，土田之饶瘠，贡赋之多寡，俗之所宜，地之所产，井然有方。俾有国者之子孙世守之，不得以己意有所增损取予，夫然后讲信修睦，各保其先世之所有，而不敢冒法制以相侵陵。战国之君，恶其害己，不得骋无厌之欲也，而皆去其籍。于是强陵弱，众暴寡，兼并僭窃，先王之法制荡然无考，而奸雄遂不复有所忌惮。故秦敢至于此。然则七国之亡，实由文献不足证，而先王之法制无存也。典籍图志之所关，其不大哉？

今天下一统，皇化周流。州县之吏，不过具文书，计岁月，而以赘疣之物视图志。不知所以宜其民，因其俗，以兴滞补弊者，必于志焉是赖。则固王政之首务也。今夫一家，且必有谱，而后可齐，而况于州县？天下之大，州县之积也。州县无不治，则天下治矣。明甫之独能汲汲于此，其所见不亦远乎！明甫学博而才优，其为政廉明，毁淫祠，兴社学，敦伦厚俗，扶弱锄强，实皆可书之于志以为后法。而明甫谦让不自有也。故予为序其略于此，使后之续志者考而书焉。

送李柳州序

柳州去京师七千余里，在五岭之南。岭南之州，大抵多卑湿瘴疠，其风土杂夷从，自昔与中原不类。唐、宋之世，地尽荒服。吏其土者，或未必尽皆以谴谪，而以谴谪至者居多。士之立朝，意气激轧，与时抵忤，不容于侪众，于是相与摈斥，必致之远地。故以谴谪而至者，或未必尽皆贤士君子，而贤士君子居多。予尝论贤士君子，于平时随事就功，要亦与人无异。至于处困约之乡，而志愈励，节益坚，然后心迹与时俗相去远甚。然则非必贤士君子而后至其地，至其地而后见贤士君子也。

唐之时，柳宗元出为柳州刺史，刘蕡斥为柳州司户。蕡之忠义，既已不待言。宗元之出，始虽有以自取，及其至柳，而以礼教治民，砥砺奋发，卓然遂有闻于世。古人云："庸玉女于成也。"其不信已夫？自是寓游其地，若范祖禹、张廷坚、孙觌、高颖、刘洪道、胡梦昱辈，皆忠贤刚直之士，后先相继不绝。故柳虽非中土，至其地者，率多贤士。是以习与化移，而衣冠文物，蔚然为礼义之邦。我皇明重熙累洽，无间迩遐，世和时泰，瘴疠不兴。财货所出，尽于东南。于是遂为岭南甲郡，朝廷必择廉能以任之。则今日之柳州，固已非唐、宋之柳州，而今日之官其土者，岂惟非昔之比，其为重且专，亦较然矣。

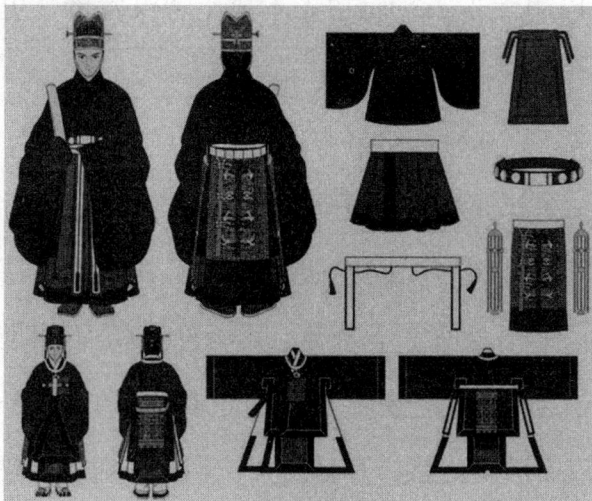

明朝祭服

弘治丙辰，柳州知府员缺，内江李君邦辅自地官正郎膺命以往。人皆以邦辅居地官十余年，绰有能声，为缙绅所称许，不当远去万里外。予于邦辅知我也，亦岂不惜其远别？顾邦辅居地官上曹，著廉声，有能绩，徐速自如，优游荣乐之地，皆非人所甚难，人亦不甚为邦辅屈，不知其中之所存。今而间关数千里，处险僻难为之地，得以试其坚白于磨涅，则邦辅之节操志虑，庶几尽白于人人，而任重道远，真可以无负今日缙绅之期望，岂不美哉！夫所处冒艰险之名，而节操有相形之美，以不满人之望，加之以不自满之心，吾于邦辅之行所以独欣然而私喜也。

送吕丕文先生少尹京丞序

昔萧望之为谏议大夫，天子以望之议论有余才，任宰相，将观以郡事。而望之坚欲拾遗左右，后竟出试三辅。至元帝之世，而望之遂称贤相焉。

古之英君，其将任是人也，既已纳其言，又必考其行；将欲委以重，则必老其才。所以用无不当，而功无不成。若汉宣者，史称其综核名实，盖亦不为虚语矣。

新昌吕公丕文，以礼科都给事中擢少尹南京兆。给事，谏官也。京兆，三辅之首也。以给事试京兆，是谏官试三辅也。是其先后名爵之偶同于望之，非徒以宠直道而开谠言，固亦微示其意于其间耳。吕公以纯笃之学，忠贞之行，自甲辰进士为谏官十余年。其所论于朝而建明者，何如也？致于上而替可否者，何如也？声光在人，公道在天下。圣天子询事考言，方欲致股肱之良，以希唐虞之盛，耳目之司，顾独不重哉？然则公京兆之擢，固将以信其夙所言者于今日，而须其大用于他时也。其所以贤而试之，有符于汉宣之于望之。而其所将信而任之，则吾又知其决非彼若而已也。君行矣，既已审上意之所在，公卿大夫士，倾耳维新之政，以券其所言，且谓日需其效以俟庸也，其得无念于斯行乎哉？

学士谢公辈与公有同举同乡之好，饮以饯之。谓某也宜致以言。予惟君之文学政事，于平常既已信其必然，知言之弗能毫末加也。而超擢之荣，又不屑为时俗道。若夫名誉之美，期俟之盛，则固君之所宜副，而实诸公饮饯之情也。故比而序之以为赠。

庆吕素庵先生封知州序

朝廷褒德显功，因其子以及其亲，斯固人情事理之所宜然，盖亦所谓忠厚之至也。然旧制京官三载举，得推恩，而州县之职，非至于数载之外，屡为其上官所荐扬，则终不可幸而致。故京官之得推恩，非必其皆有奇绩异能者，苟得及乎三载，皆可以坐而有之。州县之职，非必其皆无奇绩异能，苟其人事之不齐，得于民矣而不获乎上，信于己矣，而未孚于人，百有一不如式，则有司者以例绳之，虽累方岳，欲推恩如其京官之三载者焉，不可得也。

夫父母之所以教养其子，而望其荣显夫我者，岂有异情哉？人子之所以报于其亲，以求乐其心志者，岂有异情哉？及其同为王臣，而其久近难易，相去悬绝如此，岂不益令人重内而轻外也！夫惟其难若此，其久若此，而后能有所成就，故其教子之荣，显亲之志，亦因之而有盛于彼，皆于此见焉。

浙之新昌有隐君子曰素庵吕公者，今刑部员外郎中原之父也。自幼有洁操，高其道，不肯为世用。优游烟壑，专意教其子，使之尽学夫修己治人之方。凡其所欲为而不及为者，皆一以付之，曰："吾不能有补于时，不可使吾子复为独善者。"学成，使之仕。成化庚子，中原遂领乡荐，与家君实同登焉。甲辰举进士，出守石州。石故号难治，中原至，即除旧令之不便于民者，布教条，为约束，以其素所习于家庭者，坐而治之，民皆靡然而从，翕然而起。士夫之腾于议者，部使之扬荐者曰："某廉吏，某勤吏，某才而有能，某贤而多智。"必皆于中原是归焉。有司奉旧典，推原中原厥绩所自，而公之所以训诲其子之功为大。天子下制褒扬，封公为奉直大夫，配某氏，封宜人，以宠荣之。乡士夫皆曰："子为京职，而能克享褒封者，于今皆尔，此不足甚异。公之教其子，为其难而独能易，其获此，则不可以无贺。"于是李君辈皆为诗歌，而来属予言。

予惟天下之事，其得之也不难，则其失之也必易；其积之也不久，则其发之也必不宏。今夫松柏之拂穹霄而击车轮也，其始盖亦必有蔽于蓬蒿，而厄于牛羊，以能有成立。公之先世，自文惠公以来，相业吏治，世济其美，固宜食报于其后矣；而不食以钟于公。公之道自足以显于时矣；而不显，以致于其子。且复根盘节错而中为之处焉，乃有所获。是岂非所谓积之久而得之难者欤？则其他日所发之宏大，其子之陟公卿而树勋业，身享遐龄，以永天禄于无穷，盖未足以尽也。然则公之可贺者在此，而不专于彼。某也敢赘言之？

贺监察御史姚应隆考绩推恩序

御史姚君应隆监察江西道之三年，冢宰考其绩有成，以最上。于是天子进君阶文林郎，遂下制封君父坡邻公如君之阶，君母某氏为孺人，及君之配某氏。于是僚友毕贺，谓某尤厚于君，属之致所以贺之意。

某曰："应隆之幼而学之也，坡邻公之所以望之者何？将不在于树功植名，以光大其门闾已乎？坡邻公之教之，而应隆之所以自期之者何？将不在于显扬其所生以不负其所学已乎？然此亦甚难矣。铢铢而积之，皓首而无成者，加半焉。幸而有成，得及其富盛之年，以自奋于崇赫之地者几人？是几人者之中，方起而踬，半途而废，垂成而毁者，又往往有之。可不谓之难乎？应隆年二十一而歌《鹿鸣》于乡，明年，遂举进士，由郎官陟司天子耳目。谓非富盛之年以自奋于崇赫之地不可也。英声发于新喻，休光著于沛邑，而风裁振于朝署，三年之间，遂得以成绩被天子之宠光于其父母。谓非树功植名以光大其门闾而显扬其所生，不可也。坡邻之所望，应隆之所自期，于今日而两有不负焉。某也请以是为贺。虽然，君子之成身也，不惟其外，惟其中；其事亲也，不惟其文，惟其实。应隆之所以自奋于崇赫之地者，果足以树身植名而成其身已乎？外焉而已耳。应隆之所以被宠光于其父母者，果足以为显扬其所生而为事亲之实已乎？文焉而已耳。夫子曰：'成身有道。不明乎善，不成其身矣。'斯之为中。'悦亲有道。反身不诚，不悦于亲矣。'斯之谓实。应隆内明而外通，动以古之豪杰自标准。其忠孝大节，皆其素所积蓄。虽隐而不扬，其所以成身而事亲者自若也。况其外与文者，又两尽焉，斯其不益足贺乎？"

送绍兴佟太守序

成化辛丑，予来京师，居长安西街。久之，文选郎佟公实来与之邻。其貌顾然以秀，其气熙然以和，介而不绝物，宽而有分剂。予尝私语人，以为此真廊庙器也。既而以他事外补，不相见者数年。

弘治癸丑，公为贰守于苏。苏大郡，繁而尚侈，机巧而多伪。公至，移侈以朴，消伪以诚。勤于职务，日夜不懈。时予趋京，见苏之士夫与其民之称颂之也，于是始知公之不独有其德器，又能循循吏职。

甲寅，移守嘉兴。嘉兴，财赋之地，民苦于兼并，俗残于武断。公大锄强梗，剪其芜蔓，起嘉良而植之。予见嘉之民欢趋鼓舞，及其士夫之钦崇之也，于是又知公有刚明果决之才，不独能循循吏事，乃叹其不可测识固如此。

今年吾郡太守缺。吾郡繁丽不及苏，而敦朴或过；财赋不若嘉，而淳善则逾。是亦论之通于吴、越之间者。然而迩年以来，习与时异，无苏之繁丽，而亦或有其靡；无嘉之财赋，而亦或效其强。每与士大夫论，辄叹息兴怀，以为安得如昔之化苏人者而化之乎？安得如昔之变嘉民者而变之乎？方思公之不可得，而公适以起服来朝。又惧吾郡之不能有公也，而天子适以为守。士大夫动容相贺，以为人所祝愿，而天必从之意者，郡民之福，亦未艾也。

公且行，相与举杯酒为八邑之民庆，又不能无惧也。公本廊庙之器，出居于外者十余年，其为苏与嘉，京师之士论，既已惜其归之太徐。其为吾郡，能几月日？且天子之意，与其福一郡，孰与福天下之大也。虽然，公之去苏与嘉，亦且数年，德泽之流，今未替也。公虽不久于吾郡矣，如其不得公也，则如之何！

送张侯宗鲁考最还治绍兴序

胶州张侯宗鲁之节推吾郡也，中清而外慎，宽持而肃行，大获于上下，以平其政刑，三载而绩成，是为弘治十三年，将上最天曹。吾父老闻侯之有行也，皆出自若耶山谷间，送于钱清江上。侯曰："父老休矣。吾无德政相及，徒勤父老，吾惧且怍。父老休矣，吾无以堪也。"父老曰："明府知斯水之所以为钱清者乎？昔汉刘公之去吾郡也，吾侪小人之先，亦皆出送，各有所赠献。刘公不忍违先民之意，乃人取一钱，已而投之斯水，因以名焉。所以无忘刘公之清德，且以志吾先民之事刘公，其勤如此也。今明府之行，吾侪小人，限于法制，既不敢妄有所赠献，又不获奔走服役，致其惓惓之怀，其如先民何？"固辞不可，复行数十里，始去。

三月中旬，侯至于京师，天曹以最上。明日，遂驾以行。乡先生之仕于朝者，闻之，皆出饯，且邀止之曰："侯之远来，亦既劳止。适有司之不暇，是以未能羞一觞于从者，是何行之速耶？"侯俯而谢。复止之曰："侯之劳于吾郡，三年有余，今者行数千里，无非为吾民其勤且劬也，事既竣矣，吾党不得相与为一日之从容，其如吾民何？"侯谢而起。守仁趋而进曰："诸先生毋为从者淹，侯之急于行也，守仁则知之矣。"佥曰："谓何？"曰："昔者汉郭伋之行部也，与诸童为归期。及归，而先一日，遂止于野亭。须期乃入，曰：'惧违信于诸儿也。'吾闻侯之来也，乡父老与侯为归期矣。而复濡迟于此，以徇一朝之乐，隳其所以期父老者，此侯之所惧而有不容已于急行也。毋为侯淹！"侯起拜曰："正学非敢及此，然敢不求承吾子之教？"

送方寿卿广东佥宪序

士大夫之仕于京者，其繁剧难为，惟部属为甚。而部属之中，惟刑曹典司狱讼，朝夕恒窘于簿书案牍，口决耳辩，目证心求，身不暂离于公座，而手不停挥于铅椠，盖部属之尤甚者也。而刑曹十有三司之中，惟云南以职在京几，广东以事当权贵，其剧且难，尤有甚于诸司者。若是而得以行其志，无愧其职焉。则固有志者之所愿为，而多才者之所欲成也。

然而纷揉杂沓之中，又从而拂抑之，牵制之。言未出于口，而辱已加于身；事未解于倒悬，而机已发于陷阱。议者以为处此而能不挠于理法，不罹于祸败，则天下无复难为之事，是固然矣。然吾以为一有惕于祸败，则理法未免有时而或挠。苟惟理法之求伸，而欲不必罹于祸败，吾恐圣人以下或有所不能也。讼之大者，莫过于人命；恶之极者，无甚于盗贼。朝廷不忍一民冒极恶之名，而无辜以死也，是俗之论皆然。而寿卿独以金事为乐，此其间夫亦容有所未安，是以宁处其簿与淹者，以求免于过慝欤？夫知其不安而不处，过慝之惧而淹薄是甘焉，是古君子之心也。吾于寿卿之行，请以此为赠。

提牢厅壁题名记

京师，天下狱讼之所归也。天下之狱分听于刑部之十三司，而十三司之狱又并系于提牢厅。故提牢厅，天下之狱皆在焉。狱之系，岁以万计。朝则皆自提牢厅而出，以分布于十三司。提牢者目识其状貌，手披其姓名，口询耳听，鱼贯而前，自辰及午而始毕。暮自十三司而归，自未及酉，其勤亦如之。固天下之至繁也。

其间狱之已成者，分为六监。其轻若重而未成者，又自为六监。其桎梏之缓急，扃钥之启闭，寒暑早夜之异防，饥渴疾病之殊养，其微至于箕帚刀锥，其贱至于涤垢除下，虽各司于六监之吏，而提牢者一不与知，即弊兴害作，执法者得以议拟于其后，又天下之至猥也。

狱之重者入于死，其次亦皆徒流。夫以共工之罪恶，而舜姑以流之于幽州。则夫拘系于此，而其情之苟有未得者，又可以轻弃之于死地哉？是以虽其至繁至猥，而其势有不容于不身亲之者，是盖天下之至重也。

旧制提牢月更主事一人，至是弘治庚申之十月，而予适来当事。夫予天下之至拙也，其平居无恙，一遇纷扰，且支离厌倦，不能酬酢，况兹多病之余，疲顿憔悴，又其平生至不可强之日。而每岁决狱，皆以十月下旬，人怀疑惧，多亦变故不测之虞，则又至不可为之时也。夫其天下之至繁也，至猥也，至重也，而又适当天下至拙之人，值其至不可强之日，与其至不可为之时，是亦岂非天下之至难也？

以予之难，不敢忘昔之治于此者，将求私淑之。而厅壁旧无题名，搜诸故牒，则存者仅百一耳。大惧泯没，使昔人之善恶无所考征，而后来者益以畏难苟且，莫有所观感，于是乃悉取而书之厅壁。虽其既亡者不可复追，而将来者尚无穷已，则后贤犹将有可别择以为从违。而其间苟有天下之至拙加予者，亦得以取法明善，而免过愆，将不为无小补。然后知予之所以为此者，固亦推己及物之至情，自有不容于己也矣。弘治庚申十月望。

重修提牢厅司狱司记

弘治庚申七月，重修提牢厅工毕。又两越月，而司狱司成，于是余姚王守仁适以次来提督狱事，六监之吏皆来言曰："惟兹厅若司，建自正统，破敝倾圮，且二十年。其卑浅隘陋，则草创之制，无尤焉矣。是亦岂惟无以凛观瞻而严法制，将治事者风雨霜雪之不免，又何暇于职务之举，而奸细之防哉？然兹部之制，修废补败，有主事一人以专其事，又坏不理，吾侪小人，无得而知之者。独惟拓隘以广，易朽以坚，则自吾刘公实始有是。吾侪目睹其成，而身享其逸，刘公之功不敢忘也。"又曰："六监之囚，其罪大恶极，何所不有，作孽造奸，吏数逢其殃，而民徒益其死。独禁防之不密哉？亦其间容有以生其心。自吾刘公，始出己意，创为木闲，令不苛而密，奸不弭而消，桎梏可驰，缧绁可无，吾侪得以安枕无事，而囚亦或免于法外之诛。则刘公之功，于是为大。小人事微而谋室，无能为也。敢以布于执事，实重图之。"

于是守仁既无以御其情，又与刘公为同僚，嫌于私相美誉也，乃谓之曰："吾为尔记尔所言，书刘公之名姓，使承刘公之后者，益修刘公之职。继尔辈而居此者，亦无忘刘公之功。则于尔心其亦已矣。"皆应曰："是小人之愿也。"遂记之曰：刘君名琏，字廷美，江西鄱阳人也。由弘治癸丑进士，今为刑部四川司主事云。弘治庚申十月十九日。

黄楼夜涛赋

朱君朝章将复黄楼，为予言其故　夜泊彭城之下，子瞻呼予曰："吾将与子听黄楼之夜涛乎？"觉则梦也。感子瞻之事，作《黄楼夜涛赋》。

子瞻与客宴于黄楼之上。已而客散日夕，暝色横楼，明月未出。乃隐几而坐，嗒焉以息。忽有大声起于穹窿，徐而察之，乃在西山之麓。倏焉改听，又似夹河之曲，或隐或隆，若断若逢，若揖让而乐进，歘掀舞以相雄。触孤愤于厓石，驾逸气于长风。尔乃乍阖复辟，既横且纵，拟拟讽讽，汹汹瀜瀜，若风雨骤至，林壑崩奔，振长平之屋瓦，舞泰山之乔松。咽悲吟于下浦，激高响于遥空。恍不知其所止，而忽已过于吕梁之东矣。

子瞻曰："噫嘻异哉！是何声之壮且悲也？其乌江之兵，散而东下，感帐中之悲歌，慷慨激烈，吞声饮泣，怒战未已，愤气决膑，倒戈曳戟，纷纷籍籍，狂奔愈走，呼号相及，而复会于彭城之侧者乎？其赤帝之子，威加海内，思归故乡，千乘万骑，雾奔云从，车辙轰霆，旌旗蔽空，击万夫之鼓，撞千石之钟，唱《大风》之歌，按节翱翔，而将返于沛宫者乎？"于是慨然长噫，欠伸起立，使童子启户冯栏而望之。则烟光已散，河影垂虹，帆樯泊于洲渚，夜气起于郊坰，而明月固已出于芒砀之峰矣。

子瞻曰："噫嘻！予固疑其为涛声也。夫风水之遭于濆洞之滨而为是也，兹非南郭子綦之所谓天籁者乎？而其谁倡之乎？其谁和之乎？其谁听之乎？当其滔天浴日，湮谷崩山，横奔四溃，茫然东翻，以与吾城之争于尺寸间也。吾方计穷力屈，气索神惫，懔孤城之岌岌，觊须臾之未坏，山颓于目愕，霆击于耳聩，而岂复知所谓天籁者乎？及其水退城完，河流就道，脱鱼腹而出涂泥，乃与二三子徘徊兹楼之上而听之也。然后见其汪洋涵浴，滫滫汩汩，彭湃掀簸，震荡泽渤，吁者为竽，喷者为篪，作止疾徐，钟磬枹敔，奏文以始，乱武以居，呶者嗃者，嚣者噪者，翕而同者，绎而从者，而啁啁者，而嘐嘐者，盖吾俯而听之，则若奏箫咸于洞庭，仰而闻焉，又若张钧天于广野，是盖有无之相激，其殆造物者将以写千古之不平，而用以荡吾胸中之壹郁者乎？而吾亦胡为而不乐也？"

客曰："子瞻之言过矣。方其奔腾漂荡而以厄子之孤城也，固有莫之为而为者，而岂水之能为之乎？及其安流顺道，风水相激，而为是天籁也，亦有莫之为而为者，而岂水之能为之乎？夫水亦何心之有哉？而子乃欲据其所有者以为欢，而追其既往者以为戚，是岂达人之大观，将不得为上士之妙识矣。"

子瞻展然而笑曰："客之言是也。"乃作歌曰："涛之兴兮，吾闻其声兮。涛之息兮，吾泯其迹兮。吾将乘一气以游于鸿蒙兮，夫孰知其所极兮。"弘治甲子七月，书于百步洪之养浩轩。

来雨山雪图赋

昔年大雪会稽山，我时放迹游其间。岩岫皆失色，崖壑俱改颜。历高林兮入深峦，银幢宝纛森围圆。长矛利戟白齿齿，骇心慄胆如穿虎豹之重关。涧溪埋没不可辨，长松之杪，修竹之下，时闻寒溜声潺潺。沓嶂连天，凝华积铅，嵯峨崭削，浩荡无颠。嶙峋眩耀势欲倒，溪回路转，忽然当之，却立仰视不敢前。嵌窦飞瀑，忽然中泻，冰磴峻嶒，上通天罅，枯藤古葛，倚岩螯而高挂，如瘦蛟老螭之蟠纠，蜕皮换骨而将化。举手攀援足未定，鳞甲纷纷而乱下。侧足登龙虬，倾耳俯听寒籁之飕飕，陆风蹀躞，直际缥缈，恍惚最高之上头。乃是仙都玉京，中有上帝遨游之三十六瑶宫，傍有玉妃舞婆娑十二层之琼楼，下隔人世知几许，真境倒照见毛发，凡骨高寒难久留。划然长啸，天花坠空，素屏缟障坐不厌，琪林珠树窥玲珑。白鹿来饮涧，骑之下千峰。寡猿怨鹤时一叫，彷佛深谷之底呼其侣，苍茫之外争行蠡阵排天风。鉴湖万顷寒蒙蒙，双袖拂开湖上云，照我须眉忽然皓白成衰翁。手掬湖水洗双眼，回看群山万朵玉芙蓉。草围蒲帐青莎蓬，浩歌夜宿湖水东。梦魂清撤不得寐，乾坤俯仰真在冰壶中。幽朔阴岩地，岁暮常多雪，独无湖山之胜，使我每每对雪长郁结。朝回策马入秋台，高堂大壁寒崔嵬，恍然昔日之湖山，双目惊喜三载又一开。谁能缩地法此景，何来石田画师，我非尔，胸中胡为亦有此？来君神骨清莫比，此景奇绝酷相似。石田此景非尔不能摸，来君来君非尔不可当此图。我尝亲游此景得其趣，为君题诗非我其谁乎？

雨霁游龙山次五松韵

晴日须登独秀台，碧山重叠画图开。闲心自与澄江老，逸兴谁还白发来？潮入海门舟乱发，风临松顶鹤双回。夜凭虚阁窥星汉，殊觉诸峰近斗魁。

严光亭子胜云台，雨后高凭远目开。乡里正须吾辈在，湖山不负此公来。江边秋思丹枫尽，霜外缄书白雁回。幽朔会传戈甲散，已闻南檄授渠魁。

雪窗闲卧

梦回双阙曙光浮，懒卧茅斋且自由。巷僻料应无客到，景多唯拟作诗酬。千岩积素供开卷，叠嶂回溪好放舟，破虏玉关真细事，未将吾笔遂轻投。

次韵毕方伯写怀之作

孔颜心迹皋夔业，落落乾坤无古今。公自平王怀真气，谁能晚节负初心？猎情老去惊犹在，此乐年来不费寻。矮屋低头真局促，且从峰顶一高吟。

春晴散步

清晨急雨过林霏，余点烟稍尚滴衣。隔水霞明桃乱吐，沿溪风暖药初肥。物情到底能容懒，世事从前且任非。对眼春光唯自领，如谁歌咏月中归。

又

祇用舞霓裳，岩花自举觞。古崖松半朽，阳谷草长芳。径竹穿风磴，云萝绣石床。孤吟动《梁甫》，何处卧龙冈？

次魏五松荷亭晚兴

入座松阴尽日清，当轩野鹤复时鸣。风光于我能留意，世味酣人未解醒。长拟心神窥物外，休将姓字重乡评。飞腾岂必皆伊吕，归去山田亦可耕。

又

醉后飞觞乱掷梭，起从风竹舞婆娑。疏慵已分投箕颖，事业无劳问保阿。碧水层城来鹤驾，紫云双阙笑金娥。抟风自有天池翼，莫倚逢蒿斥鹞窠。

次张体仁聊句韵

眼底湖山自一方，晚林云石坐高凉。闲心最觉身多系，游兴还堪鬓未苍。树杪风泉长滴翠，霜前岩菊尚余芳。秋江画舫休轻发，忍负良宵灯烛光。

又

山寺幽寻亦惜忙，长江落落水浪浪。深冬平野风烟淡，斜日沧江鸥鹭翔。

海内交游唯酒伴，年来踪迹半僧房。相过未尽青云语，无奈官程促去航。

又

青林人静一灯归，回首诸天隔翠微。千里月明京信远，百年行乐故人稀。已知造物终难定，唯有烟霞或可依。总为迂疏多枝梧，此生何忍便脂韦。

题郭诩濂溪图

郭生作濂溪像，其类与否，吾何从辨之？使无手中一圈，盖不知其为谁矣。然笔画老健超然，自不妨为名笔。

郭生挥写最超群，梦想形容恐未真。霁月光风千古在，当时黄九解传神。

西湖醉中谩书

湖光潋滟暗偏好，此语相传信不诬。景中况有佳宾主，世上更无真画图。溪风欲雨吟堤树，春水新添没渚蒲。南北双峰引高兴，醉携青竹不须扶。

文衡堂试事毕书壁

棘闱秋锁动经旬，事了惊看白发新。造作曾无醋蚁句，支离莫作画蛇人。寸丝拟得长才补，五色兼愁过眼频。袖手虚堂听明发，此中豪杰定谁真。

白发谩书一绝

诸君以予白发之句，试观予鬓，果见一丝。予作诗，实未尝知也。谩书一绝识之。忽然相见尚非时，岂亦殷勤效一丝？总使皓然吾不恨，此心还有尔能知。

游泰山

飞湍下云窟，千尺泻高寒。昨向山中见，真如画里看。松风吹短鬓，霜气肃群峦。好记相从地，秋深十八盘。

雪岩次苏颖滨韵

客途亦幽寻，窈窕穿谷底。尘土填胸臆，到此方一洗。仰视剑戟锋，巉岏颖有泚。俯窥蛟龙窟，匍伏首如稽。绝境固灵秘，兹游实天启。梵宇遍岩壑，檐牙相角觚。山僧出延窖，经营设酒醴。道引入云雾，峻陟历堂陛。石田唯种椒，晚炊仍有米。张灯坐小轩，矮榻便倦体。清游感畴昔，陈李两昆弟。侵晨访旧迹，古碣埋荒荠。

试诸生有作

醉后相看眼倍明，绝怜诗骨逼人清。菁莪见辱真惭我，胶漆常存底用盟。沧海浮云悲绝域，碧山秋月动新情。忧时谩作中宵坐，共听萧萧落木声。

再试诸生

草堂深酌坐寒更，蜡炬烟消落绛英。旅况最怜文作会，客心聊喜困还亨。春回马帐惭桃李，花满田家忆紫荆。世事浮云堪一笑，百年持此竟何成？

夏日登易氏万卷楼用唐韵

高楼六月自生寒，沓嶂回峰拥碧阑。久客已忘非故土，此身兼喜是闲官。幽花傍晚烟初暝，深树新晴雨未乾。极目海天家万里，风尘关塞欲归难。

再试诸生用唐韵

天涯犹未隔年回，何处严光有钓台？樽酒可怜人独远，封书空有雁飞来。渐惊雪色头颅改，莫漫风情笑口开。遥想阳明旧诗石，春来应自长莓苔。

次韵陆文顺佥宪

春王正月十七日，薄暮甚雨雷电风。卷我茅堂岂足念，伤兹岁事难为功。金縢秋日亦已异，鲁史冬月将无同。老臣正忧元气泄，中夜起坐心忡忡。

太子桥

乍寒乍暖早春天，随意寻芳到水边。树里茅亭藏小景，竹间石溜引清泉。汀花照日犹含雨，岸柳垂阴渐满川。欲把桥名寻野老，凄凉空说建文年。

与胡少参小集

细雨初晴蠛蠓飞，小亭花竹晚凉微。后期客到停杯久，远道春来得信稀。翰墨多凭消旅况，道心无赖入禅机。何时喜遂风泉赏，甘作山中一白衣？

再用前韵赋鹦鹉

低垂犹忆陇西飞，金锁长羁念力微。只为能言离土远，可怜折翼叹群稀。春林羞比黄鹂巧，晴渚思忘白鸟机。千古正平名正赋，风尘谁与惜毛衣？

送客过二桥

下马溪边偶共行，好山当面正如屏。不缘送客何因到，还喜门人伴独醒。小洞巧容危膝坐，清泉不厌洗心听。经过转眼俱陈迹，多少高压漫勒铭。

复用杜韵一首

濯缨何处有清流，三月寻幽始得幽。送客正逢催驿骑，笑人且复任沙鸥。厓傍石偃门双启，洞口萝垂箔半钩。淡我平生无一好，独于泉石尚多求。

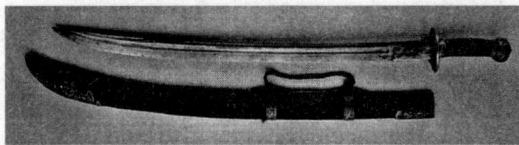

明朝柳叶刀

先日与诸友有郊园之约，是日因送客后期小诗写怀

郊园隔宿有幽期，送客三桥故故迟。樽酒定应须我久，诸君且莫向人疑。同游更忆春前日，归醉先拼日暮时。却笑相望才咫尺，无因走马送新诗。

自欲探幽肯后期，若为尘事故能迟。缓归已受山童促，久坐翻令溪鸟疑。竹里清醅应几酌，水边相候定多时。临风无限停云思，回首空歌《伐木》诗。

三桥客散赴前期，纵辔还嫌马足迟。好鸟花间先报语，浮云山顶尚堪疑。曾传江阁邀宾句，颇似篱边送酒时。便与诸公须痛饮，日斜潦倒更题诗。

待诸友不至

花间望眼欲崇朝，何事诸君迹尚遥？自处岂宜同俗驾，相期不独醉春瓢。忘形尔我虽多缺，义重师生可待招。自是清游须秉烛，莫将风雨负良宵。

夏日游阳明小洞天，喜诸生偕集偶用唐韵

古洞闲来日日游，山中宰相胜封侯。绝粮每自嗟尼父，愠见还时有仲由。云里高厓微入暑，石间寒溜已含秋。他年故国怀诸友，魂梦还须到水头。

将归与诸生别于城南蔡氏楼

天际层楼树杪开，夕阳下见鸟飞回。城隅碧水光连座，槛外青山翠作堆。颇恨眼前离别近，惟余他日梦魂来。新诗好记同游处，长扫溪南旧钓台。

诸门人送至龙里道中二首

蹊路高低入乱山，诸贤相送愧闲关。溪云压帽兼愁重，峰雪吹衣著鬓斑。花烛夜堂还共语，桂枝秋殿听跻攀。（跻攀之说甚陋，聊取其对偶耳。）相思不用勤书札，别后吾言在订顽。

雪满山城入暮天，归心别意两茫然。及门真愧从陈日，微服还思过宋年。樽酒无因同岁晚，缄书有雁寄春前。莫辞秉烛通宵坐，明日相思隔陇烟。

赠陈宗鲁

学文须学古，脱俗去陈言。譬若千丈木，勿为藤蔓缠。又如昆仑派，一泻成大川。人言古今异，此语皆虚传。吾苟得其意，今古何异焉？子才良可进，望汝师圣贤。学文乃余事，聊云子所偏。

醉后歌用燕思亭韵

万峰攒簇高连天，贵阳久客经徂年。思亲谩想斑衣舞，寄友空歌《伐木》篇。短鬓萧疏夜中老，急管哀丝为谁好。敛翼樊笼恨已迟，奋翮云霄苦不早。缅怀冥寂岩中人，萝衣菲佩芙蓉巾。黄精紫芝满山谷，采石不愁仓菌贫。清溪常伴明月夜，小洞自报梅花春。高闲岂说商山皓，绰约真如藐姑神。封书远寄贵阳客，胡不来归浪相忆？记取青松涧底枝，莫学杨花满阡陌。

题施总兵所翁龙

君不见所翁所画龙，虽画两目不点瞳。曾闻弟子误落笔，即时雷雨飞腾空。运精入神夺元化，浅夫未识徒惊诧。操舵移山律回阳，世间不独所翁画。高堂四壁生风云，黑雷柴电日昼昏。山崩谷陷屋瓦震，雨声如泻长平军。头角峥嵘岁千丈，倏忽神灵露乾象。小臣正抱乌号思，一堕胡髯不可上。视久眩定凝心神，生绡漠漠开嶙峋。乃知所翁遗笔迹，当年为写苍龙真。只今旱剧枯原野，万国苍生望霶丽。凭谁拈笔点双睛，一作甘霖遍天下！

续编五

三征公移逸稿

　　德洪昔哀次师文，尝先刻奏疏、公移凡二十卷，名曰《别录》，为师征濠之功未明于天下也。既后刻《文录》，志在删繁，取公移三之二而去其一。沈子启原冲年即有志师学，搜猎遗文若干篇，录公移所遗者类为四卷，名曰《三征公移逸稿》，将增刻《文录续编》，用以补其所未备也。出以示余。余读而叹曰："吾师学敦大源，故发诸政事，澜涌川决，千态万状，时出而无穷。是稿皆据案批答，平常说去，殊不经意，而仁爱自足以沦人心髓，思虑自足以彻人机智，文章又足以鼓舞天下之人心，若金沙玉屑散落人世，人自不能弃之，又奚病于繁耶？'' 乃为条揭其纲以遗之，使读者即吾师应感之陈迹，可以推见性道之渊微云。隆庆庚午八月朔日，德洪百拜识。

南赣公移 凡三十三条

批漳南道教练民兵呈 正德十一年十一月二十五日

　　据兵备佥事胡琏呈："将各县民快，操练教习颇成。"看得事苟庇民，岂吝小费；功有实效，何恤浮言。参据呈词，区画允当，仰该道依拟施行。再照，兵不在多，惟贵精练。事欲可久，尤须简严。所募打手等项，更宜逐一校阅。必皆技艺绝伦，骁勇出众，因能别队，量材分等，使将有余勇，兵有余资，庶平居不致于冗食，临难可免于败师。批呈缴。

批漳南道进剿呈 十一月二十六日

据兵备金事胡琏呈："卢溪等洞贼首詹师富等，势甚猖獗，备将画图贴说，待期攻剿。"看得兵难遥度，事贵乘时。今打手民快等兵既已募集，仰该道上紧密切，相机剿扑。惟在歼取渠魁，毋致横加平善。其大举夹攻行详议。呈缴。

教习骑射牌 十二年五月十六日

看得五兵之用，弓矢为先；南方之技，骑射所短；最宜习演，以修长技。今南赣诸处军兵所操弓矢，类皆脆弱。十步之外，不穿鲁缟，以是御敌，真同儿戏。访得福建省城弓矢，颇胜他处，合行选取。为此牌仰福建漳南道转行福建都司，选取精巧惯习弓兵四名，该道量给口粮、脚夫，送赴军门，成造弓矢事完，仍发原伍着役。

批南安府请兵策应呈 六月初十日

据知府季敩呈："各巢贼党众多，本府兵力寡弱，乞添兵协剿。"该岭北道议，将南康二班赖养介兵，拨补县丞舒富；兴国谢庄兵、雩都张英才兵，拨补冯廷瑞统领。其本府仍用添兵营策应。及行该府起立军营二处，听候官兵到彼安插。其南康、上犹二县，俱该一体起立回报。

看得赖养介、谢庄、张英才所统，准令与峰山、双秀等兵更补，预建营房，议尤适当。即行该府议行，务要地势雄壮，沟堑深高，虽系一时之谋，亦为可久之计。

看得南安、上犹所聚兵众，每处不下二千，防遏剿袭，略已足用。各官犹以兵少为辞，不能运谋出奇，亦已可见。今可行令各官，分部原领各兵，一意防遏。另调坎字营一千二百人，令指挥来春统领，往屯南安。又调艮字营一千二百人，令指挥姚玺统领，往屯上犹。二营人马专以相机剿袭为事，声东击西，务使踪迹靡定，条聚复散。每念变态无常，该道即将该去各兵查给口粮，二十四日已时起营前去。仍行该府县官，务要协力同心，相为犄角之势，共成夹剿之功。呈缴。

批岭北道攻守机宜呈六月二十六日

批兵备副使杨璋呈称："访得前项贼徒，俱被逃往横水、桶冈大巢屯聚，所平巢穴，未免复来营给。合行知府季斆统领异字营兵一千二百名，防遏大庾县贼巢。县丞舒富仍统震字营兵一千二百名，防遏上犹、南康二县贼巢。"

看得各巢贼党，虽已溃散，计其势穷食绝，必将复出剽虏。所议防遏事理，照议施行。仍行县丞舒富，务要在于贼巢总会处所屯扎，多遣乖觉乡导，分路爪缉，探知贼徒将出，即便设伏擒剿，务竭忠诚，以副委任，毋得虚文粉饰。此后但有推托坐视，定行治以军法。再照前项贼徒，今皆聚于横水、桶冈，若遣重兵直捣其地，示以必攻之势，彼将团结自守不暇，势必不敢分众出掠，不过旬余，两巢之贼可以坐取。仍仰该道密议直捣方略，呈来定夺。呈缴。

批漳南道给由呈十三年六月二十八日

据佥事胡琏呈给由事。看得本官才器充达，执履坚方，始因军机重务，以致考满过期。今盗贼既靖，合准给由。但久安之图，尚切资于经理，招抚之众，方有待于缉绥。仰本官给由事毕，即便作急回任，勿为桑梓之迟，有孤闾阎之望。呈缴。

批兵备道奖励官兵呈七月初一日

据副使杨璋呈，据知府季敩等依奉本院方略，攻破禾沙、石路坑等巢一十九处，擒斩首从贼人陈曰能、锺明贵、唐洪众，及杀烧死贼从，俘获贼属，夺获马牛骡羊器械等项。为照各贼肆毒无厌，名号不轨，若使遂其奸谋，得以乘虚入广，其为患害，何可胜言。副使杨璋乃能先事运谋，潜行剿袭，一夕之间，攻破巢穴，扑燎原之火于方燃，障溃岸之波于已决。知府季敩、指挥冯翔等亲领兵众，屡挫贼锋，相应奖励，以旌功能。其各营将士，俱能用命效力，奋勇擒斩，亦合一体赏劳。为此仰赣州府官吏，即便支给商税银两，买办后开礼物，及将发去银牌羊酒，就委府卫掌印官备用彩亭鼓乐，迎送各官，用旌剿袭之功，以明奖励之典。仍将发去赏功银两，照名给赏。其阵亡射伤兵夫，亦各查给优恤。各官务要益竭忠贞，协谋并勇，大作三军之气，共收万全之功。

调用三省夹攻官兵 七月十五日

准兵部咨，该湖广巡抚都御史秦题云云。已经开陈两端，具本上请去后。今准前因，除南赣二府兵粮事宜另行外，所据领兵等官，俱在得人，必须先委。访得九江府知府汪隶、吉安府知府伍文定、汀州府知府唐淳，久习军旅，惠州府知府陈祥，器度深沉，俱各才识练达。程乡县知县张戬，近征大伞等处，独统率新民，奋勇当先，功劳尤著。抚州府东乡县知县黄堂、建昌府新城县知县黄文鸳、袁州府萍乡县知县高桂、吉安府龙泉县知县陈允谐，素有才名，堪以领兵。但事干各府，各官之中，或有违抗推托，临期必致误事。除具本题请，但有不遵约束，许以军法从事，合就通行知会。为此仰抄案回府，即行本官，密切整备衣装。及将上杭县义官李福英名下打手，再行拣选，务要骁勇精悍者一千名，给与资装器械，听候命下。另有公文至日，即便不分星夜，兼程前进军门，以凭调用施行。

夹攻防守咨 十月

准湖广巡抚都御史秦咨云云。看得龙泉一县，与上犹县诸巢接境。将来三省夹攻，使龙泉所守不固，则吉安属县俱被骚扰。必须大兵一哨，就从此路进剿，方可止贼奔冲。已行吉安府知府伍文定，备行所属龙泉、万安、太和等县，永新、安福等所，精选民间打手，或在官机兵，共二千名，编成队伍，督同知县陈允谐等分统，俱赴龙泉县屯扎。该县乡夫，即日起集，守把隘口，听候刻期夹剿外。今准前因，合就咨报。为此备由移咨前去，烦为查照施行。

行岭北道催督进剿牌 十月初十日

案照先经行仰该道守巡官，分投先往上犹、大庾等处住扎，听候各哨官兵至日，即便催督进剿去后。今照领兵等官，已该本院坐委，合行分投催督。为此仰抄案回道，即便催督各哨官兵，遵照方略，依期星夜直抵巢穴，务将前贼扫荡扑灭，以靖地方，毋遗芽蘖，致贻后患。本官仍行各官，详察地里险易，相度机宜，慎重行事，毋得轻率寡谋。及逗遛退缩，致误事机，定行军法从事。军中未尽事宜，亦听随机应变施行，仍呈本院知会，俱毋违错。

刻期会剿咨 十月二十一日

准巡抚湖广都御史秦咨："议照会剿事情，已该兵部议奉钦依，刻期于九月中进兵。职等督理兵粮，粗有次第。近因杨总兵病故，又为两广路远，约会颇难，只得改期十月初旬，衡州取齐，听候分哨会兵具题，及差官约会进剿。即今所调汉土官兵，不旬日间俱集。若令住扎候至闰十二月方行会剿，非惟粮饷不敷，亦恐地方骚扰，况贼情狡诈，必致乘虚奔逸。除移文两广总镇军门查照，作急会议，一面严督布守官兵，谨把贼路，防其奔逸；一面督发兵粮，委官分哨，相机策应剿杀外。备咨贵职，查照事理，至期督发各哨夹剿，仍希由咨报。"等因。案照先为紧急军务事。本职看得，进攻次第，江西惟桶冈一处，该与湖广之兵会合。其长流左溪、横水等处，皆深入南安府所属三县腹心之内。见今不次，拥众奔冲，势难止遏。欲将前项贼巢，以次相机剿扑。候贵治之兵齐集，夹攻桶冈，又经移咨贵职外。

续据县丞舒富等呈称，各畬贼首，闻知湖广士兵将到，欲奔桶冈，集众拒战，战而不胜，奔入范阳大山。乞急为区处等因到院。随将领兵知府邢珣等，指受方略，刻期于十月十二日子时发兵进兵。本院即日进屯，亲临南康督战，遂破横水、左溪等巢。但贼首未获，方行各哨追袭。今准前因，照得江西兵粮粗已齐集。及照十一月初一日之期，亦已不远。除行兵备等官监督各哨，一面分投追袭未获贼徒，一面行令，务在十一月初一日移兵径趋桶冈等处，分布夹攻，不许后期误事。及行兵备副使杨璋、移文参将史春知会外。为此合咨前去，烦请贵院查照，早为督发，切勿后时。

横水建立营场牌 十月二十七日

照得本院亲督诸军，进破横水等巢，贼徒已就诛戮。但山高林密，诚恐漏殄之徒，大军撤后，仍复啸聚，必须建立营场，委官防守。为此牌仰典史梁仪，协同千户林节统领宁都机兵四百名，信丰机兵六百名，就在横水大村，砍伐木植，相视地势雄阜去处，建立营场一所，周围先竖木栅，逐旋修筑土城，听候本院回军住扎，以凭委官留兵防守。各官务要同力协谋，精勤干理，工完之日，照依军功论赏。所领兵众，如有不听约束，许以军令责治。其合用夫匠等项，听于南安所属上犹、南康等县取用。该县俱要即时应付，毋得迟违误事。

搜扒残寇咨 十一月十一日

据知府邢珣、唐淳会呈："各职近奉本院调发，于本年十一月初一日；

依湖广刻期夹攻桶冈峒诸巢，遵依攻破茶寮等处，擒斩贼党已尽。见今各兵四散搜扒，无贼可捕。访得官兵未进之先，各贼带领家属逃往桂东县连界大山藏躲，及将捕获贼人黄顺等备细研审相同。但今彼处官兵未见前来，若不移文催督，诚恐先遁各贼，乘虚在彼奔窜，各营官兵，难于过境搜扒。呈乞照详。"等因。到院。查卷，先为前事，已经通行湖广、江西、广东三省该道兵备、守巡等官，调集官军，把截夹攻；及严省、府、卫、所、州、县等官，起集兵快乡夫，各于贼行要路，昼夜把截；若贼奔遁，就便相机擒捕去后。今据前因，照得桶冈贼徒，陆续潜逃，所据守隘等官，未暇参究。但今各贼久在彼处藏躲，若不速行搜扒，将来大兵既撤，诸贼必将复归桶冈，重贻后患。为此合咨贵院，烦将原调官兵，量摘三四千前来桂东连界大山，逐一搜扒，必使果无噍类，然后班师，庶几一劳永逸，而彼此两无遗憾。及请戒令各兵，止于连界大山搜扒，不得过境深入，尤为地方之幸。

批准惠州府给由呈正德十三年二月二十四日

据知府陈祥申给由事。看得知府陈祥，政著循良，才堪统驭，近因兴师之举，且迟考绩之行。今本官亲从本院征剿叛贼，效劳备至，斩获居多，巢穴悉皆扫平，地方已就宁靖，既喜奏功于露布，允宜上最于天曹，除赏功之典另行外，仰该府即便照例起送给由。申缴。

批攻取河源贼巢呈三月二十三日

据佥事王天用呈："河源朱峒、吴天王、曹总兵、邓都督等一十三围，并上下二山，共有先锋三千余兵，五府六部俱全，声言起城立殿，势诚猖獗。"看得所呈各贼聚众三千，设官僭号，即其事势，亦岂一朝一夕之故？而各该府、县等官，前此曾无一言申报，据法即合拿究。但称所呈亦据传闻，未委虚的；又虑万一果如所呈，各该官吏正在紧关剿截之际，姑且俱未参提。仰该道再行查勘的实，果如前情，即便一面严督各该官司，加谨防遏，一面议处机宜，或移夹剿之回师，或促候调之狼卒，度量缓急，相机而行。如其事未猖扬，情犹可抚，亦要周防安插，区处得宜。俱仰火速具由呈来，以凭议奏。仍呈总督巡按等衙门，公同计议施行。呈缴。

批赣州府赈济呈四月二十八日

据赣州府呈："本府赣县等七县，将在仓稻谷枭银赈济。"看得兵革之余，民困未苏，加以雨水为灾，农务多废，虽将来之忠，固宜撙节预防，而目前之急，亦须酌量赈济。据该府所申，计处得宜，合行各县照议施行。仍仰各掌印官，务须严禁富豪之规利，痛革奸吏之夤缘，庶官府不为虚文之应，而贫民果沾实惠之及。各具由回报。申缴。

批岭北道修筑城垣呈五月十五日

据副使杨璋呈："所属府、卫、县城垣倒塌数多，而石城一县尤甚，应该估计修理。合委知府季敩、邢珣，不妨府事，督修本府城垣。龙南县署印推官危寿、兴国县知县黄泗、瑞金县知县鲍珉，各委督修本县城垣。惟石城县知县林顺，柔懦无为，合行同知夏克义，估计督修。"看得城垣倒塌，地方急务。幸兹盗贼荡平，正可及时修筑。若患至而备，则事已无及。该道即行各该承委官员查照，估算工程，措置物料，一应事宜，各自从长议处呈夺。各官务要视官事如家事，惜民财如己财；因地任力，计日验功；役不逾时而成坚久之绩，费不扰民而有节省之美；庶称保障之职，以副才能之举。呈缴。

查访各属贤否牌 六月十九日

节该钦奉敕谕："军卫有司官员中政务修举者，量加奖劝；其有贪残畏缩误事者，文职五品以下，武职三品以下，径自拿问发落。钦此。"钦遵。切照当职抚临赣州等处，向因亲剿群贼，多在军前，所据大小衙门官员中间，志行之贤否，政务之修废，类皆未暇采访，拟合通行查报。为此除布按二司，本院自行询访外，牌仰本道官吏，即便从公查访所属军卫有司官员。要见某官廉勤公谨，某官贪婪畏缩，某官罢软无为，某官峻刑酷暴，备细开造小册，就于前件下填注，印封密切，马上差人赍报，以凭复奏，黜陟拿问施行，毋得循情。查报不公，致有物议，自取参究。仍行本道各将掌印佐贰等官年甲籍贯，到任年月日期，亦开前件，揭帖一本，印信各令，差人赍报，不得稽迟。

一仰广东守巡岭东、岭南道，福建守巡漳南道，湖广守巡上湖南道同。

行漳南道禁支税牌 六月二十八日

照得上杭河税，原系本院钦奉敕谕，军马钱粮，径自便宜区画事理，专为军饷而设，自来非奉本院明文，分毫不许擅自动支，与该省各衙门原无干预。牌仰该道官吏，今后凡有相应动支，止许具由呈禀本院，听候批允，不得一概申请，有乖事体，渐开多门之弊，反生侵渔之奸。具依准。缴牌。

禁约驿递牌七月初一日

照得水西驿递旧例，每遇公差，验有真正关文，随即送赴军门挂号，此乃防奸革弊定规。本院抚临赣州未几，即因盗贼猖獗，屡出剿平，尚未清查。访得近来多有奸诈之徒，起一关文，辄就洗改。或改一名为二三名者，或改红船为站舡者，或改口粮为廪给者，或改下等马为中等上等马者，或该有司支应而夤缘驿递应付者。又有或看望亲朋，或经过买卖，因与驿递官吏相识，求买关文，诈伪百端。若不挂号清查，非惟奸人得计，抑且有乖事体。为此牌仰本驿所官吏，即便印钤厚白申纸，装钉方尺文簿，一样二本，送赴军门。每遇公差关文，验无前项奸弊，就与誊换，随送军门挂号给付。如或本院出巡，就赴该道兵备挂号。中间若有交通，私与关文，或不经本院挂号，潜行应付者，定行拿问赃罪，决不轻贷。仍仰今后差拨舡只迎送，止许各至交界驿递倒换，立限回还。敢有贪图过关米粮，或权要逼勒过界者，就便指实申来，以凭拿问。仍行岭北道一体查照施行。

申明便宜敕谕七月二十一日

节该钦奉敕："广东清远、从化、后山等处，与尔所辖南韶等府，壤地相接，事体互相有关。近该彼处镇巡官奏称，盗贼生发，师行有日，如遇彼处行文征兵协剿，亦要随即发兵前去防剿应援，以收全功。毋得自分彼此，致失事机，钦此。"钦遵。照得南府界连南赣大庾、信丰、龙南等县，而惠州、河源、兴宁亦各逼近贼巢，俱系紧关，奔遁潜匿之处，进攻防截之路。访得前贼为患日久，虽奉成命征兵协剿，诚恐贼计狡猾诈变，东追则西窜，南捕则北奔，若不早为查处，未免有误军机。为此仰抄案回司，会同三司掌印，及各该守巡、兵备等官，上紧调集兵粮，听候克期防剿，并将应剿贼巢，通行查出。行拘熟知地利险易乡导，责令画图贴说。要见某处贼巢，连近某处乡落；某巢界抵某处，系是良善村寨，某处系是善恶相兼；某处平坦，可以直捣；某处险阻，可以把截；某处系贼必遁之路，可以设伏邀击；某处贼所不备，可以间道掩扑；何处官军可以起调，何官可以委用，可以监统；粮饷何处措办，住扎何处；听候各要查处停当，备由马上差人飞报本院，以凭遵照钦奉敕谕，与各该镇巡官计议而行。其有军中一应进止机宜，亦要明白呈报，毋分彼此，致有疏虞。国典具存，罪难容恕。仍呈总督、镇守、巡按衙门知会。

犒赏新民牌七月二十八日

据招抚新民张仲全、陈顺珠等呈，解擒斩贼首池满仔、屠天佑等八名颗到院。为照张仲全等，始能脱离恶党，诚心向善，已为可取：又能擒斩叛贼，立功报效，即其忠勇，尤足嘉尚。所据张仲全合升授以百长，陈顺珠合升为总甲，各给银牌，以酬其功。其兵众三百余人，皆能齐心协力，擒捕叛贼，俱合犒赏。为此牌差百户周芳前去龙南县，着落当该官吏，即将赍去银牌给与张仲全、陈顺珠，牛酒及赏功银两，照数给与部下有功兵众。仍仰督同张仲全等，整束部下兵众，会同王受、郑志高等并力夹剿残贼，务要尽数搜擒，照例从重给赏。其屠天佑手下走散兵夫，原由牵引哄诱，皆可免死。仍仰张仲全遣人告谕，但能悔恶来归，仍与安插。或能擒斩同伙归投者，准其赎罪，仍与给赏。各役俱听推官危寿等节制调度，务要竭忠尽力，愈加奋勇，期收全功，以图报称。

行岭北等道议处兵饷 八月十四日

节该钦奉敕谕："一应军马钱粮事宜，俱听便宜区画，以足军饷，钦此。"钦遵。照得，近因夹剿上犹、桶冈等贼，粮饷无措。当时仰赖朝廷威德，两月之间，偶速克捷，不然，必致缺乏。今各巢虽已扫定，而遗党窜伏，难保必无。况广东后山等处，方议征剿，万一奔决过境，调兵遏剿，粮饷为先。查得见行措置军饷，以防民患事例。今后江西南、赣等府有兵备去处，各该军卫有司所问囚犯，审有家道颇可者，不拘笞杖徒流并杂犯死罪。各照做工年月，每日折收工价银一分，送府收贮，以备巡抚衙门军情缓急之用。虽有别项公务，不得擅支，仍要按季申报，合干上司，以凭稽考，等因。照得近来官吏因循不行，查照概将问追工价等银，俱称类解买谷，遂致军饷无备，甚属故违。具访前项银两，埋没侵渔甚众。今姑未查究，再行申明，仰抄案回道，着落当该官吏，并行南、赣二府卫、所、县。今后奉到问理等项，笞杖徒流杂犯斩绞罪，除有力纳米照旧外，其家道颇可者，俱要查照先行事例，折纳工价，俱收贮该府，以备本院军情缓急。敢有故违者，定行参以赃罪，决不轻贷。仍仰各置文簿二扇，按季循环开报查考，毋致隐匿。仍呈抚按衙门知会。

再批攻剿河源贼巢呈 八月二十一日

据广东岭东道佥事朱昂等会呈："河源县贼巢一十三处，势相联络，互为应援。贼首吴何俊等，并帽子峰贼首谭广护等，招亡纳叛，不止二千余众，累岁荼毒生灵。况又僭称天王、总兵、都督等号，罪恶滔天，人神共怒，必须请调大兵，剿绝根由，庶足以雪军民之冤。但此黠贼，性尤凶强。必藉狼兵，可以捣巢攻寨。大约以军兵二万有余，方克济事。"合行布政司查议粮饷，并赏功银两等项。又据惠州府云云。看得贼众兵寡，委难集事。但动调狼兵，亦利害相伴。况开报贼巢，前后不同。合用粮赏，俱合预行查处。为此仰抄案回道，会同各守巡、兵备等官，将各巢穴再行备细查访。若果贼巢众多，官兵分哨不敷，必须添调狼兵，仰即径自呈请该省总督等衙门，上紧起调。若见在官兵略以足用，可以不调狼兵，亦免骚扰地方，就仰选委谋勇官，督同府、卫、县、所等官，将各汉达官军、兵快、乡夫，预先起集选练，于该府及近贼县分，密切屯扎，勿令张扬，候克期已定，然后昼伏夜行，出其不意，并击合剿。合用粮饷赏功等银，备行广东布政司查照上年大征事体，及时措备，毋致临期误事。如是兵粗措置，俱已齐备，仰即马上差人飞报军门，以凭亲临督战。或差官赍报令旗令牌，分督进剿。其各贼奔遁关隘，相应江西防截者，亦要上紧查报，以凭调发，各毋稽违，致有失误。国典具存，决难轻贷。先选熟知贼情三四人，赴军门听用。军中一应进止，或未尽机宜，应呈报者，亦就上紧呈报。仍呈总镇、镇守、巡按等衙门查照知会。

优礼谪官牌十一月二十七日

照得本院奉命提督军务，征剿四省盗贼，深虑才微责重，惧无以仰称任使，合求贤能，以资谋略。访得潮州府三河驿驿丞王思，志行高古，学问渊源，直道不能趋时，长才足以济用。惠州府通衢马驿驿丞李中，坚忍之操，笃实之学，身困而道益亨，志屈而才未展，合就延引，以匡不及。为此牌仰该府，照牌事理，措办羊酒礼币，差委该县教官赍送本官处，用见本院优礼之意，仍照例起关应付。以礼起送前赴军门，以凭谘访，该驿印记，别行委官署掌。先具依准及礼过缘由。缴牌。

批漳南道设立军堡呈十二月初三日

据兵备佥事周期雍呈："深田、半砂等处，负山滨海，地僻人稀，以致贼徒诱结，势渐猖獗。今虽议立军堡，一时未得完工，合行署都指挥佥事侯汴，暂且住扎南韶，设法擒捕。候军堡已完，行令遵照钦奉敕谕，前往武平县驻扎。"看得所呈深田等处，盗贼日渐猖炽，各该巡捕等官因循坐视，致令滋蔓，俱合拿赴军门。但当用人之际，姑且记罪。仰该道严加督捕，在目下靖绝，以功赎罪。及照该道原议，设立军堡十处。每堡军兵不过二三十人，势分力弱，恐亦不足以振军威，而扼贼势。仰该道会同守备官，再加酌量。如果军堡工费浩大，且可停止，将各堡该戍军兵分作两营，选委勇官二员分统，于各该盗贼出没地方，络绎搜捕，每月限定往来次数。就仰经过县分，按月开报兵备官处，不时考较督责。其该设军堡，止于每日程途所到去处，建立一所，以备宿歇。非独省费易举，亦且势并力合，地方可恃以无恐，盗贼闻风而自息矣。但事难遥度，该道仍须计审详议，一面呈报，务求至当，亦无苟从。再照前项地方，盗贼日盛，备御未立，准议暂委守备侯汴前往南韶住扎，严剿捕以靖地方。稍候武备既设，施行有次，仍旧还归武平住扎。该道照议批呈事理，即便备行本官查照施行，俱毋违错。

再申明三省敕谕 十二月十二日

节该钦奉敕："该兵科给事中周文熙奏，湖广郴、衡地方瑶贼，不乘时处置，抑恐遗孽复滋，重贻后患。乞要推举抚治宪臣一员前去，会同湖广、广东、江西镇巡三司等官，相度事宜。或设添卫所县治，或置立屯戍屯堡，或仍敕尔每年春夏在南、赣等处，秋冬在郴、衡等处，住扎整理。庶几委任专一，有备无患等因，该部议谓宜如所奏施行。今特敕尔亲诣郴、衡等处地方，照依周文熙所奏，并查照御史王度、唐濓及金事顾英等建言事理，从长议处，定立长治久安之法。应施行者，径自会同各该镇巡等官，从长施行。事体重大者，奏请定夺。尔为风宪大臣，受兹委托，尤宜广询博访，择善而行。务使盗息民安，地方有赖，钦此。"钦遵。卷查先准兵部咨为图议边方后患事。该兵科给事中周文熙奏，该本部覆题，已经案仰湖广都、布、按三司，即行该道守巡、兵备等官，一体钦遵。各诣郴、桂、衡州等处，督同各该掌印等官，相度山川险易之势，谘访贼情起伏之由，查照各官建言事理，从长议处方略。要见某处可以开建县治，某处相应添设卫所，某处营堡宜修，某处道路宜开，备询高年有识，务宜土俗民情。如或开建添设等项，有劳于民，无补于事，亦要明白声说，毋拘成议，附和雷同。

别有防奸御患长策，俱要备细呈夺，毋惮改作。仰惟朝廷采纳群策，非徒苟为文具。谅在各官，协心承委，决无了塞公移，务竭保民安土之谋，共图久安长治之策。应施行者，就便具由呈来，以凭会议施行。若有事体重大，该具奏者，亦即呈来，奏请定夺去后。今奉前因，拟合通行。为此仰抄案回司，即行掌印，并各该道守巡、兵备、守备等官，一体查照钦遵。作急议报施行，毋得稽违。仍行镇守、巡抚、总督、总镇、巡按衙门知会。

批赣州府给由呈十二月二十五日

据知府邢珣申给由事。照得知府邢珣久劳郡政，屡立战功，合有赏功之典，出于报最之外。今三年之考，既因事久稽，而六载之期，亦计日非远。况地方盗贼虽平，疮痍未起。仰行本官照旧支俸，益弘永图。苟有善可及民，何厌久于其道。微疾已痊，即起视事，给由一节，六年并考。申缴。

行岭北道裁革军职巡捕牌十四年五月初五日

访得南.赣巡捕军职官员，有名无实。每遇火盗生发，坐视观望，曾不以时策应。中间更有不守法律，在于私宅接受词讼，吓取财贿纸米。或捕获一贼，则招攀无干之人，乘机诈骗。金充总小甲，则需索拜见；更换铺夫，则索要年例；稍或不从，百般罗织。又如前往所属巡逻，则索要折干，刻取酒食。甚至容隐贼徒，窃分赃贿。欲便拿究，缘无指实查行间。为此仰抄案回道，即将巡捕军职官员，就便裁革。一应地方事宜，俱令府、县捕盗等官管理。中间倘有未尽事宜，该道再行议处呈夺。仍候考选之日，备呈镇巡等衙门查照知会。

遵奉钦依行福建三司清查钱粮 五月二十七日

准兵部咨云云。查得先准本部咨题，奉钦依备行前来，已经案仰福建都、布、按三司，并行所属一体钦遵。

仍查各该府、县、卫、所每年额征各项秋屯粮米各计若干。中间起运，每石折银若干，鱼课折银若干。存留数内，应否输纳本色，折收银两。见今小民拖欠者已征若干，未征若干，有无已征捏作未征。其各卫、所军士该支月粮，某卫、所若干石，见今某卫、所已缺支若干，月共该补给米若干石。起运秋屯粮米，要查是何年月，奉何事例。分派某府、卫、所解京，今经几年，是否已为定例。设若存留，必须先查各属官吏、师生、旗军人等，岁用钱粮，大约共计若干，有无足勾。及查该司并各府、州、县见贮库内银两，某项共计若干。中间可以借支，俟后追补，如是扣算不敷，应否将前起运存留。并查汀、漳二府用兵之时，所用粮饷，系何项钱粮，曾否将官军月粮借辏。

务要备查明白，具由差人马上赍报。一面会同三司、掌印、守巡各官，将一应利弊，相应兴革者，逐一查议停当，俟本院抚临之日呈夺去后。今准前因，合再通行查处。为此仰抄案回司，即行掌印并各道守巡等官，公同本院委官，速将前项事情，再加用心查议，务要事体稳当，以便经久；明白具由开呈，以凭会处。中间若有未尽事宜，亦就查议呈夺，毋得虚应故事。苟且目前，复遗后患，罪有所归。

议处添设县所城堡巡司咨 五月三十日

准兵部咨云云。续据湖广按察司呈，奉巡抚湖广都御史秦案验，为计处地方，以弭盗贼事。准兵部咨："该本院题，备由呈报，及移咨到院案候间。今准前因，为照添设县所，查处更夫，并设屯堡置巡司等项事宜，俱奉有成命。况皆经巡抚衙门悉心区画，各已虑无遗策，岂能别有议处。惟称分割乳源、乐昌二县，里分节行广东，该道会勘未报，尚恐两省各官，未免互分彼此，不肯协和成事，必须贵院不惮一行，亲临其地，约会总督两广军务都御史杨，面会一处，庶几两省之事，可以一言而决。"及照建立三屯，摘发湖广各卫所官军，协同巡检弓兵守把一节，以今事势而论，亦为久长之防。但访得各卫所官军，皆有安土重迁之怀，无故摘拨，必致奏告推搪，非惟无补于防御，兼且徒益于纷扰，似须更为一处，必使人情乐从，庶几事功易集。本职见奉朝令，前往福建巡视地方，处置军人作乱事情，不日启行，必须遵照敕旨，候事完回日，方可亲诣郴衡地方，面会贵院议处。但恐旷日弥久，行事益迟，为此合咨贵院，烦请先为查处施行。

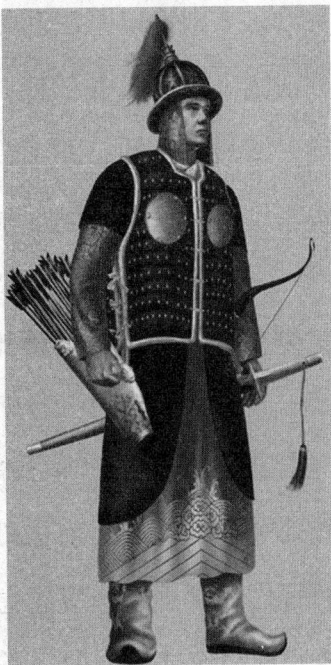

明朝武将戎装

督责哨官牌 六月初七日

照得本院见往福建公干，所有调来赣州教场操备宁都等县兵快，虽分四哨，管领已有定规。惟恐本院远出，因而懈怠废弛，头目人等亦或受财放逃，必须委官管领整肃，武艺精通。中间若有拒顽不听约束者，轻则量情责治，重则论以军法断处。其各兵快义官百长人等口粮，各照近日减去五分则例。每月人各二钱，义官百长各三钱五分，总小甲各二钱五分，俱仰前去赣州府支给，亦不许冒名顶替关支，查访得出，定行追给还官，仍问重罪发落。承委各官务称委托，不得假此生奸扰害未便。

委分巡岭北道暂管地方事 六月初八日

据副使杨璋呈："奉兵部札付题称：'福建军人作乱事情，请教提督南、赣等处军务都御史王前去处置。其南、赣等处地方事情，合行兵备副使杨璋暂且代替管理，一应紧急贼情，悉听杨璋径自从宜施行，不许失误。候处置福建事宁之日照旧'等因。题奉钦依，各由札仰钦遵外。今照本职升任本司按察使，启行在迩，缺官管理，合就通行呈详"等因。看得本官既已升任，本院不日又往福建公干，南、赣贼情，及该道印信，必须得人经理。已经案仰江西按察司速委风力老成堂上官一员，毋分星夜，前赴该道，暂且管理去后。今照前因，为照本院已奉敕书的于本月初九日启行。但分巡该道官员未至，所有各处递报一应公文，多系地方事务。若待议置停当前去，未免顾此失彼，愈加积滞，合行处置。为此仰仰差人送赴分巡该道议处，径自施行，仍呈本院知会。其余地方盗息民安缴报批申呈词招由不急之务，就便收候，类赍本院。仍仰作急备行该道查照施行，俱毋违错。

思田公移 凡四十九条

行广西统领军兵各官剿抚事宜牌 嘉靖六年十一月初五日

先据领兵、参政等官龙诰等禀称：湖兵已至，已经行令相机行事去后，近访得各兵已入深地，利在速战，若旷日持久，未免师老气衰，且临敌易将进退之间呼吸成败。是以本院沿途且行且访，而传闻不一，未有的报。为此牌仰统兵各官，公同计议。若已在进兵之际，则宜遵照旧任提督军门约束，齐心并力，务在了事，方许旋回军门参谒。若犹在迟疑观望之地，而王受、卢苏等尚有可生之道，朝廷亦岂以必杀为心，则宜旋军左次，开其自新之路，听候本院督临审处。俱毋违错。仍行提督、总镇、总兵及巡按等衙门知会，务在进退合宜，不得轻忽误事。

行南韶二府招集民兵牌 十一月十二日

牌仰韶州、南雄府当该官吏，即于该府地方及所属各县。不拘机兵打手各色人内，访求武艺骁勇，胆力之士，超群出众，以一当百者。每府三名或四名，每县二名或三名，无者于别县通融取补。务要年齿少壮，三十岁以下者。每月给与工食八钱，就于机快工食内顶贴，仍与办衣装器械。各名备开年貌亲族邻里，限一月之内送赴军门应用，毋得迟违。

奖留佥事顾溱批呈 十一月二十三日

看得士大夫志行无惭，不因毁誉而有荣辱。君子出处有义，岂以人言而为去留？况公论自明，物情已睹。本官素有学术涵养，正宜动心忍性，以增益其所不能。岂可托疾辞归，以求申其愤激？此缴。

批岭西道议处兵屯事宜呈 十一月二十三日

据佥事李香呈。看得财匮于兵冗，力分于备多，此是近日大弊，相应议处。所呈打手，且不必添募。仰将该道屯哨，分布打手，通行查出，大约共有若干。再加精选，去其劣弱，大约共得骁勇若干。及查某处屯堡可裁，某处关隘可革，大约共用打手若干。某哨堪备操演，分聚开阖，若何而力不分，若何而财不费？若何而免于屯兵坐食，若何而可以运谋出奇？该道会同分守道，通融斟酌，务求简易可久之道，呈来施行。

批广州卫议处哨守官兵呈 十一月二十五日

据指挥赵璇呈。看得军门哨守官军，两班共该一千余名。类皆脆弱，不堪征调。兼亦远离乡土，往往多称疾故逃亡，非徒无益于公家之用，而抑未便于军士之情。仰苍梧守巡道，公同会议，酌量利害之多寡，审察人情之顺逆，务求公私两便，经久可行之策，呈来定夺施行。

批都指挥李翱操演哨守官兵呈 十一月二十七日

看得都指挥李翱所呈，足见留心职任，不肯偷情苟安，有足嘉尚。仰分巡苍梧道，公同坐营官张輗，将见在哨守军兵打手人等，分立班次，发与李翱，在于教场轮班操演。使兵识将意，将识土情，庶职任不虚，缓急可用，仰行各官查照施行。

行两广都布按三司选用武职官员 十二月初七日

准兵部咨云云。为照两广地方广阔，武职官员数多，当爵镇临之初，贤否一时未能备知，拟合通行询访。为此仰抄案回司，备云该部题奉钦依内事理，合行掌印、守巡等官钦遵，严加询访。不拘已用未用，曾否减革武职官员，但有谋勇素著，雄才大略，堪任将领者，从公举保，以凭具奏推用。不许徇情滥举，赃犯人员，自贻玷累，毋得违错。都司仍转行总兵等官，一体钦遵，查照施行。

行两广按察司稽查冒滥关文 十二月十二日

准兵部咨云云，拟合通行。为此仰抄捧回司，照依案验备奉钦依内事理，即行都布二司一体钦遵。仍转行镇守、主副参将等官，今后除地方机密重情，应该会奏者，各具本共差一人，于批文列会奏职衔。其余常行事务，各自行奏报者，必须积至二三起以上，方许差人，亦于批文开坐朱语，以便稽考，毋得泛填公务字样。若是专为己私，假借公干，擅便分给符验关文挂号，并承委人等，越例索要应付，定行从公参究治罪，俱毋违错。

给思明州官孙黄永宁冠带札付牌

据左江兵备佥事吴天挺呈："据思明府族目王瑙等状告：'先蒙军门行取思明州官孙黄永宁领兵听调，乞给冠带，管辖夷民'等情。勘得官孙黄永宁被占年久，今奉断明，若非宠异，无以示信。合请照依黄泽冠带事理，使地方知为定主，实心归向。"呈详到院，相应给与。为此牌仰官孙黄永宁遵照本院钦奉敕谕内便宜事理，就彼暂行冠带，望阙谢恩。该袭之时，具告抚按衙门，另行具奏施行。本官孙黄务要持身律下，谦以睦邻，修复州治，保安境土。凡遇征调，竭忠效命，以报国恩。毋得因此辄兴越分之思，自取侵凌之祸。苟违法制，罚罪难逃。戒之，敬之。

省发土官罗廷凤等牌 十二月十七日

看得那地等州土官罗廷凤、泗城州土舍岑施东、兰州知州韦虎林、南丹州土舍莫振亨等，带领兵夫，屯守日久，劳苦良多。即今岁暮天寒，岂无室家之念。牌至，仰本官径自前来军门，面听发放。

给迁隆寨巡检黄添贵冠带牌 嘉靖七年正月初八日

据广西左江道佥事吴天挺呈称："查得方舆胜境内开，思明路下有迁隆州，缘无志书案卷可考沿革。但查递年黄册，及审各目老，皆称迁隆洞黄添贵果系官户宗枝。凡有征调，黄添贵亦果领兵立功。其地界广有百里，虽止征粮四十石，而烟爨多逾二千；虽额属思明，而征兵则各自行管束。委因失其衙门印信，以致地方怀疑生奸。合无准行暂立为思明府迁隆寨巡检司，就授黄添贵职事，听其以后立功积效，渐次升改。庶人心知劝，地方可定"等因。到院查得先该前巡抚都御史张，累经案仰广西都布按三司，及该道兵备、守巡等官，查勘相同，设立巡司，似亦相应，除另行具题外。缘黄添贵正在统兵行事，合无遵照钦奉敕谕便宜事理，先与冠带，以便行事。为此牌仰黄添贵就彼冠带，望阙谢恩，暂署土巡检司事，候命下之日，方许实授。本官务要奉法，严束下人，辑和邻境，保守疆土。每遇调遣，即便出兵报效，立有功劳，赏升不吝。如或贪残恣肆，国典具存，罪亦难逃。

批左州分俸养亲申 正月十八日

据左州申："知州周墨分俸回太仓州养亲。"看得本官发身科甲，久困下僚，虽艰苦备尝，而贫淡如故。虽折挫屡及，而儒朴犹存。凡所施为，多不合于时尚。而原其处心，终不失为善人。即其分俸一事，亦岂今之仕宦于外者所汲汲，而本官申乞不已。虽屡遭厌抑之言，而愈申恳切之请，固流俗共指以为迂，而君子反有取焉者也。案照先任军门，盖已屡经批发，而公文至今未到，想亦道途修阻，不易通达之故。本官近该给由，道经原籍，合就批仰亲自赍递。仰苏州府太仓州当该官吏，查照军门先今批行事理，即将本官分回俸给，照数查考，以慰其一念孝亲之诚。具由缴报。仍行太平府及该州知会。批缴。

批右江道断复向武州地土呈 正月二十六日

据参议邹軨、佥事张邦信呈："勘处都康、向武二州争占安宝峒地土，合断还向武州管业缘由。"看据所呈，官男冯一执称："安宝峒地方深入都康界内，远隔向武六十余里。以近就近，应该都康管业。"其言于人情似亦为便。王仲金又执称："国初设立郡州，原要犬牙相制。今安宝地方深入都康，正是祖宗法制。"其言于国典又为有据。况博访民间物论，亦多是向武而疑都康。今该道又审得王仲金旧藏吏部勘合，奉有圣旨，安宝峒村庄，还著向武州管是实。先年都康州又曾有印信吐退文书。今以此地断还向武，其于天理人心，公论国法，悉已允当。事在不疑，不必再行后湖查册，往复劳扰。该道又审得王仲金先年混将都康州村峒人畜杀虏，要依土俗，责令赔偿，亦于事理相应。悉照所议，取具王仲金、冯一情愿赔偿吐退归一亲笔供词，备写札付用印钤连送赴军门。重加批判，给付各州永为执照，以杜后争。此缴。

批左江道推立土官呈 二月初一日

据参议汪必东呈称："武靖州缺官管事，乞推相应上官子孙一员，仍授该州职事，理办兵粮。"仰布政林富会同各守巡、兵备、副参等官，再行从公酌量计议。采诸物论，度诸人情。务要推选素有为该州人民信服爱戴者，坐名呈来，以凭上请。不得苟避一时之嫌疑，不顾百年之祸患，轻忽妄举，异时事有乖缪，追咎始谋，责亦难辞。此缴。

批遣还夷人归国申二月十四日

据兵备副使范嵩呈称："番人奈邦等不系番贼，又无别项为非重情。合行琼州府查支官银，买办船只，量给米饭，送回该国。若有便船搭附随宜。其原搜获葫芦五个，给还收领，枪镖等物入官，以防在海劫夺之患。"看得各夷既审进贡是实，又无别项诈伪。相应听其回还本国，却淹留日久，致令死亡数多。而郡县徒增供馈之扰，处置失宜，贻累不少。仰该道即如所议，行令琼州府查支官银，买办船只，及措与粮米等项，趁此北风未尽，上紧送发回国。若再会议往复，则愈加迟误，备行合干衙门知会施行。此缴。

批苍梧道修理梧州府城呈三月十一日

据金事李杰呈："梧州府城垣修复串楼等项，合用木石砖瓦，于府库抽收竹木银两动支。"看得城上串楼虽有风雨崩塌之备，亦有兵火焚毁之防。得失相半，诚有如该道所虑者。今议修复，虽亦旧贯之仍，若损多益少，则亦终为浪费。该道再行计处，或将见在串楼问节拆卸，每隔二三十丈则存留三四间，或四五间，以居防守之兵夫，而拓其空地，以绝延烧之患。一以便人马往来之奔突，旗鼓刀枪之运用。以其拆卸之材料，修补焚烧之空缺，当亦绰然有余，而更楼火铺之类，亦可藉此以修理矣。但地利土宜，随处各异，未可以本院一时之见悬断遥度。仰该道广询博访，如果有益无损，即查本院所议斟酌施行。若是得失相半，准如该道所呈，一面动支银两修理，一面会同各官再加量度计议，具由呈报。缴。

批永安州知州乞休呈 三月十四日

据佥事申惠呈："永安州知州陈克恩立心持己，举无可议。委因感岚瘴，心气不时举发。仍称母老在家，久缺奉侍，情甚恳切。"看得知州陈克恩虽患前病是实，然其年力尚强，才器可用，非可准令休致之时。但以母老多病，固求归养，情词恳迫，志已难夺。其恬退之节，孝母之心，诚有可尚。合照所议，准令致仕还乡。仰该道仍备行本官原籍官司，务要以礼相待，以崇奖恬退孝行之风。

行参将沈希仪守八寨牌 三月二十三日

为照八寨巢穴，及断藤峡等贼，素与柳、庆所割地方瑶、僮村寨连络交通，诚恐乘机奔突，亦合督兵防捕。为此牌仰参将沈希仪照牌事理，即便督率官兵人等，于贼冲要路，严加把截，如遇奔突，相机擒捕，毋容逃遁。仍要严禁下人，惟在殄除真正贼徒，不得妄杀无辜，及侵扰良善一草一木；敢有违犯者，即照军法斩首示众。所获功次，解送该道分巡官纪验，听候记功，御史覆验造报。军中事宜，牌内该载不尽者，亦听本官径自酌量而行。一面禀报，俱毋讳错。

行左江道剿抚仙台白竹诸瑶牌 三月二十四日

照得白竹、古陶、罗凤、仙台、花相、石马等巢诸贼，皆稔恶多年，在所必诛，已经牌仰各官督兵进剿。近据参将张经续禀："仙台、花相、石马等瑶，一月之前，皆各出投抚，愿给告示，从此不敢为恶。"看得各瑶投抚，诚伪虽未可料，但既许其改恶，若复进兵袭剿，未免亏失信义，无以心服蛮夷。亦合暂且宽宥，容其舍旧图新。其白竹、古陶、罗凤等贼，负险桀骜，略无忌惮，若不加剿，何以分别善恶，明示劝惩。为此牌仰左江道守巡守备等官，参议汪必东、金事吴天挺、参将张经，会同湖广督兵金事汪溱、都指挥谢珮、督同各宣慰等官，俟牛肠等处事完之日，即便移兵进剿白竹、古陶、罗凤诸贼。其领哨官员，及引路向导人等，俱听参将张经督同指挥周胤宗等，分俵停当，照例逐一讲明，然后分投速进。纵使诸贼先已闻风逃避，亦要严兵深入，捣其巢穴，以宣明本院声罪致讨之义。一剿不获，至于再；再剿不获，至于三；至四，至五，至绝终祸根。不得以今次斩获之少，或遂滥及已招贼巢，亏失信义，所损反多。经过良善村分，尤要严禁官土军兵，不得侵犯一草一木；有犯令者，即以军法斩首示众。

委土目蔡德政统率各土目牌 四月初一日

为照前项城头兵粮等项，虽经行令各目暂行管理，但在流官知府处，必须通晓事体土目一人，专一在府听候传布政令，通达土情，不然，未免上下之情，亦有捍格。查得土目蔡德政，平日颇能通晓事情，相应选委。为此牌仰本目统率各土目供应人役，专一在府听候答应，凡遇差遣及催督公事等项，就便遵照传布督催各管城头土目人等。或有未便情由，亦与申达本府，务通上下之情，以成一府之治。就将七处一城头拨与本目，永远食用，流传子孙。本目务要奉公守法，尽心答应。其或违犯节制，轻则该府官量行究治，重则具由三府军门治以军法。

批左江道查给狼田呈 四月十一日

据佥事吴天挺呈称："遵奉军门方略，剿平牛肠、六寺、磨刀等贼，所有贼田，合行清查，免致纷争。宜选委府卫贤能官亲查，酌量应给还狼民者，明立界至；给还原主耕种系贼开垦者，丈量顷亩，均给各里十名，招狼佃种，俱候成业一年，方行起科纳粮免差。"本院之意，正欲如此区处。据呈，足见该道各官用心之勤，悉准照依所议。就仰行委该府卫贤能官各一员，亲临踏勘，清查明白，酌量给派招佃，具由呈报。

行浔州府抚恤新民牌

照得浔州等处稔恶瑶贼，既已明正讨伐，其奔窜残党，亦合抚处。但其惊惧之余，未能遽信，必须先将附近良善厚加抚恤，使为善者益知劝勉，然后各贼渐知归向，方可以渐招抚。除行守巡该道施行外，牌仰知府程云鹏等，即行会同指挥等官周胤宗等，及各县知县等官，分投亲至良善各寨，照依案验内开谕事情，谆复晓谕。就将发去告示，鱼盐量行分给，务使向善之心愈加坚定，毋为残贼所扇诱。则良民日多，而恶党日消，又因而使之劝谕各贼，令各改过自新，果有诚心来投者，即与招抚。就便清查侵占田土，以绝后争。推选众所信服之人，立为头目，使各统领，毋令散乱，以渐化导。务使日益亲附，庶几地方可安，而后患可息。各官务要诚爱恻怛，视下民如己子，处民事如家事，使德泽垂于一方，名实施于四远，身荣功显，何所不可。如其苟且目前，虚文抵塞，欺上罔下，假公营私，非但明有人非，幽有鬼责，抑且物议不容。

批兴安县请发粮饷申 四月十三日

据兴安县中称，本县库内并无军饷银两，亦无堪以动支官钱，诚恐湖兵猝至，不无误事。合无请给发军饷银两下县。先顾船马，参看湖兵归途，合用廪给口粮下程犒劳等项，已经各有成议。自南宁府至梧州止，又自梧州至桂林府止，又自桂林至全州止，各经过几县几驿，每县驿扣算该银若干，各于该府军饷银内照数一并支给。各州县止是应付人夫数十名，再不许别项科派劳扰，已行该道守巡等官，通行各该府县查照施行。去后，今已两月有余，而各州县尚罔闻知，不知该道各官所理何事，似此紧急军务，尚尔迟慢，其余抑又可知。姑记未究外。仰按察司将该吏先行提问，仍备行各道守巡官，今后该行职务，各要自任其责，可行即行，可止即止，悉心计处，事体重大，自难裁决者，即为定议呈禀，必使政无多门之弊，人有画一之守，毋得虚文委下，推避傍观。州县小官，无所遵承，纷然申扰，奔走道路，延误日月，旷职废事，积弊滋奸，推厥所由，罪归该道，各具不违，依准回报查考。缴。

行廉州府清查十家牌法 四月十六日

案照本院先行十家牌谕，专为息盗安民。访得各该官员，因循怠惰，不行经心千理，虽有委官遍历城市乡村查编，亦止取具地方开报，代为造缴，其实未曾编行。且承委人员，反有假此科取纸张供给，或乘机清查流民，分外骚扰，是本院之意务要安民，而各官反以扰民也。本欲拿究，缘出传闻，姑候另行，所有前项牌谕，必须专委贤能官员督查清理。为此牌仰廉州府推官胡松，先将该府及所属州县原编牌谕，不论军民在城在乡，逐一挨查，务著实举行，仍须责令勤加操演。若各官仍前虚文搪塞者，指实参究。果有科罚骚扰等项，仰即拿问究治。仍行各官务将牌谕讲究明白，必使胸中洞彻，沛然若出己意，然后施行，庶几事有条理，而功可责成。各府、州、县以次清理，非独因事以别勤惰，且将施罚以示劝惩，各具讲究过依准缴报查考。又访得各处军民杂居之地，多有桀骜军职，及顽梗军旗，不服有司清查约束，妨碍行事者，仰行重加惩治。应参职官，指名申来，以凭拿究，断不轻恕。

行右江道招回新民牌五月初六日

仰右江道副使翁素，即便选委的当官员，带同上林县知因晓事之人，将一十八村搬移上山者，通行招回复业，给与良民旗榜，使各安村寨。仍谕以其间有与贼交通结亲往来者，但能搜捕贼徒立功自赎，即不追论既往，一体给赏。仍要催督分差各官，上紧搜捕，毋令各贼奔逃渐远。晓谕各该地方良善，向化村寨，务将逃躲各贼，尽数擒斩，以泄军民之愤，获功解报，一体给赏。若是与贼通谋，容留隐蔽，访究得出，国宪难逃。如是各贼果有诚心悔罪，愿来投抚立功报效者，亦准免其一死，带来军门，抚谕安插。各官务要尽心竭力，上报国恩，下除民患，副军门之委托，立自己之功名。仍督平日与贼交通之人，令其向导追捕，痛加惩改，及此机会，立功自赎。果能奋不顾身，多获真正恶贼，非但免其既往之罪，抑且同受维新之赏。若犹疑贰观望，意图苟免，定行斩首示众，断不虚言。各官舍目兵人等，若有解到功次，即与纪验明白，以凭照例给赏，事完之日，通送纪功御史衙门覆验奏报。一应机宜，牌谕所不能尽者，就与副总兵张祐计议施行，一面呈报。本院不久亦且亲临各该地方，躬行赏罚，仰各上紧立功，毋自贻悔。

委官赞画牌五月初七日

今差知州林宽赍文前往宾州、思恩等处公干，就仰本官在右江道守巡官处，随军赞画，一应机宜，不时差人前赴军门禀报，其领兵头目卢苏等，亦要遣人催促上紧剿捕，立功报效，毋得怠惰放纵，玩废日月，徒劳无功。本官务要尽心竭虑，以副委托。

行参将沈希仪计剿八寨牌五月初九日

近因八寨瑶贼稔恶，已经调发思、田目兵攻破贼巢，方在分投搜捕。访得八寨后路，潜通柳州，又有一路与韦召假贼巢相通，皆未委虚的，合行密切查处。为此牌仰参将沈希仪即行密访，若果有潜通贼路，就仰本官从宜相机行事。或从彼地掩袭韦召假贼巢，就从彼巢径趋八寨后路。或以迎候本院为名，径来宾州督调别项军兵，就从八寨取道。然须将勇兵精，又得知因向导，可以必胜。本院亦无意必之心，俱听本官相机行事，量力可行即行，可止即止。牌至，务在慎密，毋令一人轻泄。

调发土官岑璋牌 五月初十日

牌仰归顺州官男岑璋，挑选部下骁勇惯战精兵二千名，各备锋利器械，亲自统领，前赴军门，面授约束，有事差委。所带兵夫，但在精勇，不许徒多。军门不差旗牌官员，正恐张扬事势，骚扰地方，故今止差参随百户扈濂前去，密切督调。前月官男赴军门参见，已曾当面分付。牌至，限三日内即便起程，星夜前来，毋得循常迟慢。违误刻期，定行究治，决无虚言。

分调土官韦虎林进剿事宜牌 五月十五日

除行守备参将沈希仪相机行事，及差南宁镇抚朱钰赍捧令旗令牌前去督调外。牌仰东兰州知州韦虎林，挑选骁勇惯战精兵三四千名，亲自统领，就于该州附近三旺、德合等处，取道密切进兵，扑剿下岜中寨，寻令东乡、马拦、南岭、新村、莫村、落村等寨，贼首韦召蛮、召旷、召假、召僚、召号、召旺、天腊公、线仲、言转周、韦马、覃广、覃文祥等，务要尽数擒斩，以靖地方。所获功次，通行解赴军门，以凭纪验给赏。如遇参将沈希仪已到地方，仍听节制行事。若是尚未来到，仰即火速进剿，不必等候，以致张扬泄漏，失误事机，罪有所归。

行通判陈志敬查禁田州府私征商税牌 五月十五日

据委官通判陈志敬呈称："查得田州府旧例，盐每百斤税银一分，本府河埠税银四分半，经纪税银三分，槟榔每百斤税银一钱，本府税课并经纪各税银二钱，其杂货亦各税不一，除买办应用，年终俱归本府，此岑猛之余烈也，今尚因之而未除。要行照依南宁府事例，止容一税"等因。到院，参看得思、田二府，近该本院会议，设立流官知府，控制土官，各以土俗自治。其官吏合用柴薪马匹，及春秋祭祀等项，仍许商课设于河下，薄取其税，以资给用。而本院明文尚未有行，乃敢辄先私立抽分，巧取民利，甚属违法，合当拿问，缘无指实，合行查究。为此牌仰本官，即查前项抽分，奉何衙门明文，惟复积年奸猾，私立巧取，侵骗税银肥己，务要从实查明，具由星驰呈报。一面密切差人访拿，解赴军门究治，以军法论，毋得容情回护，自取罪戾。

批南宁卫给发土官银两申 五月十八日

据南宁卫申："原收王仲金赔偿都康州银二百两，令官男冯一差头目黄淰等四人来领。"看得王仲金赔偿银两，既该冯一差有的当头目黄沧，赍有该州印信领状前来关领，仰卫审验是实，即将银两照数给与黄沧等带领回州，付与冯一收受，取收过日期回报。仍行该道守巡官备行冯一、王仲金，务要洗涤旧嫌，讲信修睦，各保土地人民，安分守己，同为奉法循礼之官，共享太平无事之乐。如其不能自为主张，听信小民扇惑，规图近利，怀挟前仇，徒使利分下人，恶归一己，贯满罪极，灭身亡家，前车可鉴，后悔何及，各遵照奉行。此缴。

批左江道纪验首级呈 五月二十八日

据佥事吴天挺呈：“获过牛肠、六寺、古陶、罗凤等处山巢贼级，中间无小功者，应否纪验？”看得各处用兵，多因贪获首级，不肯奋勇破敌，往往多致失事。是以前月发兵之日，本院分付督兵各官，务以破巢诛恶为事，不以多获首级为功。今若以无小功之故，不与纪验，即与前日号令自相矛盾矣。其湖兵破巢首级，虽无小功，仰该道仍与纪验。至于官军人等剿捕所获，仍照常规施行。缴。

行左江道犒赏湖兵牌 六月初十日

照得湖广永、保二州官舍头目土兵，先该本院撤放回还，道经浔州等处，已经行仰该道守巡等官，督押前进，乘便剿除稔恶瑶贼，随已破荡巢穴，擒斩数多，回报前来，就经牌仰各官，仍押各兵，直抵桂林地方交替。及行参议汪必东，就于梧州府库，量支军饷银一二千两带去省城，听候本院亲行犒赏。今照本院因地方有事，兼患肿毒，未能亲往，行委该道佥事吴天挺前去省城，代行赏劳。为此牌仰本官，即查前项银两，若未动支，就于该府军饷银内照数动支二千两，委官管领，随带广西省城，听候支给犒赏湖兵等项应用，完日，开数查考。

奖劳督兵官牌 六月初十日

照得先因广西思、田等处土酋倡乱，征调湖广永、保二司宣慰舍目人等，坐委佥事汪溇、都指挥谢珮统领前来，听调剿杀。后因各酋自缚投顺，班师回还，又该军门行委各官统领，乘便征剿浔州、牛肠、六寺，及平南、仙台、花相等山积年稔恶贼寇，遂能攻破坚巢，多有斩获。虽各宣慰素抱报国之心，舍目人等，并心协力，奋勇效命，亦由监督各官，设策运谋，用能致有成功。今师旋有日，所据宴劳之礼，相应举行。但本院见征八寨瑶贼，未能亲至省城，大享军士，合就先行奖劳。为此仰本官即便亲诣省城，公同布按二司、掌印等官，将军门发去彩段银花等物，照数备用鼓乐导送佥事汪溇等收领，用见本院嘉奖宴劳之意。仍行镇巡衙门知会。

计开：

佥事汪溇：

盘盏一副十两。　　段二疋十两。

银花二枝二两。　　席面一桌银十两。

都指挥谢珮：

盘盏一副十两。　　段二疋十两。

银花二枝二两。　　席面一桌银十两。

部押指挥二员：

每员银牌五两。　　银花一枝五钱。

席面银二两。

分押千户八员：

每员银牌三两。　　银花一枝五钱。

席面银一两。

土舍彭荩臣军前冠带札付 六月初十日

据湖广上湖南佥事汪溱呈："据辰州卫部押指挥张恩呈'据舍目彭九皋等告称：嘉靖五年，奉调征剿田州，有荫袭官男彭虎臣同弟彭良臣自备衣粮报效，蒙授彭虎臣冠带杀贼。后因阵亡，蒙军门奏奉钦依勘合内开，彭虎臣殁于王事，情可矜怜，赠指挥佥事，移恩弟彭良臣，就彼冠带，袭替宣慰使职事，免其赴京。伊父彭九霄仍升湖广布政司右参政，准令致仕。除遵依外，近奉军门复调征剿，行令致仕宣慰彭九霄亲统启行。不意宣慰使彭良臣在任病故，有彭荩臣系宣慰的亲次男，见年一十四岁，与故兄彭良臣同母冉氏所生，应该承袭，别无违碍。乞比照永顺土舍彭宗舜事例，赐给冠带，抚管地方'等情。为照土官袭替，必经原籍该管衙门委官重复查勘。今彭荩臣不在随征之列，未经结勘，但伊父彭九霄见在统兵，本舍又称选带家丁三千名前往报效，似应俯从。"

呈详到院，为照彭荩臣本以章一，早著英风，自选家丁，随父报效，即其一念报国之诚，已有可嘉；况有查系应袭次男，近日报效家丁于浔州、平南诸处，又能奋勇破贼，斩获数多，则荩臣身虽不出户庭，而功已著于异省。除别行具题外，合就遵照钦奉敕谕内便宜事理，给与冠带。为此札仰官舍彭荩臣先行冠带，就彼望阙谢恩。抚管地方，仍须立志持身，正己律物；顾章服之在躬，思成人之有道；念传世之既远，期绍述于无穷；益竭忠贞，以图报称。先具冠带日期，依准缴报。仍径行本省镇巡衙门知会，毋得违错。

奖劳永保二司官舍土目牌 六月初十日

照得先因思、田等处土酋倡乱，复调永、保二司宣慰彭明辅、彭九霄各统领舍目，听调剿贼。后因各酋自缚投顺，班师回还。又该军门行委各官统领，乘便征剿浔州、牛肠、六寺，及平南、仙台、花相等山稔恶贼寇，遂能攻破坚巢，多有斩获。是皆各宣慰及伊官男平目素抱忠诚报国之心，故能身督各舍目人等，并心协力，奋勇效命，致有成功。今师旋有日，所据宴劳之礼，相应举行。但本院见征八寨瑶贼，未能亲至省城，大享军士，合就先行奖劳。为此牌仰本官，即便亲诣省城，公同布按二司、掌印等官，将军门发去礼物，照依后开数目，各用鼓乐送发宣慰彭明辅、彭九霄等收领，用见本院嘉奖宴劳之意。各宣慰官舍目兵人等，查照单开等项，逐一支出赏犒，就彼督发各兵回还休息。支过数目，开单查考，俱仍行镇巡衙门知会。

计开：

保靖宣慰司：

宣慰彭九霄：

盘盏一副十两。　　段二疋。

一两重金花一枝。　　一两重银花一枝。

席面银五十两。

官男彭荩臣：

银花二枝各一两。　　段二疋。

席面银二十两。

永顺宣慰司：

宣慰彭明辅：

盘盏一副十两。　段二疋。

一两重金花一枝。　一两重银花一枝。

席面银五十两。

官男彭宗舜：

银花二枝各一两。　段二疋。

席面银二十两。

冠带把总头目每名三两重银牌一面。

领征管队冠带头目每名二两重银牌一面。

旗甲小头目洞老每名一两重银牌一面。

随征土兵每名银二钱。　家丁银一钱。

病故头目每名银四两。

病故土兵每名银二两。

首级每颗银一两。　贼首银三两。

生擒每名银二两。

调发武缘乡兵搜剿八寨残贼牌 六月十八日

先该本院进剿八寨，贼巢已破，但余党逃遁，尚须追捕。访得各处乡民素被前贼劫害，多有自愿出力杀贼报仇。及访得武缘县地方，婴墟等处乡兵，素称骁勇惯战，皆肯为民除害。已经牌差经历罗珍等前去起调，诚恐各官因循，姑未究治。看得通判陈志敬莅官日久，前项婴墟等处乡兵，

《清明上河图》

曾经训缉，颇得其心，合委催督。为此牌仰本官速往婴墟等处，即将前项乡兵，量行选调，多或一千五百名，少或八九百名，各备锋利器械，仍督经历罗珍等分统前赴宾州，照名关支行粮等项，就彼相机搜剿前贼，仍听参将沈希仪调度节制，获有功次，一体重加旌赏。仍谕以当此农忙暑月，本院亦不忍动宜仰体此情，务要尽心效力，以报尔仇。是亦一劳永逸之事，先将调过名数并起程日期，随牌回报查考。

行右江道犒赏卢苏王受牌 七月初三日

看得思、田头目卢苏、王受等率领部下兵夫，征剿八寨，搜屯日久，劳苦实多，合行量加犒劳。为此牌仰右江道分巡官，即行宾州，起拨夫役人等，将见贮军饷粮米，照依后开数目，运赴三里地方，各自扎营去处，分给各兵，以见本院犒赏之意。开数缴报查考。

计开：

卢苏二百石。　王受一百五十石。

给土目行粮牌七月初八日

照得本院见在进兵征剿八寨瑶贼，而镇安头目岑瑜等率领目兵四百五十名前赴军门，自愿随军杀贼报效，意有可嘉。除量行犒赏外，仰分巡右江道官，将各目兵即行照名给与行粮一月，就发都指挥高嵩哨内，听凭督调杀贼。获有功次，一体解验，以凭给赏施行。

批右江道移置凤化县南丹卫事宜呈八月初十日

据副使翁素呈："议得南丹卫城垣，并凤化县城垣合用银两。"看得该道议于八相应，人心乐从。其筑立城垣，起造公廨等项，料价工食，一应合用银两，既经该道守巡官公同计议停当。南丹卫该银三千六百四十五两，凤化县该银三千一百七十六两，其食米南丹卫一万石，凤化县八千石，每石价银三钱，共该银五千四百两。见今各处仓廒，贮有粮米，尚够支给。候缺米之日，照数给价；先各量支一半，收贮听用，南丹卫一千五百两，凤化县一千二百两，准议于南宁府库贮军饷银内支给。

该道各官仍要推选力量廉能官各一员，委同该卫指挥孙纲及该县掌印哨守官，亲至南宁府照数支出，三面秤对，匣收领，付宾州库寄贮。置立支销文簿，该道用印钤记，各付一本收执，每用银两，即同该州官开封动支，照数登记，务在实用，不得花费分毫，工完之日，开数缴报，通将各支销簿会合查考。

该道守巡官仍要不时亲诣调度督促，工程务在精致坚牢，永久无坏，当兹盗贼荡灭之余，况又秋冬天气，正可及时工作。各官务在上紧催督，昼夜鸠工，不日而成；一则可以速屯防守之官兵，二则可以不防来岁之农作。城完之日，本院自行旌保擢用，决不虚言。

各官视官事须如家事，刻刻尽心，仰称朝廷之官职，中副上司之委任；内以建自己之功劳，外以垂一方之事业；岂不事立身劳，功成名显，垂誉无穷者哉？若其因循玩愒，绩废事，非独自取败坏，抑且罪现难逃。仰该道备行各官查照施行，期务体勤勤嘱付之意，毋负毋负。此缴。

行左江道赈济牌 八月初十日

案照先因南宁府军民困苦骚扰二年有余，况天道干旱，青黄不接，已经行仰同知史立诚将停歇湖兵之家，量行赈给。然各色军民人等同被骚扰，均合行赈。为此牌仰本道官吏，会同分巡道，即行南宁府，备查府城内外大小人户，照依后开等第，就于军饷米内照数通行赈给。务使各沾实惠，毋容奸吏斗级人等作弊克减，有名无实。事完开报查考。

计开：

乡官、举人、监生之家，每家三石。

生员每家二石。

大小人户每家一石。贫难小官，通行查出，量分差等，呈来给赈。

批右江道议筑思恩府城垣呈 八月十五日

据副使翁素呈："估计起造思恩府城池等项，通用银八千五百七十七两零。"看得思恩府城垣，仰行知府桂鳌自行督工起筑，合用料价工食等项银两，准照议于南宁府军饷银内动支。就仰桂鏊公同该府掌印官，当堂秤明，匣锁领回，寄贮宾州库内，查明前批南丹卫事理，置立文簿支销。该道守巡官，仍要不时亲至地方料理催督，务要修筑坚固，工程早完。事毕，开报查考。缴。

奖劳剿贼各官牌 八月十九日

照得八寨积为民患，今克剿灭，罢兵息民，此实地方各官与远近百姓之所同幸。昨支库贮军饷银两，照依后开则例，买办彩币羊酒，分送各官，用见本院嘉劳之意。开报查考。

计开：

副总兵张裕。副使翁素。

各花二枝二两。段四疋十两。

羊四只三两。酒四埕一两。

参政沈良佐。金事吴天挺。

副总兵李璋。参将张经、冯勋。

各花二枝二两。段二疋六两。

羊二只。酒二埕共二两。

知府桂鏊。同知陈志敬。林宽。推官冯衡。同上。

行福建漳州府取回岑邦佐牌

照得田州府土官岑猛稔恶不悛，构祸邻境。该前军门奏奉调兵征剿，并将伊妾子女岑邦相等及各目家属，解京给付功臣之家为奴。及将出继武靖州次男岑邦佐迁徙，已将岑邦佐及母妻人口家当，差委指挥周胤宗等解发福建漳州府安置为民，及将岑邦相等押发南雄府监候听解去后。续照本爵钦奉敕谕："特命尔提督两广及江西、湖广等处地方军务，星驰前去彼处，即查前项夷情，可抚则抚，当剿即剿，公同计议，应设土官流官，何者经久利便，奏闻区处，钦此。"钦遵。随据头目卢苏等率众自缚来降军门，仰体朝廷好生之德，俯顺其情，安插复业，及因其告乞怜悯岑猛原无反叛罪情，存其一脉等因。已该本爵议将该府四十八甲内，割八甲降立田州，立其子一人，以承其后云云。合将岑邦佐仍为武靖州知州，保障地方。而立邦相于田州，以安守其宗祀，庶为两得其宜，已经具题外。今照前项地方，抚处宁靖，所据各男，应合取回议处。为此牌仰福建漳州府官吏，即将发去安置为民岑邦佐并母妻人口家当，通取到官，照例起关，沿途给与脚力口粮，差委的当人员，押送军门，以凭面审施行。仍行本省镇巡衙门及布政司知会，俱毋违错。

批参将沈良佐经理军伍呈 八月二十四日

看得五屯系远年贼巢要害之处，而备彻废驰若此，正宜及此平荡之余，经理修复。今该道各官公同议处，要将城垣展拓，建置守备等衙门，及将该所分调各处哨守旗军，尽数取回调用，广东协守官军发回原卫，缺伍僮军，清查足数，每年贴贼藤县甲首银一百两，通行除免，查编甲军，务足千名之数。议处悉当，除本院已经依议具奏外，仰该道各官照议施行。仍行总镇、总兵及镇巡等衙门知会，该府县、卫、所等官俱仰查照施行。缴。

告谕新民八月

告谕各该地方十冬里老人等，今后各要守法安分，务以宁靖地方为心，不得乘机挟势，侵迫新旧投抚僮、瑶等人，因而胁取财物，报复旧仇，以至惊疑远近，阻抑向善之心。有违犯者，官府体访得出，或被人告发，定行拿赴军门，处以军法，决不轻恕。

批佥事吴天挺乞休呈八月二十五日

据佥事吴天挺呈："乞要致仕。"看得本官识见练达，才行老成，且于左江一道，夷情土俗，熟谙久习。今地方又在紧急用人之际，本院方切倚任，况精力未衰，偶有疾患，不妨就医调理，岂得遽尔恳辞求归。近因征剿浔州诸处贼巢，冒暑督兵，备历艰阻，功劳茂著，不日朝廷必有施擢之典。仰本官且行安心管理该道印信，勉进药饵，暂辍归图，以慰上下之望，毋再固辞，有孤重委。此缴。

批苍梧道创建敷文书院呈九月初六日

据佥事李杰呈："据梧州府并苍梧县学生员黎黻、严肃等连名呈，欲于县之侧，照依南宁书院规制，鼎建书院一所。"看得崇正学以淑人心者，是固该道与有司各官作与人才之盛心，亦足以见该学师生之有志，举而行之，夫岂不可？但谓本院能讲明是学，而后人心兴起，则吾岂敢当哉？该学师生既称号房缺少，不足以为讲论游息之地，合准于旧书院之傍，开拓地基，增建学舍。该道仍为相度经理，合用银两，亦准于该府库内照数动支，务速成功，以底实效，毋徒浪费，以饰虚文。完日，缴报。

改委南丹卫监督指挥牌

先该本院分道进剿八寨，及于八寨周安堡，移设南丹卫以控制要害。查将迁江等所通贼指挥王禄等明正典刑，斩首示众，及将各该目兵通发烟瘴地方哨守。后因王禄等哀求免死，容令各领目兵杀贼赎罪。该道守巡兵备等官亦为恳请，遂遵照钦奉敕谕，便宜事理，容令报效赎罪。就委南丹卫指挥孙纲、监督王禄等各头土目兵夫人等，与同该卫所官军前去八寨周安堡，相兼屯扎搜剿，及将移设卫所，估算合用木石砖瓦匠作人夫工食等项，一面择日兴工，先筑土城，设立营房，以居民众。又委南宁府同知陈志敬支领官饷银两，前去协同督理，俱具奏行事外。今访得王禄等与孙纲旧连姻娅，而该卫各官又皆亲旧，拜恩恃爱，不听约束，所据违梗各官，俱合从重究治，姑且记罪，合行改委。

看得指挥李楠，年力富强，才识通敏，颇有操持，能行纪律。为此牌仰本官即便前去守备宾州及新改南丹卫地方，遵照本院钦奉敕谕，便宜事理，暂以都指挥体统行事，仍听副总兵及该道守巡兵备官节制。该卫各官及土官王禄等，敢有违犯约束者，当即治以军令。本官务要殚忠竭力，展布才猷，与同南宁府同知陈志敬上紧起筑城垣，相机抚剿余贼，务建奇功，以靖地方，以副委任，事完之日，奏功推用，决不相负。若玩愒日月，苟且因仍，事无成效，罪亦难逃。一应机宜，牌内该载不尽者，俱听从宜区处，就近于该道守巡等官处计议施行。事体重大者，一面申禀军门。本官合用廪给等项，听于宾州军饷银内支给。指挥孙纲仍照旧掌管卫印。通行总镇、总兵及镇巡衙门知会。

续编六

征藩公移上 凡二十九条

行吉安府收囤兑粮牌 正德十四年六月二十日

据赣县、兴国、永新等县县丞等官李富、雷鸣岳等呈称："各蒙差押粮里装运，正德十三年兑淮米，到于吉安水次，听候交兑，经今数月，未见粮船回还。况今省城变乱，被将各处兑米尽行搬用，恐被奸人乘机越来搬抢"等因到院。为照所呈，系于兑淮钱粮，合行处置。为此抄案仰回府，即便处置空间仓廒，或宽敞寺观去处，令各粮里暂将运来兑淮粮米收囤，候官军回日，听其交兑，毋得迟误，致有他虞。仍行管粮官知会。

行吉安府禁止镇守贡献牌 六月二十日

据吉安府守御千户所旗甲马思禀称"蒙所批差，领解镇守江西太监王发买葛布银三封，及本所出备葛布折银，并贡礼银三千两，前赴本镇。今因途阻，不敢前去"等情。参照该所掌印官，既该镇守衙门发银买布，若势不容已，只合照价两平收买为当。乃敢不动原封，分外备办礼银馈送，若非设计巧取，必是科克旗军，事属违法，本当参拿究问。但今江西变乱，姑行从轻查理。为此牌仰吉安府，即查前项布价并贡献礼银，务见的确。如称各军名下粮银，就仰会同该所，唱名给散，取领备照。若是各官自行出备，合仰收入官库，听候军饷支用，毋得纵容侵收入己。及查报不实未便。

行福建布政司调兵勤王

及照福建、浙江系江西邻省，今宁府逆谋既著，彼若北趋不遂，必将还取闽、浙，若不先行发兵，乘间捣虚，将来之噬脐何及。除行湖广、广东及行漳南道，即将见在上杭教场操练兵快，并取漳州铳手李栋等，责委谋勇官员统领，直抵本院住札吉安府，随兵进剿外。仰抄案回司，会行都、按二司转行各道，并行镇巡等衙门，各一体查照知会，选调兵马，选委忠勇胆略堂上官，督领各项交界地方，加谨防截，相机夹剿。仍知会浙江都、布、按三司一体遵照施行，俱毋违错。

预行南京各衙门勤王咨

为照前事系天下非常之变，宗社安危之机，虽今备行江西吉安等府，及湖广、福建、广东等处，调集军兵，合势征剿外。但彼声言欲遂顺流东下，窃据南都。看得，长江天险，南北之限，留都根本，咽喉所关，虽以朝廷威德，人心效顺，逆谋断无有成。但其谲奸阴图，已非一日，兼闻潜伏奸细于京城，期为内应，万一预备无素，为彼所掩，震惊远迩，噬脐何及！为此合咨贵部，烦为通行在京及大小衙门，会谋集议，作急缮完城守，简练舟师，设伏沿江，以防不虞之袭；传檄傍郡，以张必讨之威；先发操江之兵，声义而西，约会湖湘，互为犄角。本职亦砥钝策驽，牵躐其后，以义取暴，以直加曲，不过两月之间，断然一鼓可缚，惟高明速图之。

抚安百姓告示 六月二十二日

示仰远近城郭乡村军民人等，近日倡乱之徒，上逆天道，下失人心，本院驻军于此，已有定计，勤王之师，四面已集。仰各安居乐业，毋得惊疑，敢有擅自搬移，因而扇惑扰攘者，地方里甲人等绑赴军门，治以军法。其有忠义豪杰，能献计效力，愿从义师击反叛者，俱赴军门投见。

差官调发梅花等峒义兵牌 六月二十七日

近因省城遭变，戕害守臣，正人心思奋，忠义效用之时。访得永新县梅花峒及龙田、上乡、樟枧、关北诸处，人民精悍，见义能勇，拟合起调。为此今差千户高睿赍牌前去该县，著落知县柯相，即便起集梅花峒等乡精勇民兵，大约一千名，各备便用坚利器械，选差该乡义官良民部领，就委该县谋勇胆略官一员总领。其合用行粮或募役之费，就于本县在官钱粮查支，不分雨夜，兼程前进军门，听候调遣。此系紧急事理，毋比寻常贼情，敢有故违，定以军法从事。

行吉安府踏勘灾伤 七月初五日

照得本院驻兵吉安，节据庐陵等县人民告称："自五月以来，天时亢旱，田禾枯死，衣食无所仰给，税粮难以措办，近蒙佥点民兵，保守把截，农业既妨，天时不利，人心惶惶，莫知所依"等因到院。参照迩者省城反叛，煽动军民，各属调发官军，佥点民壮，保障城池，把绝要隘，围结保甲，随同征进，人皆为兵，不暇耕种，况兼三月不雨，四郊赤地，民之危急，莫甚于此。本院除具题外。为此仰抄案回府，著落掌印正官，即便亲临踏看灾伤轻重，分数复查相同，取具乡都里老及官吏不致扶同重甘结状，申报本院，火速径自差人具奏。本年各项钱粮，暂且停征，候命下之日，另行区处，毋得迁延坐视，重贻民患，取究不便。

行吉安府知会纪功御史牌 七月初八日

照得江西宁府据城谋叛云云。仰抄案回府，即便备行巡按两广监察谢御史、伍御史查照知会。凡军中一应事宜，悉要本官赞理区画，以匡本院之不逮。各哨官兵，俱听监督。获有功次，俱凭本院送发，本官验实纪录。官兵人等，但有骚扰所过地方，及军前逗遛观望，畏避退缩者，就行照依本院钦奉敕谕事理，治以军法。抄案官吏，具行过日期，同依准申缴。

行知县刘守绪等袭剿坟厂牌 七月十三日

为照本院亲督诸军，刻期于本月二十日进攻南昌府省城，以破逆党巢穴。探得逆党行曾伏兵三千于老坟厂、新坟厂诸处，以为省城应援，若不先行密为扑剿，诚恐攻城之日，或从间道掩袭我师，未免亦为牵制。为此牌仰奉新县知县刘守绪，靖安县知县万士贤，各统精兵三千，密于西山地界约会刻期，分哨设伏运奇，并力夹剿。各官务栗详察险易，相度机宜，不得尔先我后，力散势分，致有疏失。仍一面差人爪探声息，飞报军门，擒斩功次，审验解院，转发纪录，照例具奏升赏。兵快人等，敢有临阵退缩者，许照本院钦奉敕谕事理，就以军法从事。各官务竭忠贞，以勤国难，苟或观望逗遛，违误事机，军令具存，罪亦难逭。

督责知府伍文定等同心剿贼牌 七月二十五日

切照天下之事，成于同而败于异。本院选调吉安、赣州、临江、袁州等府、卫、所军民兵快，委各该文武等官知府伍文定、邢珣等统领，分立哨分，授以方略，令其并力进剿，互相策应。今访得各官各持己见，自为异同，累有事机可乘，坐视辄致违错，本当拿究，治以军法，但以用人之际，姑且容恕。及照逆贼归援声息已逼，虑恐各官仍蹈覆辙，临期或致偾事，拟合申饬通行。为此牌仰本官，即便督率原领军兵，在于见驻扎处所，务要遵依方略，与各哨领兵官同心而行，誓竭并力进死之志，毋为观望苟生之谋。敢有仍前人怀一心，互有异同，以致误事，定行罪坐所由，断依军法斩首，的不食言。先具不致异同重甘结状，并不违依准，随牌缴来。

行南昌府清查占夺民产 八月十六日

照得宁王自正德二年以来，图为不轨，诛求财货，强占田土池塘屋基，立表所至，敢怒而不敢言。税粮在户，而租利尽入王府；家眷在室，而房屋已属他人；流移困苦，无所赴诉。见今天厌其虐，自速灭亡，一应侵占等项，合行改正，以苏民困。为此案仰南昌府，即便清查宁王并内官校尉倚势强占，不问省城内外，查系黄册军民，该载税粮明白，即与清复管业，收租住坐，不许邻佑佃民仍前倚势争夺。其曾经奏请如阳春书院等处，虽有侵占，难以擅动，俟另行处治外，仍行官吏务要尽心清查，以副委用，毋得偏私执拗，致生弊端，通毋违错。

批江西按察司优恤孙许死事 八月二十五日

据按察司呈"副使许逵家眷，日食久缺，并孙都御史未曾殡殓"等情。参看得各官被贼杀害，委可矜怜，合于本司库内各支银三十两，以礼殡殓，候装回日，盘费水手，另行呈夺。许副使家眷缺食，亦听支银五十两，给付应用。取具各该领状，并殡殓过出，同批呈缴。

行南昌府礼送孙公归榇牌 八月二十九日

照得江西巡抚都御史孙燧被宁贼杀害，续该本院统兵攻复省城，当给银两买棺装殓间。随据伊男孙庆，带领家人前来扶柩还乡，所据护送人员，拟合行委。为此牌仰府官吏，即于见在府卫官内，定委一员，送至原籍浙江绍兴府余姚县河下交割，并行沿途经过军卫、有司、驿递、巡司等衙门，各拨人夫，程程护送。仍仰照例从厚金拨长行水手，起关应付，人夫脚力，验口给与行粮，毋得稽迟未便。

讨叛敕旨通行各属 九月初二日

节该钦奉圣旨敕："近该南京内外守备参赞等官，太监黄伟等先后奏报，江西宁王杀害巡抚等官，烧毁府县，肆行反逆等项事情，已下兵部会官议处停当，朕当亲率六师，奉天征讨。先差安边伯朱泰为前哨，统领各边官军前去南京，相机剿杀。太监张忠、左都督朱晖，统领各边官军前去江西，捣其巢穴。又命南和伯方寿祥及南直隶、江西、湖广各该镇巡等官，各照拟定要路，住札把截。今特命尔照依该部会奏事理，会同镇守太监王宏，选调堪用官军民快，亲自督领，在于所属紧要地方，分布防御。仍委浙江布政司左布政闵楷，选募处州民快，定拟住札地方，听候调用。军中事务，俱要互相传报，彼此通知，一遇有警，勿误策应，或就会合各路人马，设法剿捕。仍出给榜文告示，遍发江西及各该地方张挂晓谕：但有能聚集义兵，擒杀反逆贼犯者，量其功绩大小，封拜侯伯，及升授都指挥指挥千百户等官世袭。贼伙内有能自相擒斩首官者，与免本罪，仍量加恩典。不许乘机挟雠，妄杀平人。一应军中事宜，敕内该载未尽者，俱听尔随宜区处。尔为风宪大臣，受兹重托，宜馨竭忠诚，扫除叛贼，尤要详审慎重，计出万全，务俾地方宁靖，军民安堵，以纾朕南顾之忧，庶称委任，钦此。"钦遵，拟合就行，为此仰都、布、按三司照依案验备奉敕内事理，通行所属，一体钦遵施行。

咨南京兵部议处献俘船只 九月初二日

照得属者宁王宸濠杀害守臣，举兵谋逆，云云。拟于九月十一日亲自督解赴阙，但应赴解人犯，并护解官兵数多，本地驿递残破，红站座船，俱被虏毁无存，议雇民船，自浙取道而北，须烦兵部于南京济州、江淮二卫马快船内，各拨十只，中途接载，庶克有济。为此移咨，特差千户林节、主簿于旺前去，烦请选拔马快船二十只，点齐撑驾人役，差委的当官员，与差去官预先押至镇江河下，候本职到彼，替换装载而行，实为两便。谅宁藩之叛逆，固天下臣民之所共愤，则今日之献俘于京，以彰天讨，必亦忠臣义士之所共欲，当不吝于烦劳也。仍希先示之！

行江西三司清查被劫府库起运钱粮 九月初四日

照得本年六月十四日宁王谋反，尽将江西都、布、按三司及附郭南昌等府、县库，盘检去讫。中间多系各府、州、县解到起运等项钱粮，未经转解，若不严加查考，恐滋侵欺。为此仰抄案回司，即便吊取原行卷簿到官，责令该库官攒并经手人役，从公清查，要见某项原收某府、州、县，解到某色起运钱粮若干；某项原系贮库纸米赃罚金银器物等件各若干，宁王盘检若干，中间有无官吏库役人等，乘机侵骗情弊，即今见在若干；务要通行查明，备造印信手本，火速缴报，以凭查考施行。仍行南昌等府、州、县一体遵照，将起解赴库钱粮查报，俱毋违错。

行江西布按二司看守宁府库藏 九月十一日

照得宁府库藏，已经本院督同戴罪三司官员，并各府知府公同封识完固，合就委官监督看守。为此仰抄案回司，即行该司掌印官，督同南昌府同知何继周，及南、新二县掌印官，定委老成晓事官二员，分领金定大户人等，每夜上宿，看守东西二库；仍令兵快把守宁府南东西三门，昼夜巡逻，不许移动一草一砖。二司掌印并该道分巡官，不时巡视闸点，毋得视常虚应故事，倘致疏失，责有所归。

委按察使伍文定纪验残孽九月二十日

照得节该钦奉敕谕："但有生擒盗贼，鞫审明白，亦听就行斩首示众。贼级行令各该兵备守巡官，即时纪验明白，备行江西按察司，造册奏缴，查照事例，升赏激劝，钦此。"钦遵。为照宁王谋反，随本院调兵，已将宁王俘执，谋党李士实、刘养正、王春等，并贼首凌十一、闵念四等，亦就擒获。即今见该本院不日亲自督解赴阙，式昭圣武，及纪功御史谢源、伍希儒亦各赴京复命。所有各哨官兵，尚在搜剿残孽，惟恐解报前来，不无缺官纪录。为此仰抄案回司，即行新任按察使伍文定，如遇各哨官兵解到叛贼并赃仗等项，务要从实审验，应处决者，照依本院敕谕事理，就行斩首，贼级枭挂，明白纪录，备造印钤文册，差人径自奏缴。仍造清册一本，缴报本院查考，毋得违错不便。

委知府伍文定邢珣防守省城牌九月十二日

照得江西大乱剿平，地方幸已稍靖。但巡抚官员被杀，巡按及三司府、州、县、卫、所等官，俱各戴罪听参，本院即今又督官兵押解宁王并其党与赴京。省城居民，久遭荼苦，疮痍未起，惊疑未息，虽经抚谕，诚恐本院去后或有意外之虞，拟合委官留兵防守。为此牌仰领兵知府伍文定、邢珣等，即便照依后开班次，轮流各行量带官兵，昼夜固守城池，保障地方，抚安居民，禁革骚扰。候抚按官员及三司等官到任事定之日，方许回还，照旧管事。毋得违错。

计开：

一班知府伍文定、邢珣。二班徐琏、戴德孺。

三班曾玙。四班周朝佐、林城。

行江西布按二司厘革抚绥条件 九月十二日

照得江西未乱之前，民伪颇滋，吏政多弊，抚治之责，已号烦难。况大乱之后，钱粮有侵克之费，军伍有缺乏之虞；奸恶伪兴，灾旱荐作；法度申明之未至，官吏怠玩之或生；本院讨贼平乱，功虽告成；厘革抚绥，力尚未遍；若不条析处分，深为未便。为此仰抄案回司，照依案验内事理，逐一遵照施行。务使事各举行，民沾实惠，毋得虚应故事，取罪不便。

计开：

一，省城大乱，固已剿平，地方守备，难便废驰。除南、新二县机兵令分巡该道分拨守门外，仰布、按二司常印官，会同于所属邻近府州，酌量原编机兵多寡，量取辖二千名，各委相应人员，带领来省操练，以备不虞。仍行南昌道分巡官较视点闸。其各兵口粮，就令各该县分动支预备仓米谷，计日分给，候事完之日停止。

一，十四年起运兑淮，间有被贼虏掠。其未兑，及未到水次，并偏僻去处未经贼掠者尚多，诚恐官吏粮里人等，乘机隐匿，捏故侵欺。合先行查，仰布、按二司掌印官，即行各该府、州、县，将已兑粮数通查，要见见在若干，果被贼虏若干，取具重甘结状。造册缴报，以凭议处。其见在粮米，就于所在地方暂且囤贮看守。如有未兑捏作已兑，不曾被贼捏作贼劫者，照例问发充军，官吏坐拟赃罪，不恕。

一，南昌、九江、南康三府被贼残害，尤宜矜恤。仰布、按二司掌印官，作急查勘呈来，以凭议处。

一，南昌左卫旗军，多因从逆擒斩，以致缺伍。仰布、按二司官即便出给告示，许令在逃旗军并余丁投首，黑依榜例，免其罪名，著令顶补军役，暂委官员管领，以备操守。

一，建昌、安义二县贼首，虽已擒获，遗漏余党尚多，今既奉有榜例，合与更新。仰布、按二司转行该县，出给告示，许各自新，痛改前恶，即为良民，有司照常抚恤，团保粮里，不得挟私陷害。如有不悛，仍旧为非者，擒捕施行。

一，宁王庄田基屋湖地，并宁府官员人役，及投入用事从逆等项人犯田产，例应籍没，合先查理。除将内官黄瑞基屋改作东湖书院，以便学者讲习外，其余仰布、按二司掌印官，会同南昌道分巡官行委的当官员，逐一清查，如田庄要见坐落地名何处，田亩若干，山场树木若干，湖地广阔若干，房屋几间。今年见在花利，即便收贮，所在地方，责人看守，通造手册缴报。其有原系占夺民间物业，相应给还，及估价发卖仍佃者，俱候查明之日，从容呈议审处。敢有隐匿，及指以原业捏称借贷，辄行据占者先行拿问不恕。

一，省城各衙门，并公廨，有残圮应合修理者，仰布、按二司掌印官会同该道官，参酌缓急，行令府县，移拆无用房屋，量加修理，毋得虚费财物。

一，省城湖地，仰布、按二司行南昌府县：其城濠，行都司，各委人看守。鱼利公同变收入官，以备公用，不许私取及致人偷盗。

一，今年乡试，因乱废格，除应否补试，另行议奏外，其未乱之前，已经举行未毕事件，合先查究。仰布政司将原发修理贡院席舍，并发买物料等项银两若干，委何人管，即今已修完，并已买到物料若干，见存银两若干，查明造报，毋得因循，致令吏胥乘机隐匿作弊。其已买物料，有不堪贮者，姑令变价还官，以俟再买。以后未举事件，有应合预处者，会同按察司并该道官，一面议处施行。按察司仍行提学官，转行所属知悉。

行江西按察司知会逆党宫眷姓名

仰抄案回司，着落当该官吏，即便查照施行。仍呈钦差提督军务御马监太监张，钦差提督军务充总兵官安边伯朱知会，俱毋违错。

计开：宁王郡王将军世子共十六名。

见在十四名：宸濠　拱㭋　觐铤　拱橚　宸涪　宸瀛　觐羸　宸汲　宸汤　宸沨　宸浐　宸澜　大世子一哥

已故二名：拱槭　二世子二哥

谋党重犯六十七名：

见在五十九名：刘吉　涂钦　乐平　黄瑞　傅明　陈贤　尹秀　梁伟　沈鳌　熊绶　周瑞　吴松　张嵩　李蕃　于全　秦荣　萧奇　徐辂　贺俊　李琳　丁瓒　王储　甘桂　王琪　杨昇　张隆　刘勋　葛江　杨允　徐锐　丁纲　夏振　唐玉　何受　朱煜　冯旻　周勇　周鼎　於琦　张凤　袁贵　闻凤　顾正　顾雄　徐纪　倪六　王凤　唐全　闵念八　李世英　徐淦凤

张宣　闵念四　凌十一　万贤一　朱会价　万贤二　熊十四　熊十七

已故八名：万锐　陆程　刘养正　余祥　甘楷　王信　卢铺　刘子达

宫眷四十三口：赵氏　万氏　钟氏　徐氏　宣氏　张氏　张氏　陆氏　蒋氏　陆氏　赵氏　王氏　王氏　李氏　朱氏　郑氏　陈氏　徐氏　刘氏　何氏　张氏　祥瑞　王氏　锦英　王氏　徐氏　周氏　周氏　桂祥　陈氏　春受　刘氏　顾氏　陈氏　婆氏　王氏　艾儿　碧云　刘氏　串香　异兰　爱莲　彭氏

小火者二口：乐秋　乐萱

马八匹。金册十二副，计二十四叶。

行江西按察司编审九姓渔户牌 九月二十四日

为照贼首吴十三、凌十一、闵念四、念八等，俱已擒获，党类亦多诛剿；虽有胁从之徒，皆非得已，节该本院备奉钦降黄榜，通行给发晓谕，许其自首，改过自新，安插讫。数内杨子桥等九姓渔户，又该知县王轼引赴军门投首，审各执称被胁，情有可矜，当该本院量行责治，仍发本官带回安抚外。今访得前项渔户，尚有隐匿未报，及已报在官，而乘势为非者；况查沿江湖港等处亦有渔户，以打鱼为由，因而劫杀人财；虽尝缉捕禁约，而官吏因循，禁防废弛，合就通行查处。为此仰抄案回司，即便选委能干官员，会同安义等县掌印、捕盗等官，拘集杨子桥等九姓渔户到官，从公查审，要见户计若干，丁计若干，已报在官若干，未报在官若干，各驾大小渔船若干，原在某处地方打鱼生理，著定年貌籍贯，编成牌甲，每十名为一牌，内金众所畏服一名为小甲；地方多寡，每五牌或六牌为一甲，内金众所信服一名为总甲，责令不时管束戒谕。仍于原驾船梢，粉饰方尺，官为开写姓名、年甲、籍贯、住址，及注定打鱼所在，用铁打字号，火烙印记，开造印信手册在官，每月朔望各具；不致为非，结状亲自赴县投递，用凭稽考点闸。中间如有隐匿不报者，俱许投首免罪，亦就照前行。若有已报在官，仍前乘机为非，抗顽不行到官，就仰从长计议，应抚应捕，遵照本院钦奉敕谕随宜处置事理，径自施行。今后但有上户官民客商人等被害，就于本处追究，务在得获，明正典刑。仍即通行南昌等一十三府及各州、县一体查处，编立牌甲，严加禁约施行，造册缴报查考。如或故违，定将首领官吏拿问，决不轻贷。

献俘揭贴 九月二十六日

准钦差提督赞画机密军务御用监太监张揭帖开称，今照圣驾亲率六师，奉天征讨，已临山东、南直隶境界，所据前项人犯，宜合比常加谨防守调摄，待候驾临江西省下之日，查勘起谋根由明白，应否起解斩首枭挂等项，就彼处分定夺。若不再行移文知会，诚恐地方官员不知事理，不行奏请明旨，挪移他处，或擅自起解，致使临难对证，有误事机，难以悔罪等因，准此。卷查先为飞报地方谋反重情事云云。本职已将宁王并逆党，亲自量带官兵，径从水路，照依原拟日期，启行解赴京师，已至广信地方外。今又准前因，及该差官留本职并宁王及各党类回省。为照前项人犯，先监按察司，责委官员人等，昼夜严加关防；有病随即拨医调治，数内谋党李士实、王春、刘养正等，已多医治不痊，俱各身故。随差官吏仵作人等前去相验，责付浅殡，拨人看守。其宁王及谋党刘吉等，俱系恶焰久张之人，设若淹禁不行解报，纵有官兵加谨防守，恐或扇诱别生他奸。今若留回省城，中途疏虞，尤为可虑。兼且人犯多生疟痢，沿途亦即拨医调治。又有数内镇国将军拱械并世子二哥，各行身故；又经差官相明，买棺装殓，责仰贵溪县拨人看守。其余尚未痊可，若更往返跋涉，未免各犯性命愈加狼狈，相继死亡，终无解京人犯，抑恐惊摇远近，变起不测。本职亲解宁王，先已奏闻朝廷，定有起程日期，岂敢久滞因循，不即解献，违

鎏金不动明王像

慢疏虞，罪将焉逃？及照库藏册籍等项，示准揭帖之先，已会多官封贮在库，待命定夺。况新任按察使伍文定，及戴罪三司官、领兵知府等官，俱各见在，封识明白，别无可疑。除将宁王宸濠等，各另差官分押；宫眷妇女，行各将军府取有内使管伴，俱照旧亲自解京外，所有库藏等项，奉有明旨，自应查盘起解，就请公同三司并各府等官，眼同径自区处，为此合用揭帖前去，烦请查照施行。

行袁州等府查处军中备用钱粮牌 十月初六日

据吉安府申"奉本院钧牌，查得本府在库止有赃罚纸米银一万五千四百三十一两零，其各县寄库银四万六千一百五十九两零，俱系转解之数，似难支动。见今动调各处军快人等数多，诚恐支用不敷，及查庐陵等九县贮库钱粮，亦多称乏，合行邻近府分帮助支用"缘由到院。为照江西宁府

变乱，虽经本院起调广东、福建二省汉土狼达官军，江西南、赣等处兵快，计有二十余万，合用粮饷大约且计三四月之费。今该府所申，堪支纸米等银止有一万五千四百有零，其余俱系解京之数，就便从权支用，亦有未敷，必须于各府、县见贮钱粮数内查支接济，庶不误事，拟合通行。为此牌仰本府，即将收贮在库不拘何项钱粮，作急通行查出，三分为率，内将二分称封明白，就委相应官员，不分雨夜，领解军门，以凭接支应用。此系征讨叛逆军机重务，毋得稽迟时刻，定以军法论处，决不轻贷。

行江西布按二司清查军前取用钱粮

案照先因宁王变乱，该本部备行南、赣等府，起调各项军兵追剿，合用粮饷等项，就仰听将在官钱粮支给间。随据吉安府申称，动调兵快数万，本府钱粮数少，乞为急处等情。已经通行各府，速将见贮不拘何项钱粮，以三分为率，内将二分解赴军前接济外。

续看前项事情，系国家大难存亡所关，诚恐兵力不敷。又牌行各该官司，即选父子乡兵，在官操练，听将官钱支作口粮，候本院另有明文一至，启行去后。

今照前项首恶，并其谋党，俱已擒斩，原调各处军兵，久已散归，所据用过粮饷等项，合行查造。为此仰抄案回司，即查各府、州、县自用兵日起，至掣兵日止，要见某项钱粮，差何人役解赴军前，应用若干，有无获奉批回在卷；又将某项钱粮，差何人役解赴某官处，支给官兵口粮等项若干，自某月日期起，至某月日止，各支若干；或系那借，惟复措置之数，务要清查明白，类造文册，星驰差人送院查考。中间如有官吏人等通同作弊,重支冒领;或以少作多,侵欺捏报者,就便拿问,照例发遣,毋得违错。

防制省城奸恶牌 十二月十一日

照得江西省城,近遭宁王之变,巡逻无官,非但军门凋弊,禁防疏阔;兼又军马充斥街巷,难辨真伪;有等无籍小民,因而售奸为恶,恐致日久酿成大患,必须预防早戒,庶使地方有赖。

查得江西都司都指挥马骥,素有干材,军民畏服,合就行委。为此牌仰抄案回司,即行本官,不妨原任,严督府、卫、所、县军民兵快,并地方总小甲人等,于省城内外昼夜巡逻。固守城池,保障地方,洁静街道,禁缉喧争。但有盗贼,即便设法擒捕,务在得获解官,问招呈详,不许妄拿平人,攀诬无干良善,及纵令积年刁徒,吓诈财物,扰害无辜。仍要严加省谕远近乡村居民,各安生理,毋得非为,及容隐面生可疑之人在家,通诱贼情,坐地分赃。敢有故违,仰即拿赴军门,治以军法。承委官员,务在地方为事,用心管要,以称委用,不得因循怠忽,取究未便。

行江西按察司查禁因公科索民财 十二月十一日

照得圣驾南征,所有供应军马粮草并合用器皿等项,已该江西布、按二司分派各府、州、县支给在库官钱,均派经过府、县应用。近访得各该官吏,多有不遵法度,或将官库钱粮,通同侵欺入己,乘机科派民间出办;或取金银器皿银两,或要牛马猪羊等物,辄差多人下乡,狐假虎威,扰害殆遍。中间积年刁徒,又行百般需索,稍有不遂,辄称殴打抗拒,耸信官府，添人捉拿，加以刑辱，重行追索。若不查禁处置，深为民患。为此仰抄案回司，即便会同布政司掌印官，速行计处，先将各应支银两，查解应用；若有不足，就将在库不拘何项银两，给支接济。俱要造册开报，以凭查考，事毕之日，再行议处，作正支销，或设法追补。其各府、州、县科取民间财物，即行查究禁革，未到官者，毋再追并；已在官者，照数给还。中间敢有隐瞒纤毫不发，体访得出，或被人首告，定行拿问赃罪，决不轻贷。仍先出给告示，发仰所属张挂晓谕，务使知悉，俱毋违错。

禁省词论告谕 十二月十七日

近据南昌等府、州、县人等诉告各项情词到院，看得中间多系户婚田土等事，虽有一二地方重情，又多繁琐牵扯，不干己事，在状除情可矜疑者，亦量轻重准理，其余不行外。为照江西地方，近因宁王变乱，比来官军见省城空虚，况闻圣驾将临，有司官员，俱各公占委用，分理不暇；远近居民，又有差役答应，奔走无休；本院志在抚安地方，休息军民，当此多事之时，岂暇受理词讼？必待地方宁靖，兵众既还，官府稍暇，方从容听断。为此合行出给告示，晓谕各府、州、县军民人等，暂且各回生理，保尔家室，毋轻忿争，一应小事，各宜含忍。不得辄兴词讼，不思一朝之忿，锱铢之利，遂致丧身亡家；始谋不臧，后悔何及。中间果有赃官酷吏，豪奸巨贼，虐众殃民，患害激切者，务要简切直言，字多不过一二行，陈告亦须自下而上，毋致蓦越。其余一切事情，俱候地方宁谧，官军班还之日，各赴该管官司告理。若剖断不公，或有亏枉，方许申诉。敢有故违，仍前告扰者，定行痛责，仍照例枷号问发，决不轻贷。

再禁词讼告谕 十二月

照得本院屡出告示，晓谕军民人等，令其含忍宁耐，止息争讼。而军民人等，全不体息，纷纷告扰不已。及看所告情词，多系小事忿争，全是繁文牵扯，细字叠书，殊可厌恶。当此多事，日不暇给，词状动以千百，徒费精神，何由遍览。除已前情词，俱已不行外，为此再行晓谕，敢有仍前不遵告谕，故违告扰者，定行照例枷号，从重问发，的不虚示。

计开：

一、本院系风宪大臣，职当秉持大体，正肃百僚，非琐屑听理词讼之官。今后军民人等，一应户婚、田土、门争、债负、钱粮、差役等事，俱要自下而上，府、州、县问断不公，方许告守巡按察衙门。守巡按察问断不公，方许赴本院陈告。敢有越诉渎冒宪体者，痛责。

征藩公移下 凡二十七条

开报征藩功次赃仗咨 正德十五年三月初四日

准钦差整理兵马粮草等项兵部左侍郎兼都察院左佥都御史王咨，内开"烦为查照，将征剿防守有功官军人等，俱照功次，分别明白，造册咨送，以凭查议"等因。

卷查先为飞报地方谋叛重情事，本职奉命前往福建公干，中途遭遇宁府反叛，谋危宗祀，系国家大难，义不容舍之而往。当即保吉安，随具本奏闻，及星夜行文各府，起调兵快，召募四方报效义勇。适遇巡按两广御史谢源、伍希儒回京复命，又行具本奏留军前，协谋行事，各哨官兵，俱听监督，获有功次，俱凭本职送发各官审验纪录，去后。续督官兵，前后攻复省城，俘执宸濠，并其党与剧贼起解间，随准南京兵部咨开称前事云云。

照得江西逆贼，既已擒获。逆党已经剪平，所获功次，合行纪验。除原差科道官前来外，烦将征剿逆贼官军民兵，召募义勇，及乡官人等所获功次，分别奇功、头功、次功，造册覆验等因，案经备行江西按察司查照施行去后。

今准前因，看得征剿宸濠之时，止是分布哨道，设伏运谋，以攻城破敌为重，擒斩贼徒为轻；且攻城破敌，虽系本职督领各哨官兵协谋并力，缘任非一人，事非一日，各官俱系同功一体，难以分别等第。其擒斩贼徒，虽有等级，自有下手兵夫，难以加于各官之上。止将各哨擒斩贼犯送发御史谢源、伍希儒审验明白，从实直纪；缘各官不曾奉有纪功之命，但照本职钦奉敕谕便宜事理，从权审验纪录，难以分别奇功、头功、次功等项名目。止于造册内开写某人擒斩某贼首、某贼从；重轻多寡，据实造册，中间等第，亦自可见。除行各官再行查照造册径缴外，所据擒获功次总数，及官军兵快报效人等员名数目，合行开造咨报施行。

计开：

一、提督领兵官一员：

钦差提督南、赣、汀、漳等处军务都察院右副都御史王。

一、协谋讨贼审验功次官二员：

钦差巡按两广监察御史谢源、伍希儒。

一、领哨官十员：

冲锋破敌：

吉安府知府伍文定、赣州府知府邢珣、袁州府知府徐琏、临江府知府戴德孺。

邀伏截杀：

赣州卫署都指挥佥事余恩、抚州府知府陈槐、建昌府知府曾玙、饶州府知府林城、广信府知府周朝佐、瑞州府通判胡尧元。

一、分哨官十一员：

邀伏截杀：

吉安府泰和县知县李楫、临江府新淦县知县李美、吉安府万安县知县王冕、南康府安义县知县王轼、瑞州府通判童琦。

守把截杀：

吉安府通判谈储、吉安府推官王晖、南昌府进贤县知县刘源清、南昌府奉新县知县刘守绪、南昌府推官徐文英、抚州府临川县知县傅南乔。

一、随哨官四十六员：

邀伏截杀：

吉安府通判杨昉、吉安守御千户所指挥同知麻玺、赣州府同知夏克义、赣州卫指挥佥事孟俊、永新守御千户所指挥同知高睿、南昌府通判陈旦、南昌府丰城县知县顾佖、袁州府推官陈辂、南昌府宁州知州汪宪、饶州府余干县知县马津、瑞州府上高县知县张淮、瑞州府高安县知县应恩、吉安府永新县知县柯相、南昌府建昌县知县方泽、南昌府靖安县知县万士贤。

守把截杀：

广信府沿山县知县杜民表、广信府永丰县知县谭缙、瑞州府同知杨臣、瑞州府新昌县知县王廷、饶州府安仁县知县杨材、广信府通判俞良贵、广信府通判安节、广信府推官严铠、临江府同知奚钺、临江府通判张郁、广信府同知桂鏊、瑞州府推官金鼎、赣州府赣县知县宋瑢、赣州卫正千户刘镗、赣州卫正千户杨基、广信守御千户所千户秦逊、永新县儒学训导艾珪、瑞州府高安县县丞卢孔光、饶州府余干县县丞梅霖、南昌府靖安县县丞彭龄、吉安府万安县县丞李通、南昌府武宁县县丞张翰、赣州府兴国县主簿于旺、瑞州府高安县主簿胡鉴、饶州府余干县龙津驿驿丞孙天裕、南昌府南昌县市义驿驿丞陈文瑞、吉安府吉水县致仕县丞龙光、赣州府赣县选官雷济、南昌府丰城县省察官文栋材、赣州府赣县义官萧庚、南安府上犹县义官尹志爵。

一、协谋讨贼乡官十二员：

致仕都御史王懋中、养病痊可编修邹守益、丁忧御史张鳌山、养病郎中曾直、养病评事罗侨、调用佥事刘蓝，致仕按察使刘逊、致仕参政黄绣、闲住知府刘昭、依亲进士郭持平、参谋驿丞王思、参谋驿丞李中。

一、戴罪杀贼官一十七员：

九江兵备副使曹雷、九江府知府汪颖、九江府德化县知县何士凤、九江府彭泽县知县潘琨。九江府湖口县知县章玄梅、南康府知府陈霖、南康府同知张禄、南康府通判蔡让、南康府通判俞椿、南康府推官王诩、南康府星子县主簿杨永禄、南康府星子县典史叶昌、南昌府知府郑璘、南昌府同知何继周、南昌府通判张元澄、南昌府南昌县知县陈大道、南昌府新建县知县郑公奇。

一、提调各哨官军兵快人等，除分布把守外，临阵共一万四千二百四十三员名。

一、擒斩首从贼人贼级，并俘获官人贼属，夺回被胁被虏，招抚畏服官民男妇等项，共一万一千五百九十六名颗口；生擒六千二百七十九名：首贼一百零四名，从贼六千一百七十五名，内审放一千一百九十二名；斩获贼级四千四百五十九颗；俘获宫人四十三名，贼属男妇二百三十八名口；夺回被胁被虏官民人等三百八十四员名口；招抚畏服投首一百九十三位名。

一、夺获诰命、符验，并各衙门印信关防，金银赃仗等物：

诰命一道；符验一道，印信关防一百零六颗，金并首饰六百二十三两一钱二分，银首饰、器皿八万三千八百九十七两一钱五分八厘五毫，赃仗一千八百九十件，器械一千一百九十九件，牛三十头，马一百零八匹，驴骡一十三头，鹿三只。

一、追获金玺二颗，金册二付。

一、烧毁贼船七百四十六只。

一、阵亡兵六十八名。

进缴征藩钧帖 四月十七日

卷查先奉钦差总督军务威武大将军总兵官后军都督府太师镇国公朱钧帖："节该钦奉制谕：'江西宸濠悖逆天道，谋为不轨，欲图社稷，得罪祖宗。兹特命尔统率六师，往正其罪，殄除叛逆，以安地方。其随军内外提督及各处镇巡等官，悉听节制。钦此。'钦遵，合行钧帖，仰提督南、赣、汀、漳兼巡抚江西等处右副都御史王守仁，照依制谕内事理，即便转行所属司、府、卫、所、州、县、驿、递衙门，一体钦遵施行"等因，已经依奉备行各属钦遵，及具不违依准，备由呈缴去后。

本职遵奉总督军门节制方略，领部下官军，克复南昌府城，擒获叛党宜春王拱樤，及将军仪宾从逆守城人等一千有余。随于鄱阳湖等处连日大战，擒获叛首宁王宸濠，并其谋主李士实、刘养正、王春等，大贼首吴十三、凌十一等，及其党与胁从人等共一万一千有奇。除将擒斩缘由先后具奏外，窃照宸濠谋危宗社，阴蓄异图，十有余年；及其称兵倡乱，远近忧危，海内震动。仰赖总督军门，统领六师，奉天征讨，督率内外提督等官，及运谋设策分布，前来南京、江西等处，相继进剿，故旬月之间，扫平逆党，奠安宗社。此皆总督军门神武英略，奇谋妙算，一振不杀之威，遂收平定之绩；而内外提督等官，协谋赞成，并力效命之所致也。职等仰仗德威，遵奉方略，不过奔走驱逐，少效犬马之劳而已，何功之有？所有原奉钧帖，今已事完，理合进缴。除部下获功官兵人等，备行纪功官径自查审缴报外，缘系十分紧急军情，及奏缴钧帖事理，合行具由呈乞施行。

行江西三司搜剿鄱阳余贼牌 五月十一日

照得江西鄱阳湖等处盗贼，节行告示晓谕，各安生理，而稔恶不悛者尚多；又有应捕人等，相率同盗；或名虽投首，实阴怀反侧。近因本院住札省城月余，节据官民赴告，盗贼纵横，除行巡捕等官，上紧缉捕，未见以时获报。各官平素怠玩，本当参拿究治，姑且记罪另行。所据前贼，若不速剿，未免酿成大患。为此仰抄案回司，即便备行督捕都指挥金事冯勋，分守该道，分巡该道，密切赍文，分投近湖各府县该司等衙门，着落掌印捕盗等官，各选骁勇机快人等，各备锋利刀、枪、弓箭、火铳等项，雇惯经风浪船只，及能谙水势水手撑驾；查将在库官钱给作口粮；选委胆略官员管领，俱听都指挥金事冯勋总统约束；分布哨道，多差知因人役，探贼向往，就便刻期剿杀。务限一月之内尽获，无留芽蘖遗患。若违限不获，先将各官住俸杀贼，若怠玩两月之外，通行解赴军门，治以军法。其兵快人等，若有违限逗遛，畏缩误事者，就仰总统官于军前查照本院钦奉敕谕事理，量以军法罚治。仍要戒约应捕，不许妄拿平人，及容贼妄攀，吓诈财物，并卖放真盗，滥及无辜。敢有故违，一体治以军法。承委各官，务要慎重行事，不得轻率寡谋，中贼奸计，所获功次，俱仰解赴该道，从实纪录造报，以凭查考功罪，轻重罚赏，如违节制，国典具存，罪不轻贷。其军中未尽机宜，该道径自处置施行。仍一面先督所属府县，查照本院先颁十家牌式，上紧编举，以为弭盗安民之本，俱毋违错。

追剿入湖贼党牌十五年

据南康府通判林宽呈称："后港逆犯杨本荣等百十余人，据船逃入鄱阳湖等处，乞行南昌、饶州等府县，及沿湖巡司居民人等截捕。"看得贼既入湖，良善已分，正可乘机合兵捕剿。为此牌仰守巡南昌道，即行点选骁勇军快六七百名，各执备锋利器械，给与口粮一月，就行督捕都指挥金事冯勋统领，星夜蹑贼向往，用心缉捕，获功人役，一体重赏。如有违令退缩者，遵照钦奉敕谕事理，听以军法从事。本官务要申严纪律，相机而行，毋得退避轻忽，有失机宜，致贼远窜，贻患地方，军法具存，罪亦难逭。

行岭北道清查赣州钱粮牌十月二十三日

照得本院及岭北守巡该道并赣州府卫、所、县问完批申呈词，囚犯、纸米、工价、赃罚等项，及官厂日逐收到商税银两，俱经该官府追收贮库，以备军饷。年久未经清查，该府官吏更换不常，中间恐有那移、侵渔、隐漏等情。为此仰抄案回道，即便亲诣赣州府库，督同该府官，先将正德十二年二月起至正德十五年九月终止，各项纸米、工价、赃罚、商税等项银两卷簿，逐一清查盘理。要见军前用过若干，即今见在若干，有无侵渔、隐漏若干，及有衣物等项，年久朽坏，相应变贸若干，备查开册，缴报本院查考。如有奸弊，就便拿究追问，具招呈详，毋得故纵未便。

申行十家牌法

凡立十家牌，专为止息盗贼；若使每甲各自纠察，甲内之人，不得容留贼盗；右甲如此，左甲复如此，城郭乡村无不如此；以至此县如此，彼县复如此，远近州县，无不如此；则盗贼亦何自而生？夫以一甲之人，而各自纠察，十家之内，为力甚易。使一甲而容一贼，十甲即容十贼，百甲即容百贼，千甲即容千贼矣。聚贼至于千百，虽起一县之兵而剿除之，为力固已甚难。今有司往往不严十家之法，及至盗贼充斥，却乃兴师动众，欲于某处屯兵，某处截捕，不治其本，而治其末，不为其易，而为其难，皆由平日怠忽因循，未尝思念及此也。自今务令各甲各自纠举，甲内但有平日习为盗贼者，即行捕送官司，明正典刑；其或过恶未稔，尚可教戒者，照依牌谕，报名在官，令其改化自新，官府时加点名省谕，又逐日督令各家，轮流沿门晓谕觉察，如此，则奸伪无所容，而盗贼自可息矣。

大抵法立弊生，必须人存政举，若十家牌式，徒尔编置张挂；督劝考较之法，虽或暂行，终归废弛。仰各该县官，务于坊里乡都之内，推选年高有德，众所信服之人，或三四十人，或一二十人，厚其礼貌，特示优崇，使之分投巡访劝谕，深山穷谷必至，教其不能，督其不率，面命耳提，多方化导。或素习顽梗之区，亦可间行乡约，进见之时，咨询民瘼，以通下情，其于邑政，必有裨补。若巡访劝谕，著有成效者，县官备礼亲造其庐，重加奖励，如此，庶几教化兴行，风俗可美。后之守令，不知教化为先，徒恃刑驱势迫，由其无爱民之实心。若使果然视民如己子，亦安忍不施教诲劝勉，而辄加棰楚鞭挞？孟子云："善政不如善教之得民也。"况非善政乎？守令之有志于爱民者，其盍思之！

行江西布政司清查没官房产 十一月二十日

照得逆党没官房屋、田产等项，近经司府出佃与人暂管，候命下之日定夺。近访得官民之家，不论告佃年月先后，地里远近，应否一概混争，若不预为查处，立定规则，将来必致大兴告扰，渐起衅端。为此仰抄案回司，即查前项没官房屋田产，实计若干处所，某月日期经由某衙门与某人，务以年月先后为次，先尽本县人户，然后及于异县；先尽本府人户，然后及于异府。中间多有势豪之徒，不遵则例，妄起争讼，或不由官府，私擅占管占住者，该司通行查出呈来，以凭拿问参究施行，毋得容隐及查报不清未便。

批再申十家牌法呈 十一月二十九日

据江西按察司呈，看得盗贼之纵横，由于有司之玩弛；沿流推本，实如所呈，失事各官，俱合提究，以警将来。但地方多事未完，缺人管理，除该府县掌印官，姑且记罪，责令惩创奋励，修败补隙，务收桑榆之功，以赎东隅之失；其巡捕等官，即行提问，以戒怠弛。仍备行各府县掌印巡捕等官，自兹申戒之后，悉要遵照本院近行十家牌谕，及于各街巷乡村建置锣鼓等项事理，上紧著实举行，严督查考，务鉴前车之覆，预为曲突之徒，毋得仍前玩忽怠弛，但有疏虞，定行从重拿究，断不轻贷，此缴。

批各道巡历地方呈 十一月二十六日

据江西按察司呈，看得南昌、湖西、湖东、九江各道地方，兵荒之余，民穷财尽，盗贼蜂起，劫库掠乡，无月无警；府县各官，事无纲纪，申请旁午，文移日繁，政务日废。仰各分巡官，不时往来该道临督所属，设法调度，用其所长，而不责其备；教其不及，而勿挠其权；兴廉激懦，祛弊惩奸，务以息讼弭盗，康宁小民；毋惮一身之劳，终岁逸居省城，坐视民患，藐不经心，俱仰备行各官查照施行。缴。

禁约释罪自新军民告示 正德十六年正月初五日

告示：一应平日随从逆府舍余军校人等，论罪俱在必诛，虽经自首，奉有诏宥，据法亦当迁徙边远烟瘴之地，但念其各已诚心悔罪，故今务在委曲安全，仰各洗心涤虑，改恶从善，本分生理，保守身家，毋得仍蹈前非。或又投入各王府，及镇守抚按三司等衙门，充作军牢、伴当、皂隶、防夫等项名目，挟持复仇，定行擒拿，追坐从逆重刑。知情容留，官司参究，论以窝藏逆党。同甲邻佑不举首者，连坐以罪。除已奏请外，仰各遵照毋违。

某县某坊第几甲释罪自新一户某人

左邻某人　右邻某人

仰各邻毋念旧恶，务要与之和睦相处。早晚仍须劝化钤束，毋令投入各府及镇守抚按三司等衙门，充当军牢、伴当、皂隶、防夫等项名目，挟势害人，定行坐以知情容隐逆党重罪，决不轻贷。

批湖广兵备道设县呈十六年

据整饬郴、桂、衡、永等处兵备湖广按察司副使汪玉呈称："本道接管，看得议奏计处地方以弭盗贼事件，内一件审处贼遗田地，俱经查勘明白：属宜章者，拨与该图领种；属临武者，各归原主；属桂阳者，原议候设立大堰三堡，拨给各堡军兵顶种。续奉巡抚衙门批委同知鲁玘，再行踏勘计处一件，添设屯堡，以严防御。见奉提督衙门案验区处，其第一件设县，所以便抚御，最为紧要重大。县所既设，则更夫有所归着，哨营可以掣散，至于添屯堡、处巡司、并县堡、审田地四事，可以次第兴行。但先因广东守巡兵备等官，所见或异，致蒙该部请命提督大臣亲诣勘处；又缘别有机务，未即临勘，至于今日。本职窃意广东各官，决无不肯协和成事之心，盖因比时多事，未暇细阅文书，及查原经委官，止有同知鲁玘。见在原奉提督衙门行令，径自约会广东各官，速将设县事情及添设屯所事宜查议。除行同知鲁玘前去约会广东该道委官议处，本职仍亲诣适中地方约会外，理合呈详施行"等因到院。卷查先为图议边方后患事，准兵部咨云云。续据湖广按察司呈，奉巡抚湖广都御史秦案验云云。候本院抚临至日，会行议处，具奏定夺施行，各无苟且搪塞去后。

今呈前因，参照前项立县等事，关系地疗安危，远近人心悬望，恨不一日而成。本院虽奉敕旨，别有机务，不暇亲诣，而该道前任守巡各官，皆有地方重责，自当遵照昼夜经营；却乃因循二年之上，尚未完报，纵使国法可以幸免，不知此心亦何以自安？今照接管副使汪玉，久负体用之学，素有爱民之心，据所呈报，既已深明事机，洞知缓急，遂使举而行之，固当易于反掌，合再督催，以速成绩。为此仰抄案回道，即往彼地约会各该道守巡等官，速将设县等项事情，议处定当，具由呈夺。应施行者，一面施行，务为群策毕举之图，以收一劳永逸之绩。毋再因循，仍蹈前辙未便。仍行都、布、按三司一体查照会议施行。

督剿安义逆贼牌 二月十一日

牌仰典史徐诚，既行调选罗坊等处骁勇惯战兵夫四百名，各备锋利器械，就仰该县官于堪动银两内先行给与口粮二月，统领星夜前赴安义县，听凭通判林宽调度追剿，获功人员，一体从重给赏。但有不遵号，令及逗遛退缩，扰害平人者，仰即遵照本院钦奉敕谕事理，听以军法从事。本官务要申严纪律，整束行伍，必使所过之地，秋毫无犯；所捕之贼，噍类不遗；庶称委任。如或纵弛怠忽，致有疏虞，军令具存，罪亦难贷。

截剿安义逃贼牌 二月十三日

看得安义逆贼，已经本院严督官兵，四路邀截，诚恐无所逃窜，或归冲县治。除行知县熊价，专一防守县治，以守为战；通判林宽，专一追剿逃贼，以战为守；及行都指挥冯勋，选领南昌府卫军快，督兵截剿外，牌仰饶州、南康、九江府掌印官，知府张愈严、王念等，各行起集兵快，身自督领，于沿湖要害，邀截迎击；仍督令余干、乐平、都昌、建昌、湖口、彭泽等县掌印官，领兵把截沿湖紧关隘路江口，毋令此贼得以出境远遁。一面多差知因乡导，探贼向往，互相传报，合势黏纵追剿，一应机宜，俱听从宜区处。各官务要竭力殚智，杀贼立功，以靖地方；毋得畏缩因循，轻忽疏略，至贼滋漫，军法具存，罪难轻贷。

批议赏获功阵亡等次呈 三月初十日

据江西按察司呈，看得获功阵亡等员役，俱查照赣州事例，获贼首者，赏银十两；次贼首七两，从贼三两，老弱二两。奋勇对敌阵亡者十两；杀伤死者七两五钱，被伤者三两。其有军民人等，各于贼势未败之先，自行帅众擒获送官者，仍照出给告示，贼首赏二十两，次贼首十两，从贼首五两。务查约实，一例给赏，毋吝小费，致失大信。俱仰行南昌府，于本县支剩军饷银内，公同赏功官照数支给，开数缴报查考。

复应天巡抚派取船只咨 三月二十四日

据江西布政司呈："据应天府呈开：'江西、九江等府原派船五十只，装运营建宫室物料，乞查处督发，奉批查处呈夺。'议照江西南康、南昌等府，并无马快船只，虽有额造红船，为因宸濠谋反，被贼烧毁；往来使客及粮运，尚且无船装送，疲困已极，委果无从区处。"呈详到院，为照江西各府，师旅饥馑，疲困已极；况兼本职气昏多病，坐视民瘼，莫措一筹，前项船只，果难措置。南京素称富庶，今虽亦有供馈之烦，然得贵院抚缉有方，兼以长才区画，何事不济。且江西之疲弊，亦贵院所备知，尝蒙轸念，为之奏蠲租税，江西之民，无不感激。独此数十艘，乃不蒙一为分处乎？为此合咨贵院，烦请查照，悯念疲残之区，终始得惠，别为处拨装运施行。

批东乡叛民投顺状词 四月初九日

据东乡县民陈和等连名诉，看得朝廷添设县治，本图以便地方而顺民情，但割小益大，安仁之民既称偏损，亦宜为之处分。在官府自有通融裁制，各民惟宜听顺，果有未当，又可从容告理；而乃辄称背抗，稔恶屡年，愈抚愈甚，不得已而有擒捕之举，亦惟彰国法，禁顽梗，小惩大戒，期在安缉抚定，非必杀为快也。今各民既来投顺，官府岂欲过求，但未审诚伪，恐因擒捕势迫，暂来投顺，以求延缓，亦未可知。仰按察司会同都、布二司，将各情词备加详审，及查立县始末缘由，其各都图，应否归附某县；各县粮差，应否作何区处；各民违抗逃叛之罪，应否作何理断；通行议处呈夺。

批江西布政司清查造册呈 四月十六日

据江西布政司呈，看得造册清查之法，既已详悉备具，但人存政举，使奉行不至，则革弊之法，反为流弊之源。仰布政司照议上紧施行，仍备行总理及各守巡官，同以此事为固本安民之首，各至分地，临督各该府、州、县正官。且将别项职事，牒委佐贰官分理，俱要专心致志，身亲综核，照式依期清量查造，务使积弊顿除，后患永绝，以苏民困。中间但有不行尽心查理，止凭吏胥苟且了事者，即行拿治问发；提调等官，一体参究。其各官分定地方，该司具名开报，缴。

行丰城县督造浅船牌十六年

仰抄案回县，即行知县顾佖速差能干官，前来樟树，接驾浅船到县，照依该道估价，于官库支给各船旗军收领。就便择日催督县丞沈廷用，遵照本院面授水帘棍等法，兴工修筑。务将前船衔结勾连，多用串关扇束缚坚牢；足障水势，以便施工，毋为摧荡，虚费财力。

行江西按察司审问通贼罪犯牌六月十五日

照得本院于正德十四年六月内，因宁王谋反，起兵征剿，具本奏闻，当差赣州卫舍人王鼐赍奏，却乃设计诈病，推托不前，显有通贼情弊。及至擒获逆贼，差赍紧关题本，赴京奏报，却又迂道私赴太监张忠处捏报军中事情，几至酿成大变。及将原领题本，通同邀截回还，所据本犯，罪难轻贷。为此牌仰本司，即将发去犯人王鼐从公审问明白，依律议拟，具招呈详。毋得轻纵未便。

行江西按察司清查军前解回粮赏等物六月十九日

卷查先该本院督解宸濠，中途奉旨仍解回省，随将前项赏功银牌花红彩段及粮饷等项，牌差县丞等官龙光等，解发江西按察司查收贮库，仍候本院明文施行去后。今照前项粮赏等银，已支未支，清查应该起解者，未审曾否尽数解京，拟合查报。为此牌仰本司，即查原发粮赏等银，各计若干。要见于何年月日奉本院批呈或纸牌，支取某项若干，给与某起官军人等行粮或犒劳兵快应用，其应解金册一十二付，上高、新昌玉印二颗，银盆六面，及衣服等件，曾否尽数解京，中间有无遗漏等情，备查明白，具数回报，以凭查对稽考，毋得迟延未便。

批广东按察司立县呈 七月二十八日

据副使汪玉呈称云云。卷查先为图议边方后患事，准兵部咨云云。续据湖广按察司呈，奉湖广巡抚都御史秦案验，候本院抚临至日，会行议处具奏定夺施行。随据副使汪玉呈云云。看得立县之举，今且三年，而两省会议，犹是道傍之谈，似此往复不已，毕竟何时定计。自昔举事，须顺人情；凡今立县，专为弭乱；若使两地人心未协，遂尔执己见而行，则是今日定乱之图，反为异时起争之本，今江西安仁、东乡各县，纷纭奏告，连年不息，即今征矣。除行该道兵备官，上紧约会广东各官，亲诣地方，拘集里老年高有识者，备询舆论；务在众议调停，两情和协，就行相度地势，会计财力，监追起工，然后各自回任。若使议终不合，必欲各自立县，亦须酌裁适均。要见广东于高宿立县，都图若干；湖广于笆篱立县，都图若干；城池高广若干；官员裁减若干；异时赋役，两地逃躲，若何区处；盗贼彼时出没，若何缉捕；一应事宜，逐条开议。须于不同之中，务求通融之术；不得徒事空言，彼此推托，苟延目前，不顾后患，异时追论致祸之因，罪亦终有不免。除批行湖广该道兵备官查照外，仰抄案回司，会同布政司各行该道守巡兵备等官，约会湖广各官，面议停当。一面会计工料，委官及时兴工；一面备由开详，以凭覆奏；毋再推延执拗，致有他虞，断行参究不恕。仍行两广提督并巡按衙门查照催督施行。

行江西三司停止兴作牌 八月初九日

先该本院看得江西兵荒之余，重以洪水为灾，民穷财尽，正当体养抚息。各该衙门一应修理公廨工役，俱宜停止。已经案仰各司，即将工役悉行停止，其势不容已者，亦待秋成之后，民困稍苏，方许以次呈夺去后。近因本院出巡，访得各该官员，不思地方兵变水患，小民困苦已极，方求蠲赋税，出内帑欲赈而未能，辄复纷然修理，事属故违。本当参究，但传闻未的，姑再查禁。为此仰各抄案回司，即查前项工程，前此果否悉行停止？近来是否重复兴工？具由呈报，以凭施行，毋得隐讳，违错不便。

行岭北道申明教场军令 九月十七日

照得本院调到宁都等县官兵机快人等，见在赣州教场住扎操阅，中间恐有不守军令，罪及无辜，应合禁约。随据副使王度呈开合行事宜，参酌相同。为此仰抄按回道，即行出给告示，张挂教场，晓谕官兵机快，各加遵守。如有违犯，事情重大者，拿送军门，依军令斩首；其事情稍轻者，该道径自究治发落。仍呈本院查考。

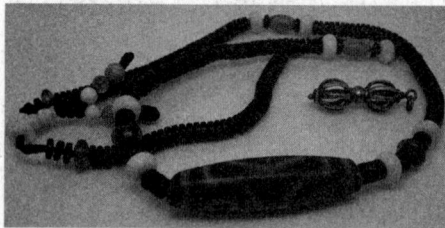

朱砂三眼天珠

计开：

一，各兵但有擅动地方一草一木者，照依军令斩首示众。

一，各兵但有管哨官总指称神福，馈送打点等项名色，科派银物自一分以上，俱许赴该道面告究治。

一，管哨官凡遇歇操之日，并在营房居住，钤束机兵，教演武艺。敢有在家游荡，及挟妓饮酒，朋伙喧哗者，访出捆打一百。

一，各兵但有疾病事故，许管哨官禀明医验，不许雇人顶替，如有用财买求地方光棍替身上操，仰该管总小甲拿获首送该道枷号，如隐情不首，事发，连总小甲一体枷号。

一，各兵在市买办柴米酒肉等项，俱要两平交易，如有恃强多占分两，被人告发，枷号示众。

一，管哨官凡遇各兵斗殴喧闹等项小事，量行惩治，大事禀该道拿问，不许纵容争竞嚣乱辕门。

一，各歇操之日，各将随有器械，务在整刷锋利鲜明，毋得临时有误。如平日懒惰，不行修理，上操之际，弦矢断折，铳炮不响，旗帜不明，查出捆打一百。

一，各兵遇上班之日，不许因便赴该道府告家乡户婚田土等项事情，查出痛责四十。

一，各兵上街行走，俱要悬带小木牌一面，上写某哨官总下某人，年甲籍贯辨别。如有隐下兵打名色，另着别样衣冠，暗入府县，挟骗官吏，及来军门并道门首打听消息，访出枷号不恕。

一，各兵领到工食银两，俱要搏节用度，谨慎收放，如有奢侈用尽，及被人偷盗，纵来诉告缺失，俱不准理，仍重加责治。

一，各该上班兵夫，如有限期未满，先行逃回者，差人原籍拿来，用一百斤大枷枷号教场门首三个月，满日，綑打一百，仍依律问发边远充军。

一，各哨官并兵夫，有军门一应便宜，及利所当兴，害所当革者，许赴军门及该道直白条陈，不许诸人阻当。

行雩都县建立社学牌十二月二十七日

照得本院近于赣州府城设立社学乡馆，教育民间子弟，风俗颇渐移易。牌仰雩都县掌印官，即于该县起立社学，选取民间俊秀子弟，备用礼币，敦请学行之士，延为师长；查照本院原定学规，尽心教导；务使人知礼让，户习《诗》、《书》，丕变偷薄之风，以成淳厚之俗。毋得违延忽视，及虚文搪塞取咎。

卷二十一 山东乡试录

四书

所谓大臣者以道事君不可则止

负大臣之名，尽大臣之道者也。夫大臣之所以为大臣，正以能尽其道焉耳；不然，何以称其名哉？昔吾夫子因季子然之问以由、求可为大臣，而告之以为大臣之道，未易举也。大臣之名，可轻许乎？彼其居于庙堂之上，而为天子之股肱，处于辅弼之任，而为群僚之表帅者，大臣也。夫所谓大臣也者，岂徒以其崇高贵重，而有异于群臣已乎？岂亦可以奔走承顺，而无异于群臣已乎？必其于事君也，经德不回，而凡所以启其君之善心者，一皆仁义之言，守正不挠，而凡所以格其君之非心者，莫非尧、舜之道，不阿意顺旨，以承君之欲也；必绳愆纠缪，以引君于道也。夫以道事君如此，使其为之君者，于吾仁义之言说，而弗绎焉，则是志有不行矣。其可拙身以信道乎？于吾尧、舜之道，从而弗改焉，则是谏有不听矣，其可枉道以徇人乎？殆必奉身而退，以立其节，虽万钟有弗屑也，固将见机而作，以全其守，虽终日有弗能也。是则以道事君，则能不枉其道，不可则止，则能不辱其身，所谓大臣者盖如此，而岂由、求之所能及哉？尝观夫子许由、求二子以为国，则亦大臣之才也；已而于此，独不以大臣许之者，岂独以阴折季氏之心？诚以古之大臣，进以礼，退以义，而二子之于季氏，既不能正，又不能去焉，则亦徒有大臣之才而无其节，是以不免为才之所使耳。虽然，比之羁縻于爵禄而不知止者，不既有间矣乎！

齐明盛服非礼不动所以修身也

尽持敬之功，端《九经》之本，夫修身为《九经》之本也，使非内外动静之一于敬焉，则身亦何事而修哉？昔吾夫子告哀公之问政，而及于此，若曰：《九经》莫重于修身，修身惟在于主敬；诚使内志静专，而罔有错杂之私，中心明洁，而不以人欲自蔽，则内极其精一矣；冠冕佩玉，而穆然容止之端严，垂绅正笏，而俨然威仪之整肃，则外极其检束矣。又必克己私以复礼，而所行皆中夫节，不但存之静也，遏人欲于方萌，而所由不睽于礼，尤必察之于动也。是则所谓尽持敬之功者如此，而亦何莫而非所以修身哉？诚以不一其内，则无以制其外；不齐其外，则无以养其中；修身之道未备也。静而不存，固无以立其本，动而不察，又无以胜其私；修身之道未尽也。今焉制其精一于内，而极其检束于外，则是内外交养，而身无不修矣。行必以礼，而不戾其所存，动必以正，而不失其所养，则是动静不违，而身无不修矣。是则所谓端《九经》之本者如此，而亦何莫而不本于持敬哉？大抵《九经》之序，以身为本，而圣学之要，以敬为先，能修身以敬，则笃恭而天下平矣。是盖尧、舜之道，夫子举之以告哀公，正欲以兴唐、虞之治于春秋，而子思以继大舜、文、武、周公之后者，亦以明其所传之一致耳。后世有能举而行之，则二帝、三王之治，岂外是哉！斯固子思之意也。

禹思天下有溺者由己溺之也

稷思天下有饥者由己饥之也

圣人各有忧民之念，而同其任责之心。夫圣人之忧民，其心一而已矣。所以忧之者，虽各以其职，而其任之于己也，曷尝有不同哉？昔孟子论禹、稷之急于救民而原其心，以为大禹之平水土也，虽其所施，无非决川距海之功，而民可免于昏垫矣；然其汲汲之心，以为天下若是其广也，吾之足迹既有所未到之地，则夫水之未治者，亦必有之矣；水之泛滥，既有所不免之地，则夫民之遭溺者，亦容有之矣；夫民之陷溺，由水之未治也，吾任治水之责，使水有不治，以溺吾民，是水之溺民，即吾之溺民也；民之溺于水，实吾之溺之也，吾其救之，可不急乎？后稷之教稼穑也，虽其所为无非播时百谷之事，而民可免于阻饥矣。然其遑遑之心，以为万民若是其众也，吾之稼穑，固未能人人而面诲矣，能保其无不知者乎？民之树艺，即未能人人而必知矣，能保其无不饥者乎？夫民之有饥，由谷之未播也，吾任播谷之责，使谷有未播以饥吾民，是饥之厄民，即吾之厄民也，民之饥于食，实吾之饥之也，吾其拯之，可以缓乎？夫禹、稷之心，其急于救民盖如此，此其所以虽当治平之世，三过其门而不入也欤！虽然，急于救民者，固圣贤忧世之本心，而安于自守者，又君子持己之常道，是以颜子之不改其乐，而孟子以为同道于禹、稷者，诚以禹、稷、颜子莫非素其位而行耳。后世各徇一偏之见，而仕者以趋时为通达，隐者以忘世为高尚，此其所以进不能忧禹、稷之忧，而退不能乐颜子之乐也欤！

易

先天而天弗违后天而奉天时

大人于天，默契其未然者，奉行其已然者。夫大人与天，一而已矣。

然则默契而奉行之者，岂有先后之间哉？昔《文言》申《乾》九五爻义而及此意，谓大人之于天，形虽不同，道则无异。自其先于天者言之，时之未至，而道隐于无，天未有为也；大人则先天而为之，盖必经纶以造其端，而心之所欲，暗与道符，裁成以创其始，而意之所为，默与道契。如五典未有也，自我立之，而与天之所叙者，有吻合焉；五礼未制也，以义起之，而与天之所秩者，无差殊焉；天何尝与之违乎？以其后于天者言之，时之既至，而理显于有，天已有为也，大人则后天而奉之，盖必穷神以继其志，而理之固有者，只承之而不悖；知化以述其事，而理之当行者，钦若之而不违。如天叙有典也，立为政教以道之，五典自我而敦矣；天秩有礼也，制为品节以齐之，五礼自我而庸矣；我何尝违于天乎？是则先天不违，大人即天也；后天奉天，天即大人也；大人与天，其可以二视之哉？此九五所以为天下之利见也欤？大抵道无天人之别，在天则为天道，在人则为人道，其分虽殊，其理则一也。众人牿于形体，知有其分，而不知有其理，始与天地不相似耳。惟圣人纯于义理，而无人欲之私，其礼即天地之体，其心即天地之心，而其所以为之者，莫非天地之所为也。故曰："循理则与天为一。"

河出图洛出书圣人则之

天地显自然之数，圣人法之以作经焉。甚矣！经不徒作也。天地不显自然之数，则圣人何由而法之以作经哉？《大传》言卜筮而推原圣人作《易》之由，其意盖谓《易》之用也不外乎卜筮，而《易》之作也则法乎《图》《书》。是故通于天者河也，伏羲之时，天降其祥，龙马负《图》而出，其数则以五生数统五成数而同居其方，是为数之体焉。中于地者洛也，大禹之时，地呈其瑞，神龟载《书》而出，其数则以五奇数统四偶数而各居其所，是为数之用焉。《图》《书》出矣，圣人若何而则之？彼伏羲则图以画卦，虚五与十者，太极也；积二十之奇，而合二十之偶，以一二三四而为六七八九，则仪象之体立矣；析四方之合以为乾、坤、坎、离，补四隅之空以为兑、震、巽、艮，则八卦之位定矣。是其变化无穷之妙，何莫而不本于图乎？大禹则《书》以叙畴，实其中五者，皇极也；一五行而二五事，三八政而四五纪，第于前者，有序而不乱也；六三德而七稽疑，八庶征而九福极，列于后者，有条而不紊也。是其先后不易之序，何莫而不本于《书》乎？吁！圣人之作《易》，其原出于天者如此，而卜筮之用所以行也欤！大抵《河图》、《洛书》相为经纬，八卦九章相为表里，但伏羲先得乎《图》以画卦。无所待于《书》；大禹独得乎《书》以叙畴，不必考于《图》耳。若究而言之，则《书》固可以为《易》，而《图》亦可以作《范》，又安知《图》之不为《书》，《书》之不为《图》哉？噫！理之分殊，非深于造化者，其孰能知之？

书

王懋昭大德建中于民以义制事以礼制心垂裕后昆予闻曰能自得师者王

大臣告君，即勉其修君道以贻诸后，必证以隆师道而成其功。夫君道之修，未有不隆师道而能致者也。大臣之论如此，其亦善于告君者哉！吾想其意，若谓新德固所以属人心，而建中斯可以尽君道，吾王其必勤顾諟之功，以明其德，求此中之全体，而自我建之，以为斯民之极也；操日跻之敬，以明夫善，尽此中之妙用，而自我立之，以为天下之准也。然中果何自而建邪？彼中见于事，必制以吾心之裁制，使动无不宜，而后其用行矣；中存于心，必制以此理之节文，使静无不正，而后其体立矣。若是，则岂特可以建中于民而已邪？本支百世，皆得以承懿范节于无穷，而建中之用，绰乎其有余裕矣。子孙千亿，咸得以仰遗矩于不坠，而建中之推，恢乎其有余地焉。然是道也，非学无以致之。盖古人之言，以为传道者师之责，人君苟能以虚受人，无所拂逆，则道得于己，可以为建极之本，而王者之业，益以昌大矣。考德者师之任，人君果能愿安承教，无所建拒，则德成于身，足以为立准之地，而王者之基，日以开拓矣。是则君道修，而后其及远。师道立，而后其功成。吾王其可以不勉于是哉！抑尝反覆仲虺此章之旨，懋德建中，允执厥中之余绪也；制心制事，制外养中之遗法也；至于"能自得师"之一语，是又心学之格言，帝王之大法。则仲虺之学，其得于尧、舜之所授受者深矣！孟子叙道统之传，而谓伊尹、莱朱为见而知者，而说者以莱朱为仲虺，其信然哉！

继自今立政其勿以憸人其惟吉士

大臣勉贤王之为治，惟在严以远小人，而专于任君子也。盖君子小人之用舍，天下之治忽系焉，人君立政，可不严于彼专于此哉？周公以是而告成王，意岂不曰，立政固在于用人，而非人适所以乱政？彼吉士之不可舍，而憸人之不可用，盖自昔而然矣。继今以立政，而使凡所以治其民者不致苟且而因循，则其施为之详，固非一人所能任也，而将何所取乎？继此以立政，而使凡所谓事与法者，不致懈怠而废弛，则其料理之烦，亦非独力所能举也，而将何所用乎？必其于憸人也，去之而勿任；于吉士也，任之而勿疑，然后政无不立矣。盖所谓憸人者，行伪而坚，而有以饰其诈，言非而辩，而有以乱其真者也，不有以远之，将以妨吾之政矣；必也严防以塞其幸人之路，慎选以杜其躁进之门，勿使得以戕吾民，坏吾事，而挠吾法焉。所谓吉士者，守恒常之德，而利害不能怵，抱贞吉之操，而事变不能摇者也，不有以任之，无以成吾之治矣；必也推诚信而彼此之不疑，隆委托而始终之无间，务使得以安吾民，济吾事，而平吾法焉。吁！严以去之，则小人无以投其衅；专以任之，则君子有以成其功；国家之治也，其以是欤！抑考之于《书》，禹、益、伊、傅、周、召之告君，至君子小人之际，每致意焉。盖君德之隆替，世道之升降，其原皆出于此，非细故也。秦、汉以下，论列之臣，鲜知此义，惟诸葛孔明之言曰："亲君子远小人，先汉所以兴隆也。"其意独与此合，故论者以为三代之遗才云。

诗

不遑启居猃狁之故

戍者自言劳之未息，由患之未息也。夫猃狁之患，不可以不备，则戍役之劳，自有所不免矣。王者于遣戍之时，而代为之言若此，所谓"叙其情而风之以义"者欤！此诗之意，盖谓人固有不能忘之情，然亦有不容已之义；彼休息之乐，吾岂独无其情乎？启居之安，吾宁独无其念乎？诚以王命出戍，则此身既已属之军旅，而势不容于自便耳。是以局促行伍之间，奔走风尘之下，师出以律，而号令之严其敢违？军法有常，而更代之期何敢后？则吾虽有休息之情，而固所不暇矣；虽怀启居之念，而亦所不遑矣。然此岂上人之故欲困我乎？岂吾君之必欲劳我乎？诚以猃狁猾夏，则是举本以卫夫生灵，而义不容于自已耳。彼其侵扰疆场之患虽亦靡常，而凭陵中国之心实不可长，使或得肆猖獗，则腥膻之忧，岂独在于廊庙？如其乘间窃发，则涂炭之苦，遂将及于吾民。是我之不遑休息者，无非保乂室家，而猃狁之是备也；我之不暇启居者，无非靖安中国，而外寇之是防也。吁！叙其勤苦悲伤之情，而风以敌忾勤王之义，周王以是而遣戍役，此其所以劳而不怨也欤！大抵人君之为国，好战则亡，忘战则危，故用兵虽非先王之得已，而即戎之训亦有所不敢后也。观此诗之遣戍，不独以见周王重于役民，悯恻哀怜不容已之至情，而亦可以见周之防御猃狁于平日者，盖亦无所不至。故猃狁之在三代，终不得以大肆其荼毒。后世无事懈弛，有事则张皇，戎之不靖也，有由然哉！

　　孔曼且硕万民是若

　　新庙制以顺人心，诗人之颂鲁侯也。夫人君之举动，当以民心为心也，鲁侯修庙而有以顺乎民焉，诗人得不颂而美之乎？鲁人美僖公之修庙而作是诗及此，谓夫我公之修庙也，材木尽来、甫之良，经画殚奚斯之虑。意以卑宫之俭，可以自奉，而非致孝乎鬼神，则新庙之作，虽甚曼焉，亦所宜矣。茅茨之陋，可以自处，而非敬事其先祖，则新庙之修，虽甚硕焉，亦非过矣。是以向之卑者，今焉增之使高，而体制极其巍峨，盖斯革斯飞，孔曼而长也；向之隘者，今焉拓之使广，而规模极其弘远，盖闲如奕如，且硕而大也。然庙制之极美者，岂独以竭我公之孝思？实所以从万民之仰望。盖以周公皇祖，德洽下民，而庙之弗称，固其所愿改作也，今之孔曼，亦惟民之所欲是从耳。泽流后世，而庙之弗缉，固其所愿修治也。今之孔硕，亦惟吾民之所愿是顺耳。是以向之有憾于弗称者，今皆翕然而快睹，莫不以为庙之曼者宜也，非过也；向之致怨于弗缉者，今皆欣然而满望，莫不以为庙之硕者，非过也，宜也。吁！庙制修于上，而民心顺于下，则其举事之善，于此可见，而鲁公之贤，亦可想矣。抑考鲁之先君，自伯禽以下，所以怀养其民人者，无非仁爱忠厚之道，而周公之功德，尤有以衣被而渐渍之，是以其民久而不忘，虽一庙之修，亦必本其先世之泽而颂祷焉。降及秦、汉干戈之际，尚能不废弦诵，守礼义，为主死节，而汉高不敢加兵。圣人之泽，其远矣哉！

春秋

楚子入陈（宣公十一年）楚子围郑　晋荀林父帅师及楚子战于邲晋师败绩　楚子灭萧　晋人宋人卫人曹人同盟于清丘　俱宣公十二年

外兵顺，而伯国自褒其威，既可贬；外兵黩，而伯国徒御以信，尤可讥。此楚以争伯为心，而晋失待之之道，《春秋》所以两示其法也。自夫晋景无制中夏之略，而后楚庄有窥北方之图，始焉县陈，以讨罪也，而征舒就戮；继焉入郑，以贰己也，而潘尪遂盟。一则讨晋之所未讨，一则平郑之所欲平，是虽未免以力假仁，然其义则公，其辞则顺矣。晋欲强之，必修德以俟，观衅而动，斯可也，顾乃兴无名之师，而师之以林父，楚子退师矣，而犹欲与之战，先縠违命矣，而不能行其辟；遂致邲晋战既北，而晋遂不支。则是主晋之师者，林父也，弃晋之师者，林父也，责安所逃乎？《春秋》于陈书人，于郑书围者，所以灭楚之罪，而于邲之战，由独书林父以主之，用以示失律丧师之戒也，自夫晋人之威既褒，而后楚人之势益张，伐萧不已，而围其城，围萧不已，而溃其众，以吞噬小国之威，为恐动中华之计，是其不能以礼制心，而其志已盈，其兵已黩矣。晋欲御之，必信任仁贤，修明政事，斯可也；顾乃为清丘之盟，而主之以先縠，不能强于为善，而徒刑牲歃血之是崇；不能屈于群策，而徒要质鬼神之是务；故其盟亦随败，而晋卒不竞，则是主斯盟者，丧师之縠也，同斯盟者，列国之卿也，责安所归乎？《春秋》不称萧溃，特以灭书者，所以断楚之罪；而清丘之盟，则类贬列卿，而人之用，以示谋国失职之戒也。吁！楚庄之假仁，晋景之失策，不待言说，而居然于书法见之，此《春秋》之所以为化工欤！抑又论之：仗义执言，桓、文之所以制中夏者也。晋主夏盟，虽世守是道，犹不免为三王之罪人，而又并其先人之家法而弃之，顾汲汲于会狄伐郑，而以讨陈遗楚，使楚得风示诸侯于辰陵，则是时也，虽邲之战不败，清丘之盟不渝，而大势固已属之楚矣。呜呼！孔子沐浴之请，不用于哀公而鲁替；董公缟素之说，见用于高帝而汉兴，愚于是而重有感也。

楚子蔡侯陈侯许男顿子沈子徐人越人伐吴　昭公五年

《春秋》纪外兵而特进夫远人，以事有可善，而类无可绝也。盖君子与人为善，而世类之论，亦所不废也。然则徐、越从楚伐吴，而《春秋》进之者，非以此哉！慨夫庆封就戮，楚已见衔于吴东，鄙告人，吴复致怨于楚，至是楚子内搂诸侯，外连徐、越，而有伐吴之役。然何以见其事有可善邪？盖庆封之恶，齐之罪人也，吴子纳而处之，是为崇恶，楚子执而戮之，是为讨罪，彼曲此直，公论已昭于当时矣。夫何吴子违义举兵，困三邑之民，报朱方之憾，岂非狄道战？楚子率诸侯以伐之，声崇恶之过，问违义之由，是乃以有名而讨无名，以无罪而讨有罪也，揆之彼善于此之义，固有可善者矣。又何以见其类无可绝邪？盖徐、越之夷，夏之变于夷者也，徐本伯益之后，越本大禹之后，元德显功，先世尝通于周室矣，惟其后人渎礼称王，甘心于僭伪，得罪于典常，故为狄道耳。君子正王法以黜之，上虽不使与中国等，下亦不使与夷狄均，盖以后人之僭伪，固法所不贷，而先世之功德，亦义所不泯也；揆之赏延于世之典，殆非可绝者欤！夫事既有可善，类又无可绝，故越始见经，而与徐皆得称人，圣人以为楚之是伐，比吴为善，其从之者，又皆圣贤之后，则进而称人可也。《春秋》之慎于绝人也如是。夫抑论吴、楚，在《春秋》亦徐、越而已矣。吴以泰伯之后而称王，楚以祝融之后而称王，故《春秋》亦以待徐、越者待之，猾夏则举号，慕义则称人，及其浸与盟会，亦止于称子，曾不得以本爵通焉。盖待之虽恕，而其法固未始不严也。然则僭伪者，其能逃于《春秋》之斧钺邪！

礼记

君子慎其所以与人者

君子之所谨者，交接之道也。夫君子之与人交接，必有其道矣，于此而不谨，乌能以无失哉！记礼器者，其旨若曰："观礼乐而知夫治乱之由。"故君子必慎夫交接之具。君子之与人交接也，不有礼乎？而礼岂必玉帛之交错？凡事得其序者皆是也，礼之得失，人之得失所由见，是礼在所当慎矣。不有乐乎？而乐岂必钟鼓之铿锵？凡物得其和者皆是也，乐之邪正，人之邪正所从著，是乐在所当慎矣。君子于和序之德，固尝慎之于幽独之地，而于接人之际，又和序之德所从见也，其能以无慎乎？君子于礼乐之道，固尝谨之于制作之大，而于与人之时，亦礼乐之道所由寓也，其可以不谨乎？故其与人交接也，一举动之微，若可忽矣，而必竞竞焉常致其检束，务有以比于礼而比于乐。其与人酬酢也，一语默之细，若可易矣，而必业业焉恒存夫戒谨，务有以得其序而得其和，所与者乡邦之贱士，而其笑语谁卒获，肃然大宾，是接也，况其所与之尊贵乎？所对者，闾阎之匹夫，而其威仪卒度，严乎大祭，是承也，况其所对之严惮乎？君子之慎其所以与人者如此，此其所以动容周旋，必中夫礼乐，而无失色于人也欤！抑论礼乐者，与人交接之具；慎独者，与人交接之本也。君子戒慎于不睹不闻，省察于莫见莫显，使其存于中者，无非中正和乐之道，故其接于物者，自无过与不及之差。昔之君子，乃有朝会聘享之时，至于失礼而不自觉者，由其无慎独之功，是以阳欲掩之，而卒不可掩焉耳。故君子而欲慎其所以与人，必先慎独而后可。

心好之身必安之君好之民必欲之

内感而外必应，上感而下必应。夫君之于民，犹心之于身也；虽其内外上下之不同，而感应之理何尝有异乎？昔圣人之意，谓夫民以君为心也，君以民为体也，体而必从夫心，则民亦必从夫君矣。彼其心具于内，而体具于外，内外之异势，若不相蒙矣；然心惟无好则已，一有所好，而身之从之也，自有不期然而然。如心好夫采色，则目必安夫采色；心好夫声音，则耳必安夫声音；心而好夫逸乐，则四肢亦惟逸乐之是安矣。发于心而慊于己，有不勉而能之道也；动于中而应于外，有不言而喻之妙也。是何也？心者身之主，心好于内，而体从于外，斯亦理之必然欤！若夫君之于民，亦何以异于是？彼其君居于上，而民居于下，上下之异分，若不相关矣；然君惟无好则已，一有所好，而民之欲之也，亦有不期然而然。如君好夫仁，则民莫不欲夫仁；君好夫义，则民莫不欲夫义；君而好夫暴乱，则民亦惟暴乱之是欲矣。倡于此而和于彼，有不令而行之机也；出乎身而加乎民，有不疾而速之化也。是何也？君者民之主，君好于上，而民从于下，固亦理之必然欤！是则内外上下本同一体，而此感彼应，自同一机，人君之于民也，而可不慎其所以感之邪？抑论之，身固必从乎心矣；民固必从乎君矣；抑孰知心之存亡，有系于身，而君之存亡，有系于民乎？为人君者，但知下之必从夫上，而不知上之存亡有系于下，则将恣己徇欲，惟意所为，而亦何所忌惮乎？故夫子于下文必继之曰："君以民存，亦以民亡。"噫，可惧乎！

论

人君之心惟在所养

人君之心，顾其所以养之者何如耳？养之以善，则进于高明，而心日以智；养之以恶，则流于污下，而心日以愚。故夫人君之所以养其心者，不可以不慎也。天下之物，未有不得其养而能生者，虽草木之微，亦必有雨露之滋，寒暖之剂，而后得以遂其畅茂条达。而况于人君之心，天地民物之主也，礼乐刑政教化之所自出也，非至公无以绝天下之私，非至正无以息天下之邪，非至善无以化天下之恶，而非其心之智焉，则又无以察其公私之异，识其邪正之归，辩其善恶之分，而君心之智否，则固系于其所以养之者也，而可以不慎乎哉？君心之智，在于君子之养之以善也；君心之愚，在于小人之养之以恶也。然而君子小人之分，亦难乎其为辩矣。人心惟危，道心惟微，尧、舜之相授受而所以叮咛反复者，亦维以是；则夫人君之心，亦难乎其为养矣。而人君一身，所以投间抵隙而攻之者，环于四面，则夫君心之养，固又难乎其无间矣。是故必有匡直辅翼之道，而后能以养其心；必有洞察机微之明，而后能以养其心；必有笃确精专之诚，而后能以养其心；斯固公私之所由异，邪正之所从分，善恶之所自判，而君心智愚之关也。世之人君，孰不欲其心之公乎？然而每失之于邪也；孰不欲其心之善乎？然而每失之于恶也。是何也？无君子之养也。养之以君子，而不能不间之以小人也，则亦无惑乎其心之不智矣。昔者太甲颠覆典刑，而卒能处仁迁义，为有商之令主，则以有伊尹之圣以养之；成王孺子褓褓，而卒能祗勤于德，为成周之盛王，则以有周公之圣以养之；桀、纣之心，夫岂不知仁义之为美，而卒不免于荒淫败度，则其所以养之者，恶来、飞廉之徒也。呜呼！是亦可以知所养矣。人虽至愚也，亦宁无善心之萌？虽其贤智也，亦宁无恶心之萌？于其善心之萌也，而有贤人君子扩充培植于其间，则善将无所不至，而心日以智矣；于其恶心之萌也，而有小夫憸人引诱逢迎于其侧，则恶亦无所不至，而心日以愚矣。故夫人君而不欲其心之智焉，斯已矣；苟欲其心之智，则贤人君子之养，固不可一日而缺也。何则？人君之心，不公则私，不正则邪，不善则恶，不贤人君子之是与，则小夫憸人之是狎，固未有漠然中立而两无所在者。一失其所养，则流于私，而心之智荡矣。入于邪，而心之智惑矣；溺于恶，而心之智亡矣；而何能免于庸愚之归乎？夫惟有贤人君子以为之养，则义理之学，足以克其私心也；刚大之气，足以消其邪心也；正直之论，足以去其恶心也；扩其公而使之日益大，扶其正而使之日益强，作其善而使之日益新，夫是之谓匡直辅翼之道，而所以养其心者有所赖。然而柔媚者近于纯良，而凶憸者类于刚直，故士有正而见斥，人有憸而获进，而卒无以得其匡直辅翼之资，于是乎慎释而明辩，必使居于前后左右者无非贤人君子，而不得有所混淆于其间，夫是之谓洞察几微之明，而所以养其心者无所惑。然而梗直者难从，而诐谀者易入也；拂忤者难合，而阿顺者易亲也；则是君子之养未几，而小人之养已随；养之以善者方退，而养之以恶者已入。故夫人君之于贤士君子，必信之笃，而小人不得以间；任之专，而邪佞不得以阻；并心悉虑，惟匡直辅翼之是资焉，夫是之谓笃确专一之诚。而所以养其心者，不至于有鸿鹄之分，不至于有一暴十寒之间，夫然后起居动息，无非贤士君子之与处，而所谓养之以善矣。夫然后私者克而心无不公矣，邪者消而心无不正矣，恶者去而心无不善矣。公则无不明，正则无不达，善则无不通，而心无不智矣。夫然后可以绝天下之私，可以息天下之邪，可以化天下之恶，可以兴礼乐，修教化，而为天地民物之主矣。而此何莫而不在于其所养邪！何莫而不在于养之以善邪！人君之心，惟在所养，范氏之说，盖谓养君心者言也，而愚之论，则以为非人君有洞察之明、专一之诚，则虽有贤士君子之善养，亦无从而效之，而犹未及于人君之所以自养也。然必人君自养其心，而后能有洞察之明，专一之诚以资夫人，而其所以自养者，固非他人之所能与矣，使其勉强于大庭昭晰之时，有放纵于幽独得肆之地，则虽有贤人君子，终亦无如之何者，是以人君尤贵于自养也。若夫自养之功，则惟在于存养省察，而其要又不外乎持敬而已。愚也请以是为今日献。

表

拟唐张九龄上千秋金监录表　开元二十四年

开元二十四年八月五日，具官臣张九龄上言：恭遇千秋圣节，谨以所撰《千秋金监录》进呈者。臣九龄诚惶诚恐，顿首顿首：

伏以古训有获，成宪无愆，自昔致治之明君，莫不师资于往典，故武王有《洪范》之访，而高宗起旧学之思，兹盖伏遇皇帝陛下，乃武乃文，好问好察，赤龙感唐尧之端，白鱼兆周武之兴，是以诞应五百载之昌期，而能起绍亿万年之大统。时维八月，节届千秋，凡兹鼎轴之臣，皆有宝镜之献，祝颂所寓，恭敬是将。臣九龄学本面墙，忠存自牖，窃谓群臣所献，虽近正冠之喻，揆诸事君以礼，尚亏懋德之规。顾环奇之珍，则尚方所自有，而珠玉是宝，虽诸侯以为殃。仰窥文皇"以人为监"之谟，窃取伏羲制器尚象之义，覃思古昔，效法丹书，粗述废兴，谬名《金监》。盖搜寻旧史，无非金石之言；而采掇前闻，颇费陶镕之力；躬铅椠以实录，敢粉饰乎虚文？鼓铸尧舜之模，炉冶商周之范；考是非之迹，莫遁妍媸；观兴替所由，真如形影；彼《六经》之道，夫岂不明？而诸子之谈，亦宁无见？

明代宫廷绘画《关羽擒将图》

顾恐万机之弗暇，愿摅一得而少裨，虽未能如贾山之《至言》，或亦可方陆生之《新语》。善可循而恶可戒，情状具在目前；乱有始而治有源，仪刑视诸掌上。公私具烛，光涵阳德之精；幽隐毕陈，寒照阴邪之胆。盖华封之祝，未罄于三，而魏征所亡，聊献其一。若陛下能自得师，或亦可近取诸此，视远亦维明矣，反观无不了然。诚使不蔽于私，自当明见万里；终能益磨以义，固将洞察纤毫；维兹昧爽所需，用为缉熙之助。伏愿时赐披阅，无使遂掩尘埃。宜监于殷，励周宣之明发；顾諟天命，效成汤之日新；永惟不显之昭昭，庶识微衷之耿耿。月临日照，帝德运于光天；岳峙川流，圣寿同于厚地！臣无任瞻天仰圣激切屏营之至！谨以所述《千秋金监录》随表上进以闻。

策五道

问：王者功成作乐，治定制礼，故功大者乐备，治遍者礼具，而五帝不沿乐，三王不袭礼也。自汉而下，礼乐日衰，既不能祖述宪章，以复三代之旧制，则亦不过苟且因循，以承近世之陋习而已。盖有位无德，固宜其然也。惟我太祖、太宗，以圣人在天子之位，故其制作之隆，卓然千古，诚有不相沿袭者，独其广大渊微，有非世儒所能测识耳。夫合九庙而同堂，其有仿于古乎？一郊社而并祭，其有见于经乎？声容之为备，而郊祭之舞，去干戚以为容，雅颂之为美，而燕享之乐属教坊以司颂，是皆三代所未闻而创为之者。然而治化之隆，超然于三代之上，则其间固宜自有考诸三王而不谬者，而非圣人其孰能知之？夫鲁，吾夫子之乡，而先王之礼乐在焉。夫子之言曰："吾学周礼，今用之，吾从周。"斯固鲁人之所世守也。诸士子必能明言之。

圣人之制礼乐，非直为观美而已也；固将因人情以为之节文，而因以移风易俗也。夫礼乐之说，亦多端矣，而其大意，不过因人情以为之节文。是以礼乐之制，虽有古今之异，而礼乐之情，则无古今之殊。《传》曰："知礼乐之情者能作，识礼乐之文者能述。作者之谓圣，述者之谓明，故夫钟鼓管磬、羽籥干戚者，乐之器也；屈伸俯仰、缀兆舒疾者，乐之文也；簠簋俎豆、制度文章者，礼之器也；升降上下、周旋裼袭者，礼之文也。"夫所谓礼乐之情者，岂徒在于钟鼓、干戚、簠簋、制度之间而已邪？岂徒在于屈伸、缀兆、升降、周旋之间而已邪？后世之言礼乐者，不本其情，而致详于形器之末，是以论明堂，则惑于吕氏《考工》之说；议郊庙，而局于郑氏，王肃之学。钟吕纷争于秬黍，而尺度牵泥于周天，纷纷藉藉，卒无一定之见，而礼乐亦因愈以废坠，是岂知礼乐之大端，不过因人情而为之节文者乎？《传》曰："礼也者，义之实也，协诸义而协则礼，虽先王未之有可以义起也。"孟子曰："今之乐，犹古之乐也。"今夫行礼于此，而有以即夫人心之安焉，作乐于此，而使闻之者欣欣然有喜色焉，则虽义起之礼，世俗之乐，其亦何异于古乎？使夫行礼于此，而有以大拂乎人之情，作乐于此，而闻之者疾首蹙额而相告也，则虽折旋周礼，而戛击《咸》《韶》，其亦何补于治乎？"即是说而充之，则执事之所以下询者，虽九庙异制可也，合而同堂亦可也，郊社异地可也，一而并祭亦可也。声容之备固善矣，而苟有未备焉，似亦无伤也；雅颂之纯固美矣，而苟有未纯焉，或亦无患也。呜呼！此我太祖、太宗之所以为作者之圣，而有以深识夫礼乐之情者欤！窃尝伏观祖宗之治化功德，荡荡巍巍，蟠极天地之外，真有以超越三代而媲美于唐虞者。使非礼乐之尽善尽美，其亦何以能致若是乎？草莽之臣，心亦能知其大，而口莫能言之，故尝以为天下之人，苟未能知我祖宗治化功德之隆，则于礼乐之盛，固宜其有所未识矣。虽然，先王之制，则亦不可以不讲也。《祭法》"天子七庙，三昭三穆，与太祖之庙而七，益以文武世室而为九，庙门皆南向，主皆东向，各擅一庙之尊，而昭穆不紊焉"，则周制也。郊社之礼，天尊而地卑，郊以大报天，而社以神地道，故燔柴于泰坛，祭天也；瘗埋于泰折，祭地也；其不并祭久矣。祭天之用乐，则吕氏《月令》以仲夏"命乐师修鞀鞞鼓，均琴瑟管箫，执干戚戈羽，调竽笙篪簧，饬钟磬祝敔，而用盛乐以大雩帝"。则祭天之乐，有干戚戈羽矣。子夏告魏文侯以古乐，以为进旅退旅，和正以广，弦匏笙簧，会守拊鼓，始奏以文，复乱以武，治乱以相，讯疾以雅，而所谓及优侏儒者，谓之新乐。夫国家郊庙之礼，虽以义起，固亦不害其为协诸义而协矣。虽然，岂若协于义而合于古之为尤善乎？国家祀享之乐，虽不效古，固亦不害其为因人情而为之饰矣。虽然，岂若因人情而又合于古之尤善乎？昔者成周之礼乐，至周公而始备，其于文武之制，过者损之，不及者益焉，而后合于大中至正。此周公所以为善继善述，而以达孝称也。儒生稽古之谈，固未免于拘滞，所敢肆其狂言，则恃有善继善述之圣天子在上也。

问：佛老为天下害，已非一日，天下之讼言攻之者，亦非一人矣，而卒不能去，岂其道之不可去邪？抑去之而不得其道邪？将遂不去，其亦不足以为天下之患邪？夫今之所谓佛、老者。鄙秽浅劣，其妄初非难见，而程子乃以为比之杨、墨，尤为近理；岂其始固自有说，而今之所习者，又其糟粕之余欤？佛氏之传，经传无所考，至于老子，则孔子之所从问礼者也，孔子与之同时，未尝一言攻其非，而后世乃排之不置，此又何欤？夫杨氏之为我，墨氏之兼爱，则诚非道矣，比之后世贪冒无耻，放于利而行者，不有间乎？而孟子以为无父无君，至比于禽兽，然则韩愈以为佛、老之害甚于杨、墨者，其将何所比乎？抑不知今之时而有兼爱、为我者焉，其亦在所辟乎？其将在所取乎？今之时不见有所谓杨、墨者，则其患止于佛、老矣；不知佛、老之外尚有可患者乎？其无可患者乎？夫言其是，而不知其所以是，议其非，而不识其所以非，同然一辞而以和于人者，吾甚耻之。故愿诸君之深辨之也。

天下之道，一而已矣，而以为有二焉者，道之不明也。孔子曰："道之不明也，我知之矣，知者过之，愚者不及也；道之不行也，我知之矣，贤者过之，不肖者不及也。"呜呼！道一也，而人有知愚贤不肖之异焉，此所以有过与不及之弊，而异端之所从起欤？然则天下之攻异端者，亦先明夫子之道而已耳。夫子之道明，彼将不攻而自破，不然，我以彼为异端，而彼亦将以我为异端，譬之穴中之斗鼠，是非孰从而辨之？今夫吾夫子之道；始之于存养慎独之微，而终之以化育参赞之大；行之于日用常行之间，而达之于国家天下之远。人不得焉，不可以为人，而物不得焉，不可以为物，犹之水火菽帛而不可一日缺焉者也。然而异端者，乃至与之抗立而为三，则亦道之不明者之罪矣。道苟不明，苟不过焉，即不及焉。过与不及，皆不得夫中道者也，则亦异端而已矣。而何以攻彼为哉？今夫二氏之说，其始亦非欲以乱天下也，而卒以乱天下，则是为之徒者之罪也。夫子之道，其始固欲以治天下也，而未免于二氏之惑，则亦为之徒者之罪也。何以言之？佛氏吾不得而知矣；至于老子，则以知礼闻，而吾夫子所尝问礼，则其为人要亦非庸下者，其修身养性，以求合于道，初亦岂甚乖于夫子乎？独其专于为己而无意于天下国家，然后与吾夫子之格致诚正而达之于修齐治平者之不同耳。是其为心也，以为吾仁矣，则天下之不仁，吾不知可也；吾义矣，则天下之不义，吾不知可也。居其实而去其名，敛其器而不示之用，置其心于都无较计之地，而亦不以天下之较计动于其心。此其为念，固亦非有害于天下者，而亦岂知其弊之一至于此乎？今夫夫子之道，过者可以俯而就，不肖者可以企而及，是诚行之万世而无弊矣。然而子夏之后有田子方，子方之后为庄周，子弓之后有荀况，荀况之后为李斯，盖亦不能以无弊，则亦岂吾夫子之道使然哉？故夫善学之，则虽老氏之说无益于天下，而亦可以无害于天下；不善学之，则虽吾夫子之道，而亦不能以无弊也。今天下之患，则莫大于贪鄙以为同，冒进而无耻。贪鄙为同者曰："吾夫子固无可无不可也。"冒进无耻者曰："吾夫子固汲汲于行道也。"嗟乎！吾以吾夫子之道以为奸，则彼亦以其师之说而为奸，顾亦奚为其不可哉！今之二氏之徒，苦空其行，而虚幻其说者，既已不得其原矣；然彼以其苦空，而吾以其贪鄙；彼以其虚幻，而吾以其冒进；如是而攻焉，彼既有辞矣，而何以服其心乎？孟子曰："经正则庶民兴，庶民兴，斯无邪慝矣。"今不皇皇焉自攻其弊，以求明吾夫子之道，而徒以攻二氏为心，亦见其不知本也夫！生复言之，执事以攻二氏为问，而生切切于自攻者，无岂不喻执事之旨哉？《春秋》之道，责己严而待人恕；吾夫子之训，先自治而后治人也。若夫二氏与杨、墨之非，则孟子辟之于前，韩、欧诸子辟之于后，而岂复俟于言乎哉？执事以为夫子未尝攻老氏，则夫子盖尝攻之矣，曰："乡愿，德之贼也。"盖乡愿之同乎流俗而合乎污世，即老氏之所谓"和其光而同其尘"者也；和光同尘之说，盖老氏之徒为之者，而老氏亦有以启之。故吾夫子之攻乡愿，非攻老氏也；攻乡愿之学老氏而又失之也。后世谈老氏者皆出于乡愿，故曰"夫子盖尝攻之也"。

问：古人之言曰："志伊尹之所志，学颜子之所学。"诸君皆志伊学颜者，请遂以二君之事质之。夫伊尹之耕于有莘之野，而乐尧舜之道也，固将终身尔矣。汤之聘币三往，而始幡然以起，是岂苟焉者？而后世至以为割烹要汤，斯固孟子已有明辩；至于桀则固未尝以币聘尹也，而自往就之，至再至五，昔人谓其急于生人而往速其功也，果尔，其不类于以割烹要之欤！颜渊之学于孔子也，其详且要，无有过于四勿之训。兹四言者，今之初学之士皆自以为能知，而孔门之徒以千数，其最下者宜其犹愈于今之人也，何独唯颜子而后可以语此乎？至于箪瓢陋巷而不改其乐，此尤孔子之所深嘉屡叹而称以为贤者，而昔之人乃以为哲人之细事，将无类于今之初学自谓能知四勿之训者乎？夫尹也，以汤之圣，则三聘而始往，以桀之虐，则五就而不辞。颜之四勿，孔门之徒所未闻，而今之初学自以为能识箪瓢之乐。孔子以为难，而昔人以为易也，兹岂无其说乎？不然，则伊尹之志荒，而颜子之学浅矣。

求古人之志者，必将先自求其志，而后能辨其出处之是非；论古人之学者，必先自论其学，而后能识其造诣之深浅，此伊尹之志，颜子之学，所以未易于窥测也。尝观伊尹耕于有莘之野，而乐尧舜之道，固将终其身于畎亩，虽禄之以天下，有弗顾者。其后感成汤三聘之勤，而始幡然以起，是诚甚不易矣。而战国之士，犹以为割烹要汤，向非孟氏之辨，则千载之下，孰从而知其说之妄乎？至于五就桀之说，则尚有可疑者。孟子曰："往役，义也；往见，不义也。"夫尹以庶人而往役于桀，可也；以行道而往就于桀，不可也。尹于成汤之圣，犹必待其三聘者，以为身不可辱，而道不可枉也。使尹不俟桀之聘而自往，则其辱身枉道也甚矣，而何以为伊尹乎？使尹之心以为汤虽圣臣也，桀虽虐君也，而就之，则既以为君矣，又可从而伐之乎？桀之暴虐，天下无不知者，彼置成汤之圣而弗用，尚何有于伊尹？使尹不知而就之，是不知也；知而就之，是不明也；就之而复伐之，是不忠也；三者无一可，而谓伊尹为之乎？柳宗元以为伊尹之五就桀，是大人之欲速其功。且曰："吾观圣人之急生人，莫若伊尹，伊尹之大，莫大于五就桀。"苏子瞻讥之，以为宗元欲以此自解其从叔文之非，可谓得其心矣。然五就之说，孟子亦尝言之，而说者以为尹之就桀，汤进之也，则尹惟知以汤之心为心而已，是在圣人固必自有以处此；而愚以为虽诚有之，亦孟子所谓有伊尹之志由可耳。不然，吾未见其不为反覆悖乱之归也。至于颜子四勿之训，此盖圣贤心学之大，有未易以言者，彼其自谓能知，则譬之越南冀北，孰不知越之为南而冀之为北？至其道理之曲折险易，自非所尝经历莫从而识之也。今以四勿而询人，则诚未见其有不知者；及究其所谓非礼，则又莫不暗然而无以为答也。今夫天下之事，固有似礼而非礼者矣，亦有似非礼而实为礼者矣；其纤悉毫厘至于不可胜计，使非尽格天下之物而尽穷天下之理，则其疑似几微之间，孰能决然而无所惑哉？夫于所谓非礼者既有未辨，而断然欲以之勿视听言动，是亦告子之所谓不得于言而勿求于心耳，其何以能克己复礼而为仁哉？夫惟颜子博约之功已尽于平日，而其明睿所照，既已略无纤芥之疑，故于事至物来，天理人欲，不待议拟，而已判然，然后行之，勇决而无疑滞，此正所谓有至明以察其几，有至健以致其决者也。孔门之徒，自子贡之颖悟，不能无疑于一贯；则四勿之训，宜乎唯颜子之得闻也。若夫箪瓢之乐，则颜子之贤尽在于此，盖其所得之深者。周子尝令二程寻之，则既知其难矣。惟韩退之以为颜子得圣人为之依归，则其不忧而乐也岂不易？顾以为哲人之细事，初若无所难者，是盖言其外而未究其中也。盖箪瓢之乐，其要在于穷理，其功始于慎独。能穷理，故能择乎中庸，而复理以为仁；能慎独，故能克己不贰过，而至于三月不违。盖其人欲净尽，天理流行，是以内省不疚，仰不愧，俯不怍，而心广体胖，有不知其手舞足蹈者也。退之之学，言诚正而弗及格致，则穷理慎独之功，正其所大缺，则于颜子之乐，宜其得之浅矣。嗟乎！志伊尹之志也，然后能知伊尹之志；学颜子之学也，然后能知颜子之学。生亦何能与于此哉？顾其平日亦在所不敢自暴自弃，而心融神会之余，似亦微有所见，而执事今日之问，又适有相感发者，是以辄妄言之，幸执事不以为僭而教之也。

问：风俗之美恶，天下之治忽关焉。自汉以来，风俗之变而日下也，犹江河之日趋于海也，不知其犹可挽而复之古乎？将遂往而不返也，孔子谓齐一变至于鲁，鲁一变至于道，而说者以为二国之俗有美恶，故其变而之道也有难易。夫风俗之在三代也，不知其凡几变矣，而始为汉；其在汉也；又不知其凡几变矣，而始为唐为宋。就使屡变而上焉，不过为汉而上耳，为唐而止耳，而何以能遂复于三代乎？今之风俗，则贾谊之所太息者有之矣。皇上之德，过于汉文诸士，苟有贾生之谈焉，固所喜闻而乐道也。

天下之患，莫大于风俗之颓靡而不觉。夫风俗之颓靡而不觉也，譬之潦水之赴壑，浸淫泛滥，其始若无所患，而既其末也，奔驰溃决，忽焉不终，朝而就竭，是以甲兵虽强，土地虽广，财赋虽盛，边境虽宁，而天下之治，终不可为，则风俗之颓靡，实有以致之。古之善治天下者，未尝不以风俗为首务，武王胜殷，未及下车，而封黄帝、尧、舜之后；下车而封王子比干之墓，释箕子之囚，式商容之闾。当是时也，拯溺救焚之政，未暇悉布，而先汲汲于为是者，诚以天下风俗之所关，而将以作兴其笃厚忠贞之气也。故周之富强不如秦，广大不如汉，而延世至于八百年者，岂非风俗之美致然欤！今天下之风俗，则诚有可虑者，而莫能明言之，何者？西汉之末，其风俗失之懦；东汉之末，其风俗失之激；晋失之虚；唐失之靡；是皆有可言者也。若夫今之风俗，谓之懦，则复类于悍也；谓之激，则复类于同也；谓之虚，则复类于琐也；谓之靡，则复类于鄙也。是皆有可虑之实，而无可状之名者也。生固亦有见焉，而又有所未敢言也。虽然，圣天子在上，贤公卿在位，于此而不直，是无所用其直矣。请遂言之：孔子曰："乡愿，德之贼也。"孟子曰："非之无举也，刺之无刺也，居之似忠信，行之似廉洁，同乎流俗，合乎污世，自以为是，而不可与入尧、舜之道，阉然媚于世者，是乡愿也。"盖今风俗之患，在于务流通而薄忠信，贵进取而贱廉洁，重儇狡而轻朴直，议文法而略道义，论形迹而遗心术，尚和同而鄙狷介；若是者，其浸淫习染既非一日，则天下之人固已相忘于其间而不觉，骤而语之，若不足以为患，而天下之患终必自此而起；泛而观之，若无与于乡愿，而徐而察之，则其不相类者几希矣。愚以为欲变是也，则莫若就其所藐者而振作之。何也？今之所薄者，忠信也，必从而重之；所贱者，廉洁也，必从而贵之；所轻者，朴直也，必从而重之；所遗者，心术也，必从而论之；所鄙者，狷介也，必从而尚之；然而今之议者，必以为是数者未尝不振作之也，则亦不思之过矣。大抵闻人之言，不能平心易气，而先横不然之念，未有能见其实然者也。夫谓是数者之未尝不振作之也，则夫今之所务者，果忠信欤？果流通欤？所贵者，果进取欤？果廉洁欤？其余者亦皆以是而思之，然后见其所谓振作之者，盖亦其名，而实有不然矣。今之议者，必且以为何以能得其忠信廉洁之实而振作之？则愚以为郭隗之事，断亦可见也。为人上者，独患无其诚耳。苟诚心于振作，吾见天下未有不翕然而向风者也。孟子曰："伯夷，圣之清者也；柳下惠，圣之和者也；故闻伯夷之风者，顽夫廉，懦夫有立志；闻柳下惠之风者，鄙夫敦，薄夫宽。"夫夷、惠之风所以能使人闻于千载之下而兴起者，诚焉而已耳。今曰："吾将以忠信廉洁振作天下，而中心有弗然焉。"则夫乡愿之所谓居之似忠信，而行之似廉洁者，固亦未尝无也。

问：明于当世之务者，惟豪杰为然，今取士于科举，虽未免于记诵文辞之间，然有司之意，固惟豪杰是求也。非不能钩深索隐以探诸士之博览，然所以待之浅矣，故愿相与备论当世之务。夫官冗矣而事益不治，其将何以厘之？赋繁矣而财愈不给，其将何以平之？建屏满于天下而赋禄日增，势将不掉，其将何以处之？清戎遍于海内而行伍日耗，其将何以筹之？蝗旱相仍，流离载道，其将何以拯之？狱讼烦滋，盗贼昌炽，其将何以息之？势家侵利，人情怨咨，何以裁之？戎、胡窥窃，边鄙未宁，何以攘之？凡此数者，皆当今之急务，而非迂儒曲士之所能及也，愿闻其说。

执事询当世之务，而以豪杰望于诸生，诚汗颜悚息，惧无以当执事之待。然执事之问，则不可虚也，生请无辞以对。

盖天下之患，莫大于纪纲之不振，而执事之所问者，未及也。夫自古纪纲之不振，由于为君者垂拱宴安于上，而为臣者玩习懈弛于下。今朝廷出片纸以号召天下，而百司庶府莫不震粟悚惧，不可谓纪纲之不振，然而下之所以应其上者，不过簿书文墨之间，而无有于贞固忠诚之实。譬之一人之身，言貌动止，皆如其常，而神气恍然，若有不相摄者，则于险阻烦难，必有不任其劳矣，而何以成天下之疊疊哉？故愚以为当今之务，莫大于振肃纪纲，而后天下之治可从而理也。是以先进纪纲之说，而后及执事之问。夫官冗而事不治者，其弊有三：朝廷之所以鼓舞天下而奔走豪杰者，名器而已。孔子曰："惟名与器，不可以假人。"今者不能慎惜，而至或加之于异道憸邪之辈，又使列于贤士大夫之上，有志之士，吾知其不能与之齿矣。此豪杰之所以解体，而事之所以不治者，名器之太滥也。至于升授之际，不论其才之堪否，而概以年月名次之先后为序，使天下之人皆有必得之心，而无不可为之虑，又一事特设一官，或二人而共理一职，十羊九牧，徒益纷扰。至于边远疲弊之地，宜简贤能特加抚绥，功成绩著，则优其迁擢，以示崇奖，有志之士，亦亦无不乐为者，而乃反委之于庸劣，遂使日益凋瘵，则是选用太忽之过也。天下之治，莫急守令，而令之于民，尤为切近，昔汉文之时，为吏者长子孙居官，以职为氏，今者徒据纸上之功绩，亟于行取，而责效于二三年之间，彼为守令者，无是亦莫不汲汲于求去，而莫有诚确久远之图，此则求效太速之使然耳。赋繁而财不给者，此无益之费多，而冗食之徒众也；去是二者，而又均一天下之赋，使每郡各计其所人之数，而均之于田，不得有官民三则之异，则诡射之弊息，而赋亦稍平矣。至于建屏之议，尤为当今之切务，而天下之人莫敢言者，欲求善后之策，则在于朝廷之上，心于继志，而不以更改为罪；建议之臣，心于为国，而不以获罪自阻，然后可以议此。不然，虽论无益矣。盖昔者汉之诸侯，皆封以土地，故其患在强大而不分，分则易弱矣。今之藩国，皆给以食禄，故其患在众多而不合，合则易办矣。然晁错一言，而首领不保，天下虽悲错之以忠受戮，其谁复敢言乎？清戎之要，在于因地利而顺人情。盖南人之习于南，而北人之习于北，是谓地利，南之不安于北，而北之不安于南，是谓人情。今以其清而已得者就籍之于其本土，而以其清而不得者之粮，馈输之于边，募骁勇以实塞下，或亦两得之矣。蝗旱相仍而流离载道者，官冗而事益不治之所致也；狱讼繁滋而盗贼昌炽者，赋繁而财愈不给之所起也。势家侵利而人情怨咨，则在于制之以礼，而一转移于向背之间而已。昔田蚡请考工地以益宅，武帝怒曰："何不遂取武库？"蚡惧而退。夫以田蚡之横，而武帝一言不敢复纵，况未及蚡者，诚有以禁戒惩饬之，其亦何敢肆无忌惮也哉？胡戎窥窃而边鄙未宁，则在于备之不预，而畏之太深之过也。夫戎虏之患，既深且久，足可为鉴矣；而当今之士，苟遇边报稍宁，则皆以为不复有事，解严弛备，恬然相安，以苟岁月，而所谓选将练兵，蓄财养士者，一旦置之度外，纵一行焉，亦不过取具簿书，而实无有于汲汲皇皇之意；及其一旦有事，则怆惶失措，若不能以终日。盖古之善御戎狄者，平居无怠忽苟且之心，故临事无纷张缪戾之患，兢惕以备之，谈笑以处之，此所以为得也。若夫制御之策，则古今之论详矣；在当事者择而处之，生不能别为之说也。夫执事之所以求士者，不专于记诵文辞之间，故诸生之文，亦往往出于科举之外，惟其说之或有足取，则执事幸采择之！

山东乡试录后序

弘治甲子秋八月甲申，《山东乡试录》成，考试官刑部主事王守仁既序诸首简，所以纪试事者慎且详矣。鼎承乏执事后，有不容无一言以申告登名诸君子者。夫山东天下之巨藩也，南峙泰岱，为五岳之宗，东汇沧海，会百川之流。吾夫子以道德之师，钟灵毓秀，挺生于数千载之上，是皆穷天地，亘古今，超然而独盛焉者也。然陟泰岱则知其高，观沧海则知其大，生长夫子之邦，宜于其道之高且大者有闻焉，斯不愧为邦之人矣！诸君子登名是录者，其亦有闻乎哉？夫自始学焉，读其书，聚而为论辩，发而为文词，至于今，资藉以阶尺寸之进而方来未已者，皆夫子之绪余也。独于道未之闻，是固学者之通患，不特是邦为然也。然海与岱，天下知其高且大也，见之真而闻之熟，必自东人始，其于道，则亦宜若是焉可也。且道岂越乎所读之书与所论辩而文词之者哉？理气有精粗，言行有难易，穷达有从违，此道之所以鲜闻也。夫海岱云者，形胜也；夫子之道德也者，根本也；虽若相参并立于天地间，其所以为盛，则又有在此而不在彼者矣。鼎实陋于闻道，幸以文墨从事此邦，冀所录之士，有是人也，故列东藩之盛，乐为天下道之。

卷二十二　年谱

年谱一 自成化壬辰始生至正德戊寅征赣

先生讳守仁，字伯安，姓王氏。其先出晋光禄大夫览之裔，本琅琊人，至曾孙右将军义之，徙居山阴；又二十三世迪功郎寿，自达溪徙余姚；今遂为余姚人。寿五世孙纲，善鉴人，有文武才。国初诚意伯刘伯温荐为兵部郎中，擢广东参议，死苗难。子彦达缀羊革裹尸归，是为先生五世祖。御史郭纯上其事于朝，庙祀增城。彦达号秘湖渔隐，生高祖，讳与准，精《礼》《易》，尝著《易微》数千言。永乐间，朝廷举遗逸，不起，号遁石翁。曾祖讳世杰，人呼为"槐里子"，以明经贡太学卒。祖讳天叙，号竹轩，魏尝斋瀚尝立传，叙其环堵萧然，雅歌豪吟，胸次洒落，方之陶靖节、林和靖。所著有《竹轩稿》《江湖杂稿》行于世。封翰林院修撰。自槐里子以下，两世皆赠嘉议大夫、礼部右侍郎，追赠新建伯。父讳华，字听辉，别号实庵，晚称海日翁，尝读书龙泉山中，又称龙山公。成化辛丑，赐进士及第一人，仕至南京吏部尚书，进封新建伯。龙山公常思山阴山水佳丽，又为先世故居，复自姚徙越城之光相坊居之。先生尝筑阳明洞，洞距越城东南二十里，学者咸称阳明先生云。

宪宗成化八年壬辰九月丁亥。先生生。

是为九月三十日。太夫人郑娠十四月。祖母岑梦神人衣绯玉云中鼓吹，送儿授岑，岑警寤，已闻啼声。祖竹轩公异之，即以云名。乡人传其梦，指所生楼曰"瑞云楼"。

十有二年丙申，先生五岁。

先生五岁不言。一日与群儿嬉，有神僧过之曰："好个孩儿，可惜道破。"竹轩公悟，更今名，即能言。一日诵竹轩公所尝读过书，讶问之，曰："闻祖读时已默记矣。"

十有七年辛丑，先生十岁，皆在越。

是年龙山公举进士第一甲第一人。

十有八年壬寅，先生十一岁，寓京师。

龙山公迎养竹轩翁，因携先生如京师，先生年才十一。翁过金山寺，与客酒酣，拟赋诗，未成。先生从傍赋曰："金山一点大如拳，打破维扬水底天。醉倚纱高台上月，玉箫吹彻洞龙眠。"客大惊异，复命赋蔽月山房诗。先生随口应曰："山近月远觉月小，便道此山大于月。若人有眼大如天，还见山小月更阔。"明年就塾师，先生豪迈不羁，龙山公常怀忧，惟竹轩公知之。一日，与同学生走长安街，遇一相士，异之曰："吾为尔相，后须忆吾言：须拂领，其时入圣境；须至上丹台，其时结圣胎；须至下丹田，其时圣果圆。"先生感其言，自后每对书辄静坐凝思。尝问塾师曰："何为第一等事？"塾师曰："惟读书登第耳。"先生疑曰："登第恐未为第一等事，或读书学圣贤耳。"龙山公闻之笑曰："汝欲做圣贤耶？"

二十年甲辰，先生十三岁，寓京师。

母太夫人郑氏卒。居丧哭泣甚哀。

二十有二年丙午，先生十五岁，寓京师。

先生出游居庸三关，即慨然有经略四方之志：询诸夷种落，悉闻备御策；逐胡儿骑射，胡人不敢犯。经月始返。一日，梦谒伏波将军庙，赋诗曰："卷甲归来马伏波，早年兵法鬓毛皤。云埋铜柱雷轰折，六字题文尚不磨。"时几内石英、王勇盗起，又闻秦中石和尚、刘千斤作乱，屡欲为书献于朝。龙山公斥之为狂，乃止。

孝宗弘治元年戊申，先生十七岁，在越。

七月，亲迎夫人诸氏于洪都。

外舅诸公养和为江西布政司参议，先生就官署委禽。合卺之日，偶闲行入铁柱宫，遇道士趺坐一榻，即而叩之，因闻养生之说，遂相与对坐忘归。诸公遣人追之，次早始还。

官署中蓄纸数箧，先生日取学书，比归，数箧皆空，书法大进。先生尝示学者曰："吾始学书，对模古帖，止得字形。后举笔不轻落纸，凝思静虑，拟形于心，久之始通其法。既后读明道先生书曰：'吾作字甚敬，非是要字好，只此是学。'既非要字好，又何学也？乃知古人随时随事只在心上学，此心精明，字好亦在其中矣。"后与学者论格物，多举此为证。

二年己酉，先生十八岁，寓江西。

十二月，夫人诸氏归余姚。

是年先生始慕圣学。先生以诸夫人归，舟至广信，谒娄一斋谅，语宋儒格物之学，谓"圣人必可学而至"，遂深契之。

明年龙山公以外艰归姚，命从弟冕、阶、宫及妹婿牧，相与先生讲析经义。先生日则随众课业，夜则搜取诸经子史读之，多至夜分。四子见其文字日进，尝愧不及，后知之曰："彼已游心举业外矣，吾何及也。"先生接人故和易善谑，一日悔之，遂端坐省言。四子未信，先生正色曰："吾昔放逸，今知过矣。"自后四子亦渐敛容。

五年壬子，先生二十一岁，在越。

举浙江乡试。

是年场中夜半见二巨人，各衣绯绿，东西立，自言曰："三人好作事。"忽不见。已而先生与孙忠烈燧、胡尚书世宁同举。其后宸濠之变，胡发其奸，孙死其难，先生平之，咸以为奇验。

是年为宋儒格物之学。先生始待龙山公于京师，遍求考亭遗书读之。一日思先儒谓"众物必有表里精粗，一草一木皆涵至理"，官署中多竹，即取竹格之；沉思其理不得，遂遇疾。先生自委圣贤有分，乃随世就辞章之学。

明年春，会试下第，缙绅知者咸来慰谕。宰相李西涯戏曰："汝今岁不第，来科必为状元，试作来科状元赋。"先生悬笔立就。诸老惊曰："天才。天才。"退有忌者曰："此子取上第，目中无我辈矣。"及丙辰会试，果为忌者所抑。同舍有以不第为耻者，先生慰之曰："世以不得第为耻，吾以不得第动心为耻。"识者服之。归余姚，结诗社龙泉山寺。致仕方伯魏瀚平时以雄才自放，与先生登龙山，对弈联诗，有佳句辄为先生得之，乃谢曰："老夫当退数舍。"

十年丁巳，先生二十六岁，寓京师。

是年先生学兵法。当时边报甚急，朝廷推举将才，莫不遑遽。先生念武举之设，仅得骑射搏击之士，而不能收韬略统驭之才。于是留情武事，凡兵家秘书，莫不精究。每遇宾宴，尝聚果核列阵势为戏。

十一年戊午，先生二十七岁，寓京师。

是年先生谈养生。先生自念辞章艺能不足以通至道，求师友于天下又不数遇，心持惶惑。一日读晦翁上宋光宗疏，有曰："居敬持志，为读书之本，循序致精，为读书之法。"乃悔前日探讨虽博，而未尝循序以致精，宜无所得；又循其序，思得渐渍洽浃，然物理吾心终若判而为二也。沉郁既久，旧疾复作，益委圣贤有分。偶闻道士谈养生，遂有遗世入山之意。

十有二年己未，先生二十八岁，在京师。

举进士出身。

是年春会试。举南宫第二人，赐二甲进士出身第七人，观政工部。

疏陈边务。

先生未第时尝梦威宁伯遗以弓剑。是秋钦差督造威宁伯王越坟，驭役夫以什伍法，休食以时，暇即驱演"八阵图"。事竣，威宁家以金帛谢，不受；乃出威宁所佩宝剑为赠，适与梦符，遂受之。时有星变，朝廷下诏求言，及闻达虏猖獗，先生复命上边务八事，言极剀切。

十有三年庚申．先生二十九岁，在京师。

授刑部云南清吏司主事。

十有四年辛酉，先生三十岁，在京师。

奉命审录江北。

先生录囚多所平反。事竣，遂游九华，作《游九华赋》，宿无相、化城诸寺。是时道者蔡蓬头善谈仙，待以客礼请问。蔡曰："尚未。"有顷，屏左右，引至后亭，再拜请问。蔡曰："尚未。"问至再三，蔡曰："汝后堂后亭礼虽隆，终不忘官相。"一笑而别。闻地藏洞有异人，坐卧松毛，不火食，历岩险访之。正熟睡，先生坐傍抚其足。有顷醒，惊曰："路险何得至此。"因论最上乘曰："周濂溪、程明道是儒家两个好秀才。"后再至，其人已他移，故后有会心人远之叹。

十有五年壬戌，先生三十一岁，在京师。

八月，疏请告。

是年先生渐悟仙、释二氏之非。先是五月复命，京中旧游俱以才名相驰骋，学古诗文。先生叹曰："吾焉能以有限精神为无用之虚文也。"遂告病归越，筑室阳明洞中，行导引术。久之，遂先知。一日坐洞中，友人王思舆等四人来访，方出五云门，先生即命仆迎之，且历语其来迹。仆遇诸途，与语良合。众惊异，以为得道。久之悟曰："此簸弄精神，非道也。"又屏去。已而静久，思离世远去，惟祖母岑与龙山公在念，因循未决。久之，又忽悟曰："此念生于孩提。此念可去，是断灭种性矣。"明年遂移疾钱塘西湖，复思用世。往来南屏、虎跑诸刹，有禅僧坐关三年，不语不视，先生喝之曰："这和尚终日口巴巴说甚么。终日眼睁睁看甚么。"僧惊起，即开视对语。先生问其家。对曰："有母在。"曰："起念否？"对曰："不能不起。"先生即指爱亲本性谕之，僧涕泣谢。明日问之，僧已去矣。

十有七年甲子，先生三十三岁，在京师。

秋，主考山东乡试。

巡按山东监察御史陆偁聘主乡试，试录皆出先生手笔。其策问议国朝礼乐之制：老佛害道，由于圣学不明；纲纪不振，由于名器太滥；用人太急，求效太速；及分封、清戎、御夷、息讼，皆有成法。录出，人占先生经世之学。

九月改兵部武选清吏司主事。

十有八年乙丑，先生三十四岁，在京师。

是年先生门人始进。学者溺于词章记诵，不复知有身心之学。先生首倡言之，使人先立必为圣人之志。闻者渐觉兴起，有愿执贽及门者。至是专志授徒讲学。然师友之道久废，咸目以为立异好名，惟甘泉湛先生若水时为翰林庶吉士，一见定交，共以倡明圣学为事。

武宗正德元年丙寅，先生三十五岁，在京师。

二月，上封事，下诏狱，谪龙场驿驿丞。

是时武宗初政，奄瑾窃柄。南京科道戴铣、薄彦徽等以谏忤旨，逮击诏狱。先生首抗疏救之，其言："君仁臣直。铣等以言为责，其言如善，自宜嘉纳；如其未善，亦宜包容，以开忠谠之路。乃今赫然下令，远事拘囚，在陛下不过少示惩创，非有意怒绝之也。下民无知，妄生疑惧，臣切惜之。自是而后，虽有上关宗社危疑不制之事，陛下孰从而闻之？陛下聪明超绝，苟念及此，宁不寒心？伏愿追收前旨，使铣等仍旧供职，扩大公无我之仁，明改过不吝之勇。圣德昭布，远迩人民胥悦，岂不休哉。"疏入，亦下诏狱。已而廷杖四十，既绝复苏。寻谪贵州龙场驿驿丞。

二年丁卯，先生三十六岁，在越。

夏，赴谪至钱塘。

先生至钱塘，瑾遣人随侦。先生度不免，乃托言投江以脱之。因附商船游舟山，偶遇飓风大作，一日夜至闽界。比登岸，奔山径数十里，夜扣一寺求宿，僧故不纳。趋野庙，倚香案卧，盖虎穴也。夜半，虎绕廊大吼，不敢入。黎明，僧意必毙于虎，将收其囊；见先生方熟睡，呼始醒，惊曰："公非常人也。不然，得无恙乎？"邀至寺。寺有异人，尝识于铁柱宫，约二十年相见海上；至是出诗，有"二十年前曾见君，今来消息我先闻"之句。与论出处，且将远遁。其人曰："汝有亲在，万一瑾怒逮尔父，诬以北走胡，南走粤，何以应之？"因为蓍，得《明夷》，遂决策返。先生题诗壁间曰："险夷原不滞胸中，何异浮云过太空？夜静海涛三万里，月明飞锡下天风。"因取间道，由武夷而归。时龙山公官南京吏部尚书，从鄱阳往省。十二月返钱塘，赴龙场驿。

是时先生与学者讲授，虽随地兴起，未有出身承当，以圣学为己任者。徐爱，先生妹婿也，因先生将赴龙场，纳贽北面，奋然有志于学。爱与蔡宗兖、朱节同举乡贡，先生作《别三子序》以赠之。

三年戊辰，先生三十七岁，在贵阳。

春，至龙场。

先生始悟格物致知。龙场在贵州西北万山丛棘中，蛇虺魍魉，蛊毒瘴疠，与居夷人鴃舌难语，可通语者，皆中土亡命。旧无居，始教之范土架木以居。时瑾憾未已，自计得失荣辱皆能超脱，惟生死一念尚觉未化，乃为石墩自誓曰："吾惟俟命而已。"日夜端居澄默，以求静一；久之，胸中洒洒。而从者皆病，自析薪取水作糜饲之；又恐其怀抑郁，则与歌诗；又不悦，复调越曲，杂以诙笑，始能忘其为疾病夷狄患难也。因念："圣人处此，更有何道？"忽中夜大悟格物致知之旨，寤寐中若有人语之者，不觉呼跃，从者皆惊。始知圣人之道，吾性自足，向之求理于事物者误也。乃以默记《五经》之言证之，莫不吻合，因著《五经臆说》。居久，夷人亦日来亲狎。以所居湫湿，乃伐木构龙冈书院及寅宾堂、何陋轩、君子亭、玩易窝以居之。思州守遣人至驿侮先生，诸夷不平，共殴辱之。守大怒，言诸当道。毛宪副科令先生请谢，且谕以祸福。先生致书复之，守惭服。水西安宣慰闻先生名，使人馈米肉，给使令，既又重以金帛鞍马，俱辞不受。始朝廷议设卫于水西，既置城，已而中止，驿传尚存。安恶据其腹心，欲去之，以问先生。先生遗书析其不可，且申朝廷威信令甲，议遂寝。已而宋氏酋长有阿贾、阿札者叛宋氏，为地方患，先生复以书诋讽之。安悚然，率所部平其难，民赖以宁。

四年己巳，先生三十八岁，在贵阳。

提学副使席书聘主贵阳书院。

是年先生始论知行合一。始席元山书提督学政，问朱陆同异之辨。先生不语朱陆之学，而告之以其所悟。书怀疑而去。明日复来，举知行本体证之《五经》诸子，渐有省。往复数四，豁然大悟，谓"圣人之学复睹于今日；朱陆异同，各有得失，无事辩诘，求之吾性本自明也。"遂与毛宪副修葺书院，身率贵阳诸生，以所事师礼事之。

后徐爱因未会先生知行合一之训，决于先生。先生曰："试举看。"爱曰："如今人已知父当孝，兄当弟矣，乃不能孝弟，知与行分明是两事。"先生曰："此被私欲隔断耳，非本体也。圣贤教人知行，正是要人复本体，故《大学》指出真知行以示人曰：'如好好色，如恶恶臭。'夫见好色属知，好好色属行。只见色时已是好矣，非见后而始立心去好也。闻恶臭属知，恶恶臭属行；只闻臭时，已是恶矣，非闻后而始立心去恶也。又如称某人知孝，某人知弟，必其人已曾行孝行弟，方可称他知孝知弟：此便是知行之本体。"爱曰："古人分知行为二，恐是要人用工有分晓否？"先生曰："此正失却古人宗旨。某尝说知是行之主意，行实知之功夫；知是行之始，行实知之成；已可理会矣。古人立言所以分知行为二者，缘世间有一种人，懵懵然任意去做，全不解思惟省察，是之为冥行妄作，所以必说知而后行无缪。又有一种人，茫茫然悬空去思索，全不肯着实躬行，是之为揣摸影响，所以必说行而后知始真。此是古人不得已之教，若见得时，一言足矣。今人却以为必先知然后能行，且讲习讨论以求知，俟知得真时方去行，故遂终身不行，亦遂终身不知。某今说知行合一，使学者自求本体，庶无支离决裂之病。"

五年庚午，先生三十九岁，在吉。

升庐陵县知县。

先生三月至庐陵。为政不事威刑，惟以开导人心为本。莅任初，首询里役，察各乡贫富奸良之实而低昂之。狱牒盈庭，不即断射。稽国初旧制，慎选里正三老，坐申明亭，使之委曲劝谕。民胥悔胜气嚣讼，至有涕泣而归者。由是囹圄日清。在县七阅月，遗告示十有六，大抵谆谆慰父老，使教子弟，毋令荡僻。城中失火，身祷返风，以血禳火，而火即灭。因使城中辟火巷，定水次兑运，绝镇守横征，杜神会之借办，立保甲以弭盗，清驿递以延宾旅。至今数十年犹踵行之。

语学者悟人之功。先是先生赴龙场时，随地讲授，及归过常德、辰州，见门人冀元亨、蒋信、刘观时辈俱能卓立，喜曰："谪居两年，无可与语者，归途乃幸得诸友。悔昔在贵阳举知行合一之教，纷纷异同，罔知所入。兹来乃与诸生静坐僧寺，使自悟性体，顾恍恍若有可即者。"既又途中寄书曰："前在寺中所云静坐事，非欲坐禅入定也。盖因吾辈平日为事物纷拿，未知为己，欲以此补小学收放心一段功夫耳。明道云：'才学便须知有用力处，既学便须知有得力处。'诸友宜于此处着力，方有进步，异时始有得力处也。"

宣德炉

冬十有一月，入觐。

先生入京：馆于大兴隆寺，时黄宗贤绾为后军都督府都事，因储柴墟罐请见。先生与之语，喜曰："此学久绝，子何所闻?"对曰："虽粗有志，实未用功。"先生曰："人惟患无志，不患无功。"明日引见甘泉，订与终日共学。

按：宗贤至嘉靖壬午春复执贽称门人。

十有二月，升南京刑部四川清吏司主事。

论实践之功。先生与黄绾、应良论圣学久不明，学者欲为圣人，必须廓清心体，使纤翳不留，真性始见，方有操持涵养之地。应良疑其难。先生曰："圣人之心如明镜，纤翳自无所容，自不消磨刮。若常人之心，如斑垢驳蚀之镜，须痛刮磨一番，尽去驳蚀，然后纤尘即见，才拂便去，亦不消费力。到此已是识得仁体矣。若驳蚀未去，其间固自有一点明处，尘埃之落，固亦见得，才拂便去；至于堆积于驳蚀之上，终弗之能见也。此学利困勉之所由异，幸勿以为难而疑之也。凡人情好易而恶难，其间亦自有私意气习缠蔽，在识破后，自然不见其难矣。古之人至有出万死而乐为之者，亦见得耳。向时未见得里面意思，此功夫自无可讲处，今已见此一层，却恐好易恶难，便流入禅释去也。"

按：先生立教皆经实践，故所言恳笃若此。自揭良知宗旨后，吾党又觉领悟太易，认虚见为真得，无复向里着己之功矣。故吾党颖悟承速者，往往多无成，甚可优也。

六年辛未，先生四十岁，在京师。

正月，调吏部验封清吏司主事。

论晦庵、象山之学。王舆庵读象山书有契，徐成之与辩不决。先生曰："是朱非陆，天下论定久矣，久则难变也。虽微成之之争，舆庵亦岂能遽行其说乎?"成之谓先生漫为含糊两解，若有以阴助舆庵而为之地者。先生以书解之曰："舆庵是象山，而谓其专以尊德性为主。今观《象山文集》所载，未尝不教其徒读书。而自谓理会文字颇与人异者，则其意实欲体之于身。其亟所称述以诲人者曰：'居处恭，执事敬，与人忠。'曰：'克己复礼。'曰：'万物皆备于我，反身而诚，乐莫大焉。'曰：'学问之道无他，求其放心而已。'曰：'先立乎其大者，而小者不能夺。'是数言者，孔子、孟轲之言也，乌在其为空虚乎？独其易简觉悟之说，颇为当时所疑。然易简之说出于《系辞》；觉悟之说，虽有同于释氏，然释氏之说亦自有同于吾儒，而不害其为异者，惟在于几微毫忽之间而已。亦何必讳于其同而遂不敢以言，狃于其异而遂不以察之乎？是舆庵之是象山，固犹未尽其所以是也。吾兄是晦庵，而谓其专以道问学为事。然晦庵之言，曰：'居敬穷理。'曰：'非存心无以致知。'曰：'君子之心常存敬畏，虽不见闻，亦不敢忽，所以存天理之本然，而不使离于须臾之顷也。'是其为言虽未尽莹，亦何尝不以尊德性为事，而又乌在其为支离乎？独其平日汲汲于训解，虽韩文、《楚辞》、《阴符》、《参同》之属，亦必与之注释考辨，而论者遂疑玩物。又其心虑恐学者之躐等，而或失之于妄作，必先之以格致而无不明，然后有以实之于诚正而无所谬。世之学者挂一漏万，求之愈烦，而失之愈远，至有弊力终身，苦其难而卒无所入，而遂议其支离。不知此乃后世学者之弊，而当时晦庵之自为，则亦岂至是乎？是吾兄之是晦庵，固犹未尽其所以是也。夫二兄之所信而是者，既未尽其所以是，则其所疑而非者，亦岂尽其所以非乎？仆尝以为晦庵之与象山，虽其所以为学者若有不同，而要皆不失为圣人之徒。今晦庵之学，天下之人，童而习之，既已入人之深，有不容于论辩者。而独惟象山之学，则以其尝与晦庵之有言，而遂藩篱之；使若由、赐之殊科焉则可矣，而遂摈放废斥，若碔砆之与美玉，则岂不过甚矣乎？故仆尝欲冒天下之讥，以为象山一暴其说，虽以此得罪无恨。晦庵之学既已章明于天下，而象山犹蒙无实之诬，于今且四百年，莫有为之一洗者。使晦庵有知，将亦不能一日安享于庙庑之间矣。此仆之至情，终亦必为兄一吐露者，亦何肯慢为两解之说以阴助于舆庵已乎？"

二月，为会试同考试官。

是年僚友方献夫受学。献夫时为吏部郎中，位在先生上，比闻论学，深自感悔，遂执贽事以师礼。是冬告病归西樵，先生为叙别之。

十月，升文选清吏司员外郎。

送甘泉奉使安南。先是先生升南都，甘泉与黄绾言于冢宰杨一清，改留吏部。职事之暇，始遂讲聚。方期各相砥切，饮食启处必共之。至是甘泉出使安南封国，将行，先生惧圣学难明而易惑，人生别易而会难也，乃为文以赠。略曰："颜子没而圣人之学亡，曾子唯一贯之旨传之孟轲。绝又二千余年，而周、程续。自是而后，言益详，道益晦。孟氏患杨、墨，周、程之际，释、老大行。今世学者皆知尊孔、孟，贱杨、墨，摈释、老，圣人之道若大明于世。然吾从而求之，圣人不得而见之矣，其能有若墨氏之兼爱者乎？其能有若杨氏之为我者乎？其能有若老氏之清净自守、释氏之究心性命者乎？吾何以杨、墨、老、释之思哉？彼于圣人之道异，然犹有自得也。而世之学者，章绘句琢以夸俗，诡心色取，相饰以伪，谓圣人之道劳苦无功，非复人之所可为，而徒取辩于言辞之间，古之人有终身不能究者，今吾皆能言其略，自以为若是亦足矣，而圣人之学遂废。则今之所大患者，岂非记诵辞章之习？而弊之所从来，无亦言之太详、析之太精者之过欤？某幼不问学，陷溺于邪僻者二十年，而始究心于老、释。赖天之灵，因有所觉，始乃沿周、程之说求之，而若有得焉，顾一二同志之外，莫予冀也，岌岌乎仆而复兴。晚得于甘泉湛子，而后吾之志益坚，毅然若不可遏。则予之资于甘泉多矣。甘泉之学，务求自得者也。世未之能知，其知者且疑其为禅。诚禅也，吾犹未得而见，而况其所志卓尔若此？则如甘泉者，非圣人之徒欤？多言又乌足病也？夫多言不足以病甘泉，与甘泉之不为多言病也，吾信之。吾与甘泉，有意之所在，不言而会，论之所及，不约而同，期于斯道，毙而后已者，今日之别，吾容无言？夫惟圣人之学，难明而易惑，习俗之降愈下而抑不可回，任重道远，虽已无俟于言，顾复于吾心，若有不容已也，则甘泉亦岂以予言为缀乎？"

七年壬申，先生四十一岁，在京师。

三月，升考功清吏司郎中。

按《同志考》，是年穆孔晖、顾应祥、郑一初、方献科、王道、梁谷、万潮、陈鼎、唐鹏、路迎、孙瑚、魏廷霖、萧鸣凤、林达、陈洗及黄绾、应良、朱节、蔡宗兖、徐爱同受业。

十二月，升南京太仆寺少卿，便道归省。

与徐爱论学。爱是年以祁州知州考满进京，升南京工部员外郎。与先生同舟归越，论《大学》宗旨。闻之踊跃痛快，如狂如醒者数日，胸中混沌复开。仰思尧、舜、三王、孔、孟千圣立言，人各不同，其旨则一。今之《传习录》所载首卷是也。其自叙云："爱因旧说汩没，始闻先生之教，实骇愕不定，无入头处。其后闻之既久，渐知反身实践，然后始信先生之学为孔门嫡传，舍是皆傍蹊小径，断港绝河矣。如说格物是诚意功夫，明善是诚身功夫，穷理是尽性功夫，道问学是尊德性功夫，博文是约礼功夫，惟精是惟一功夫，诸如此类，皆落落难合。其后思之既久，不觉手舞足蹈。"

八年癸酉，先生四十二岁，在越。

二月，至越。

先生初计至家即与徐爱同游台、荡，宗族亲友绊弗能行。五月终，与爱数友期候黄绾不至，乃从上虞入四明，观白水，寻龙溪之源；登杖锡，至雪窦，上千丈岩，以望天姥、华顶；欲遂从奉化取道赤城。适久旱，山田尽龟坼，惨然不乐，遂自宁波还余姚。绾以书迎先生。复书曰："此行相从诸友，亦微有所得，然无大发明。其最所歉然，宗贤不同兹行耳。后辈习气已深，虽有美质，亦渐消尽。此事正如淘沙，会有见金时，但目下未可必得耳。"先生兹游虽为山水，实注念爱、绾二子。盖先生点化同志，多得之登游山水间也。

冬十月，至滁州。

滁山水佳胜，先生督马政，地僻官闲，日与门人邀游琅琊、瀼泉间。月夕则环龙潭而坐者数百人，歌声振山谷。诸生随地请正，踊跃歌舞。旧学之士皆日来臻。于是从游之众自滁始。

孟源问："静坐中思虑纷杂，不能强禁绝。"先生曰："纷杂思虑亦强禁绝不得，只就思虑萌动处省察克治，到天理精明后，有个物各付物的意思，自然精专无纷杂之念，《大学》所谓'知止而后有定'也。"

九年甲戌，先生四十三岁，在滁。

四月，升南京鸿胪寺卿。

滁阳诸友送至乌衣，不能别，留居江浦，候先生渡江。先生以诗促之归曰："滁之水，入江流，江潮日复来滁州。相思若潮水，来往何时休？空相思，亦何益？欲慰相思情，不如崇令德。掘地见泉水，随处无弗得。何必驱驰为？千里远相即。君不见尧羹与舜墙？又不见孔与蹠对面不相识？

逆旅主人多殷勤，出门转盼成路人。"

五月，至南京。

自徐爱来南都，同志日亲，黄宗明、薛侃、马明衡、陆澄、季本、许相卿、王激、诸偁、林达、张寰、唐俞贤、饶文璧、刘观时、郑骝、周积、郭庆、栾惠、刘晓、何鳌、陈杰、杨杓、白说、彭一之、朱箙辈，同聚师门，日夕渍砺不懈。客有道自滁游学之士多放言高论，亦有渐背师教者。先生曰："吾年来欲惩末俗之卑污，引接学者多就高明一路，以救时弊。今见学者渐有流入空虚，为脱落新奇之论，吾已悔之矣。故南畿论学，只教学者存天理，去人欲，为省察克治实功。"王嘉秀、萧惠好谈仙佛，先生尝警之曰："吾幼时求圣学不得，亦尝笃志二氏。其后居夷三载，始见圣人端绪，悔错用功二十年。二氏之学，其妙与圣人只有毫厘之间，故不易辨，惟笃志圣学者始能究析其隐微，非测忆所及也。"

十年乙亥，先生四十四岁，在京师。

正月，疏自陈，不允。

是年当两京考察，例上疏。

立再从子正宪为后。

正宪字仲肃，季叔易直先生兖之孙，西林守信之第五子也。先生年四十四，与诸弟守俭、守文、守章俱未举子，故龙山公为先生择守信子正宪立之，时年八龄。

是年御史杨典荐改祭酒，不报。

八月，拟《谏迎佛疏》。

时命太监刘允、乌思藏赍幡供诸佛，奉迎佛徒。允奏请盐七万引以为路费，许之。辅臣杨廷和等与户部及言官各疏执奏，不听。先生欲因事纳忠，拟疏欲上，后中止。

疏请告。

是年祖母岑太夫人年九十有六，先生思乞恩归一见为诀，疏凡再上矣，故辞甚恳切。

十有一年丙子，先生四十五岁，在南京。

九月，升都察院左佥都御史、巡抚南、赣、汀、漳等处。

是时汀、漳各郡皆有巨寇，尚书王琼特举先生。

十月，归省至越。

王思舆语季本曰："阳明此行，必立事功。"本曰："何以知之？"曰："吾触之不动矣。"

十有二年丁丑，先生四十六岁。

正月，至赣。

先生过万安，遇流贼数百，沿途肆劫，商舟不敢进。先生乃联商舟，结为阵势，扬旗鸣鼓，如趋战状。贼乃罗拜于岸，呼曰："饥荒流民，乞求赈济。"先生泊岸，令人谕之曰："至赣后，即差官抚插。各安生理，毋作非为，自取戮灭。"贼惧散归。以是年正月十六日开府。

行十家牌法。先是赣民为洞贼耳目，官府举动未形，而贼已先闻。军门一老隶奸尤甚。先生侦知之，呼入卧室，使之自择生死。隶乃输情吐实。先生许其不死。试所言悉验。乃于城中立十家牌法。其法编十家为一牌，开列各户籍贯、姓名、年貌、行业，日轮一家，沿门按牌审察，遇面生可疑人，即行报官究理。或有隐匿，十家连坐。仍告谕父老子弟："务要父慈子孝，兄爱弟敬，夫和妇随，长惠幼顺；小心以奉官法，勤谨以办国课，恭俭以守家业，廉和以处乡里；心要平恕，毋得轻易忿争；事要含忍，毋得辄兴词讼；见善互相劝勉，有恶互相惩戒：务兴礼让之风，以成敦厚之俗。"

选民兵。先生以南、赣地连四省，山险林深，盗贼盘据，三居其一，窥伺剽掠，大为民患；当事者每遇盗贼猖獗，辄复会奏请调土军狼达，往返经年，靡费逾万；逮至集兵举事，即已魍魉潜形，班师旋旅，则又鼠狐聚党，是以机宜屡失，而备御益弛。先生乃使四省兵备宫，于各属弩手、打手、机快等项，挑选骁勇绝群、胆力出众者，每县多或十余人，少或八九人，务求魁杰；或悬召募，大约江西、福建二兵备各以五六百名为率，广东、湖广二兵备各以四五百名为率，中间更有出众者，优其廪饩，署为将领。除南、赣兵备自行编选，余四兵备官仍于每县原额数内拣选可用者，量留三分之二，委该县贤能官统练，专以守城防隘为事；其余一分，拣退疲弱不堪者，免其著役，止出工食，追解该道，以益募赏。所募精兵，专随各兵各官屯扎，别选官分队统押教习之。如此，则各县屯戍之兵，既足以护守防截，而兵备募召之士，又可以应变出奇；盗贼渐知所畏，平良益有所恃而无恐矣。

二月，平漳寇。

初，先生道闻漳寇方炽，兼程至赣，即移文三省兵备，克期起兵。自正月十六日莅任，才旬日，即议进兵。兵次长富村，遇贼大战，斩获颇多。贼奔象湖山拒守。我兵追至莲花石，与贼对垒。会广东兵至，方欲合围，贼见势急，遂溃围而出。指挥覃桓、县丞纪镛马陷，死之。诸将请调狼兵，俟秋再举，先生乃责以失律罪，使立功自赎。诸将议犹未决，先生曰："兵宜随时，变在呼吸，岂宜各持成说耶？福建诸军稍缉，咸有立功赎罪心，利在速战。若当集谋之始，即掩贼不备，成功可必。今既声势彰闻，各贼必联党设械，以御我师，且宜示以宽懈。而犹执乘机之说以张皇于外，是徒知吾卒之可击，而不知敌之未可击也。广东之兵意在倚重狼达土军，然后举事，诸贼亦候吾土兵之集，以卜战期，乘此机候，正可奋怯为勇，变弱为强。而犹执持重之说，以坐失事机，是徒知吾卒之未可击，而不知敌之正可击也。善用兵者，因形而借胜于敌，故其战胜不复，而应形于无穷。胜负之算，间不容发，乌可执滞哉？"于是亲率诸道锐卒进屯上杭，密敕群哨，佯言犒众退师，俟秋再举。密遣义官曾崇秀觇贼虚实，乘其懈，选兵分三路，俱于二月十九日乘晦夜衔枚并进，直捣象湖，夺其隘口。诸贼失险，复据上层峻壁，四面滚木垒石，以死拒战。我兵奋勇鏖战，自辰至午，呼声振地。三省奇兵从间鼓噪突登，乃惊溃奔走，遂乘胜追剿。已而福建兵攻破长富村等巢三十余所，广东兵攻破水竹、大重坑等巢一十三所，斩首从贼詹师富、温火烧等七千有奇，俘获贼属、辎重无算，而诸洞荡灭。是役仅三月，漳南数十年逋寇悉平。

是月奏捷，具言福建佥事胡琏、参政陈策、副使唐泽、知府钟湘、广东佥事顾应祥、都指挥杨懋、知县张戬劳绩，赐敕奖赉，其余升赏有差。初议进兵，谕诸将曰："贼虽据险而守，尚可出其不意，掩其不备，则用邓艾破蜀之策，从间道以出。若贼果盘据持重，可以计困，难以兵克，则用充国破羌之谋，减冗兵以省费。务在防隐祸于显利之中，绝深奸于意料之外，此万全无失者也。"已而桓等狃于小胜，不从间道，故违节制，以致挫衄。诸将志沮，遂请济师。先生独以为，见兵二千有余，已为不少，不宜坐待济师以自懈，遥制以失机也。遂亲督兵而出，卒成功。

四月，班师。

时三月不雨。至于四月，先生方驻军上杭，祷于行台，得雨，以为未足。及班师，一雨三日，民大悦。有司请名行台之堂曰："时雨堂"，取王师若时雨之义也，先生乃为记。

五月，立兵符。

先生谓："习战之方，莫要于行伍；治众之法，莫先于分数。"将调集各兵，每二十五人编为一伍，伍有小甲；五十人为一队，队有总甲；二百人为一哨，哨有长，有协哨二人；四百人为一营，营有官，有参谋二人；一千二百人为一阵，阵有偏将；二千四百人为一军，军有副将、偏将无定员，临事而设。小甲于各伍之中选才力优者为之，总甲于小甲之中选才力优者为之，哨长于千百户义官之中选材识优者为之。副将得以罚偏将，偏将得以罚营官，营官得以罚哨长，哨长得以罚总甲，总甲得以罚小甲，小甲得以罚伍众：务使上下相维，大小相承，如身之使臂，臂之使指，自然举动齐一，治众如寡，庶几有制之兵矣。编选既定，仍每五人给一牌，备列同伍二十五人姓名，使之连络习熟，谓之伍符。每队各置两牌，编立字号，一付总甲，一藏本院，谓之队符。每哨各置两牌，编立字号，一付哨长，一藏本院，谓之哨符，每营各置两牌，编立字号，一付营官，一藏本院，谓之营符。凡遇征调发符，比号而行，以防奸伪。其诸缉养训练之方，旗鼓进退之节，务济实用行之。

奏设平和县，移枋头巡检司。

先生以贼据险，久为民患，今幸破灭，须为拊背扼吭之策，乃奏请设平和县治于河头，移河头巡检司于枋头。盖以河头为诸巢之咽喉，而枋头又河头之唇齿也。且曰："方贼之据河头也，穷凶极恶，至动三军之众，合二省之力，而始克荡平。若不及今为久远之图，不过数年，势将复起，后悔无及矣。盖盗贼之患，譬诸病人，兴师征讨者，针药攻治之方；建县抚辑者，饮食调摄之道；徒恃攻治，而不务调摄，则病不旋踵，后虽扁鹊、仓公，无所施其术也。”

按：是月闻蔡宗兖、许相卿、季本、薛侃、陆澄同举进士，先生曰："入仕之始，意况未免摇动，如絮在风中，若非粘泥贴网，亦自主张未得。不知诸友却何如？想平时工夫亦须有得力处耳。"又闻曰仁在告买田雪上，为诸友久聚之计，遗二诗慰之。

六月，疏请疏通盐法。

始，都御史陈金以流贼军饷，于赣州立厂抽分广盐，许至袁、临、吉三府发卖。然起正德六年至九年而止。至是，先生以敕谕有便宜处置语，疏请暂行，待平定之日，仍旧停止。从之。

九月，改授提督南、赣、汀、漳等处军务，给旗牌，得便宜行事。

南、赣旧止以巡抚莅之，至都御史周南会请旗牌，事毕缴还，不为定制。至是，先生疏请，遂有提督之命。后不复，更疏以："我国家有罚典，有赏格。然罚典止行于参提之后，而不行于临阵对敌之时；赏格止行于大军征剿之日，而不行于寻常用兵之际，故无成功。今后凡遇讨贼，领兵官不拘军卫有司，所领兵众，有退缩不用命者，许领兵官军前以军法从事；领兵官不用命者，许总统官军前以军法从事。所领兵众，有对敌擒斩功次，或赴敌阵亡，从实具报，覆实奏闻，升赏如制。若生擒贼徒，问明即押赴市曹，斩之以徇，庶使人知警畏，亦可比于令典决不待时者。如此，则赏罚既明，人心激励；盗起即得扑灭，粮饷可省，事功可建。"又曰："古者赏不逾时，罚不后事。过时而赏，与无赏同；后事而罚，不罚同。况过时而不赏，后事而不罚，其何以齐一人心，作兴士气？虽使韩、白为将，亦不能有所成。诚得以大军诛赏之法，责而行之于平时，假臣等令旗令牌，便宜行事：如是而兵有不精，贼有不灭，臣等亦无以逃其死矣。"事下兵部尚书王琼，覆奏以为宜从所请。于是改巡抚为提督，得以军法从事，钦给旗牌八面，悉听便宜。既而镇守太监毕真谋于近幸，请监其军。琼奏以为兵法最忌遥制，若使南、赣用兵而必待谋于省城镇守，断乎不可；惟省城有警，则听南、赣策应。事遂寝。

按：敕谕有曰："江西南安、赣州地方，与福建汀、漳二府，广东南、韶、潮、惠四府，及湖广彬州、桂阳县，壤地相接，山岭相连，其间盗贼不时生发，东追则西窜，南捕则北奔。盖因地方各省，事无统属，彼此推调，难为处置。先年尝设有都御史一员，巡抚前项地方，就令督剿盗贼。但责任不专，类多因循苟且，不能申明赏罚以励人心，致令盗贼滋多，地方受祸。今日所奏及各该部覆奏事理，特改命尔提督军务，抚安军民，修理城池，禁革奸弊。一应军马钱粮事宜，但听便宜区画，以足军饷。但有盗贼生发，即便设法调兵剿杀，不许踵袭旧弊，招抚蒙蔽，重为民患。其管领兵快人等官员，不问文职武职，若在军前违期，并逗遛退缩者，俱听军法从事。生擒盗贼，鞫问明白，亦听就行斩首示众。"

抚谕贼巢。

是时漳寇虽平，而乐昌、龙川诸贼巢尚多啸聚，将用兵剿之，先犒以牛酒银布，复谕之曰："人之所共耻者，莫过于身被为盗贼之名；人心之所共愤者，莫过于身遭劫掠之苦。今使有人骂尔等为盗，尔必愤然而怒。又使人焚尔室庐，劫尔财货，掠尔妻女，尔必怀恨切骨，宁死必报。尔等以是加人，人其有不怨者乎？人同此心，尔宁独不知？乃必欲为此，其间想亦有不得已者。或是为官府所迫，或是为大户所侵，一时错起念头，误入其中，后遂不敢出。此等苦情，亦甚可悯。然亦皆由尔等悔悟不切耳。尔等当时去做贼时，是生人寻死路，尚且要去便去。今欲改行从善，是死人求生路，乃反不敢耶？若尔等肯如当初去做贼时拼死出来，求要改行从善，我官府岂有必要杀汝之理？尔等久习恶毒，忍于杀人，心多猜疑。岂知我上人之心，无故杀一鸡犬尚且不忍，况于人命关天？若轻易杀之，冥冥之中，断有还报，殃祸及于子孙，何苦而必欲为此。我每为尔等思念及此，辄至于终夜不能安寝，亦无非欲为尔寻一生路。惟是尔等冥顽不化，然后不得已而兴兵，此则非我杀之，乃天杀之也。今谓我全无杀人之心，亦是诳尔；若谓必欲杀尔，又非吾之本心。尔等今虽从恶，其始同是朝廷赤子。譬如一父母同生十子，八人为善，二人背逆，要害八人；父母之心，须去二人，然后八人得以安生。均之为子，父母之心，何故必欲偏杀二子，不得已也。吾于尔等，亦正如此。若此二子者，一旦悔恶迁善，号泣投诚，为父母者，亦必哀悯而赦之。何者？不忍杀其子者，乃父母之本心也。今得遂其本心，何喜何幸如之；吾于尔等，亦正如此。闻尔等为贼，所得苦亦不多，其间尚有衣食不充者。何不以尔为贼之勤苦精力，而用之于耕农，运之于商贾；可以坐致饶富而安享逸乐，放心纵意，游观城市之中，优游田野之内。岂如今日，出则畏官避仇，入则防诛惧剿，潜形遁迹，忧苦终身，卒之身灭家破，妻子戮辱，亦有何好乎？尔等若能听吾言，改行从善，吾即视尔为良民，更不追尔旧恶。若习性已成，难更改动，亦由尔等任意为之。吾南调两广之狼达，西调湖湘之士兵，亲率大军，围尔巢穴，一年不尽，至于两年；两年不尽，至于三年。尔之财力有限，吾之兵粮无穷，纵尔等皆为有翼之虎，谅亦不能逃于天地之外矣。呜呼。民吾同胞，尔等皆吾赤子，吾终不能抚恤尔等，而至于杀尔，痛哉。痛哉。兴言至此，不觉泪下。"

中华传世藏书

王阳明全集

《王阳明全集》原典

一五五一

按：是谕文蔼然哀怜无辜之情，可以想见虞廷于羽之化矣。故当时酋长苦黄金巢、卢珂等，即率众来投，愿效死以报。

疏谢升赏。

朝廷以先生平漳寇功，升一级，银二十两，紵丝二表里，降敕奖励，故有谢疏。

疏处南，赣商税。

始，南安税商货于折梅亭；以资军饷，后多奸弊，仍并府北龟角尾，以疏闻。

十月，平横水、桶冈诸寇。

南、赣西接湖广桂阳，有桶冈、横水诸贼巢；南接广东乐昌，东接广东龙川，有浰头诸贼巢。大贼首谢志珊，号征南王，纠率大贼钟明贵、萧规模、陈曰能等，约乐昌高快马等大修战具，并造吕公车。闻广东官兵方有事府江，欲先破南康，乘虚入广。先是湖广巡抚都御史陈金题请三省夹攻。先生以桶冈、横水、左溪诸贼荼毒三省，其患虽同，而事势各异："以湖广言之，则桶冈为贼之咽喉，而横水，左溪为之腹心。以江西言之，则横水、左溪为之腹心，而桶冈为之羽翼。今议者不去腹心，而欲与湖广夹攻桶冈，进兵两寇之间，腹背受敌，势必不利。今议进兵横水、左溪，克期在十一月朔。贼见我兵未集，师期尚远，必以为先事桶冈，观望未备。乘此急击之，可以得志。由是移兵临桶冈，破竹之势成矣。"于是决意先攻横水、左溪，分定哨道，指授方略，密以十月己酉进兵。至十一月己巳，凡破贼巢五十余，擒斩大贼首谢志珊等五十六，从贼首级二千一百六十八，俘获贼属二千三百二十四。众请乘胜进兵桶冈。先生复以桶冈天险，四塞中坚，其所由入，惟锁匙龙、葫芦洞。察坑、十八磊、新池五处，然皆架栈梯壑，于崖巅坐发垒石，可以御我师。虽上章一路稍平，然迂回半月始达，湖兵从人，我师复往，事皆非便。况横水、左溪余贼悉奔入，同难合势，为守必力。善战者，其势险，其节短。今我欲乘全胜之锋，兼三日之程，争百里之利，以顿兵于幽谷，所谓强弩之末，不能穿鲁缟矣。莫若移屯近地，休兵养威，使人谕以祸福，彼必惧而请伏。或有不从，乘而袭之，乃可以逞。因使其党往说之。贼喜，方集议，而横水、左溪奔入之贼果坚持不可。往复迟疑，不暇为备，而我兵分道疾进，前后合击，贼遂大败。破巢三十余，擒斩大贼首蓝天凤等三十四，从贼首级一千一百四，俘获贼属二千三百。捷闻，赐敕奖谕。

是役也，监军副使杨璋，参议黄宏，领兵都指挥许清，指挥使郏文，知府邢珣、季敩、伍文定、唐淳，知县王天与、张戬，指挥余恩、冯翔、县丞舒富，随征参谋等官，指挥谢泉、冯廷瑞、姚玺，同知朱宪，推官危寿、徐文英，知县陈允谐、黄文鸾、宋璐、陆璇，千户陈伟、高睿等咸上功。

酋长谢志珊就擒，先生问曰：“汝何得党类之众若此？”志珊曰：“亦不容易。”曰：“何？”曰：“平生见世上好汉，断不轻易放过；多方钩致之，或纵其酒，或助其急，待其相德，与之吐实，无不应矣。”先生退语门人曰：“吾儒一生求朋友之益，岂异是哉？”

十二月，班师。

师至南康，百姓沿途顶香迎拜。所经州、县、隘、所，各立生祠。远乡之民，各肖像于祖堂，岁时尸祝。

闰十二月，奏设崇义县治，及茶寮隘上堡、铅厂、长龙三巡检司。

先生上言：“横水、左溪、桶冈诸贼巢凡八十余，界乎上犹、大庾、南康之中，四方相距各三百余里，号令不及，以故为贼所据。今幸削平，必建立县治，以示控制。议割上犹、崇议等三里，大庾、义安三里，南康、至坪一里，而特设县治于横水，道里适均，山水合抱，土地平坦。仍设三巡检司以遏要害。茶陵复当桶冈之中，西通桂阳、桂东，南连仁化、乐昌，北接龙泉、永新，东入万安、兴国，宜设隘保障。令千户孟俊伐木立栅，移皮袍洞隘兵，而益以邻近隘夫守焉。"议上，悉从之，县名崇义。

十有三年戊寅，先生四十七岁，在赣。

正月，征三浰。

与薛侃书曰："即日已抵龙南，明日入巢，四路皆如期并进，贼有必破之势矣。向在横水，尝寄书仕德云：'破山中贼易，破心中贼难。'区区剪除鼠窃，何足为异？若诸贤扫荡心腹之寇，以收廓清平定之功，此诚大丈夫不世之伟绩。数日来，谅已得必胜之策，奏捷有期矣，何喜如之。梁日孚、杨仕德诚可与共学。廨中事累尚谦。小儿正宪，犹望时赐督责。"时延尚谦为正宪师，兼倚以衙中政事，故云。

二月，奏移小溪驿。

小溪驿旧当南康、南安中。丙子，大庾峰山里民惧贼仇杀，自愿筑城为卫。至是年二月，奏移驿其中。

三月，疏乞致仕，不允。

以病也。

袭平大帽、浰头诸寇。

先生议攻取之宜，先横水，次桶冈，次与广东徐图浰头。方进兵横水时，恐浰头乘之，乃为告谕，颇多感动。惟池仲容曰："我等为贼非一年，官府来招非一次，告谕何足凭？待金巢等无事，降未晚也。"金巢等至，乃释罪，推诚抚之，各愿自投。于是择其众五百人从征横水。横水既破，仲容等始惧，遣其弟池仲安来附，意以缓兵。先生觉之。比征桶冈，使截路上新池，以迁其归，内严警备，外若宽假。被害者皆言池氏凶狡，两经夹剿无功。其曰："狼兵易与耳，调来须半年，我避不须一月。"谓来不能速，留不能久也。咸请济师，不从。乃密画方略，使各归部集，候期遏贼。及桶冈破，贼益惧，私为战守之备。复使人赐酉牛酒，以察其变。贼度不可隐，诈称龙川新民卢珂、郑志高等将行掩袭，故豫为防，非虞官兵也。佯信之，因怒珂等擅兵仇杀，移檄龙川，使廉实将伐木开道讨之。贼闻且信且惧，复使来谢。会珂等告变，先生欲藉珂以绐三浰，密语珂曰："吾姑毁状，汝当再来；来则受杖三十，系数旬，乃可。"珂知，既喜诺。先生复授其意参随，密示行杖人，令极轻。至是假怒珂，数罪状，且将逮其属尽斩之。而阴纵其弟集兵。先生先期召巡捕官，佯曰："今大征已毕，时和年丰，可令民家盛作鼓乐、大张灯会乐之，亦数十年一奇事也。"又曰："乐户多住龟角尾，恐招盗，曷迁入城来。"于是街巷俱然灯鸣鼓。已旬余，又遣指挥余恩及黄表颁历三浰，推心招徕之、时仲容等疑先生图己，既得历，稍安。黄表辈从容曰："若辈新民，礼节生疏，我来颁历，若可高坐乎？"于是仲容率其党九十三人，皆悍酉，来营教场；而自以数人入见。先生呵曰："若皆吾新民，不入见而营教场，疑我乎？"仲容惶恐曰："听命耳。"即遣人引至祥符宫，见物宇整洁，喜出望外。是时十二月二十三也。先生既遣参随数人馆伴，复制青衣油靴，教之习礼，以察其志意所向。审其贪残终不可化，而士民咸诉于道曰："此养寇贻害。"先生复决歼魁之念矣。逾日辞归，先生曰："自此至三浰八九日，今即往，岁内未必至家；即至，又当走拜正节，徒自取劳苦耳。闻赣州今岁有灯，曷以正月归乎？"数日，复辞，先生曰："正节尚未犒赏，奈何？"初二日，令有司大烹于宫，以次日宴。是夕，令龙光潜入甲士，诘旦，尽歼之。先生自惜终不能化，日已过未刻，不食，大脑晕，呕吐。先时尝密遣千户孟俊督珂弟，集兵以防其变，及是夜将半，自率军从龙南、冷水直捣下赘。贼故阻水石，错立水中。先生蹑跷先行，诸军继之，无溺者。门坚甚。先生摘百人，卷旗持炮火，缘后山登。须臾，后山炮火四发，旗帜满山，守者狼顾，门遂破。时正月七日丁未也。兵备副使杨璋，守备指挥郏文，知府陈祥、邢珣、季敩，推官危寿，指挥余恩、姚玺，县丞舒富皆从。凡破巢三十有八，擒斩贼首五十八，从贼二千余，余奔九连山往议。九连山横亘数百里，四面陡绝，须半月始达，而贼已据险。先生选精锐七百余，皆衣贼衣，佯奔溃，乘暮至贼崖下。贼下招之，我兵佯应。既度险，扼其后路。次日，从上下击，西路伏起，一鼓擒之。抚其降酋张仲全等二百余人。视地里险易，立县置隘，留兵防守而归。

先生未至赣时，已闻有三省夹攻之议。即谓"夹攻大举，恐不足以灭贼"，乃进《攻治疏》。谓："朝廷若假以赏罚，使得便宜行事，动无掣肘，可以相机而发，一寨可攻，则攻一寨；一巢可扑，则扑一巢。量其罪恶之浅深，而为剿抚之先后，则可以省供馈征调之费。日剪月削，渐尽灰灭。此则如昔人拔齿之喻，齿拔而儿不觉者也。若欲夹攻以快一朝之忿，则计贼二万，须兵十万；积粟料财，数月而事始集。兵未出境，贼已深逃，锋刃所加，不过老弱胁从之辈耳。况狼兵所过，不减于盗。近年江西有姚源之役，福建有汀、漳之寇，府江之师，方集于两广，偏桥之讨，未息于湖、湘，若复加以大兵，民将何以堪命？此则一拔去齿，而儿亦随毙者也。"是疏方上，而夹攻成命已下矣。先生又以为夹攻之策，名虽三省大举，其实举动次第，自有先后。如江西之南安，有上犹、大庾、桶冈等处贼巢，与湖广桂东、桂阳接境，夹攻之举，止宜江西与湖广会合，而广东于仁化县要害把截，不与焉。赣州之龙南，有浰头贼巢，与广东龙川接境，夹攻之举，止宜江西与广东会合，而湖广不与焉。广东乐昌、乳源贼巢，与湖广宜章县接境；惠州贼巢，与湖广临武县接境；仁化县贼巢，与湖广桂阳县接境；夹攻之举，止宜湖广、广东二省会合，而江西于大庾县要害把截，不与焉。若不此之察，必欲通待三省兵齐，然后进剿，则老师费财，为害匪细矣。今并力于上犹也，则姑遣人佯抚乐昌诸贼，以安其心。彼见广东既未有备，而湖广之兵又不及己，乃幸旦夕之生，必不敢越界以援上犹。及上犹既举，而湖广移兵以合广东，则乐昌诸贼其势已孤。二省兵力益专，其举益易，当是之时，龙川贼巢相去辽绝，自以为风马牛不相及，彼见江西之兵又彻，意必不疑。班师之日，出其不意，回军合击，蔑有不济者矣。疏上，朝廷许以便宜行事。桶冈既灭，湖广兵期始至。恐其徒劳远涉，即奖励统兵参将史春，使之即日回军，及计斩浰头，广东尚不及闻。皆与前议合。

四月，班师，立社学。

先生谓民风不善，由于教化未明。今幸盗贼稍平，民困渐息，一应移风易俗之事，虽未能尽举，姑且就其浅近易行者，开导训诲。即行告谕，发南、赣所属各县父老子弟，互相戒勉，兴立社学，延师教子，歌诗习礼。出入街衢，官长至，俱叉手拱立。先生或赞赏训诱之。久之，市民亦知冠服，朝夕歌声达于委巷，雍雍然渐成礼让之俗矣。

按：《训蒙大意示教读刘伯颂等》曰："今教童子者，当以孝悌忠信、礼义廉耻为专，务其培植涵养之方，则宜诱之歌诗，以发其志意；导之习礼，以肃其威仪；讽之读书，以开其知觉。今人往往以歌诗习礼为不切时务，此皆末俗庸鄙之见，乌足以知古人立教之意哉？大抵童子之情，乐嬉戏而惮拘检，如草木之始萌芽，舒畅之，则条达；摧挠之，则衰痿。故凡诱之歌诗者，非但发其志意而已，亦所以泄其跳号呼啸于咏歌，宣其幽抑结滞于音节也。导之习礼者，非但肃其威仪而已，亦所以周旋揖让，而动荡其血脉，拜起屈伸，而固束其筋骸也。讽之读书者，非但开其知觉而已，亦所以沉潜反复而存其心，抑扬讽诵以宣其志也。若责其检束，而不知导之以礼，求其聪明，而不知养之以善；彼视学舍如囹狱而不肯入，视师长如寇仇而不欲见矣：求其为善也得乎？"

五月，奏设和平县。

和平县治本和平峒羊子地，为三省贼冲要路。其中山水环抱，土地坦平，人烟辏集，千有余家。东去兴宁、长乐、安远，西抵河源，南界龙川，北际龙南，各有数日程。其山水阻隔，道路辽远，人迹既稀，奸宄多萃。相传原系循州龙川、雷乡一州二县之地，后为贼据，止存龙川一县。洪武中，贼首谢士真等相继作乱，遂极陵夷。先生谓宜乘时修复县治，以严控制；改和平巡检司于浰头，以遏要害。议上，悉从之。

六月，升都察院右副都御史，荫子锦衣卫，世袭百户。辞免，不允。

旌横水、桶冈功也，先生具疏辞免曰："臣过蒙国恩，授以巡抚之寄。时臣方抱病请告，偶值前官有托疾避难之嫌，朝廷谴之简书，臣遂狼狈莅事。当是时，兵耗财匮，盗炽民穷，束手无策。朝廷念民命之颠危，虑臣力之薄劣，本兵议假臣以赏罚，则从之；议给臣以旗牌，则从之；议改臣以提督，则从之；授之方略，而不拘以制；责其成功，而不限以时；由是臣得以伸缩如志，举动自由，一鼓而破横水，再鼓而灭桶冈。振旅复举，又一鼓而破三浰，再鼓而下九连。皆本兵之议，朝廷之断也。臣亦何功之有，而敢冒承其赏乎？况臣福过灾生，已尝恳疏求告；今乃求退获进，引咎蒙赉，其如赏功之典何？"奏入，不允。

七月，刻古本《大学》。

先生出入贼垒，未暇宁居，门人薛侃、欧阳德、梁焯、何廷仁、黄弘纲、薛俊、杨骥、郭治、周仲、周冲、周魁、郭持平、刘道、袁梦麟、王舜鹏、王学益、余光、黄槐密、黄蓥、吴伦、陈稷刘、鲁扶敝、吴鹤、薛侨、薛宗铨、欧阳昱，皆讲聚不散。至是回军休士，始得专意于朋友，日与发明《大学》本旨，指示入道之方。先生在龙场时，疑朱子《大学章句》非圣门本旨，手录古本，伏读精思，始信圣人之学本简易明白。其书止为一篇，原无经传之分。格致本于诚意，原无缺传可补。以诚意为主，而为致知格物之功，故不必增一敬字。以良知指示至善之本体，故不必假于见闻。至是录刻成书，傍为之释，而引以叙。

刻《朱子晚年定论》。

先生序略曰："昔谪官龙场，居夷处困，动心忍性之余，恍若有悟。证诸《六经》《四子》，洞然无复可疑。独于朱子之说，有相牴牾，恒疚于心。切疑朱子之贤，而岂其于此尚有未察？及官留都，复取朱子之书而检求之。然后知其晚岁固已大悟旧说之非，痛悔极艾，至以为自诳诳人之罪，不可胜赎。世之所传《集注》《或问》之类，乃其中年未定之说，自咎以为旧本之误，思改正而未及。而其诸《语类》之属，又其门人挟胜心以附己见，固于朱子平日之说犹有大相缪戾者。而世之学者，局于见闻，不过持循讲习于此，其于悟后之论，概乎其未有闻。则亦何怪乎予言之不信，而朱子之心无以自暴于后世也乎？予既自幸说之不缪于朱子，又喜朱子之先得我心之同然，且慨夫世之学者，徒守朱予中年未定之说，而不复知求其晚岁既悟之论，竞相呶呶，以乱正学，不自知其已人于异端，辄采录而裒集之，私以示夫同志。庶几无疑于吾说，而圣学之明可冀矣。"

《与安之书》曰："留都时，偶因饶舌，遂至多口，攻之者环四面。取朱子晚年悔悟之说，集为定论，聊藉以解纷耳。门人辈近刻之零都，初闻甚不喜，然士夫见之，乃往往遂有开发者，无意中得此一助，亦颇省颊舌之劳。近年篁墩诸公尝有《道一》等编，见者先怀党同伐异之念，故卒不能有人，反激而怒。今但取朱子之所自言者表章之，不加一辞，虽有褊心，将无所施其怒矣。有志向者一出指示之。"

八月，门人薛侃刻《传习录》。

侃得徐爱所遗《传习录》一卷，序二篇，与陆澄各录一卷，刻于虔。

是年爱卒，先生哭之恸，爱及门独先，闻道亦早。尝游南岳，梦一瞿县抚其背曰："尔与颜子同德，亦与颜子同寿。"自南京兵部郎中告病归，与陆澄谋耕雪上之田以俟师。年才三十一。先生每语辄伤之。

九月，修濂溪书院。

四方学者辐辏，始寓射圃，至不能容，乃修濂溪书院居之。

先生大征既上捷，一日，设酒食劳诸生，且曰："以此相报。"诸生瞿然问故。先生曰："始吾登堂，每有赏罚，不敢肆，常恐有愧诸君。比与诸君相对久之，尚觉前此赏罚犹未也，于是思求其过以改之。直至登堂行事，与诸君相对时无少增损，方始心安。此即诸君之助，固不必事事烦口齿为也。"诸生闻言，愈省各畏。

十月，举乡约。

先生自大征后，以为民虽格面，未知格心，乃举乡约告谕父老子弟，使相警戒，辞有曰："顷者顽卒倡乱，震惊远迩。父老子弟，甚忧苦骚动。

彼冥顽无知，逆天叛伦，自求诛戮，究言思之，实足悯悼。然亦岂独冥顽者之罪，有司抚养之有缺，训迪之无方，均有责焉。虽然，父老之所以倡率饬励于平日，无乃亦有所未至欤？今倡乱渠魁，皆就擒灭，胁从无辜，悉已宽贷，地方虽以宁复，然创今图后，父老所以教约其子弟者，自此不可以不豫。故今特为保甲之法，以相警戒。聊属父老，其率子弟慎行之。务和尔邻里，齐尔姻族，德义相劝，过失相规，敦礼让之风，成淳厚之俗。"

十有一月，再请疏通盐法。

据户部覆疏，所允南、赣暂行盐税例止三年。先生念连年兵饷，不及小民，而止取盐税，所谓：不加赋而财足，所助不少。且广盐止行于南、赣，其利小，而淮盐必行于

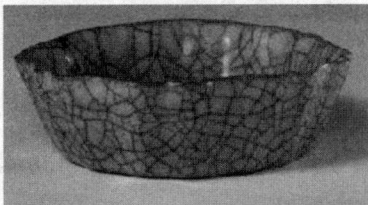

哥窑青釉葵花洗

袁、临、吉，以滩高也。故三府之民，长苦乏盐。而私贩者，水发，舟多蔽河而下，寡不敌众，势莫能遏。乃上议以为广盐行，则商税集，而用资于军饷，赋省于贫民。广盐止，则私贩兴，而弊滋于奸宄，利归于豪右。况南、赣巢穴虽平，残党未尽，方图保安之策，未有撤兵之期。若盐税一革，军饷之费，苟非科取于贫民，必须仰给于内帑。夫民已贫而敛不休，是驱之从盗也；外已竭而殚其内，是复残其本也。臣窃以为宜开复广盐，著为定例。"朝廷从之，至今军民受其利。

年谱二 自正德己卯在江西至正德辛巳归越

十有四年己卯，先生四十八岁，在江西。

正月，疏谢升荫。

以三浰、九连功荫子锦衣卫，世袭副千户。上疏辞免，谓荫子实非常典，私心终有未安；疾病已缠，图报无日。疏入，不允。

疏乞致仕，不允。

以祖母疾亟故也。上书王晋溪琼曰："郴、衡诸处，群孽漏殄尚多。盖缘进剿之时，彼省土兵不甚用命，广兵防夹稍迟，是以致此。闽中之变，亦由积渐所致。始于延平，继于邵武，又发于建宁、于汀、漳、于沿海诸卫所。将来之祸，不可胜言，固非迂劣如某所能办此也。又况近日祖母病危，日夜痛苦，方寸已乱。望改授，使全首领以归。"

六月，奉敕勘处福建叛军，十五日丙子，至丰城，闻宸濠反，遂返吉安，起义兵。

时福州三卫军人进贵等胁众谋叛，奉敕往勘。以六月初九日启行，十五日午，至丰城，知县顾佖迎，告濠反。先生遂返舟。

先是宁藩世蓄异志，至濠奸恶尤甚。正德初，与瑾纳结，尝风南昌诸生呈举孝行，抚按诸司表奏，以张声誉。安成举人刘养正，素有词文名，屈致鼓众，株连富民，朘剥财产，纵大贼闵念四、凌十一等四出劫掠，以佐安费。按察使陆完因濠器重，遂相倾附。及为本兵，首复护卫，树羽翼。而濠欲阴入第二子为武宗后，其内宫阎顺等潜至京师，发奏，朝廷置不问，且谪顺等孝陵净军。濠益无忌。完改吏部。王琼代为本兵，度濠必反，乃申军律，督责抚臣修武备，以待不虞。而诸路戒严，捕盗甚急。凌十一系狱劫逃，琼责期必获。濠始恐，复风诸生颂己贤孝，挟当道奏之。武宗见奏，惊曰："保官好升，保宁王贤孝，欲何为耶？"是时江彬方宠幸，太监张忠欲附彬以倾钱宁，闻是言，乃密应曰："钱宁、臧贤交通宁王，其意未可测也。"太监张锐初通濠，复用南昌人张仪言，附忠、彬自固。而御史熊兰居南昌，素雠濠，少师杨廷和亦欲革护卫免患，交为内主。上乃令太监韦霖传旨。故事王府奏事人辞见有常，今稽违非制，于是试御史萧淮上疏曰："近奉敕旨，王人无事不得延留京师，臣有以仰窥陛下微意矣。臣不忍隐默，窃见宁王不遵祖训，包藏祸心，多杀无辜，横夺民产，虐害忠良，招纳亡命，私造兵器，潜谋不轨。交通官校有年，如致仕侍郎李仕实，前镇守太监毕真，及诸前后附势者，皆今日乱臣贼子，关系宗社安危，非细故也。或逮系至京，或坐名罢削。布政使郑岳、副使胡世宁，皆守正蒙害，宜亟起用，庶几人知顺逆，祸变可弥矣。"疏入，忠、彬等赞之，欲内阁降敕责镇巡，而给事中徐之鸾、御史沈约等又具奏其不法。廷和恐祸及，欲濠上护卫自赎。同官外廷不知也。

一日，驸马都尉崔元遣问琼曰："适闻宣召，明早赴阙，何事？"琼问廷和。廷和佯惊曰："何事？"琼微笑曰："公勿欺我。"廷和忸怩，徐曰："宣德中，有疑于赵，尝命驸马袁泰往渝，竟得释，或此意也。"明旦，琼至左顺门，见元领敕，谓曰："此大事，何不廷宣？"乃留，当廷领之。敕有曰："萧淮所言，关系宗社大计，朕念亲亲，不忍加兵，特遣太监赖义、驸马都尉崔元、都御史颜顾寿往谕，革其护卫。"元领敕既行，廷和复令兵部发兵观变。琼曰："此不可泄。近给事中孙懋、易赞建议选兵操江，为江西流贼设备。疏入，留中日久，第请如拟行之，备兵之方，无出此矣。"廷和默然。会濠侦卒林华者，闻朝议二三，不得实，昼夜奔告。值濠生辰宴诸司，闻言大惊，以为诏使此来，必用昔日蔡震擒荆藩故事。且旧制凡抄解宫眷，始遣驸马亲臣，固不记赵王事也。宴罢，密召士实、刘吉等谋之。养正曰："事急矣，明旦，诸司入谢，即可行事。"是夜集兵以俟。比旦，诸司入谢，濠出立露台，宣言于众曰："汝等知大义否？"都御史孙燧对曰："不知。"濠曰："太后有密旨，令我起兵监国，汝保驾否？"燧曰："天无二日，民无二王，此是大义，不知其他。"濠怒令缚之。按察司副使许逵从下大呼曰："朝廷所遣大臣，反贼敢擅杀耶！"骂不绝口。校尉火信曳出惠民门外，同遇害。是时日午，天忽阴曀，遂劫镇巡诸司下狱，夺其印。于是太监王宏、御史王金、公差主事马思聪、金山布政使胡濂、参政陈杲、刘斐、参议许效廉、黄宏、佥事顾凤、都指挥许清、白昂，皆在系。思聪、宏不食死。濠乃伪置官属，以吉暨余钦、万锐等为太监，迎士实为太师，先期迎养正南浦驿为国师，闵念四等各为都指挥，参政王伦为兵部尚书，季敩暨佥事潘鹏、师夔辈俱听役。胁布政使梁宸、按察使杨璋、副使唐锦、都指挥马骥，移咨府部，传檄远近，革年号，斥乘舆。分遣所亲娄伯、王春等四出收兵。

始濠闻武宗嬖伶官臧贤，乃遣秦荣就学音乐，馈万金及金丝宝壶。一日，武宗幸贤，贤以壶注酒，讶其精泽巧丽，曰："何从得此？"贤吐实。武宗曰："宁叔何不献我？"是时小刘新得幸，濠失贿，深衔之。比罢归，小刘笑曰："爷爷尚思宁王物，宁王不思爷爷物足矣！不记荐疏乎？"武宗乃益疑，忠、彬因赞萧疏，遂及贤，贤不知也。濠遣人留贤家，多复壁，外钥木橱，开则长巷，后通屋，甚隐，人无觉者。有旨大索贤家，林华遽走会同馆，得马，故速归。

初，宁献王瞿仙传惠、靖、康三王，康王久无子，宫人南昌冯氏以成化丁酉生濠。康王梦蛇入宫，啖人殆尽，心恶之，欲弗举，以内人争免，遂匿优人家，与秦淡同寝处。稍长，淫宫中。康王忧愤且死，不令入诀。弘治丙辰袭位，通书史歌词。至是谋逆，期以八月十五日因入试官吏生校举事，比林华至，始促反。

十九日，疏上变。

濠既戕害守臣，因劫诸司，据会城，乃悉拘护卫，集亡命，括丁壮，号兵十万，夺运船顺下。戊寅，袭南康，知府陈霖等遁。己卯，袭九江，兵备曹雷、知府汪颖、指挥刘勋等遁，属县闻风皆溃。濠初谋欲径袭南京，遂犯北京，故乘胜克期东下。先生闻变，返舟，值南风急，舟弗能前，乃焚香拜泣告天曰："天若哀悯生灵，许我匡扶社稷，愿即反风。若无意斯民，守仁无生望矣。"须臾，风渐止，北帆尽起。濠遣内官喻才领兵追急，是夜乃与幕士萧禹、雷济等潜入渔舟得脱。然念两京仓卒无备，欲沮挠之，使迟留旬月。于是故为两广机密大牌，备兵部咨，及都御史颜咨云："率领狼达官兵四十八万江西公干。"令雷济等飞报摇之。濠见檄，果疑惧，迟延未发。先生四昼夜至吉安，明日庚辰，上疏告变。乃与知府伍文定等计，传檄四方，暴发逆濠罪状，檄列郡起兵以勤王。疏留。复命巡按御史谢源、伍希儒、纪功，张疑兵于丰城，又故张接济官军公移，备云兵部咨题，准令许泰、邻永分领边军四万，从凤阳陆路进；刘晖、桂勇分领京边官军四万，从徐淮水陆并进，王守仁领兵二万，杨旦等领兵八万，陈金等领兵六万，分道并进，克期夹攻南昌。且以原奉机密敕旨为据，故令各兵徐行，待其出城，遮击前后以误之。又为李士实、刘养正内应伪书，贼将凌十一、闵念四投降密状，令济、光等亲人计入于濠。濠乃留兵会城以观变。至七月三日，谍知非实，乃属宗支棋橬与万锐等留兵万余守南昌，遣潘鹏持檄说安庆，季敩说吉安，而自与宗支栱楩、士实、养正等东下。贼众六万人，号十万，以刘吉为监军，王纶参赞军务，指挥葛江为伪都督，总一百四十余队，分五哨。出鄱阳，过九江，令师夔守之，直趋安庆。时钦、凌等攻围虽已浃旬，知府张文锦、守备都指挥杨锐、指挥使崔文同守不下。

按：是时巡抚南畿都御史李克嗣飞章告变，琼请会议左顺门。众观望，犹不敢斥言濠反。琼独曰："竖子素行不义，今仓卒举乱，殆不足虑。都御史王守仁据上游蹑之，成擒必矣。"乃从直房顷刻覆十三疏，首请下诏削濠属籍，正贼名。次请命将出师，趋南都，命伯方寿祥防江都，御史俞谏率淮兵翊南都，尚书王鸿儒主给饷。次请命守仁率南、赣兵由临、吉，都御史秦金率湖兵由荆、瑞会南昌，克嗣镇镇江，许廷光镇浙江，丛兰镇仪真，遏贼冲。传檄江西诸路，但有忠臣义士，能倡义旅以擒反者，封侯。又请南京守备操江武职并五府掌印金书官各自陈取上裁，务在得人，以固根本。诏悉从之。

先生在吉安，守益趋见曰："闻濠诱叶芳兵夹攻吉安。"先生曰："芳必不叛。诸贼旧以茅为屋，叛则焚之。我过其巢，许其伐钜木创屋万余。今其党各千余，不肯焚矣。"益曰："彼从濠，望封拜，可以寻常计乎？"先生默然良久曰："天下尽反，我辈固当如此做。"益惕然，一时胸中利害如洗。次早复见曰："昨夜思之，濠若遣逮老父奈何？已遣报之，急避他所。"

壬午，再告变。

叛党方盛，恐中途有阻，故再上。

疏乞便道省葬，不允。

先生起兵，未奉成命。上便道省葬疏，意示遭变暂留，姑为牵制攻讨，俟命师之至，即从初心。时奉旨："著督兵讨贼，所奏省亲事，待贼平之日来说。"

疏上伪檄。

六月二十二日，参政季敩同南昌府学教授赵承芳旗校十二人赍伪檄榜谕吉安府，至墨潭，领哨官缚送军门。先生即固封以进。其疏略曰："陛下在位一十四年，屡经变难，民心骚动，尚尔巡游不已，致使宗室谋动干戈，冀窃大宝。且今天下之觊觎，岂特一宁王？天下之奸雄，岂特在宗室？言念及此，懔骨寒心。昔汉武帝有轮台之悔，而天下向治；唐德宗下奉天之诏，而士民感泣。伏望皇上痛自克责，易辙改弦；罢出奸谀，以回天下豪杰之心；绝迹巡游，以杜天下奸雄之望；则太平尚有可图，群臣不胜幸甚。"

甲辰，义兵发吉安。丙午，大会于樟树。己酉，誓师。庚戌，次市汊。辛亥，拔南昌。

先生闻濠兵既出，乃促列郡兵克期会于樟树，自督知府伍文定等及通判谈储、推官王暐，以十三日甲辰发吉安。于是临江知府戴德孺、袁州知府徐琏、赣州知府邢珣、瑞州通判胡尧元、童琦、南安推官徐文英、赣州都指挥余恩、新淦知县李美、泰和知县李楫、宁都知县王天与、万安知县黄冕，各以其兵来赴。己酉，誓师于樟树，次丰城。谍知贼设伏于新旧厂，以为省城之应，乃遣奉新知县刘守绪领兵从间道夜袭破之。庚戌，发市汊，分布既定，薄暮齐发。辛亥黎时，各至信地。先是城中为备甚严，及厂贼溃奔入城，一城皆惊。又见我师骤集，益夺其气。众乘之，呼噪梯絙而登，遂入城，擒栱橾、万锐等千有余人，所遗宫眷纵火自焚。先生乃抚定居民，分释协从，封府库，收印信，人心始宁。于是胡濂、刘裴、许效廉、唐锦、赖凤、王玘等皆自投首。初，会兵樟树，众以安庆被围急，宜引兵赴之。先生曰："今南康、九江皆为贼据，我兵若越二城，直趋安庆，贼必回军死斗，是我腹背受敌也。莫若先破南昌，贼失内据，势必归援。如此，则安庆之围自解，而贼成擒矣。"卒如计云。

遂促兵追濠。甲寅，始接战。乙卯，战于黄家渡。丙辰，战于八字脑。丁巳，获濠樵舍，江西平。

初，濠闻南昌告急，即欲归援，遂解安庆围，移沉子港。先分兵二万趋南昌，身旋继之。二十二日，先生侦知其故，问众计安出？多以贼势强盛，宜坚壁观衅，徐图进止。先生曰："贼势虽强，未逢大敌，惟以爵赏诱人。今进不得逞，退无所归，众已消沮。若出奇击惰，不战自溃：所谓先人有夺人之气也。"会抚州知府陈槐、进贤知县刘源清提兵亦至。乃遣伍文定、邢珣、徐琏、戴德孺各领兵五百，分道并进，击其不意。又遣余恩以兵四百，往来湖上诱致之。陈槐、胡尧元、童琦、谈储、王暐、徐文英、李美、李楫、王冕、王轼、刘守绪、刘源清等，各引兵百余，四面张疑设伏，候文定等合击之。分布既定，甲寅，乘夜急进。文定以正兵当贼锋，恩继之，珣绕出贼后，琏、德孺张两翼以分其势。乙卯，贼兵鼓噪乘风逼黄家渡，气骄甚。文定、恩佯北以致之。贼争趋利，前后不相及。珣从后横击，直贯其中。文定、恩乘之，夹以两翼，四面伏起。贼大溃，退保八字脑。濠惧，厚赏勇者，且令尽发九江、南康守城兵益之。是日建昌知府曾玙与兵亦至。先生以为九江不破，则湖无外援；南康不复，则我难后蹑。乃遣槐领兵四百，合饶州知府林瑊兵攻九江，以广信知府周朝佐取南康。丙辰，贼复并力挑战。我兵少却，文定立铳炮间，火燎其须，殊死战。炮入濠副舟，贼大败，擒斩二千余，溺死者无算。乃聚樵舍，连舟为方阵，尽出金银赏士。先生乃密为火攻具，使珣击其左，琏、德孺出其右，恩等设伏，期火发以合。丁巳，濠方晨朝群臣，责不用命者，将引出斩之。争论未决，我兵掩至，火及濠副舟，众遂奔散。妃嫔与濠泣别，多赴水死。濠为知县王冕所执，与其世子眷属，及伪党士实、养正、刘吉、余钦、王纶、熊琼、卢衍、卢横、丁槚、王春、吴十三、秦荣、葛江、刘勋、何塘、王行、吴七、火信等数百，复执胁从官王宏、王金、杨璋、金山、王畴、程杲、潘鹏、梁宸、郏文、马骥、白昂等，擒斩三千，落水二万余，衣甲器械财物与浮尸横十余里。余贼数百艘逃溃，乃分兵追剿。戊午，及于昌邑，大破之。至吴城，复斩擒千余，死水中殆尽。己未，得槐等报，各擒斩复千余。盖自起兵至破贼，曾不旬日，纪功凡一万一千有奇。初先生屡疏力疾赴闽，值宁藩变，臣子义不容舍。又阖省方面并无一人，事势几会，间不容发，故复图为牵制攻守，以俟命师之至。疏入未报，即以捷闻。

洪尝见龙光述张疑行间事甚悉，尝问曰："事济否？"先生曰："未论济与不济，且言疑与不疑。"光曰："疑固不免。"曰："但得渠一疑，事济矣。"后遇河图为武林驿丞，又言公欲稽留宸濠，何时非间，何事非间。尝问光曰："曾会刘养正否？"光对曰："熟识。"即使光行间，移养正家属城内，善饮食之。缚赍檄人欲斩，济蹑足，遂不问。一日发牌票二百余，左右莫知所往。临省城，先以顺逆祸福之理谕官民。闻锐与瑞昌王助逆，遣其心腹胡景隆招回各兵，以离其党。人徒见成功之易，而不知其伐谋之神也。黄弘纲闻安吉居人疑曰："王公之戈，未知何向？"亟入告，先生笑而不答。出兵誓师，斩失律者殉营中，军士股栗，不敢仰视，不知即前赍檄人也。后贼平，张、许谤议百出，天下是非益乱，非先生自信于心，乌能遽白哉？

先是先生思豫备，会汀、漳兵备佥事周期雍以公事抵赣，知可与谋，且官异省，屏左右语之。雍归，即阴募骁勇，部勒以俟，故晨奉檄而夕就道。福建左布政使席书、岭东兵备佥事王大用，亦以兵来，道闻贼平，乃还。致仕都御史林俊闻变，夜范锡为佛狼机铳，并火药法，遣仆从间道来遗，勉以讨贼。

先生入城，日坐都察院，开中门，令可见前后。对士友论学不辍。报至，即登堂遣之。有言伍焚须状，暂如侧席，遣牌斩之。还坐，众咸色怖惊问。先生曰："适闻对敌小却，此兵家常事，不足介意。"后闻濠已擒，问故行赏讫，还坐，咸色喜惊问。先生曰："适闻宁王已擒，想不伪，但伤死者众耳。"理前语如常。傍观者服其学。

濠就擒，乘马入，望见远近街衢行伍整肃，笑曰："此我家事，何劳费心如此！"一见先生，辄诧曰："娄妃，贤妃也。自始事至今，苦谏未纳，适投水死，望遗葬之。"比使往，果得尸，盖周身皆纸绳内结，极易辨。娄为谅女，有家学，故处变能自全。

八月，疏谏亲征。

是时兵部会议命将讨贼。武宗诏曰："不必命将，朕当亲率六师，奉天征讨。"于是假威武大将军镇国公行事，命太监张永、张忠、安边伯许泰、都督刘晖，率京边官军万余，给事祝续、御史张纶，随军纪功。虽捷音久上，不发，皆云："元恶虽擒，逆党未尽，不捕必遗后患。"先生具疏谏止，略曰："臣于告变之后，选将集兵，振威扬武，先攻省城，虚其巢穴，继战鄱湖，击其惰归。今宸濠已擒，谋党已获，从贼已扫，闽、广赴调军士已散，地方惊扰之民已帖。窃惟宸濠擅作辟威，睥睨神器，阴谋久蓄；招纳叛亡，辇毂之动静，探无遗迹；广置奸细，臣下之奏白，百不一通。发谋之始，逆料大驾必将亲征，先于沿途伏有奸党，期为博浪、荆轲之谋。今逆不旋踵，遂已成擒。法宜解赴阙门，式昭天讨。然欲付之部下各官，诚恐潜布之徒，乘隙窃发；或虞意外，臣死有余憾矣。"盖时事方艰，贼虽擒，乱未已也。

是月疏免江西税，益王，淮王饷军，留朝觐官，恤重刑以实军伍，处置署印府县从逆人，参九江、南康失事，便道省葬，前后凡九上。

再乞便道省葬，不允。

与王晋溪书曰："始恳疏乞归，以祖母鞠育之恩，思一面为诀。后竟牵滞兵戈，不及一见，卒抱终天之痛。今老父衰疾，又复日亟，而地方已幸无事，何惜一举手投足之劳，而不以曲全之乎？"

九月壬寅，献俘钱塘，以病留。

九月十一日，先生献俘发南昌。忠、泰等欲追还之，议将纵之鄱湖，俟武宗亲与遇战，而后奏凯论功。连遣人追至广信。先生不听，乘夜过玉山、草萍驿。张永候于杭，先生见永，谓曰："江西之民，久遭濠毒，今经大乱，继以旱灾，又供京边军饷，困苦既极，必逃聚山谷为乱。昔助濠，尚为胁从，今为穷迫所激，奸党群起，天下遂成土崩之势。至是兴兵定乱，不亦难乎？"永深然之，乃徐曰："吾之此出，为群小在君侧，欲调护左右，以默辅圣躬，非为掩功来也。但皇上顺其意而行，犹可挽回，万一若逆其意，徒激群小之怒，无救于天下大计矣。"于是先生信其无他，以濠付之，称病西湖净慈寺。

武宗尝以威武大将军牌遣锦衣千户追取宸濠，先生不肯出迎。三司苦劝。先生曰："人子于父母乱命，若可告语，当涕泣以从，忍从谀乎？"不得已令参随负敕同迎以入。有司问劳锦衣礼，先生曰："止可五金。"锦衣怒小纳。次日来辞，先生执其手曰："我在正德间，下锦衣狱甚久，未见轻财重义有如公者。昨薄物出区区意，只求备礼。闻公不纳，令我惶愧。我无他长，止善作文字。他日当为表章，令锦衣知有公也。"于是复再拜以谢。其人竟不能出他语而别。奉敕兼巡抚江西。

十一月，返江西。

先生称病，欲坚卧不出，闻武宗南巡，已至维扬，群奸在侧，人情汹汹。不得已，从京口将径趋行在。大学士杨一清固止之。会奉旨兼巡抚江西，遂从湖口还。

忠等方挟宸濠搜罗百出，军马屯聚，糜费不堪。续、纶等望风附会，肆为飞语，时论不平。先生既还南昌，北军肆坐慢骂，或故冲导起衅。先生一不为动，务待以礼。豫令巡捕官谕市人移家于乡，而以老羸应门。始欲犒赏北军，泰等预禁之，令勿受。乃传示内外，谕北军离家苦楚，居民当敦主客礼。每出，遇北军丧，必停车问故，厚与之槥，嗟叹乃去。久之，北军咸服。会冬至节近，预令城市举奠。时新经濠乱，哭亡酹酒者声闻不绝。北军无不思家，泣下，求归。先生与忠等语，不稍徇，渐已知畏。忠、泰自居所长，与先生较射于教场中，意先生必大屈。先生勉应之，三发三中，每一中，北军在傍哄然，举手啧啧。忠、泰大惧曰："我军皆附王都耶！"遂班师。

十有五年庚辰，先生四十九岁，在江西。

正月，赴召，次芜湖。寻得旨，返江西。

忠、泰在南都谗先生必反，惟张永持正，保全之。武宗问忠等曰："以何验反？"对曰："召必不至。"有诏面见，先生即行。忠等恐语相违，复拒之芜湖半月。不得已，入九华山，每日宴坐草庵中。适武宗遣人觇之，曰："王守仁学道人也，召之即至，安得反乎？"乃有返江西之命。始忠等屡矫伪命，先生不赴，至是永有幕士顺天检饺钱秉直急遣报，故得实。

先生赴召至上新河，为诸幸谗阻，不得见。中夜默坐，见水波拍岸，泪泪有声。思曰："以一身蒙谤，死即死耳，如老亲何？"谓门人曰："此时若有一孔可以窃父而逃，吾亦终身长往不悔矣。"

江彬欲不利于先生，先生私计，彬有他，即计执彬武宗前，数其图危宗社罪，以死相抵，亦稍偿天下之忿。徐得永解。其后刑部判彬有曰："虎旅夜惊，已幸寝谋于牛首；宫车宴驾，那堪遗恨于豹房。"若代先生言之者。

以晦日重过开先寺，留石刻读书台后，词曰："正德己卯六月乙亥，宁藩濠以南昌叛，称兵向阙，破南康、九江，攻安庆，远近震动。七月辛亥，臣守仁以列郡之兵复南昌，宸濠擒，余党悉定。当此时，天子闻变赫怒，亲统六师临讨，遂俘宸濠以归。于赫皇威！神武不杀，如霆之震，靡击而折。神器有归，孰敢窥窃。天鉴于宸濠，式昭皇灵，嘉靖我邦国。正德庚辰正月晦，提督军务都御史王守仁书。"从征官属列于左方。明日游白鹿洞，徘徊久之，多所题识。

二月，如九江。

先生以车驾未还京，心怀忧惶。是月出观兵九江，因游东林、天池、讲经台诸处。

是月，还南昌。

三月，请宽租。

江西自己卯三月不雨，至七月，禾苗枯死。继遭濠乱，小民乘隙为乱。先生尽心安戢，许乞优恤。至是部使数至，督促日追，先生上疏略曰："日者流移之民，闻官军将去，稍稍胁息，延望归寻故业，足未入境，而颈已系于追求者之手矣！夫荒旱极矣，而因之以变乱；变乱极矣，而又加之以师旅；师旅极矣，而又加之以供馈。益之以诛求，亟之以征敛。当是之时，有目者不忍观，有耳者不忍闻，又从而剥其膏血，有人心者尚忍乎？宽恤之虚文，不若蠲租之实惠；赈济之难及，不若免税之易行。今不免租税，不息诛求，而徒曰宽恤赈济，是夺其口中之食，而曰吾将疗汝之饥；剖其腹肾之肉，而曰吾将救汝之死：凡有血气者，皆将不信之矣。"

按：是年与巡按御史唐龙、朱节上疏计处宁藩变产官银，代民上纳，民困稍苏。

三疏省葬，不允。

五月，江西大水，疏自劾。

是年四月，江西大水，漂溺公私庐舍，田野崩陷。先生上疏自劾四罪。且曰："自春入夏，雨水连绵，江湖涨溢，经月不退。自赣、吉、临、瑞、广、抚、南昌、九江、南康，沿江诸路，无不被害。黍苗沦没，室庐漂荡，鱼鳖之民聚栖于木杪，商旅之舟经行于闾巷，溃城决堤，千里为壑，烟火断绝，惟闻哭声。询之父老，皆谓数十年所未有也。伏惟皇上轸灾恤变，别选贤能，代臣巡抚。即不以臣为显戮，削其禄秩，黜还田里，以为人臣不职之戒，庶亦有位知警，民困可息，天变可弭，人怒可泄，而臣亦死无憾矣。"

按：是时武宗犹羁南畿，进谏无由，姑叙地方灾异以自劾，冀君心开悟而加意黎元也。

六月，如赣。

十四日，从章口入玉笥大秀宫。十五日，宿云储。十八日，至吉安，游青原山，和黄山谷诗，遂书碑。行至泰和，少宰罗钦顺以书问学。先生答曰："来教训某《大学》古本之复，以人之学但当求之于内，而程、朱格物之说不免求之于外，遂去朱子之分章，而削其所补之传。非敢然也。学岂有内外乎？《大学》古本，乃孔门相传旧本耳。朱子疑其有脱误，而改正补缉之；在某则谓其本无脱误，悉从其旧而已矣。失在过信孔子则有之，非故去朱子之分章，而削其传也。夫学贵得之心。求之于心而非也，虽其言之出于孔子，不敢以为是也，而况其未及孔子者乎？求之于心而是也，虽其言之出于庸常，不敢以为非也，而况其出于孔子者乎？且旧本之传，数千载矣，今读其文辞，既明白而可通，论其功夫，又易简而可入，亦何所按据而断其此段之必在于彼，彼段之必在于此？与此之如何而缺，彼之如何而误？而遂正补缉之，无乃重于背朱而轻于叛孔已乎？来教谓：'如必以学不资于外求，但当反观内省以为务，则"正心诚意"四字，亦何不尽之有？何必入门之际，便因以格物一段功夫也？'诚然诚然。若语其要，则'修身'二字亦足矣，何必又言'正心'？'正心'二字亦足矣，何必又言'诚意'？'诚意'二字亦足矣，何必又言'致知'，又言'格物'？惟其功夫之详密，而要之只是一事，所以为精一之学，此正不可不思者也。夫理无内外，性无内外，故学无内外。讲习讨论，未尝非内也；反观内省，未尝遗外也。夫谓学必资于外求，是以己性为有外也，是义外也，用智者也；谓反观内省为求之于内，是以己性为有内也，是有我也，自私者也：是皆不知性之无内外也。故曰：'精义入神，以致用也；利用安身，以崇德也。'性之德也，合内外之道也。此可以知格物之学矣。格物者，《大学》之实下手处，彻首彻尾，自始学至圣人，只此功夫而已。非但入门之际，有此一段也。夫正心、诚意、致知、格物，皆所以修身而格物者，其所以用力日可见之地。故格物者，格其心之物也，格其意之物也，格其知之物也；正心者，正其物之心也；诚意者，诚其物之意也；致知者，致其物之知也：此岂有内外彼此之分哉？理一而已。以其理之凝聚而言，则谓之性；以其主宰而言，则谓之心；以其主宰之发动而言，则谓之意；以其发动之明觉而言，则谓之知；以其明觉之感应而言，则谓之物。故就物而言，谓之格；就知而言，谓之致，就意而言，谓之诚；就心而言，谓之正。正者，正此也；诚者，诚此也；致者，致此也；格者，格此也。皆所谓穷理以尽也。天下无性外之理，无性外之物。学之不明，皆由世之儒者认理为外，认物为外，而不知义外之说，孟子盖尝辟之，乃至袭陷其内而不觉，岂非亦有似是而难明者欤？不可以不察也。凡执事所以致疑于格物之说者，必谓其是内而非外也；必谓其专事于反观内省之为，而遗弃其讲习讨论之功也；必谓其一意于纲领本原之约，而脱略于支条节目之详也；必谓其沉溺于枯槁虚寂之偏，而不尽于物理人事之变也。审如是，岂但获罪于圣门，获罪于朱子？是邪说诬民，叛道乱正，人得而诛之也，而况于执事之正直哉？审如是，世之稍明训诂，闻先哲之绪纶者，皆知其非也，而况执事之高明乎哉？凡某之所谓格物，其于朱子九条之说，皆包罗统括于其中；但为之有要，作用不同：正所谓毫厘之差耳。然毫厘之差，而千里之谬实起于此，不可不辨。"

是月至赣。

先生至赣，大阅士卒，教战法。江彬遣人来观动静。相知者俱请回省，无蹈危疑。先生不从，作《啾啾吟》解之，有曰："东家老翁防虎患，虎夜入室衔其头。西家小儿不识虎，持竿驱虎如驱牛。"且曰："吾在此与童子歌诗习礼，有何可疑？"门人陈九川等亦以为言。先生曰："公等何不讲学，吾昔在省城，处权竖，祸在目前，吾亦帖然；纵有大变，亦避不得。吾所以不轻动者，亦有深虑焉耳。"

洪昔葺师疏，《便道归省》与《再报濠反疏》同日而上，心疑之，岂当国家危急存亡之日而暇及此也？当是时，倡义兴师，濠且旦夕擒矣，犹疏请命将出师，若身不与其事者。至《谏止亲征疏》，乃叹古人处成功之际难矣哉！

七月，重上江西捷音。

武宗留南都既久，群党欲自献俘袭功。张永曰："不可。昔未出京，宸濠已擒，献俘北上，过玉山，渡钱塘，经人耳目，不可袭也。"于是以大将军钧帖令重上捷音。先生乃节略前奏，入诸人名于疏内，再上之。始议北旋。

尚书霍韬曰："是役也，罪人已执，犹动众出师；地方已宁，乃杀民奏捷。误先朝于过举，摇国是于将危。盖忠、泰之攘功贼义，厥罪滔天，而续、纶之诡随败类，其党恶不才亦甚矣。"御史黎龙曰："平藩事，不难于成功，而难于倡义。盖以逆濠之反，实有内应，人怀观望，而一时勤王诸臣，皆捐躯亡家，以赴国难。其后忌者构为飞语，欲甘心之，人心何由服乎？后有事变，谁复肯任之者？"费文献公宏《送张永还朝序》曰："兹行也，定祸乱而不必功出于己：开主知而不使过归乎上；节财用，不欲久困乎民；扶善类，而不欲罪移非辜。且先是发瑾罪状，首以规护卫为言，实以逆谋之成，萌于护卫之复，其早辨预防，非有体国爱民之心，不能及此。"

洪谓："平藩事不难于倡义，而难于处忠、泰之变。盖忠、泰挟天子以偕乱，莫敢谁何？豹房之谋，无日不在畏，即据上游，不敢骋，卒能保乘舆还宫，以起世宗之正始。开先勒石所谓：'神器有归，孰敢窥窃。'又曰：'嘉靖我邦国。'则改元之兆先征于兹矣。噫！岂偶然哉！"

先生在赣时，有言万安上下多武士者。先生令参随往纪之。命之曰："但多膂力，不问武艺。"已而得三百余人。龙光问曰："宸濠既平，纪此何为?"曰:"吾闻交阯有内难,出其不意而捣之,一机会也。"后二十年,有登庸之役,人皆相传先生有预事谋,而不知当时计有所在也。

八月,咨部院雪冀元亨冤状。

先是宸濠揽结名士助己,凡仕江右者,多隆礼际。武陵冀元亨为公子正宪师,忠信可托,故遣往谢,佯与濠论学。濠大笑曰:"人痴乃至此耶!"立与绝。比返赣述故,先生曰:"祸在兹矣。"乃卫之间道归。及是,张、许等索衅不得,遂逮元亨,备受考掠,无片语阿顺。于是科道交疏论辩,先生备咨部院白其冤。世宗登极,诏将释。前已得疾,后五日卒于狱。同门陆澄、应典辈备棺殓。讣闻,先生为位恸哭之。元亨字惟乾,举乡试。其学以务实不欺为主,而谨于一念。在狱视诸囚不异一体,诸囚日涕泣,至是稍稍听学自慰。湖广逮其家,妻李与二女,俱不怖,曰:"吾夫平生尊师讲学,肯有他乎?"手治麻枲不辍。暇则诵《书》歌《诗》。事白,守者欲出之。李曰:"不见吾夫,何归?"按察诸僚妇欲相会,辞不敢赴。已乃洁一室,就视,则囚服不释麻枲。有问者,答曰:"吾夫之学不出闺门衽席间。"闻者悚愧。元亨既卒,先生移文恤其家。

罗洪先赠女兄夫周汝方序略曰:"忆龙冈尝自赣病归,附庐陵刘子吉舟。刘与阳明先生素厚善,会母死,往请墓志。实濠事暗相邀结,不合而返。至舟,顾龙冈呻吟昏瞀,意其熟寝也。呼门人王储,叹曰:'初意专倚阳明,两日数调以言,若不喻意,更不得一肯綮,不上此船明矣。此事将遂已乎,且吾安得以一身当重担也?'储拱手曰:'先生气弱,今天下属先生,先生安所退托?阳明何足为有无哉?'刘曰:'是固在我,多得数人更好。阳明曾经用兵尔。'储曰:'先生以阳明为才乎,吾见其怯也。'刘曰:'诚然。赣州峒贼,髦头耳,乃终日练兵,若对大敌,何其张皇哉?'相与大笑而罢。龙冈反舍，语予若此，己卯二月也。其年六月，濠反，子吉与储附之。七月，阳明先生以兵讨贼。八月俘濠。是时议者纷然，予与龙冈窃叹莫能辨。比见诋先生者，问之曰：'吾恶其言是而行非，盖其伪也。龙冈舌尚在，至京师，见四方人士，犹有为前言者否乎？盍以语予者语之。'其后养正既死，先生过吉安，令有司葬其母，复为文以奠。辞曰：'嗟嗟！刘生子吉，母死不葬，爰及干戈；一念之差，遂至于此，呜呼哀哉！今吾葬子之母，聊以慰子之魂。盖君臣之义，虽不得私于子之身，而朋友之情，犹得以尽于子之母也，呜呼哀哉！'其事在是年六月。"

闰八月，四疏省葬，不允。

初，先生在赣，闻祖母岑太夫人讣，及海日翁病，欲上疏乞归，会有福州之命。比中途遭变，疏请命将讨贼，因乞省葬。朝廷许以贼平之日来说。至是凡四请。尝闻海日翁病危，欲弃职逃归，后报平复，乃止。一日，问诸友曰："我欲逃回，何无一人赞行？"门人周仲曰："先生思归一念，亦似著相。"先生良久曰："此相安能不著？"

九月，还南昌。

先生再至南昌。武宗驾尚未还宫，百姓嗷嗷，乃兴新府工役，檄各院道取濠废地逆产，改造贸易，以济饥代税，境内稍苏。尝遗守益书曰："自到省城，政务纷错，不复有相讲习如虔中者。虽自己舵柄，不敢放手，而滩流悍急，须仗有力如吾谦之者，持篙而来，庶能相助更上一滩耳。"泰州王银服古冠服，执木简，以二诗为贽，请见。先生异其人，降阶迎之。既上坐，问："何冠？"曰："有虞氏冠。"问："何服？"曰："老莱子服。"曰："学老莱子乎？"曰："然。"曰："将止学服其服，未学上堂诈跌掩面啼哭也？"银色动，坐渐侧。及论致知格物，悟曰："吾人之学，饰情抗节，矫诸外；先生之学，精深极微，得之心者也。"遂反服执弟子礼。先生易其名为"艮"，字以"汝止。"

进贤舒芬以翰林谪官市舶，自恃博学，见先生问律吕。先生不答，且问元声。对曰："元声制度颇详，特未置密室经试耳。"先生曰："元声岂得之管灰黍石间哉？心得养则气自和，元气所由出也。《书》云'诗言志'，志即是乐之本；'歌永言'，歌即是制律之本。永言和声，俱本于歌。歌本于心，故心也者，中和之极也。"芬遂跃然拜弟子。

是时陈九川、夏良胜、万潮、欧阳德、魏良弼、李遂、舒芬及袭衍日侍讲席，而巡按御史唐龙、督学佥事邵锐，皆守旧学相疑，唐复以撤讲择交相劝。先生答曰："吾真见得良知人人所同，特学者未得启悟，故甘随俗习非。今苟以是心至，吾又为一身疑谤，拒不与言，于心忍乎？求真才者，譬之淘沙而得金，非不知沙之汰者十去八九，然未能舍沙以求金为也。"当唐、邵之疑，人多畏避，见同门方巾中衣而来者，俱指为异物。独王臣、魏良政、良

明代古铜锁

器、钟文奎、吴子金等挺然不变，相依而起者日众。

十有六年辛巳，先生五十岁，在江西。

正月，居南昌。

是年先生始揭致良知之教。先生闻前月十日武宗驾入宫，始舒忧念。自经宸濠、忠、泰之变，益信良知真足以忘患难，出生死，所谓考三王，建天地，质鬼神，俟后圣，无弗同者。乃遗书守益曰："近来信得致信得

'致良知'三字，真圣门正法眼藏。往年尚疑未尽，今自多事以来，只此良知无不具足。譬之操舟得舵，平澜浅濑，无不如意，虽遇颠风逆浪，舵柄在手，可免没溺之患矣。"一日，先生喟然发叹。九川问曰："先生何叹也？"曰："此理简易明白若此，乃一经沉埋数百年。"九川曰："亦为宋儒从知解上入，认识神为性体，故闻见日益，障道日深耳。今先生拈出'良知'二字，此古今人人真面目，更复奚疑？"先生曰："然。譬之人有冒别姓坟墓为祖墓者，何以为辨？只得开圹，将子孙滴血，真伪无可逃矣。我此良知二字，实千古圣圣相传一点滴骨血也。"又曰："某于此良知之说，从百死千难中得来，不得已与人一口说尽。只恐学者得之容易，把作一种光景玩弄，不实落用功，负此知耳。"先生自南都以来，凡示学者，皆令存天理去人欲以为本。有问所谓，则令自求之，未尝指天理为何如也。间语友人曰："近欲发挥此，只觉有一言发不出，津津然如含诸口，莫能相度。"久乃曰："近觉得此学更无有他，只是这些子，了此更无余矣。"旁有健羡不已者，则又曰："连这些子亦元放处。"今经变后，始有良知之说。

录陆象山子孙。

先生以象山得孔、孟正传，其学术久抑而未彰，文庙尚缺配享之典，子孙未沾褒崇之泽，牌行抚州府金溪县官吏，将陆氏嫡派子孙，仿各处圣贤子孙事例，免其差役；有俊秀子弟，具名提学道送学肄业。

按：象山与晦翁同时讲学，白天下崇朱说，而陆学遂泯。先生刻《象山文集》，为序以表彰之。席元山尝闻先生论学于龙场，深病陆学不显，作《鸣冤录》以寄先生。称其身任斯道，庶几天下非之而不顾。

五月，集门人于白鹿洞。

是月，先生有归志，欲同门久聚，共明此学。适南昌府知府吴嘉聪欲成府志，时蔡宗衮为南康府教授，主白鹿洞事，遂使开局于洞中，集夏良胜、舒芬、万潮、陈九川同事焉。先生遗书促邹守益曰："醉翁之意盖有在，不专以此烦劳也。区区归遁有日。圣天子新政英明。如谦之亦宜束装北上，此会宜急图之，不当徐徐而来也。"

庚辰春，甘泉湛先生避地发履冢下，与霍兀崖韬、方叔贤同时家居为会，先生闻之曰："英贤之生，何幸同时共地，又可虚度光阴，失此机会耶？"是秋，兀崖过洪都，论《大学》，辄持旧见。先生曰："若传习书史，考正古今，以广吾见闻则可；若欲以是求得入圣门路，譬之采摘枝叶，以缀本根，而欲通其血脉，盖亦难矣。"至是，甘泉寄示《学庸测》，叔贤寄《大学》、《洪范》。先生遗书甘泉曰："随意体认天理，是真实不诳语。究兄命意发端，却有毫厘未协。修齐治平，总是格物，但欲如此节节分疏，亦觉说话太多。且语意务为简古，比之本文反更深晦。莫若浅易其词，略指路径，使人自思得之，更觉意味深长也。"遗书叔贤曰："道一而已。论其大本一原，则《六经》《四书》无不可推之而同者，又不特《洪范》之于《大学》而已。譬之草木，其同者生意也；其花实之疏密，枝叶之高下，亦欲尽比而同之，吾恐化工不如是之雕刻也。君子论学固惟是之从，非以必同为贵。至于入门下手处，则有不容于不辨者。"先是伦彦式以训尝过虔中问学，是月遣弟以谅遗书问曰："学无静根，感物易动，处事多悔，如何？"先生曰："三言者病亦相因。惟学而别求静根，故感物而惧其易动；感物而惧其易动，是故处事而多悔也。心无动静者也，故君子之学，其静也常觉，而未尝无也，故常应常寂，动静皆有事焉，是之谓集义。集义故能无祇悔，所谓'动亦定，静亦定'者也。心一而已，静其体也，而复求静根焉，是挠其体也；动其用也，而惧其易动焉，是废其用也。故求静之心即动也，恶动之心非静也，是之谓动亦动，静亦动，将迎起伏相迎于无穷矣。故循理之谓静，从欲之谓动。"

六月，赴内召，寻止之，升南京兵部尚书，参赞机务。遂疏乞便道省葬。

六月十六日，奉世宗敕旨，以"尔昔能剿平乱贼，安静地方，朝廷新政之初，特兹召用。敕至，尔可驰驿来京，毋或稽迟。"先生即于是月二十日起程，道由钱塘。辅臣阻之，潜讽科道建言，以为"朝廷新政，武宗国丧，资费浩繁，不宜行宴赏之事"。先生至钱塘，上疏恳乞便道归省。朝廷准令归省，升南京兵部尚书，参赞机务。按《乞归省疏》略曰："臣自两年以来，四上归省奏，皆以亲老多病，恳乞暂归省视。复权奸谗嫉，恐罹暧昧之祸，故其时虽以暂归为请，而实有终身丘壑之念矣。既而天启神圣，入承大统，亲贤任旧，向之为谗嫉者，皆以诛斥，阳德兴而公道显。臣于斯时，若出陷阱而登之春台也，岂不欲朝发夕至，一快其拜舞踊跃之私乎？顾臣父老且病，顷遭谗构，朝夕常有父子不相见之痛。今幸脱洗殃咎，复睹天日，父子之情，固思一见颜面以叙其悲惨离隔之怀。况臣取道钱塘，迂程乡土，止有一日。此在亲交之厚，将不能已于情，而况父子乎？然不以之明请于朝，而私窃行之，是欺君也；惧稽延之戮，而忍割情于所生，是忘父也。欺君者不忠，忘父者不孝：故臣敢冒罪以请。"

与陆澄论养生："京中人回，闻以多病之故，将从事于养生。区区往年盖尝毕力于此矣。后乃知养德、养身只是一事。元静所云'真我'者，果能戒谨恐惧而专心于是，则神住、气住、精住，而仙家所谓长生久视之说，亦在其中矣。老子、彭籛之徒，乃其禀赋有若此者，非可以学而至。后世如白玉蟾、丘长春之属，皆是彼所称述以为祖师者，其得寿皆不过五六十。

则所谓长生之说，当必有所指也。元静气弱多病，但宜清心寡欲，一意圣贤，如前所谓'真我'之说；不宜轻信异道，徒自惑乱聪明，毙精竭神，无益也。"

八月，至越。

九月，归余姚省祖茔。

先生归省祖茔，访瑞云楼，指藏胎衣地，收泪久之，盖痛母生不及养，祖母死不及殓也。日与宗族亲友宴游，随地指示良知。德洪昔闻先生讲学江右，久思及门，乡中故老犹执先生往迹为疑，洪独潜伺动支，深信之，乃排众议，请亲命，率二侄大经、应扬及郑寅、俞大本，因王正心通贽请见。明日，夏淳、范引年、吴仁、柴凤、孙应奎、诸阳、徐珊、管州、谷钟秀、黄文涣、周于德、杨珂等凡七十四人。

十月二日，封新建伯。

制曰："江西反贼剿平，地方安定，各该官员，功绩显著。你部里既会官集议，分别等第明白。王守仁封新建伯，奉天翊卫推诚宣力守正文臣，特进光禄大夫柱国，还兼两京兵部尚书，照旧参赞机务，岁支禄米壹千石，三代并妻一体追封，给与诰券，子孙世世承袭。正德十六年十二月十九日，准兵部吏部题。"差行人赍白金文绮慰劳。兼下温旨存问父华于家，赐以羊酒。至日，适海日翁诞辰，亲朋咸集，先生捧觞为寿。翁蹙然曰："宁濠之变，皆以汝为死矣而不死，皆以事难平矣而卒平。谗构朋兴，祸机四发，前后二年，岌乎知不免矣。天开日月，显忠遂良，穹官高爵，滥冒封赏，父子复相见于一堂，兹非其幸欤！然盛者衰之始，福者祸之基，虽以为幸，又以为惧也。"先生洗爵而跪曰："大人之教，儿所日夜切心者也。"闻者皆叹会遇之隆，感盈盛之戒。

年谱三 自嘉靖壬午在越至嘉靖己丑丧归越

嘉靖元年壬午，先生五十一岁，在越。

正月，疏辞封爵。

先是先生平贼擒濠，俱琼先事为谋，假以便宜行事，每疏捷，必先归功本兵，宰辅憾焉。至是，欲阻先生之进，乃抑同事诸人，将纪功册改造，务为删削。先生曰："册中所载，可见之功耳。若夫帐下之士，或诈为兵檄，以挠其进止；或伪书反间，以离其腹心；或犯难走役，而填于沟壑；或以忠抱冤，而构死狱中，有将士所不与知，部领所未尝历，幽魂所未及泄者，非册中所能尽载。今于其可见之功，而又裁削之，何以励效忠赴义之士耶！"乃上疏乞辞封爵，且谓："狭莫大于叨天之功，罪莫大于掩人之善，恶莫深于袭下之能，辱莫重于忘己之耻：四者备而祸全。此臣之不敢受爵者，非以辞荣也，避祸焉尔已。"疏上，不报。

二月，龙山公卒。

二月十二日己丑，海日翁年七十，疾且革。时朝廷推论征藩之功，进封翁及竹轩、槐里公，俱为新建伯。是日，部咨适至，翁闻使者已在门，促先生及诸弟出迎，曰："虽仓遽，乌可以废礼？"问已成礼，然后瞑目而逝。先生戒家人勿哭，加新冕服拖绅，饬内外含襚诸具，始举哀，一哭顿绝，病不能胜。门人子弟纪丧，因才任使。以仙居金克厚谨恪，使监厨。克厚出纳品物惟谨，有不慎者追还之，内外井井。室中斋食，百日后，令弟侄辈稍进乾肉，曰："诸子豢养习久，强其不能，是恣其作伪也。稍宽之，使之各求自尽可也。"越俗宴吊客必列饼糖，设文绮，烹鲜割肥，以竞丰侈，先生尽革之。惟遇高年远客，素食中间肉二器，曰："斋素行于幕内，若使吊客同孝子食，非所以安高年而酬宾旅也。"后甘泉先生来吊，见肉食不喜，遣书致责。先生引罪不辩。是年克厚与洪同贡于乡，连举进士，谓洪曰："吾学得司厨而大益，且私之以取科第。先生常谓学必操事而后实，诚至教也。"

先生卧病，远方同志日至，乃揭帖于壁曰："某鄙劣无所知识，且在忧病奄奄中，故凡四方同志之辱临者，皆不敢相见；或不得已而相见。亦不敢有所论说，各请归而求诸孔、孟之训可矣。夫孔、孟之训，昭如日月，凡支离决裂，似是而非者，皆异说也。有志于圣人之学者，外孔、孟之训而他求，是舍日月之明，而希光于萤爝之微也，不亦缪乎？"

七月，再疏辞封爵。

七月十九日，准吏部咨："钦奉圣旨：卿倡义督兵，剿除大患，尽忠报国，劳绩可嘉，特加封爵，以昭公义。宜勉承恩命，所辞不允。"先是先生上疏辞爵，乞普恩典，盖以当国者不明军旅之赏，而阴行考察，或赏或否，或不行赏，而并削其绩，或赏未及播，而罚已先行，或虚受升职之名，而因使退闲，或冒蒙不忠之号，而随以废斥，乃叹曰："同事诸臣，延颈而待，且三年矣！此而不言，谁复有为之论列者？均秉忠义之气，以赴国难，而功成行赏，惟吾一人当之，人将不食其余矣。"乃再上疏曰："日者宸濠之变，其横气积威，虽在千里之外，无不震骇失措，而况江西诸郡县近切剥床者乎？臣以逆旅孤身，举事其间。然而未受巡抚之命，则各官非统属也；未奉讨贼之旨，其事乃义倡也。若使其时郡县各官，果畏死偷生，但以未有成命，各保土地为辞，则臣亦可如何哉？然而闻臣之调，即感激奋励，挺身而来，是非真有捐躯赴难之义，戮力报主之忠，孰肯甘粉齑之祸，从赤族之诛，以希万一难冀之功乎？然则凡在与臣共事者，皆有忠义之诚者也。夫考课之典，军旅之政，固并行而不相悖，然亦不可混而施之。今也将明旅之赏，而阴以考课之意行于其间，人但见其赏未施而罚已及，功不录而罪有加，不能创奸警恶，而徒以阻忠义之气，快谗嫉之心；譬之投杯醪于河水，而求饮者之醉，可得乎？"疏上不报。

时御史程启充、给事毛玉倡议论劾，以遏正学，承宰辅意也。陆澄时为刑部主事，上疏为六辩以折之。先生闻而止之曰："无辩止谤，尝闻昔人之教矣。况今何止于是。四方英杰，以讲学异同，议论纷纷，吾侪可胜辩乎？惟当反求诸己，苟其言而是欤，吾斯尚有未信欤，则当务求其非，不得辄是己而非人也。使其言而非欤，吾斯既以自信欤，则当益求于自慊，所谓默而成之，不言而信者也。然则今日之多口，孰非吾侪动心忍性，砥砺切磋之地乎？且彼议论之兴，非必有所私怨于我，亦将以为卫夫道也。况其说本自出于先儒之绪论，而吾侪之言，骤异于昔，反若凿空杜撰者，固宜其非笑而骇惑矣。未可专以罪彼为也。"

是月德洪赴省城，辞先生请益。先生曰："胸中须常有舜、禹有天下不与气象。"德洪请问。先生曰："舜、禹有天下而身不与，又何得丧介于其中？"

二年癸未，先生五十二岁，在越。

二月。

南宫策士以心学为问，阴以辟先生。门人徐珊读《策问》，叹曰："吾恶能昧吾知以幸时好耶！"不答而出。闻者难之。曰："尹彦明后一人也。"同门欧阳德、王臣、魏良弼等直接发师旨不讳，亦在取列，识者以为进退有命。德洪下第归，深恨时事之乖。见先生，先生喜而相接曰："圣学从兹大明矣。"德洪曰："时事如此，何见大明？"先生曰："吾学恶得遍语天下士？今会试录，虽穷乡深谷无不到矣。吾学既非，天下必有起而求真是者。"

邹守益、薛侃、黄宗明、马明衡、王艮等侍，因言谤议日炽。先生曰："诸君且言其故。"有言先生势位隆盛，是以忌嫉谤；有言先生学日明，为宋儒争异同，则以学术谤；有言天下从游者众，与其进，不保其往，又以身谤。先生曰："三言者诚皆有之，特吾自知诸君论未及耳。"请问。曰："吾自南京已前，尚有乡愿意思。在今只信良知真是真非处，更无掩藏回护，才做得狂者。使天下尽说我行不掩言，吾亦只依良知行。"请问乡愿狂者之辨。曰："乡愿以忠信廉洁见取于君子，以同流合污无忤于小人，故非之无举，刺之无刺。然究其心，乃知忠信廉洁，所以媚君子也，同流合污，所以媚小人也，其心已破坏矣，故不可与入尧、舜之道。狂者志存古人，一切纷嚣俗染，举不足以累其心，真有凤凰翔于千仞之意，一克念，即圣人矣。惟不克念，故阔略事情，而行常不掩。惟其不掩，故心尚未坏，而庶可与裁。"曰："乡愿何以断其媚世？"曰："自其议狂狷而知之。狂狷不与俗谐，而谓生斯世也，为斯世也，善斯可矣，此乡愿志也。故其所为，皆色取不疑，所以谓之'似'。三代以下，士之取盛名于时者，不过得乡愿之似而已。然究其忠信廉洁，或未免致疑于妻子也。虽欲纯乎乡愿，亦未易得，而况圣人之道乎？"曰："狂狷为孔子所思，然至于传道，终不及琴张辈而传曾子，岂曾子亦狷者之流乎？"先生曰："不然，琴张辈狂者之禀也，虽有所得，终止于狂。曾子中行之禀也，故能悟入圣人之道。"

先生《与黄宗贤书》曰："近与尚谦、子华、宗明讲《孟子》'乡愿狂狷'一章，颇觉有所警发，相见时，须更一论。四方朋友来去无定，中间不无切磋砥砺之益，但真有力量能担荷得者，亦自少见。大抵近世学者无有必为圣人之志，胸中有物，未得清脱耳。闻引接同志，孜孜不怠，甚善！但论议须谦虚简明为佳。若自处过任，而词意重复，却恐无益而有损。"

《与尚谦书》曰："谓自咎罪疾只缘轻傲二字，足知用力恳切。但知轻傲处便是良知，致此良知，除却轻傲，便是格物。得致知二字，千古人品高下真伪，一齐觑破，毫发不容搽藏：前所论乡愿，可熟味也。二字在虔时终日论此，同志中尚多未彻。近于古本序中改数语，颇发此意，然见者往往亦不能察。今寄一纸，幸更熟味。此乃千古圣学之秘，从前儒者多不善悟到，故其说入于支离外道而不觉也。"

九月，改葬龙山公于天柱峰。郑太夫人于徐山。

郑太夫人尝附葬余姚穴湖，既改殡郡南石泉山，及合葬公，开圹有水患，先生梦寐不宁，遂改葬。

十有一月，至萧山。

见素林公自都御史致政归，道钱塘，渡江来访，先生趋迎于萧山，宿浮峰寺。公相对感慨时事，慰从行诸友，及时勉学，无负初志。

张元冲在舟中问："二氏与圣人之学所差毫厘，谓其皆有得于性命也。但二氏于性命中着些私利，便谬千里矣。今观二氏作用，亦有功于吾身者，不知亦须兼取否？"先生曰："说兼取，便不是。圣人尽性至命，何物不具，何待兼取？二氏之用，皆我之用：即吾尽性至命中完养此身，谓之仙；即吾尽性至命中不染世累，谓之佛。但后世儒者不见圣学之全，故与二氏成二见耳。譬之厅堂三间共为一厅，儒者不知皆吾所用，见佛氏，则割左边一间与之；见老氏，则割右边一间与之；而己则自处中间，皆举一而废百也。圣人与天地民物同体，儒、佛、老、庄皆吾之用，是之谓大道。二氏自私其身，是之谓小道。"

三年甲申，先生五十三岁，在越。

正月。

门人日进。郡守南大吉以座主称门生，然性豪旷不拘小节，先生与论学有悟，乃告先生曰："大吉临政多过，先生何无一言？"先生曰："何过？"大吉历数其事。先生曰："吾言之矣。"大吉曰："何？"曰："吾不言，何以知之？"曰："良知。"先生曰："良知非我常言而何？"大吉笑谢而去。居数日，复自数过加密，且曰："与其过后悔改，曷若预言不犯为佳也。"先生曰："人言不如自悔之真。"大吉笑谢而去。居数日，复自数过益密，且曰："身过可勉，心过奈何？"先生曰："昔镜未开，可得藏垢；今镜明矣，一尘之落，自难住脚。此正入圣之机也，勉之！"于是辟稽山书院，聚八邑彦士，身率讲习以督之。于是萧璆、杨汝荣、杨绍芳等来自湖广，杨仕鸣、薛宗铠、黄梦星等来自广东，王艮、孟源、周冲等来自直隶，何秦、黄弘纲等来自南、赣，刘邦采、刘文敏等来自安福，魏良政、魏良器等来自新建，曾忭来自泰和。宫刹卑隘，至不能容。盖环坐而听者三百余人。先生临之，只发《大学》万物同体之旨，使人各求本性，致极良知以至于至善，功夫有得，则因方设教。故人人悦其易从。

海宁董法号萝石，以能诗闻于江湖，年六十八，来游会稽，闻先生讲学，以杖肩其瓢笠诗卷来访。入门，长揖上坐。先生异其气貌，礼敬之，与之语连日夜。法有悟，因何秦强纳拜。先生与之徜徉山水间。法日有闻，忻然乐而忘归也。其乡子弟社友皆招之反，且曰："翁老矣，何乃自苦若是？"沄曰："吾方幸逃于苦海，悯若之自苦也，顾以吾为苦耶！吾方扬鬐于渤澥，而振羽于云霄之上，安能复投网罟而入樊笼乎？去矣，吾将从吾之所好。"遂自号曰从吾道人，先生为之记。

八月，宴门人于天泉桥。

中秋月白如昼，先生命侍者设席于碧霞池上，门人在侍者百余人。酒半酣，歌声渐动。久之，或投壶聚算，或击鼓，或泛舟。先生见诸生兴剧，退而作诗，有"铿然舍瑟春风里，点也虽狂得我情"之句。明日，诸生入谢。先生曰："昔者孔子在陈，思鲁之狂士。世之学者，没溺于富贵声利之场，如拘如囚，而莫之省脱。及闻孔子之教，始知一切俗缘，皆非性体，乃豁然脱落。但见得此意，不加实践以入于精微，则渐有轻灭世故，阔略伦物之病。虽比世之庸庸琐琐者不同，其为未得于道一也。故孔予在陈思归以裁之，使入于道耳。诸君讲学，但患未得此意。今幸见此，正好精诣力造，以求至于道，无以一见自足而终止于狂也。"

是月，舒柏有敬畏累洒落之问，刘侯有入山养静之问。先生曰："君子之所谓敬畏者，非恐惧忧患之谓也，'戒慎不睹，恐惧不闻'之谓耳。君子之所谓洒落者，非旷荡放逸之谓也，乃其心体不累于欲，无入而不自得之谓耳。夫心之本体，即天理也。天理之昭明灵觉，所谓良知也。君子戒惧之功，无时或间，则天理常存，而其昭明灵觉之本体，自无所昏蔽，自无所牵扰，自无所歉馁愧怍，动容周旋而中礼，从心所欲而不逾：斯乃所谓真洒落矣。是洒落生于天理之常存，天理常存生于戒慎恐惧之无间。孰谓敬畏之心反为洒落累耶？"谓刘侯曰："君子养心之学如良医治病，随其虚实寒热，而斟酌补泄之，要在去病而已，初无一定之方，必使人人服之也。若专欲入坐穷山，绝世故，屏思虑，则恐既已养成空寂之性，虽欲勿流于空寂，不可得矣。"

论圣学无妨于举业。

德洪携二弟德周仲实读书城南。洪父心渔翁往视之。魏良政、魏良器辈与游禹穴诸胜，十日忘返。问曰："承诸君相携日久，得无妨课业乎？"答曰："吾举子业无时不习。"家君曰："固知心学可以触类而通，然朱说亦须理会否？"二子曰："以吾良知求晦翁之说，譬之打蛇得七寸矣，又何忧不得耶？"家君疑未释，进问先生。先生曰："岂特无妨，乃大益耳！学圣贤者，譬之治家，其产业、第宅、服食、器物皆所自置，欲请客，出其所有以享之；客去，其物具在，还以自享，终身用之无穷也。今之为举业者，譬之治家，不务居积，专以假贷为功，欲请客，自厅事以至供具百物，莫不遍借，客幸而来，则诸贷之物一时丰裕可观；客去，则尽以还人，一物非所有也；若请客不至，则时过气衰，借贷亦不备；终身奔劳，作一窭人而已。是求无益于得，求在外也。"明年乙酉大比，稽山书院钱楩与魏良政并发解江、浙。家君闻之笑曰："打蛇得七寸矣。"

是时"大礼议"起，先生夜坐碧霞池，有诗曰："一雨秋凉入夜新，池边孤月倍精神。潜鱼水底传心诀，栖鸟枝头说道真。莫谓天机非嗜欲，须知万物是吾身。无端礼乐纷纷议，谁与青天扫旧尘？"又曰："独坐秋庭月色新，乾坤何处更闲人？高歌度与清风去，幽意自随流水春。千圣本无心外诀，《六经》须拂镜中尘。却怜扰扰周公梦，未及惺惺陋巷贫。"盖有感时事，二诗已示其微矣。

四月，服阕，朝中屡疏引荐。霍兀涯、席元山、黄宗贤、黄宗明先后皆以大礼问，竟不答。

十月，门人南大吉续刻《传习录》。

《传习录》薛侃首刻于虔，凡三卷。至是年，大吉取先生论学书，复增五卷，续刻于越。

四年乙酉，先生五十四岁，在越。

正月，夫人诸氏卒。四月，祔葬于徐山。

是月，作稽山书院《尊经阁记》。略曰："圣人之扶人极忧后世而述《六经》也，犹之富家者之父祖，虑其产业库藏之积，其子孙者或至于遗亡失散，卒困穷而无以自全也，而记籍其家之所有以贻之，使之世守其产业库藏之积而享用焉，以免于困穷之患。故《六经》者，吾心之记籍也，而《六经》之实则具于吾心；犹之产业库藏之实，种种色色，具存于其家，其记籍者，特名状数目而已。而世之学者不知求《六经》之实于吾心，而徒考索于影响之间，牵制于文义之末，硁硁然以为是《六经》矣。是犹富家之子孙，不务守成规享用其产业库藏之实积，日遗忘散失，至于窭人丐夫，而犹嚣嚣然指其记籍曰：'斯吾产业库藏之积也。'何以异于是？"

按：是年南大吉匾莅政之堂曰"亲民堂"，山阴知县吴赢重修县学，提学金事万潮与监察御史潘仿拓新万松书院于省城南，取试士之未尽录者廪饩之，咸以记请，先生皆为作记。

六月，礼部尚书席书荐。

先生服阕，例应起复，御史石金等交章论荐，皆不报。尚书席书为疏特荐曰："生在臣前者见一人，曰杨一清；生在臣后者见一人，曰王守仁。且使亲领诰卷，趋阙谢恩。"于是杨一清入阁办事。明年有领卷谢恩之召，寻不果。

九月，归姚省墓。

先生归，定会于龙泉寺之中天阁，每月以朔望初八廿三为期。书壁以勉诸生曰："虽有天下易生之物，一日暴之，十日寒之，未有能生者也。承诸君子不鄙，每予来归，咸集于此，以问学为事，甚盛意也。然不能旬日之留，而旬日之间，又不过三四会。一别之后，辄复离群索居，不相见者动经年岁。然则岂惟十日之寒而已乎？若是而求萌蘖之畅茂条达，不可得矣。故予切望诸君勿以予之去留为聚散，或五六日，八九日，虽有俗事相妨，亦须破冗一会于此。务在诱掖奖劝，砥砺切磋，使道德仁义之习日亲日近，则势利纷华之染亦日远日疏：所谓相观而善，百工居肆，以成其事者也。相会之时，尤须虚心逊志，相亲相敬。大抵朋友之交，以相下为益，或议论未合，要在从容涵育，相感以成；不得动气求胜，长傲遂非，务在默而成之，不言而信。其或矜己之长，攻人之短，粗心浮气，矫以沽名，讦以为道，挟胜心而行愤嫉，以圮族败群为志，则虽日讲时习于此，亦无益矣。"

答顾东桥璘书有曰："朱子所谓格物云者，是以吾心而求理于事事物物之中，如求孝子之理于其亲之谓也。求孝之理果在于吾之心耶？抑果在于亲之身耶？假而果在于亲之身，而亲没之后，吾心遂无孝之理与？见孺子之入井，必有恻隐之理，是恻隐之理果在孺子之身与？抑在于吾身之良知与？以是例之，万事万物之理，莫不皆然。是可以见析心与理为二之非矣。若鄙人所谓致知格物者，致吾心之良知于事事物物也。吾心之良知，即所谓天理也。致吾心之天理于事事物物，则事事物物皆得其理矣。故曰：'致吾心之良知者，致知也。事事物物皆得其理者，格物也。'是合心与理而为一者也。合心与理而为一，则凡区区前之所云，与朱子晚年之论，皆可不言而喻矣。"又曰："心者身之主也，而心之虚灵明觉，即所谓本然良知也。其虚灵明觉之良知应感而动者，谓之意；有知而后有意，无知则无意矣。知非意之体乎？意之所用，必有其物，物即事也，如意用于事亲，即事亲为一物；意用于治民，则治民为一物；意用于读书，即读书为一物；意用于听讼，即听讼为一物；凡意之所在，无有无物者，有是意，即有是物，无是意，即无是物。物非意之用乎？'格'字之义，有以'至'字训者。如'格于文祖'，必纯孝诚敬，幽明之间，无一不得其理，而后谓之格；有苗之顽，实文德诞敷而后格，则亦兼有'正'字之义在其间，未可专以'至'字尽之也。如'格其非心'，'大臣格君心之非'之类，是则一皆正其不正以归于正之义，而不可以'至'字为训矣。且《大学》格物之训，又安知不以'正'字为义乎？如以'至'字为义者，必曰穷至事物之理，而后其说始通。是其用功之要全在一'穷'字，用力之地全在一'理'字也。若上去一'穷'字，下去一'理'字，而直曰'致知在至物'，其可通乎？夫穷理尽性，圣人之成训见于《系辞》者也。苟格物之说而果即穷理之义，则圣人何不直曰'致知在穷理'，而必为此转折不完之语，以启后世之弊耶？盖《大学》格物之说，自与《系辞》穷理大旨虽同，而微有分辨。穷理者，兼格致城正而为功也；故言穷理，则格致诚正之功皆在其中；言格物，则必兼举致知、诚意、正心，而后其功始备而密。今偏举格物而遂谓之穷理，此非惟不得格物之旨，并穷理之义而失之矣。"其末继以拔本塞源之论，其略曰："圣人之心，视天下之人无内外远近，凡有血气，皆其昆弟赤子之亲，莫不安全而教养之，以遂其万物一体之念。天下之人心，其始亦非有异于圣人也，特其间于有我之私，隔于物欲之蔽；大者以小，通者以塞，甚有视其父子、兄弟如仇雠者。圣人有忧之，是以推其天地万物一体之仁以教天下，使之皆有以克其私、去其蔽，以复其心体之同然。其教之大端，则尧、舜、禹之相授，所谓'道心惟微，惟精惟一，允执厥中'。而其节目，则舜之命契，所谓'父子有亲，君臣有义，夫妇有别，长幼有序，朋友有信'五者而已。当是之时，人无异见，家无异习，安此者谓之圣，勉此者谓之贤，而背此者，虽启明如朱，亦谓之不肖。下至闾井田野农工商贾之贱，莫不皆有是学，而惟以成其德行为务。何者？无有闻见之杂，记诵之烦，辞章之靡滥，功利之驰逐，而但使之孝其亲，弟其长，信其朋友，以复其心体之同然，则人亦孰不能之乎？学校之中，惟以成德为事；有长于礼乐，长于政教，长于水土播植者，则就其成德而因使益精其能。迨夫举德而任，则用之者惟知同心一德，以共安天下之民，视才之称否，而不以崇卑为轻重；效用者，亦惟知同心一德，以共安天下之民，苟当其能，则终身安于卑琐，而不以为贱。当是时，才质之下者，则安其农工商贾之分，各勤其业以相生相养，而无有乎希高慕外之心；才能之异若皋、夔、稷、契者，则出而各效其能，或营衣食，或通有无，或备器用，集谋并力，以求遂其仰事俯育之愿。譬之一身，目不耻其无聪，而耳之所涉，目必营焉；足不耻其无执，而手之所探，足必前焉；盖其元气充周，血脉条畅，是以痒疴呼吸，感触神应，有不言而喻之妙。此圣人之学所以惟在复心体之同然，而知识技能，非所以与论也。三代以降，教者不复以此为教，而学者不复以此为学。霸者之徒，窃取先生之近似者，假之于外，以内济其私，天下靡然宗之，圣人之道遂以芜塞。世之儒者慨然悲伤，蒐猎先圣王之典章法制，而掇拾修补于煨烬之余，圣学之门墙，遂不可复观。于是乎有训诂之学，而传之以为名；有记诵之学，而言之以为博；有词章之学，而侈之以为丽。相矜以知，相轧以势，相争以利，相高以技能，相取以声誉。其出而仕也，理钱谷者，则欲并夫兵刑；典礼乐者，又欲与于铨轴；处郡县，则思藩臬之高；居台谏，则望宰执之要。故不能其事，则不得以兼其官；不通其说，则不可以要其誉；记诵之广，适以长其敖也；知识之多，适以行其恶也；闻见之博，适以肆其辩也；辞章之富，适以饰其伪也。呜呼！以若是之积染，以若是之心志，而又讲之以若是之学术，宜其闻吾圣人之教，而视之以为赘疣枘凿矣。非豪杰之士，无所待而兴者，吾谁与望乎！"

十月，立阳明书院于越城。

门人为之也。书院在越城西郭门内光相桥之东。后十二年丁酉，巡按御史门大周汝员建祠于楼前，匾曰："阳明先生祠"。

五年丙戌，先生五十五岁，在越。

三月，与邹守益书。

守益谪判广德州，筑复古书院以集生徒，刻《谕俗礼要》以风民俗。书至，先生复书赞之曰："古之礼存于世者，老师宿儒，当年不能穷其说，世之人苦其烦且难，遂皆废置而不行。故今之为人上而欲导民于礼者，非详且备之为难，惟简切明白而使人易行之为贵耳。中间如四代位次，及祔祭之类，向时欲稍改以从俗者，今昔斟酌为之，于人情甚协。盖天下古今之人，其情一而已矣。先王制礼，皆因人情而为之节文，是以行之万世而皆准。其或反之吾心而有所未安者，非其传记之讹阙，则必古今风气习俗之异宜者矣。此虽先王未之有，亦可以义起，三王之所以不相袭，礼也。后世心学不讲，人失其情，难乎与之言礼。然良知之在人心，则万古如一日，苟顺吾心之良知以致之，则所谓不知足而为屦，我知其不为蒉矣。非天子不议礼制度，今之为此，非以议礼为也，徒以末世废礼之极，聊为之兆以兴起之，故特为此简易之说，欲使之易知易从焉耳。冠婚丧祭之外，附以乡约，其于民俗亦甚有补。至于射礼，似宜别为一书以教学者，而非所以求谕于俗。今以附于其间，却恐民间以非所常行，视为不切；又见其说之难晓，遂并其冠婚丧祭之易晓者而弃之也。文公《家礼》所以不及于射，或亦此意也与？"

按：祠堂位祔之制。

或问："文公《家礼》，高曾祖祢之位，皆西上，以次而东，于心切有未安。"先生曰："古者庙门皆南向，主皆东向。合祭之时，昭之迁主列于北牖，穆之迁主列于南牖，皆统于太祖东向之尊，是故西上，以次而东。今祠堂之制既异于古，而又无太祖东向之统，则西上之说诚有所未安。"曰："然则今当何如？"曰："礼以时为大，若事死如事生，则宜以高祖南向，而曾祖祢东西分列，席皆稍降而弗正对，似于人心为安。曾见浦江之祭，四代考妣皆异席，高考妣南向，曾祖祢考皆西向，妣皆东向，各依世次，稍退半席。其于男女之别，尊卑之等，两得其宜。但恐民间厅事多浅隘，而器物亦有所不备，则不能以通行耳。"又问："无后者之祔，于己之子侄，固可下列矣，若在高曾之行，宜何如祔？"先生曰："古者大夫三庙，不及其高矣。适士二庙，不及其曾矣。今民间得祀高曾，盖亦体顺人情之至，例以古制，则既为僭，况在行之无后者乎？"古者士大夫无子，则为之置后，无后者鲜矣。后世人情偷薄，始有弃贫贱而不嗣者。古所谓无后，皆殇子之类耳。祭法：王下祭殇五，适子，适孙，适曾孙，适玄孙，适来孙。诸侯下祭三，大夫二，适士及庶人祭子而止。则无后之祔，皆子孙属也。今民间既得假四代之祀，以义起之，虽及弟侄可矣。往年湖湘一士人家，有曾伯祖与堂叔祖皆贤而无后者，欲为立嗣，则族众不可，欲弗祀，则思其贤有所不忍。以闻于某。某曰：'不祀二三十年矣，而追为之祀，势有所不行矣。若在士大夫家，自可依古族属之义，于春秋二社之次，特设一祭。凡族之无后而亲者，各以昭穆之次配祔之，于义亦可也。'"

四月，复南大吉书。

大吉入觐，见黜于时，致书先生，千数百言，勤勤恳恳，惟以得闻道为喜，急问学为事，恐卒不得为圣人为忧，略无一字及于得丧荣辱之间。先生读之叹曰："此非真有朝闻夕死之志者，未易以涉斯境也！"于是复书曰："世之高抗通脱之士，捐富贵，轻利害，弃爵禄，决然长往而不顾者，亦皆有之。彼其或从好于外道诡异之说，投情于诗酒山水技艺之乐，又或奋发于意气，牵溺于嗜好，有待于物以相胜，是以去彼取此而后能。及其所之既倦，意衡心郁，情随事移，则忧愁悲苦，随之而作，果能捐富贵，轻利害，弃爵禄，快然终身，无入而不自得已乎？夫惟有道之士，真有以见其良知之昭明灵觉，廓然于太虚而同体。太虚之中，何物不有，而无一物能为太虚之障碍。故凡慕富贵，忧贫贱，欣戚得丧，爱憎取舍之类，皆足以蔽吾聪明睿知之体，窒吾渊泉时出之用。如明目之中而翳之以尘沙，聪耳之中而塞之以木楔也。其疾痛郁逆，将必速去之为快，而何能忍于时刻乎？关中自古多豪杰。横渠之后，此学不讲，或亦于四方无异矣。自此有所振发兴起，变气节为圣贤之学，将必自吾元善昆季始也。今日之归，谓天为无意乎？"

答欧阳德书。

德初见先生于虔，最年少，时已领乡荐。先生恒以"小秀才"呼之。故遣服役，德欣欣恭命，虽劳不怠。先生深器之。嘉靖癸未第进士，出守六安州。数月，奉书以为初政倥偬，后稍次第，始得于诸生讲学。先生曰："吾所讲学，正在政务倥偬中。岂必聚徒而后为讲学耶？"又尝与书曰："良知不因见闻而有，而见闻莫非良知之用。故良知不滞于见闻，而亦不离于见闻。孔子云：'吾有知乎哉？无知也。'良知之外，则无知矣。故致良知是圣门教人第一义。今云专求之见闻之末，则落在第二义矣。若曰致其良知而求之见闻，则语意之间未免为二。此与专求之见闻之末者，虽稍不同，其为未得精一之旨则一也。"

德洪与王畿并举南宫，俱不廷对，偕黄弘纲、张元冲同舟归越。先生喜，凡初及门者，必令引导，俟志定有人，方请见。每临坐，默对焚香，无语。

八月，答聂豹书。

是年夏，豹以御史巡按福建，渡钱塘来见先生。别后致书，谓："思、孟、周、程无意相遭于千载之下，与其尽信于天下，不若真信于一人。道固自在，学亦自在。"先生答书略曰："读来谕，诚见君子不见是而无闷之心，乃区区则有大不得已者存乎其间，非以计人之信与不信也。夫人者，天地之心；天地万物，本吾一体者也。生民之困苦荼毒，孰非疾痛之切于吾身者乎？不知吾身之疾痛，无是非之心者也。是非之心，不虑而知，不学而能，所谓良知也。良知之在人心，无间于圣愚，天下古今之所同也。世之君子，惟务致其良知，则自能公是非，同好恶，视人犹己，视国犹家，而以天地万物为一体，求天下无治不可得矣。古之人所以能见善不啻若己出，见恶不啻若己入，视民之饥溺，犹己之饥溺，而一夫不获，若己推而纳诸沟中者，非故为是而蕲天下之信己也；务致其良知，求其自慊而已矣。后世良知之学不明，天下之人外假仁义之名，而内以行私利之实：诡词以阿俗，矫行以干誉；掩人之善，而袭以为己长；讦人之私，而窃以为己直；忿以相胜，而犹谓之徇义；险以相倾，而犹谓之疾恶；妒贤嫉能，而犹自以为公是非；恣情纵欲，而犹自以为同好恶。相凌相贼，自其一家骨肉之亲，已不能无彼此藩篱之隔，而况于天下之大，民物之众，又何能一体而视之乎！仆诚赖天之灵，偶有见于良知之学，以为必由此而后天下可得而治，是以每念斯民之陷溺，则为之戚然痛心，忘其身之不肖，而思以此救之，亦不自知其量者。天下之人，见其若是，遂相与非笑而诋斥，以为是病狂丧心之人耳。呜呼！吾方疾痛之切体，而暇计人之非笑乎！昔者孔子之在当时，有议其为谄者，有议其为佞者，有毁其未贤，诋其为不知礼，而侮之以为"东家丘"者，有嫉而阻之者，有恶而欲杀之者。晨门、荷蒉之徒，皆当时之贤士，且曰："是知其不可而为之者与？鄙哉硁硁乎，莫己知也，斯已而已矣。"虽子路在升堂之列，尚不能无疑于其所见，不悦于其所欲往，而且以之为迂。则当时之不信夫子者，岂特十之一二而已乎？然而夫子汲汲遑遑，若求亡子于道路，而不暇于暖席者，宁以蕲人之信我知我而已哉？仆之不肖，何敢以夫子之道为己任？顾其心亦已稍知疾痛之在身，是以彷徨四顾，相求其有助于我者，相与讲去其病耳。今诚得豪杰同志之士，共明良知之学于天下，使天下之人皆知自致其良知，一洗谗妒胜忿之习，以跻于大同，则仆之狂病，固将脱然以愈，而终免于丧心之患矣，岂不快哉！会稽素号山水之区，深林长谷，信步皆是，寒暑晦明，无时不宜。良朋四集，道义日新。天地之间，宁复有乐于是者？孔子云"不怨天，不尤人，下学而上达。"仆与二三同志，方将请事斯语，奚暇外慕？独其切肤之痛，乃有未能恝然者，辄复云尔。"

按：豹初见称晚生，后六年，出守苏州，先生已违世四年矣。见德洪、王畿曰："吾学诚得诸先生，尚冀再见称赞，今不及矣。兹以二君为证，具香案拜先生。"遂称门人。

十一月庚申，子正亿生。

继室张氏出。先生初得子，乡先达有静斋、六有者，皆逾九十，闻而喜，以二诗为贺。先生次韵谢答之，有曰"何物敢云绳祖武？他年只好共爷长"之句，盖是月十有七日也。

先生初命名正聪，后七年壬辰，外舅黄绾因时相避讳，更今名。

十二月，作《惜阴说》。

刘邦采合安福同志为会，名曰"惜阴"，请先生书会籍。先生为之说曰："同志之在安成者，间月为会五日，谓之'惜阴'，其志笃矣。然五日之外，孰非惜阴时乎？离群而索居，志不能无少懈，故五日之会，所以相稽切焉耳。呜乎！天道之运，无一息之或停，吾心良知之运，亦无一息之或停。良知即天道，谓之'亦'，则犹二之矣。知良知之运无一息之或停者，则知惜阴矣。知惜阴者，则知致其良知矣。子在川上曰：'逝者如斯夫！不舍昼夜。'此其所以学如不及，至于发愤忘食也。尧、舜兢兢业业，成汤日新又新，文王纯亦不已，周公坐以待旦：惜阴之功，宁独大禹为然？子思曰：'戒慎乎其所不睹，恐惧乎其所不闻，知微之显，可以入德矣。'或曰：鸡鸣而起，孳孳为利，凶人为不善，亦惟日不足，然则小人亦可谓之惜阴乎？"

按：先生明年丁亥过吉安，寄安福诸同志书曰："诸友始为惜阴之会，当时惟恐只成虚语，迩来乃闻远近豪杰闻风而至者以百数，此可以见良知之同然，而斯道大明之几，于此亦可以卜之矣。明道有云：'宁学圣人而不至，不以一善而成名。'此为有志圣人而未能真得圣人之学者，则可如此说。若今日所讲良知之说，乃真是圣学之的传，但从此学圣人，却无不至者。惟恐吾侪尚有一善成名之意，未肯专心致志于此耳。

六年丁亥，先生五十六岁，在越。

正月。

先生与宗贤书曰："人在仕途，比之退处山林时，功夫难十倍；非得良友时时警发砥砺，平日志向鲜有不潜移默夺，弛然日就颓靡者。近与诚甫言，京师相与者少，二君必须彼此约定，便见微有动气处，即须提起致良知话头，互相规切。凡人言语正到快意时，便截然能忍默得；意气正到发扬时，便翕然能收敛得；愤怒嗜欲正到腾沸时，便廓然能消化得：此非天

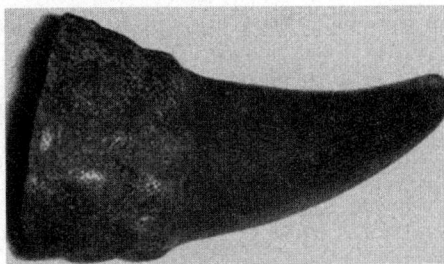

明代犀牛角杯

下之大勇不能也。然见得良知亲切时，其功夫又自不难，缘此数病，良知之所本无，只因良知昏昧蔽塞而后有，若良知一提醒时，即如白日一出，魍魉自消矣。《中庸》谓：'知耻近乎勇。'只是耻其不能致得自己良知耳。今人多以言语不能屈服得人，意气不能陵轧得人，愤怒嗜欲不能直意任情为耻；殊不知此数病者，皆是蔽塞自己良知之事，正君子之所宜深耻者。古之大臣，更不称他知谋才略，只是一个断断无他技，休休如有容而已。诸君知谋才略，自是超然出于众人之上，所未能自信者，只是未能致得自己良知，未全得断断休休体段耳。须是克去己私，真能以天地万物为一体，实康济得天下，挽回三代之治，方是不负如此圣明之君，方能不枉此出世一遭也。"

四月，邹守益刻《文录》于广德州。

守益录先生文字请刻。先生自标年月，命德洪类次，且遗书曰："所录以年月为次，不复分别体类，盖专以讲学明道为事，不在文辞体制间也。"明日，德洪掇拾所遗请刻，先生曰："此便非孔子删述《六经》手段。三代之教不明，盖因后世学者繁文盛而实意衰，故所学忘其本耳。比如孔子删《诗》，若以其辞，岂止三百篇；惟其一以明道为志，故所取止。此例《六

王阳明全集

《王阳明全集》原典

经》皆然。若以爱惜文辞，便非孔子垂范后世之心矣。"德洪曰："先生文字，虽一时应酬不同，亦莫不本于性情；况学者传诵日久，恐后为好事者掇拾，反失今日裁定之意矣。"先生许刻附录一卷，以遗守益，凡四册。

五月，命兼都察院左都御史，征思、田。

六月，疏辞，不允。

先是广西田州岑猛为乱，提督都御史姚镆征之。奏称猛父子悉擒，已降敕论功行赏讫。遗目卢苏、王受构众煽乱，攻陷思恩。镆复合四省兵征之，久弗克；为巡按御史石金所论。朝议用侍郎张璁、桂萼荐，特起先生总督两广及江西、湖广军务，度量事势，随宜抚剿，设土官流官孰便，并核当事诸臣功过以闻；且责以体国为心，毋或循例辞避。先生闻命，上疏言："臣伏念君命之召，当不俟驾而行，矧兹军旅，何敢言辞？顾臣患痰疾增剧，若冒疾轻出，至于偾事，死无及矣。臣又复思，思、田之役，起于土官雠杀，比之寇贼之攻劫郡县，荼毒生灵者，势尚差缓。若处置得宜，事亦可集。镆素老成，一时利钝，亦兵家之常。御史石金据事论奏，所以激励镆等，使之善后，收之桑榆也。臣以为今日之事，宜专责镆等，隆其委任，重其威权，略其小过，假以岁月，而要其成功。至于终无底绩，然后别选才能，兼谙民情土俗，如尚书胡世宁、李承勋者，往代其任，事必有济。"疏入，诏镆致仕，遣使敦促上道。

八月。

先生将入广，尝为《客坐私嘱》曰："但愿温恭直谅之友，来此讲学论道，示以孝友谦和之行，德业相劝，过失相规，以教训我子弟，使无陷于非僻；不愿狂躁惰慢之徒，来此博弈饮酒，长傲饰非，导以骄奢淫荡之事，诱以贪财黩货之谋，冥顽无耻，扇惑鼓动，以益我子弟之不肖。呜呼！由前之说，是谓良士；由后之说，是为凶人；我子弟苟远良士而近凶人，是谓逆子。戒之戒之！嘉靖丁亥八月，将有两广之行，书此以戒我子弟，并以告夫士友之辱临于斯者，请一览教之。"

九月壬午，发越中。

是月初八日，德洪与畿访张元冲舟中，因论为学宗旨。畿曰："先生说知善知恶是良知，为善去恶是格物，此恐未是究竟话头。"德洪曰："何如？"畿曰："心体既是无善无恶，意亦是无善无恶，知亦是无善无恶，物亦是无善无恶。若说意有善有恶，毕竟心亦未是无善无恶。"德洪曰："心体原来无善无恶，今习染既久，觉心体上见有善恶在，为善去恶，正是复那本体功夫。若见得本体如此，只说无功夫可用，恐只是见耳。"畿曰："明日先生启行，晚可同进请问。"是日夜分，客始散，先生将入内，闻洪与畿候立庭下，先生复出，使移席天泉桥上。德洪举与畿论辩请问。先生喜曰："正要二君有此一问！我今将行，朋友中更无有论证及此者，二君之见正好，相取，不可相病。汝中须用德洪功夫，德洪须透汝中本体。二君相取为益，吾学更无遗念矣。"德洪请问。先生曰："有只是你自有，良知本体原来无有，本体只是太虚。太虚之中，日月星辰，风雨露雷，阴霾饐饮气，何物不有？而又何一物得为太虚之障？人心本体亦复如是。太虚无形，一过而化，亦何费纤毫气力？德洪功夫须要如此，便是合得本体功夫。"畿请问。先生曰："汝中见得此意，只好默默自修，不可执以接人。上根之人，世亦难遇。一悟本体，即见功夫，物我内外，一齐尽透，此颜子、明道不敢承当，岂可轻易望人？二君已后与学者言，务要依我四句宗旨：无善无恶，是心之体，有善有恶，是意之动，知善知恶，是良知，为善去恶，是格物。以此自修，直跻圣位；以此接人，更无差失。"。畿曰："本体透后，于此四句宗旨何如？"先生曰："此是彻上彻下语，自初学以至圣人，只此功夫。初学用此，循循有入，虽至圣人，穷究无尽。尧、舜精一功夫，亦只如此。"先生又重嘱付曰："二君以后再不可更此四句宗旨。此四句中人上下无不接着。我年来立教，亦更几番，今始立此四句。人心自有知识以来，已为习俗所染，今不教他在良知上实用为善去恶功夫，只去悬空想个本体，一切事为，俱不著实。此病痛不是小小，不可不早说破。"是日洪、畿俱有省。

甲申，渡钱塘。

先生游吴山、月岩、严滩，俱有诗。《过钓台》曰："忆昔过钓台，驱驰正军旅。十年今始来，复以兵戈起。空山烟雾深，往迹如梦里。微雨林径滑，肺病双足胝。仰瞻台上云，俯濯台下水。人生何碌碌？高尚乃如此。疮痍念同胞，至人匪为己。过门不遑入，忧劳岂得已。滔滔良自伤，果哉末难已。"跋曰："右正德己卯献俘行在，过钓台而弗及登，今兹复来，又以兵革之役，兼肺病足疮，徒顾瞻怅望而已。书此付桐庐尹沈元材刻置亭壁，聊以纪经行岁月云耳。时从行进士钱德洪、王汝中、建德尹杨思臣及元材，凡四人。"

丙申，至衢。

西安雨中，诸生出候，因寄德洪、汝中，并示书院诸生："几度西安道，江声暮雨时。机关鸥鸟破，踪迹水云疑。仗钺非吾事，传经愧尔师。天真泉石秀，新有鹿门期。"德洪、汝中方卜筑书院，盛称天真之奇，并寄及之："不踏天真路，依稀二十年。石门深竹径，苍峡泻云泉。泮壁环胥海，龟畴见宋田。文明原有象，卜筑岂无缘？"今祠有仰止祠、环海楼、太极云、泉泻云诸亭。

戊戌，过常山。

诗曰："长生徒有慕，苦乏大药资。名山遍深历，悠悠鬓生丝。微躯一系念，去道日远而。中岁忽有觉，九还乃在兹。非炉亦非鼎，何坎复何离？本无终始究，宁有死生期？彼哉游方士，诡辞反增疑。纷然诸老翁，自传困多岐。乾坤由我在，安用他求为？千圣皆过影，良知乃吾师。"

十月，至南昌。

先生发舟广信，沿途诸生徐樾、张士贤、桂轩等请见，先生俱谢以兵事未暇，许回途相见。徐樾自贵溪追至余干，先生令登舟。樾方自白鹿洞打坐，有禅定意。先生目而得之，令举似。曰："不是。"已而稍变前语。又曰："不是。"已而更端。先生旧："近之矣。此体岂有方所，譬之此烛，光无不在，不可以烛上为光。"因指舟中曰："此亦是光，此亦是光。"直指出舟外水面曰："此亦是光。"樾领谢而别。明日至南浦，父老军民俱顶香林立，填途塞巷，至不能行。父老顶舆传递入都司。先生命父老军民就谒，东入西出，有不舍者，出且复入，自辰至未而散，始举有司常仪。明日谒文庙，讲《大学》于明伦堂，诸生屏拥，多不得闻。唐尧臣献茶，得上堂旁听。初尧臣不信学，闻先生至，自乡出迎，心已内动。比见拥谒，惊曰："三代后安得有此气象耶！"及闻讲，沛然无疑。同门有黄文明、魏良器辈笑曰："逋逃主亦来投降乎？"尧臣曰："须得如此大捕人，方能降我，尔辈安能？"

至吉安，大会士友螺川。

诸生彭簪、王钊、刘阳、欧阳瑜等偕旧游三百余，迎入螺川驿中。先生立谈不倦，曰："尧、舜生知安行的圣人，犹兢兢业业，用困勉的功夫。吾侪以困勉的资质，而悠悠荡荡，坐享生知安行的成功，岂不误己误人？"

又曰："良知之妙，真是周流六虚，变通不居。若假以文过饰非，为害大矣。"临别嘱曰："功夫只是简易真切，愈真切，愈简易；愈简易，愈真切。"

十一月，至肇庆。

是月十八日抵肇庆。先生寄书德洪、畿曰："家事赖廷豹纠正，而德洪、汝中又相与薰陶切磋于其间，吾可以无内顾矣。绍兴书院中同志，不审近来意向如何？德洪、汝中既任其责，当能振作接引，有所兴起。会讲之约，但得不废，其间纵有一二懈弛，亦可因此夹持，不致遂有倾倒。余姚又得应元诸友作兴鼓舞，想益日异而月不同。老夫虽出山林，亦每以自慰。诸贤皆一日千里之足，岂俟区区有所警策，聊亦以此视鞭影耳。即日已抵肇庆，去梧不三四日可到。方入冗场，绍兴书院及余姚各会同志诸贤，不能一一列名字。"

乙未，至梧州，上谢恩疏。

二十日，梧州开府。十二月朔，上疏曰："田州之事，尚未及会议审处。然臣沿途咨访，颇有所闻，不敢不为陛下一言其略。臣惟岑猛父子固有可诛之罪，然所以致彼若是者，则前此当事诸人，亦宜分受其责。盖两广军门专为诸瑶、僮及诸流贼而设，事权实专且重，若使振其兵威，自足以制服诸蛮。夫何军政日坏，上无可任之将，下无可用之兵，有警必须倚调土官狼兵，若猛之属者，而后行事。故此辈得以凭恃兵力，日增桀骜。及事之平，则又功归于上，而彼无所与，固不能以无怨愤。始而征发愆期，既而调遣不至。上嫉下愤，日深月积，劫之以势而威益亵，笼之以诈而术愈穷。由是谕之而益梗，抚之而益疑，遂至于有今日。今山瑶海贼，乘衅摇动，穷追必死之寇，既从而煽诱之，贫苦流亡之民，又从而逃归之，其可忧危蛇，奚啻十百于二酋者之为患。其事已兆，而变已形，顾犹不此之虑，而汲汲于二酋，则当事者之过计矣。臣又闻诸两广士民之言，皆谓流官久设，亦徒有虚名，而受实祸。诘其所以，皆云未设流官之前，土人岁出土兵三千，以听官府之调遣；既设流官之后，官府岁发民兵数千，以防土人之反覆。即此一事，利害可知。且思恩自设流官，十八九年之间，反者数起，征剿日无休息。浚良民之膏血，而涂诸无用之地，此流官之无益，亦断可识矣。论者以为既设流官，而复去之，则有更改之嫌，恐招物议，是以宁使一方之民久罹涂炭，而不敢明为朝廷一言，宁负朝廷，而不敢犯众议。甚哉！人臣之不忠也。苟利于国而庇于民，死且为之，而何物议之足计乎！臣始至，虽未能周知备历，然形势亦可概见矣。田州切近交趾，其间深山绝谷，瑶、僮盘据，动以千百。必须存土官，藉其兵力，以为中土屏蔽。若尽杀其人，改土为流，则边鄙之患，我自当之；自撤藩篱，后必有悔。"奏下，尚书王时中持之，得旨："守仁才略素优，所议必自有见。事难遥度，俟其会议熟处，要须情法得中，经久无患。事有宜亟行者，听其便宜，勿怀顾忌，以贻后患。"

初，总督命下，具疏辞免；及豫言处分思、田机宜，凡当路相知者，皆寓书致意。与杨少师曰："惟大臣报国之忠，莫大于进贤去谗。自信山林之志已坚，而又素受知己之爱，不复嫌避，故辄言之。乃今适为己地也。昔有以边警荐用彭司马者，公独不可，曰：'彭始成功，今或少挫，非所以完之矣。'公之爱惜人才，而欲成全之也如此，独不能以此意推之某乎？果不忍终弃，病痊，或使得备散局，如南北太常国子之任，则图报当有日也。"与黄绾书曰："往年江西赴义将士，功久未上，人无所动，再出，何面目见之？且东南小丑，特疮疥之疾；百辟谗嫉朋比，此则腹心之祸，大为可忧者。诸公任事之勇，不思何以善后？大都君子道长，小人道消，疾病既除，元气自复。但去病太亟，亦耗元气，药石固当以渐也。"又曰："思、田之事，本无紧要，只为从前张皇太过，后难收拾：所谓生事事生是已。今必得如奏中所请，庶图久安，否则反覆未可知也。"与方献夫书曰："圣主聪明不世出，今日所急，惟在培养君德，端其志向，于此有立，是谓一正君而国定。然非真有体国之诚，其心断断休休者，亦徒事其名而已。"又曰："诸公皆有荐贤之疏，此诚君子立朝盛节，但与名其间，却有所未喻者。此天下治乱盛衰所系，君子小人进退存亡之机，不可以不慎也。譬诸养蚕，便杂一烂蚕其中，则一筐好蚕尽为所坏矣。凡荐贤于朝，与自己用人不同：自己用人，权度在我；若荐贤于朝，则评品宜定。小人之才，岂无可用，如砒硫芒硝，皆有攻毒破痈之功，但混于参苓著术之间而进之，鲜不误矣。"又曰："思、田之事已坏，欲以无事处之。要已不能；只求减省一分，则地方亦可减省一分之劳扰耳。此议深知大拂喜事者之心，然欲杀敌千无罪之人，以求成一将之功，仁者之所不忍也。"

十有二月，命暂兼理巡抚两广，疏辞，不允。

七年戊子，先生五十七岁，在梧。

二月，思、田平。

先生疏略曰："臣奉有成命，与巡按纪功御史石金、布政使林富等，副使祝品、林文辂等，参将李璋、沈希仪等，会议思、田之役，兵连祸结，两省荼毒，已逾二年，兵力尽于哨守，民脂竭于转输，官吏罢于奔走。今日之事，已如破坏之舟，漂泊于颠风巨浪，覆溺之患，汹汹在目，不待知者而知之矣。"因详其十患十善，二幸四毁，反覆言之。且曰："臣至南宁，乃下令尽撤调集防守之兵，数日之内，解散而归者数万。惟湖兵数千，道阻且远，不易即归，仍使分留宾宁，解甲休养，待间而发。初苏、受等闻臣奉命处勘，始知朝廷无必杀之意，皆有投生之念，日夜悬望，惟恐臣至之不速。已而闻太监、总兵相继召还，至是又见守兵尽撤，其投生之念益坚，乃遣其头目黄富等先赴军门诉告，愿得扫境投生，惟乞宥免一死。臣等谕以朝廷之意，正恐尔等有所亏枉，故特遣大臣处勘，开尔等更生之路；尔等果能诚心投顺，决当贷尔之死。因复露布朝廷威德，使各持归省谕，克期听降。苏、受等得牌，皆罗拜踊跃，欢声雷动；率众扫境，归命南宁城下，分屯四营。苏、受等囚首自缚，与其头目数百人赴军门请命。臣等谕以朝廷既赦尔等之罪，岂复亏失信义；但尔等拥众负固，虽由畏死，然骚动一方，上烦九重之虑，下疲三省之民，若不示罚，何以泄军民之愤？于是下苏、受于军门，各杖之一百，乃解其缚，谕于今日宥尔一死者，朝廷天地好生之仁，必杖尔示罚者，我等人臣执法之义。于是众皆叩首悦服，臣亦随至其营，抚定其众，凡一万七千，濈濈道路，踊跃欢闻，皆谓朝廷如此再生之恩，我等誓以死报，且乞即愿杀贼立功赎罪。臣因谕以朝廷之意，惟欲生全尔等，今尔等方来投生，岂忍又驱之兵刃之下。尔等逃窜日久，且宜速归，完尔家室，修复生理。至于诸路群盗，军门自有区处，徐当调发尔等。于是又皆感泣欢呼，皆谓朝廷如此再生之恩，我等誓以死报。臣于是遂委布政使林富、前副总张祐督令复业，方隅平定。是皆皇上神武不杀之威，风行于庙堂之上，而草偃于百蛮之表，是以班师不待七旬，而顽夷即尔来格，不折一矢，不戮一卒，而全活数万生灵。是所谓绥之斯来，动之斯和者也。"疏入，敕遣行人奖励，赏银五十两，纻丝四袭，所司备办羊酒，其余各给赏有差。先生为文勒石曰："嘉靖丙戌夏，官兵伐田，随与思恩之人相比相煽，集军四省，汹汹连年。于时皇帝忧悯元元，容有无辜而死者乎？乃令新建伯王守仁曷往视师，其以德绥，勿以兵虔。班师撤旅，信义大宣。诸夷感慕，旬日之间，自缚来归者一万七千。悉放之还农，两省以安。昔有苗徂征，七旬来格；今未期月，而蛮夷率服，绥之斯来，速于邮传，舞于之化，何以加焉。爰告思、田，毋忘帝德。爰勒山石，昭此赫赫。文武圣神，率土之滨。凡有血气，莫不尊亲。"

四月，议迁都台于田州，不果。

先是有制，王守仁暂令兼理巡抚两广，既受命，先生乃疏言："臣以迂疏多病之躯，谬承总制四省军务之命，方怀不胜其任之忧，今又加以巡抚之责，岂其所能堪乎？且两广之事，实重且难，巡抚之任，非得才力精强者，重其事权，进其官阶，而久其职任，殆未可求效于岁月之间也。致仕副都御史伍文定，往岁宁藩之变，常从臣起兵，具见经略；侍郎梁材、南赣副都御史汪鋐，亦皆才能素著，足堪此任；愿选择而使之。"会侍郎方献夫建白，宜于田州特设都御史一人，抚绥诸夷，下议。先生复疏言："布政使林富可用，或量改宪职，仍听臣等节制，暂于思、田住札，抚绥其众。然而要之蛮夷之区，不可治以汉法，虽流官之设，尚且弗便，而又可益之以都台乎？今且暂设，凡一切廪饩车马，悉取办于南宁府卫，取给于军饷，不以干思、田之人。俟年余经略有次，思、田止责知府理治，或设兵备宪臣一人于宾州，或以南宁兵备兼理；如此，则目前既得辑宁之效，而日后又可免烦劳之扰矣。"又以柳庆缺参将，特荐用沈希仪，且请起用前副总兵张祐，俾与富协心共事。未几，升富副都御史，抚治郧阳以去。先生再荐布政使王大用、按察使周期雍，又以边方缺官，且言副使陈槐、施儒、杨必进，知府朱衮，皆堪右江兵备之任；知州林宽可为田州知府；推官李乔木可为同知。且言："任贤图治，得人实难，其在边方反覆多事之地，其难尤甚。盖非得忠实、勇果、通达、坦易之才，未易以定其乱。有其才矣，使不谙其土俗，则亦未易以得其本心。得其心矣，使不耐其水土，亦不能以久居其地，以成其功。故用人于边方，必兼是三者而后可。如前四人者，固皆可用之才；今乃皆为时例所拘，弃置不用，而更劳心远索，则亦过矣。"疏上，俱未果行。

兴思、田学校。

先生以田州新服，用夏变夷，宜有学校。但疮痍逃窜，尚无受廛之民，即欲建学，亦为徒劳。然风化之原，又不可缓也。乃案行提学道，着属儒学，但有生员，无拘廪增，愿改田州府学，及各处儒生愿附籍入学者，本道选委教官，暂领学事，相与讲肄游息，兴起孝弟，或倡行乡约，随事开引，渐为之兆。俟建有学校，然后将各生徒通发该学肄业，照例充补廪增起贡。

五月，抚新民。

先生因左江道参议等官汪必东等称："古陶、白竹、石马等贼，近虽诛剿，然尚有流出府江诸处者。诚恐日后为患，乞调归顺土官岑璇兵一千名，万承、龙英共五百名，或韦贵兵一千名，住札平南、桂平冲要地方。"及该府知府程云鹏等亦申量留湖兵，及调武靖州狼兵防守。乃谕之曰："始观论议，似亦区画经久之计；徐考成功，终亦支吾目前之计。盖用兵之法，伐谋为先；处夷之道，攻心为上。今各瑶征剿之后，有司即宜诚心抚恤，以安其心。若不服其心，而徒欲久留湖兵，多调狼卒，凭藉兵力，以威劫把持，谓为可久之计，则亦末矣。殊不知远来客兵，怨愤不肯为用，一也。供馈之需，稍不满意，求索訾詈，将无抵极，二也。就居民间，骚扰浊乱，易生雠隙，三也。困顿日久，资财耗竭，适以自弊，四也。欲借此以卫民，而反为民增一苦；欲借此以防贼，而反为吾招一寇，其可行乎？合行知府程云鹏，公同指挥周胤宗，及各县知县等官，亲至已破贼巢各邻近良善村寨，以次加厚抚恤，给以告示，犒以鱼盐，待以诚信，敷以德恩。谕以朝廷所以诛剿各贼者，为其稔恶不悛，若尔等良善守分村寨，我官府何尝轻动尔等一草一木？尔等各宜益坚向善之心，毋为彼所煽惑摇动。从而为之推选众所信服，立为酋长，以连属之。若各贼果能改恶迁善，实心向化，今日来投，今日即待以良善，决不追既往之恶。尔等即可以此意传告开谕之。我官府亦就实心抚安招来，量给盐米，为之经纪生业。亦就为之选立酋长，使有统率，毋令涣散。一面清查侵占田土，开立里甲，以息日后之争。禁约良民，毋使乘机报复，以激其变。如农夫之植嘉禾，以去稂莠，深耕易耨，芸菑灌溉，专心一事，勤诚无惰，必有秋获。夫善者益知所劝，则助恶者日衰；恶者益知所惩，则向善者益众：此抚柔之道，而非专有恃于甲兵者也。"又曰："该府议欲散撤顾倩机快等项，调取武靖州土兵，使之就近防守一节，区画颇当。然以三千之众，而常在一处屯顿坐食，亦未得宜。必须分作六班，每五百名为一班，每两个月日而更一次。若有雕剿等项，然后通行起调，然必须于城市别立营房，毋使与民杂处，然后可免于骚扰嫌隙。盖以十家牌门之兵，而为守土安民之本；以武靖起调之兵，而备追捕剿截之用：此亦经权交济相须之意也。自今以后，免其秋调，各处哨守等役，专在浔州地方听凭守备参将调用。凡遇紧急调取，即要星驰赴信地，不得迟违时刻。守巡各官，仍要时加戒谕抚辑，毋令日久玩弛，又成虚应故事。"

六月，兴南宁学校。

先生谓："理学不明，人心陷溺，是以士习日偷，风教不振。"日与各学顺生朝夕开讲，已觉渐有奋发之志。又恐穷乡僻邑，不能身至其地，委原任监察御史降合浦县丞陈逅主教灵山诸县，原任监察御史降揭阳县主簿季本主教敷文书院。仍行牌谕曰："仰本官每日拘集该府县学诸生，为之勤勤开诲，务在兴起圣贤之学，一洗习染之陋。其诸生该赴考试者，临期起送；不该赴试者，如常朝夕聚会。考德问业之外，或时出与经书论策题目，量作课程；就与讲析文义，以无妨其举业之功。大抵学绝道丧之余，未易解脱旧闻旧见，必须包蒙俯就，涵育薰陶，庶可望其渐次改化。谅本官平素最能孜孜汲引，则今日必能循循善诱。诸生之中，有不率教者，时行槚楚，以警其惰。本院回军之日，将该府县官员师生查访勤惰，以示劝惩。"

又牌谕曰："照得安上治民，莫善于礼，冠婚丧祭，固宜家喻而户晓者。今皆废而不讲，欲求风俗之美，其可得乎？况兹边方远郡，土夷错杂，顽梗成风，有司徒具刑驱势迫，是谓以火济火，何益于治？若教之以礼，庶几所谓小人学道则易使矣。福建莆田生员陈大章，前来南宁游学，叩以冠婚乡射诸仪，颇能通晓。近来各学诸生，类多束书高阁，饱食嬉游，散漫度日。岂若使与此生朝夕讲习于仪文节度之间，亦足以收其放心，固其肌肤之会，筋骸之束，不犹愈于博弈之为贤乎？仰南宁府官吏即便馆谷陈生于学舍，于各学诸生之中，选取有志习礼，及年少质美者，相与讲解演习。自此诸生得于观感兴起，砥砺切磋，修之于其家，而被于里巷，达于乡村；则边徼之地，遂化为邹鲁之乡，亦不难矣。"

七月，袭八寨、断藤峡，破之。

八寨、断藤峡诸蛮贼，有众数万，负固稔恶，南通交趾诸夷，西接云、贵诸蛮，东北与牛场、仙台、花相、风门、佛子及柳庆、府江、古田诸瑶回旋连络，延袤二千余里，流劫出没，为害岁久。比因有事思、田，势不暇及。至是，先生以思、田既平，苏、受新附，乃因湖广保靖归师之便，令布政使林富、副总兵张祐等，出其不意，分道征之。富、祐率右江及思、田兵进剿八寨诸贼。参议汪必东、副使翁素、佥事汪溱，率左江及永、保土兵进剿断藤峡诸贼。令该道分巡兵备收解，纪功御史册报，及行太监张赐并各镇巡知会，一月之内，大破其众，斩获三千有奇。先生见诸贼巢穴既已扫荡，而我兵疾疫，遂班师奏捷。

按：疏言："断藤峡诸贼，犄角屯聚，自国初以来，屡征不服。至天顺间，都御史韩雍统兵二十万，然后破其巢穴。撤兵无何，贼复攻陷浔州，据城大乱。后复合兵，量从剿抚。自后窃发无时，凶恶成性，不可改化。至于八寨诸贼，尤为凶猛，利镖毒弩，莫当其锋；且其寨壁天险，进兵无路。自国初都督韩观，尝以数万之众围困其地，亦不能破，竟从招抚而罢。报后兴师合剿，一无所获，反多挠丧。惟成化间，土官岑瑛尝合狼兵深入，斩获二百。已而贼势大涌，力不能支，亦从抚罢。今因湖广之回兵，而利导其顺便之势，作思、田之新附，而善用其报效之机。两地进兵，各不满八千之众，而三月报捷，共已逾三千之功。两广父老皆以为数十年来未有此举也。"

疏请经略思、田及八寨、断藤峡。

初，先生既平思、田，乃上疏曰："臣以迂庸，缪当兵事于兹土，承制假以抚剿便宜。是陛下之心惟在于除患安民，未尝有所意必也。又谕令贼平之后，议设土流孰便。是陛下之心惟在于安民息乱，未尝有所意必也。始者思、田梗化，既举兵而加诛矣，因其悔罪投降，遂复宥而释之。固亦莫非仰承陛下不嗜杀人之心，惓惓忧悯赤子之无辜也。凡为经略事宜有三：特设流官知府以制土官之势；仍立土官知府以顺土夷之情；分设土官巡检以散各夷之党。拟府名为'田宁'，以应谶谣，而定人心。设州治于府之西北，立猛第三子邦相为吏目。待其有功，渐升为知州。分设思恩土巡检司九，田州土巡检司十有八，以苏、受并土目之为众所服者世守之。"既而复破八寨、断藤峡。又上疏曰："臣因督兵亲历诸巢，见其形势要害，各有宜改立卫所，开设县治，以断其脉络，而扼其咽喉者。若失今不为，则数年之间，贼复渐来，必归聚生息；不过十年，又有地方之患矣。臣以遵制便宜，相度举行，凡为经略事宜有六：移南丹卫城于八寨；改筑思恩府治于荒田；改凤化县治于三里；增设隆安县治；置流官于思龙，以属田宁；增筑守镇城堡于五屯。"事下，本兵持之，户部复请覆勘，学士霍韬等上疏曰："臣等广人也，是役也，臣等尝为守仁计曰：'前当事者，凡若三省兵若干万，梧州军门费用军储若干万，复从广东布政司支用银米若干万，杀死、疫死官兵、士兵若干万，仅得田州小宁五十日，而思恩叛矣。'今守仁不杀一卒，不费斗米，直宣扬威德，遂使思、田顽叛，稽首来服。虽舜格有苗，何以过此？乃若八寨贼、断藤峡贼，又非思、田之比。八寨为诸贼渊薮，而断藤峡为八寨羽翼也。广西有八寨诸贼，犹人有心腹病也。八寨不平，则两广无安枕期也。今守仁沉机不露，一举平之。百数十年豺虎窟穴，扫而清之，如拂尘然。臣等是以叹服守仁能体陛下之仁，以怀绥思、田向化之民；又能体陛下之义，以讨服八寨、断藤梗化之贼：仁义两得之也。夫守仁之成功，有八善焉：乘湖兵归路之便，兵不调而自集，一也。因思、田效命之助，劳而不怨，二也。机出意外，贼不能遁，所诛者渠恶，非滥杀报功者比，三也。因归师无粮运费，四也。一举成功，民不知扰，五也。平八寨、平断藤峡，则极恶者先诛，其细小巢穴，可渐德化，得抚剿之宜，六也。八寨不平，则西而柳、庆，东而罗旁、禄水、新宁、思平之贼，合数千里，共为窟穴，虽调兵数十万，未易平伏，今八寨平定，则诸贼可以渐次抚剿，两广良民可以渐次安业，纾圣明南顾之忧，七也。韩雍虽平断藤峡贼矣，旋复有倡乱者，八寨乃百六十年所不能诛之剧贼。今守仁既平其巢窟，即徙建城邑以镇定之，则恶贼失险，后日不能为变，逋贼来归，且化为良民矣。诛恶绥良，得民父母之体，八也。或议：'守仁奉命有事思、田，遂剿八寨，可乎？'臣则曰：昔吴、楚反攻梁，景帝诏周亚夫救梁。亚夫不奉诏，而绝吴、楚粮道，遂破吴、楚，而平七国，安汉社稷。传曰：'阃以外，将军制之。'又曰：'大夫出疆，有可以安国家、利社稷，专之可也，古之道也。'是故亚夫知制吴、楚，在绝其食道，而不在于救梁；是故虽有诏命，有所不受。今守仁知思、田可以德怀也，遂纳其降而安定之。知八寨诸贼未易服也，遂因时仗义而讨平之。虽无诏命，先发后闻可也，况有便宜从事之旨乎？或曰：'建置城邑，大事也；区处钱粮，户部职也；不先奉命而辄兴工，可乎？'臣则曰：昔者范仲淹之守西边也，欲筑大顺城，虑敌人争之，乃先具版筑，然后巡边，急速兴工，一月成城。西夏觉而争之，已不及矣。守仁于建置城邑之役，不仰足户部而后有处，其以一肩而分圣明南顾之忧，不以为功，反以为过，可乎？臣等目击八寨之贼，为地方大患百数十年，一旦仰赖圣明，任用守仁，以底平定，不胜庆忭，今兵部功赏未行，户部覆题再勘，臣恐机会一失，大功遂阻，城保不筑，逋贼复聚，地方可虑。是故冒昧建言，唯圣明察焉。"

九月，疏谢奖励赏赉。

赏思、田功也。九月初八日，行人冯恩赍捧钦赐至镇，故有谢疏。

与德洪、畿书："地方事幸遂平息，相见渐可期矣。近年不审同志聚会如何，得无法堂前今已草深一丈否？想卧龙之会，虽不能大有所益，亦不宜遂尔荒落；且存饩羊，后或兴起，亦未可知。余姚得应元诸友相与倡率，为益不小。近有人自家乡来，闻龙山之讲，至今不废，亦殊可喜。书到，望遍寄声，益相与勉之。九十弟与正宪辈，不审早晚能来亲近否？诱掖接引之功，与人为善之心，当不俟多喋也。魏廷豹决能不负所托，儿辈或不能率教，亦望相与夹持之。"

十月，疏请告。

先生以疾剧，上疏请告，具言："臣自往年承乏南、赣，为炎毒所中，遂患咳痢之疾。岁益滋甚。其后退休林野，稍就医药，而疾亦终不能止。自去岁入广，炎毒益甚。力疾从事，竣事而出，遂尔不复能兴。今已舆至南宁，移卧舟次，将遂自梧道广，待命于韶、雄之间，夫竭忠以报国，臣之素志也。受陛下之深恩，思得粉身蕾骨以自效，又臣之所日夜切心者也。病日就危，而尚求苟全以图后报，而为养病之举，此臣之所以大不得已也。"疏入，未报。

谒伏波庙。

先生十五岁时尝梦谒伏波庙，至是拜祠下，宛然如梦中，谓兹行殆非偶然。因识二诗。其一曰："四十年前梦里诗，此行天定岂人为？徂征敢倚风云阵，所过如同时雨师。尚喜远人知向望，却惭无术救疮痍。从来胜算归廊庙，耻说兵戈定四夷。"其二诗曰："楼船金鼓宿乌蛮，鱼丽群舟夜上滩。月绕旌旗千嶂静，风传铃木九溪寒。荒夷未必先声服，神武由来不杀难。想见虞廷新气象，两阶干羽五云端。"是月与豹书："近岁山中讲学者，往往多说勿忘勿助功夫甚难。问之，则云：'才著意，便是助；才不著意，便是忘；所以甚难。'区区因问之云：'忘是忘个甚么？助是助个甚么？'其人默然无对，始请问。区区因与说：'我此间讲学，却只说个必有事焉，不说勿忘勿助。必有事焉者，只是时时去集义。若时时去用必有事的功夫，而或有时间断，此便是忘了，即须勿忘。时时去用必有事的功夫，而或有时欲速求效，此便是助了，即须勿助。其功夫全在必有事焉上用，勿忘勿助，只就其间提撕警觉而已。若是功夫原不间断，即不须更说勿忘；原不欲速求效，即不须更说勿助。此其功夫，何等明白简易，何等洒脱自在。今却不去必有事上用功，而乃悬空守着一个勿忘勿助，潆潆荡荡，只做得个沉空守寂，学成一个痴呆汉，事来，即便牵滞纷扰，不复能经纶宰制。此皆由学术误人之故，甚可悯矣。'"

又与邹守益书曰："随处体认天理，勿忘勿助之说，大约未尝不是。只要根究下落，即未免捕风捉影。纵令鞭辟向里，亦与圣门致良知之功尚隔一尘。若复失之毫厘，便有千里之缪矣。世间无志之人，既已见驱于声利辞章之习，间有知得自己性分当求者，又被一种似是而非之学兜绊羁縻，终身不得出头。缘人未有真为圣人之志，未免挟有见小欲速之私，则此种学问极足支吾眼前得过。是以虽在豪杰之士，而任重道远，志稍不力，即且安顿其中者多矣。"

祀增城先庙。

先生五世祖讳纲者，死苗难，庙祀增城。是月，有司复新祠宇，先生谒祠奉祀。过甘泉先生庐，题诗于壁曰："我祖死国事，肇礼在增城。荒祠幸新复，适来奉初蒸。亦有兄弟好，念言思一寻。苍苍见葭色，宛隔环瀛深。入门散图史，想见抱膝吟。贤郎敬父执，童仆意相亲。病躯不遑宿，留诗慰殷勤。落落千百载，人生几知音。道同著形迹，期无负初心。"又题甘泉居曰："我闻甘泉居，近连菊坡麓。十年劳梦思，今来快心目。徘徊欲移家，山南尚堪屋。渴饮甘泉泉，饥食菊坡菊。行看罗浮云，此心聊复足。”与德洪、畿书：“书来见近日功夫之有进，足为喜慰！而余姚、绍兴诸同志又能相聚会讲，切奋发兴起，日勤不懈，吾道之昌，真有火燃泉达之机矣，喜幸当何如哉！此间地方悉已平靖，只因二三大贼巢，为两省盗贼之根株渊薮，积为民患者，心亦不忍不为一除剪，又复迟留二三月；今亦了事矣，旬月间便当就归途也。守俭、守文二弟，近承夹持启迪，想亦渐有所进。正宪尤极懒惰，若不痛加针砭，其病未易能去。父子兄弟之间，情既迫切，责善反难，其任乃在师友之间。想平日骨肉道义之爱，当不俟于多嘱也。”与何性之书：“区区病势日狼狈，自至广城，又增水泻，日夜数行不得止。至今遂两足不能坐立，须稍定，即逾岭而东矣。诸友皆不必相候。果有山阴之兴，即须早鼓钱塘之舵，得与德洪、汝中辈一会聚，彼此当必有益。区区养病本去已三月，旬日后必得旨。亦遂发舟而东，纵未能遂归田之愿，亦必得一还阳明洞，与诸友一面而别，且后会又有可期也。千万勿复迟疑，徒耽误日月。总及随舟而行，沿途官吏送迎请谒，断亦不能有须臾之暇。宜悉此意，书至，即拨冗。德洪、汝中辈，亦可促之早为北上之图。伏枕潦草。”

十一月乙卯，先生卒于南安。

是月廿五日，逾梅岭，至南安。登舟时，南安推官门人周积来见。先生起坐，咳喘不已。徐言曰：“近来进学如何？”积以政对。遂问道体无恙。先生曰：“病势危亟，所未死者，元气耳。”积退而迎医诊药。廿八日，晚泊，问：“何地？”侍者曰：“青龙铺。”明日，先生召积入。久之，开目视曰：“吾去矣！”积泣下，问“何遗言？”先生微哂曰：“此心光明，亦复何言？”顷之，瞑目而逝，十九日辰时也。赣州兵备门人张思聪追至南安，迎入南埜驿，就中堂沐浴袭敛如礼。先是先生出广，布政使门人王大用备美材随舟。思聪亲敦匠事，铺梱设褥，表里禩袭。门人刘邦采来奔丧事。十二月三日，思聪与官属师生设祭，入棺。明日，舆椁登舟。士民远近遮道，哭声振地，如丧考妣。至赣，提督都御史汪鋐迎祭于道，士民沿途拥哭如南安。至南昌，巡按御史储良材、提学副使门人赵渊等请改岁行，士民昕夕哭奠。

八年己丑，正月，丧发南昌。

是月连日逆风，舟不能行。赵渊祝于柩曰："公岂为南昌士民留耶？越中子弟门人来候久矣。"忽变西风，六日直至弋阳。先是德洪与畿西渡钱塘，将入京殿试，闻先生归，遂迎至严滩，闻讣，正月三日，成丧于广信，讣告同门。是日，正宪至。初六日，会于弋阳。初十日，过玉山，弟守俭、守文，门人栾惠、黄洪、李琪、范引年、柴凤至。

二月庚午，丧至越。

四日，子弟门人奠柩中堂，遂饰丧纪，妇人哭门内，孝子正宪携弟正亿与亲族子弟哭门外，门人哭幕外，朝夕设奠如仪。每日门人来吊者百余人，有自初丧至卒葬不归者。书院及诸寺院聚会如师存。是时朝中有异议，爵荫赠谥诸典不行，且下诏禁伪学。詹事黄绾上疏曰："忠臣事君，义不苟同；君子立身，道无阿比。臣昔为都事，今少保桂萼时为举人，取其大节，与之交友。及臣为南京都察院经历，见大礼不明，相与论列。相知二十余年，始终无间。昨臣荐新建伯王守仁堪以柄用，萼与守仁，旧不相合，因不谓然，小人乘间构隙。然臣终不以此废萼平生也。但臣于事君之义，立身之道，则有不得不明者。臣所以深知守仁者，盖以其功与学耳。然功高而见忌，学古而人不识，此守仁之所以不容于世也。盖其功之大者有四：其一，宸濠不轨，谋非一日，内而内臣如魏彬等，嬖幸如钱宁、江彬等，文臣如陆完等，为之内应；外而镇守如毕真、刘朗等，为之外应；故当时中外诸臣，多怀观望。若非守仁忠义自许，身任讨贼之事，不顾赤族之祸，倡义以勤王，运筹以伐谋，则天下安危未可知。今乃皆以为伍文定之功，是轻发纵而重走狗，岂有兵无胜算，而濠可徒搏而擒者乎？其二，大帽、茶寮、浰头、桶冈诸贼寨，势连四省，兵连累岁。若非荡平，南方自此多事。守仁临镇. 次第底定。其三，田州、思恩构衅有年，事不得息，民不得已，故起守仁以往，定以兵机，感以诚信，乃使卢、王之徒，崩角来降，感泣受杖，遂平一方之难。其四，自来八寨为两广腹心之疾，其间守戍官军，与贼为党，莫可奈何。守仁假永顺狼兵，卢、王降卒，并而袭之，遂去两广无穷之巨害，实得兵法便宜之算。夫兵凶战危，守仁所立战功，皆除大患，卒之以死勤事。夫兵政国之大事，宜为后世法，可以终泯其功乎？其学之大要有三：一曰'致良知'，实本先民之言，盖致知出于孔氏，而良知出于孟轲性善之论。二曰'亲民'，亦本先民之言，盖《大学》旧本所谓亲民者，即百姓不亲之亲，凡亲贤乐利，与民同其好恶，而为絜矩之道者是已。此所据以从旧本之意，非创为之说也。三曰'知行合一'，亦本先民之言，盖知至至之，知终终之，只一事也。守仁发此，欲人言行相顾，勿事空言以为学也。是守仁之学，弗诡于圣，弗畔于道，乃孔门之正传也，可以终废其学乎？"然以薆之非守仁，遂致陛下失此良弼，使守仁不获致君尧、舜，谁之过与？臣不敢以此为薆是也。况赏罚者，御世之权。以守仁之功德，劳于王事，乃常典不及，削罚有加，废褒忠之典，倡党锢之禁，非所以辅明主也。守仁客死，妻子孱弱，家童载骨，藁埋空山，鬼神有知，当为恻然。臣实不忍见圣明之世有此事也。假使守仁生于异世，犹当追崇，况在今日哉？且永顺之众，卢、王之徒，素慕守仁威德；如此举措，恐失其望，关系夷情，亦非细故。臣昔与守仁为友，几二十年。一日愤寡过之不能，守仁从而觉之，若有深省，遂复师事之。是臣于守仁，实非苟然相信，如世俗师友者也。臣于君父之前，处师友之间，既有所怀，不敢不尽。昔莘为小人所谗，臣为之愤；既而得白，臣为之喜；固非臣之私也。今守仁之抱冤，亦犹莘之负屈。伏愿扩一视之仁，特敕所司，优以恤典赠谥，仍与世袭，并开学禁，以昭圣政。若此事不明，则莘之与臣，终不能以自忘。故臣敢言及于此，所以盖事陛下之忠，且以补莘之过，亦以尽臣之义也。"疏入，不报。于是给事中周延抗疏论列，谪判官。

十一月，葬先生于洪溪。

是月十一日，发引，门人会葬者千余人，麻衣衰屦，扶柩而哭。四方来观者莫不交涕。洪溪去越城三十里，入兰亭五里，先生所亲择也。先是，前溪入怀，与左溪会冲，啮右麓，术者心嫌，欲弃之。有山翁梦神人绯袍玉带立于溪上，曰："吾欲还溪故道。"明日雷雨大作，溪泛，忽从南岸，明堂周阔数百尺，遂定穴。门人李琪等筑治更番，昼夜不息者月余，而墓成。

年谱附录一 自嘉靖庚寅建精舍于天真山至隆庆丁卯复伯爵

嘉靖九年庚寅五月，门人薛侃建精舍于天真山，祀先生。

天真距杭州城南十里，山多奇岩古洞，下瞰八卦田，左抱西湖，前临胥海，师昔在越讲学时，尝欲择地当湖海之交，目前常见浩荡，图卜筑以居，将终老焉。起征思、田，洪、畿随师渡江，偶登兹山，若有会意者。临发以告，师喜曰："吾二十年前游此，久念不及，悔未一登而去。"至西安，遗以二诗，有"天真泉石秀，新有鹿门期"及"文明原有象，卜筑岂无缘"之句。侃奔师丧，既终葬，忠同门聚散无期，忆师遗志，遂筑祠于山麓。同门董沄、刘侯、孙应奎、程尚宁、范引年、柴凤等董其事，邹守益、方献夫、欧阳德等前后相役；斋庑庖湢具备，可居诸生百余人。每年祭期，以春秋二仲月仲丁日，四方同志如期陈礼仪，悬钟磬，歌诗，侑食。祭毕，讲会终月。

十年辛卯五月，同门黄弘纲会黄绾于金陵，以先生胤子王正亿请婚。

先是师殡在堂，有忌者行潜于朝，革锡典世爵。有司默承风旨媒孽，其家乡之恶少遂相煽，欲以鱼肉其子弟。胤子正亿方四龄，与继子正宪离仳窜逐，荡析厥居。明年夏，门人大学士方献夫署吏部，择刑部员外王臣升浙江佥事，分巡浙东，经纪其家，奸党稍阻。弘纲以洪，畿拟是冬赴京殿试，恐失所托。适绾升南京礼部侍郎，弘纲问计。绾曰："吾室远莫计，有弱息，愿妻之。情关至戚，庶得处耳。"是月，洪、畿趋金陵为正亿问名。绾曰："老母家居，未得命，不敢专。"洪、畿复走台，得太夫人命，于是同门王艮遂行聘礼焉。

十一年壬辰正月，门人方献夫合同志会于京师。

自师没，桂萼在朝，学禁方严。薛侃等既遭罪谴，京师讳言学。至是年，编修欧阳德、程文德、杨名在翰林，侍郎黄宗明在兵部，戚贤、魏良弼、沈谧等在科，与大学士方献夫俱主会。于时黄绾以进表入，洪、畿以趋廷对入，与林春、林大钦、徐樾，朱衡、王惟贤、傅颐等四十余人始定日会之期，聚于庆寿山房。

九月，正亿趋金陵。

正亿外侮稍息，内衅渐萌。深居家扃，同门居守者，或经月不得见，相怀忧逼。于是同门佥事王臣、推官李逢，与欧阳德、王艮、薛侨、李琪、管州议以正亿趋金陵，将依舅氏居焉。至钱塘，恶少有蹑其后载者。迹既露，诸子疑其行。请卜，得鼎二之上吉，乃佯言共分胤子金以归。恶党信为实，弛谋。有不便者，遂以分金腾谤，流入京师。臣以是被中黜职。

十二年癸巳，门人欧阳德合同志会于南畿。

自师没，同门既襄事于越。三年之后归散四方，各以所入立教，合并无时。是年，欧阳德、季本、许相卿、何廷仁、刘阳、黄弘纲嗣讲东南，洪亦假事入金陵。远方志士四集，类萃群趋，或讲于城南诸刹，或讲于国子鸡鸣。倡和相稽，疑辩相绎，师学复有继兴之机矣。

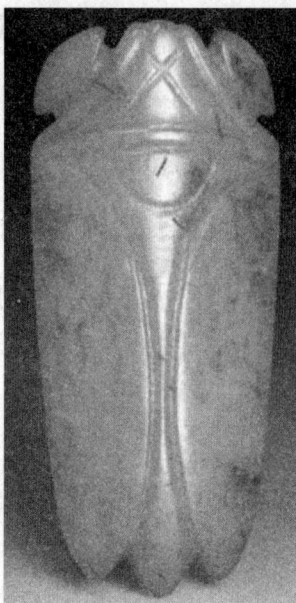

明代玉蝉

十三年甲午正月，门人邹守益建复古书院于安福，祀先生。

师在越时，刘邦采首创惜阴会于安福间月为会五日，先生为作《惜阴说》。既后，守益以祭酒致政归，与邦采、刘文敏、刘子和、刘阳、欧阳瑜、刘肇衮、尹一仁等建复古、连山、复真诸书院，为四乡会。春秋二季，合五郡，出青原山，为大会。凡乡大夫在郡邑者，皆与会焉。于是四方同志之会，相继而起，惜阴为之倡也。

三月，门人李遂建讲舍于衢麓，祀先生。

先自师起征思、田，舟次西安，门人栾惠、王玑等数十人雨中出候。师出天真二诗慰之。明年师丧，还玉山，惠偕同门王修、徐霈、林文瓘等迎榇于草萍驿，凭棺而哭者数百人。至西安，诸生追师遗教，莫知所寄。洪、畿乃与玑、应典等定每岁会期。是年遂为知府，从诸生请，筑室于衢之麓。设师位，岁修祀事。诸生柴惟道、徐天民、王之弼、徐惟缉、王之京、王念伟等，又分为龙游、水南会，徐用检、唐汝礼、赵时崇、赵志皋等为兰西会，与天真远近相应，往来讲会不辍，衢麓为之先也。

五月，巡按贵州监察御史王杏建王公祠于贵阳。

师昔居龙场，诲抚诸夷。久之，夷人皆式崇尊信。提学副使席书延至贵阳，主教书院。士类感德，翕然向风。是年杏按贵阳，闻里巷歌声，蔼蔼如越音；又见士民岁时走龙场致奠，亦有遥拜而祀于家者；始知师教入人之深若此。门人汤伴、叶梧、陈文学等数十人请建祠以慰士民之怀。乃为赎白云庵旧址立祠，置膳田以供祀事。杏立石作《碑记》。记略曰："诸君之请立祠，欲追崇先生也。立祠足以追崇先生乎？构堂以为宅，设位以为依，陈俎豆以为享，祀似矣。追崇之实，会是足以尽之乎？未也。夫尊其人，在行其道，想像于其外，不若佩教于其身。先生之道之教，诸君所亲承者也。德音凿凿，闻者饫矣；光范不不，炙者切矣；精蕴渊渊，领者深矣。诸君何必他求哉？以闻之昔日者而倾耳听之，有不以道，则曰：'非先生之法言也，吾何敢言？'以见之昔日者而凝目视之，有不以道，则曰'非先生之德行也，吾何敢行？'以领之昔日者而潜心会之，有不以道，则曰：'非先生之精思也，吾何敢思？'言先生之言，而德音以接也；行先生之行，而光范以睹也；思先生之思，而精蕴以传也，其为追崇也何尚焉。"

十四年乙未，刻先生《文录》于姑苏。

先是洪、畿奔师丧，过玉山，检收遗书。越六年，洪教授姑苏，过金陵，与黄绾、闻人诠等议刻《文录》。洪作《购遗文疏》，遣诸生走江、浙、闽、广、直隶搜猎逸稿。至是年二月，鸠工成刻。

巡按直隶监察御史曹煜建仰止祠于九华山，祀先生。

九华山在青阳县，师尝两游其地，与门人江口口、柯乔等宿化城寺数月。寺僧好事者，争持纸索诗，通夕洒翰不倦。僧蓄墨迹颇富，思师夙范，刻师像于石壁，而亭其上，知县祝增加葺之。是年煜因诸生请，建祠于亭前，扁曰"仰止"。邹守益捐资，令僧买赡田，岁供祀事。越隆庆戊辰，知县沈子勉率诸生讲学于斯，增葺垣宇赡田。煜祭文见《青阳志》。

十五年丙申，巡按浙江监察御史张景、提学佥事徐阶，重修天真精舍，立祀田。

门人礼部尚书黄绾作《碑记》。记曰："今多书院，兴必由人，或仕于斯，或游于斯，或生于斯，或功德被于斯；必其人实有足重者，表表在人，思之不见，而后立书院以祀之。聚四方有志，树之风声，讲其道以崇其化。浙江之上龙山之麓，有曰天真书院，立祀阳明先生者也。盖先生尝游于斯，既没，故于斯创精舍，讲先生之学，以明先生之道。夫人知之，岂待予言哉？正德己卯，宁濠之变，起事江右，将窥神器，四方岌岌，日危于死。浙为下游，通衢八道，财赋称甲。濠意欲先得之。故阴置腹心，计为之应。因先生据其上游，奋身独当之，濠速败，浙赖以宁，卒免锋刃荼毒之苦：皆先生之功也。则今日书院之创，非徒讲学，又以明先生之功也。书院始于先生门人行人薛侃、进士钱德洪、王畿，合同志之资为之。继而门人佥事王臣、主事薛侨，有事于浙，又增治之，始买田七十余亩。蒸尝辑理，岁病不给。侍御张君按浙，乃跻书院而叹曰，'先生之学，论同性善。先生之功，在于社稷。皆所宜祀，矧覆泽兹土尤甚，恶可忽哉？'乃属提学佥事徐君阶，命绍兴推官陈让，以会稽废寺田八十余亩为庄，属之书院。又出法台赎金三百两，命杭州推官罗大用及钱塘知县王釴买宋人所为龟畴田九十余亩以益之。于是需足人聚，风声益树，而道化行矣。昔宋因书院而为学校，今于学校之外复立书院，盖久常特新之意与？予尝登兹山，坐幽岩，步危磴，俯江流之洄渐，引苍渤之冥茫，北览西湖，南目禹穴，云树苍苍，晴岚宵宵于是怆然而悲，悄然而戚，恍见先生之如在而能不忘也。乃知学校之设既远，远则常，常则玩，玩则怠，怠则学之道其疏乎？书院之作既近，近则新，新则惕，惕则励，励则学之道其修乎？兹举也，立政立教之先务，益于吾浙多矣。"

十六年丁酉十月，门人周汝员建新建伯祠于越。

是年汝员以御史按浙。先是师在越，四方同门来游日众，能仁、光相、至大、天妃各寺院，居不能容。同门王艮、何秦等乃谋建楼居斋舍于至大寺左，以居来学。师没后，同门相继来居，依依不忍去。是年，汝员与知府汤绍恩拓地建祠于楼前。取南康蔡世新肖师像，每年春秋二仲月，郡守率有司主行时祀。

十一月，佥事沈谧建书院于文湖，祀先生。

文湖在秀水县北四十里，广环十里，中横一州，四面澄碧，书院创焉。谧初读《传习录》，有悟师学，即期执赞请见。师征思、田，弗遂。及闻讣，追悼不已。后为行人，闻薛子侃讲学京师，乃叹曰："师虽没，天下传其道者尚有人也。"遂拜薛子，率同志王爱等数十人讲学于其中，置田若干亩以赡诸生。是年，巡按御史周汝员立师位于中堂，春秋二仲月，率诸生虔祀事，歌师诗以侑食。既后，谧起佥江西，为师遍立南赣诸祠。比没，参政孙宏轼、副使刘宪设谧位，附食于师。谧子进士启原增置赡田，与爱等议附薛子位。祭期定季丁日。同志与祭天真者俱趋文湖，于今益盛。

十七年戊戌，巡按浙江监察御史傅凤翔建阳明祠于龙山。

龙山在余姚县治右。辛巳年，师归省祖茔，门人夏淳、孙升、吴仁、管州、孙应奎、范引年、柴凤、杨珂、周于德、钱大经、应扬、谷钟秀、王正心、正思、俞大本、钱德、周仲实等，侍师讲学于龙泉寺之中天阁。师亲书三八会期于壁。吴仁聚徒于阁中，合同志讲会不辍。丁亥秋，师出征思、田，每遗书洪、畿，必念及龙山之会。是年传以诸生请建祠于阁之上方，每年春秋二仲月，有司主行时祀。

十八年己亥。江西提学副使徐阶建仰止祠于洪都，祀先生。

自阶典江西学政，大发师门宗旨，以倡率诸生。于是同门吉安邹守益、刘邦采、罗洪先，南昌李遂、魏良弼、良贵、王臣、裴衍、抚州陈九川、傅默、吴悌、陈介等，与各郡邑选士俱来合会焉。魏良弼立石纪事。

吉安士民建报功祠于庐陵。祀先生。

祠在庐陵城西隅。师自正德庚午莅庐陵，日进父老子弟告谕之，使之息争睦族，兴孝悌，敦礼让，民渐向化。兴利剔蠹，赈疫禳灾，皆有实惠。七越月而去，民追思之。既提督南赣，扫荡流贼，定逆濠之乱，皆切民命。及闻师讣，丧过河下，沿途哀号，如丧考妣。乃相与筑祠，名曰："报功"，岁修私祀。后曾孔化、贺钧、周祉、王时椿，时槐、陈嘉谟等相与协成，制益宏丽，春秋郡有司主祀。十九年庚子，门人周桐、应典等建书院于寿岩，祀先生。

寿岩在永康西北乡，岩多瑞石，空洞垲爽，四山环翠，五峰前拥。桐、典与同门李琪、程文德讲明师旨。嵌岩作室，以居来学。诸生卢可久、程梓等就业者百有余人。立师位于中堂，岁时奉祀，定期讲会，至今不辍。

二十一年壬寅。门人范引年建混元书院于青田，祀先生。

书院在青田县治。引年以经师为有司延聘主青阳教事，讲艺中时发师旨。诸生叶天秩七十有余人，闻之惕然有感，复肃仪相率再拜，共进师学。又惧师联无所，树艺不固，乃纠材筑室，肖师像于中堂；谓范予之学出于王门，追所白也。范子卒，春秋配食。乞洪作《仰止祠碑记》，御史洪恒纪其详。后提学副使阮鹗增建为心极书院，畿作《碑记》。记略曰："心极之义，其昉诸古乎？孔子'《易》有太极，是生两仪'，以至定吉凶而生大业，所以通神明之德，类万物之情，而冒天下之道，无非《易》也。《易》者无他，吾心寂感、有无相生之机之象也。天之道为阴阳，地之道为刚柔，人之道为仁义，三极于是乎立。象也者，像此者也。阴阳相摩，刚柔相荡，仁义相禅，藏乎无朕之键，行乎无辙之途，立乎无所倚之地，而神明出焉，万物备焉。故曰：'无思也，无为也，寂然不动，感而遂通天下之故。'此孔子之精蕴也。当时及门之徒，惟颜氏独得其宗。观夫喟然之叹，有曰：'如有所立，卓尔。'有无之间不可以致诘，虽欲从之，未由也已。故曰'发圣人之蕴，颜子也。'颜子没而圣学遂亡。后千余载，濂溪周子始复追寻其绪，发为'无极而太极'之说，盖几之矣。而后儒纷纷之议，尚未能一无惑乎。千载之寥寥也。盖汉之儒者泥于有象，一切仁义、忠孝、礼乐、教化、经纶之迹，皆认以为定理，必先讲求穷索，执为典要，而后以为应物之则，是为有得于太极似矣，而不知太极为无中之有，不可以有名也。隋、唐以来，老、佛之徒起而攘臂其间，以经纶为糟粕，乃复矫以窈冥玄虚之见，甚至掊击仁义，荡灭礼教，一切归之于无，是为有得于无极似矣，而不知无极为有中之无，非可以无名也。周子洞见二者之弊，转相谬溺，不得已而救之，建立《图说》，以显圣学之宗，定之以中正仁义而主静。中正仁义云者，太极之谓；而主静云者，无极之谓；人极于是乎立焉。议者乃以无极之言谓出于老氏，分中正仁义为动静，而不悟主静无欲之旨，亦独何哉？夫自伏羲一画以启心极之原，神无方而易无体，即无极也。孔子固已言之矣，而周子之得圣学之传无疑也。夫圣学以一为要。一者，无欲也。人之欲大约有二：高者蔽于意见；卑者蔽于嗜欲：皆心之累也。无欲则一；无欲则明通公溥而圣可学矣。君子寡欲，故修之而吉；小人多欲，故悖之而凶。吉凶之几，极之立与不立于此焉分，知此则知函峰阮子所谓心极之说矣。"

二十三年甲辰，门人徐珊建虎溪精舍于辰州，祀先生。

精舍在府城隆兴寺之北。师昔还自龙场，与门人冀元亨、蒋信、唐愈贤等讲学于龙兴寺，使静坐密室，悟见心体。是年，珊为辰同知，请于当道，与诸同志大作祠宇、置赡田。邹守益为作《精舍记》，罗洪先作《性道堂记》，又有见江亭、玉芝亭、鸥鹭轩，珊与其弟杨珂俱多题志。

二十七年戊申八月。万安同志建云兴书院，祀先生。

书院在白云山麓，前对芙蓉峰，幕下秀出如圭，大江横其下。同志朱衡、刘道、刘弼、刘岘、王舜韶、吴文惠、刘中虚等迎予讲学于精修观，诸生在座者百五十人有奇。晚游城烟，见民居井落，邑屋华丽。洪曰："民庶且富，而诸君敷教之勤若此，可谓礼义之乡矣。"衡曰："是城四十年前犹为赤土耳。"问之。曰："南、赣峒贼，流劫无常，妻女相率而泣曰：'贼来曷避，惟一死可恃耳。'师来，荡平诸峒，百姓始得筑城生聚，乃有今日，皆师之赐也。"洪嘉叹不已。乃谓曰："沐师德泽之深若此，南来郡邑，俱有祠祀，何是地独无？"众皆蹙然曰："有志未遂耳。"乃责洪作疏纠材。是夕来相助者盈二百金。举人周贤宣作文祀土，众役并兴。中遭异议，止之。至嘉靖甲子，衡为尚书，贤宣为方伯，与太仆卿刘悫复完书业，祭祀规制大备，名曰："云兴书院"云。

九月，门人陈大伦建明经书院于韶，祀先生。

书院在府城。先是同门知府郑骝作明经馆，与诸生课业，倡明师学。至是大伦守韶，因更建书院，立师位，与陈白沙先生并祀。是月，洪谒甘泉湛先生，逾庾岭，与诸生邓鲁、骆尧知、胡直、王城、刘应奎、钟大宾、魏良佐、潘槐、莫如德、张昂等六十三人谒师祠，相与人南华二贤阁，与邓鲁、胡直等共阐师说。至隆庆己巳，知府李渭大修祠宇，集诸生与黄城等身证道要，师教复振。

二十九年庚戌正月，吏部主事史际建嘉义书院于溧阳，祀先生。

书院在溧阳救荒淹。史际因岁青，筑淹塘以活饥民，塘成而建书院于上。延四方同志讲会，馆谷之。籍其田之所入，以备一邑饥荒，名曰"嘉义"，钦玉音也。际与吕光洵议延洪主教事。乃先币聘，越三年，兹来定盟。是月，同志周贤宣、赵大河、诸生彭若思、彭适、袁端化、王襞、徐大经、陈三谟等数十人，际率子侄史继源、继志、史铨、史珂、史继书、继辰、致詹，偕吾子婿叶迈、郑安元、钱应度、应量、应礼、应乐定期来会，常不下百余人。立师与甘泉湛先生位，春秋奉祀。

《天成篇》揭嘉义堂示诸生曰："吾人与万物混处于天地之中，为天地万物之宰者，非吾身乎？其能以宰乎天地万物者，非吾心乎？心何以能宰天地万物也？天地万物有声矣，而为之辨其声者谁欤？天地万物有色矣，而为之辨其色者谁欤？天地万物有味矣，而为之辨其味者谁欤？天地万物有变化矣，而神明其变化者谁欤？是天地万物之声非声也，由吾心听，斯有声也；天地万物之色非色也，由吾心视，斯有色也；天地万物之味非味也，由吾心尝，斯有味也；天地万物之变化非变化也，由吾心神明之，斯有变化也；然则天地万物也，非吾心则弗灵矣。吾心之灵毁，则声、色、味，变化不得而见矣。声、色、味变化不可见，则天地万物亦几乎息矣。故曰：'人者，天地之心，万物之灵也，所以主宰乎天地万物者也。'吾心为天地万物之灵者，非吾能灵之也。吾一人之视，其色若是矣，凡天下之有目者，同是明也；一人之听，其声若是矣，凡天下之有耳者，同是聪也；一人之尝，其味若是矣，凡天下之有口者，同是嗜也；一人之思虑，其变化若是矣，凡天下之有心知者，同是神明也。匪徒天下为然也，凡前乎千百世已上，其耳目同，其口同，其心知同，无弗同也；后乎千百世已下，其耳目同，其口同，其心知同，亦无弗同也。然则明非吾之目也，天视之也；聪非吾之耳也，天听之也；嗜非吾之口也，天尝之也；变化非吾之心知也，天神明之也。故目以天视，则尽乎明矣；耳以天听，则竭乎听乎；口以天尝，则不爽乎嗜矣；思虑以天动，则通乎神明矣。天作之，天成之，不参以人，是之谓天能，是之谓天地万物之灵。

吾心为天地万物之灵，惟圣人为能全之，非圣人能全之也，夫人之所同也。圣人之视色与吾目同矣，而目能不引于色者，率天视也；圣人之听声与吾耳同矣，而耳能不蔽于声者，率天听也；圣人之嗜味与吾口同矣，而口能不爽于味者，率天尝也；圣人之思虑与吾心知同矣，而心知不乱于思虑者，通神明也。吾目不引于色，以全吾明焉，与圣人同其视也；吾耳不蔽于声，以全吾聪焉，与圣人同其听也；吾口不爽于味，以全吾嗜焉，与圣人同其尝也；吾心知不乱于思虑，以全吾神明焉，与圣人同其变化也。故曰："圣人可学而至，谓吾心之灵与圣人同也。然则非学圣人也，能自率吾天也。"

吾心之灵与圣人同，圣人能全之，学者求全焉。然则何以为功耶？有要焉，不可以支求也。吾目蔽于色矣，而后求去焉，非所以全明也；吾耳蔽于声矣，而后求克焉，非所以全聪也；吾口爽于味矣，而后求复焉，非所以全嗜也；吾心知乱于思虑矣，而后求止焉，非所以全神明也。灵也者，心之本体也，性之德也，百体之会也：彻动静，通物我，亘古今，无时乎弗灵，无时乎或间者也。或生而知之，或学而知之，或困而知之，皆自率是灵以通百物，勿使间于欲焉已矣。其功虽不同，其灵未尝不一也。吾率吾灵而发之于目焉，自辨乎色而不引乎色，所以全明也；发之于耳焉，自辨乎声而不蔽乎声，所以全聪也；发之于口焉，自辨乎味而不爽乎味，所以全嗜也；发之于思虑焉，万感万应，不动声臭，而其灵常寂大者，立而百体通，所以全神明也。人一能之，己百之；人十能之，己千之；必率是灵而无间于欲焉，是天作之，人复之，是之谓天成，是之谓致知之学。"

增刻先生《朱子晚年定论》。《朱子定论》，师门所刻止一卷，今洪增录二卷，共三卷，际令其孙致詹梓刻于书院。

重刻先生《山东甲子乡试录》。《山东甲予乡试录》皆出师手笔，同门张峰判应天府，欲番刻于嘉义书院，得吾师继子正宪氏原本刻之。

四月，门人吕怀等建大同楼于新泉精舍，设师像，合讲会。

精舍在南畿崇礼街。初，史际师甘泉先生，筑室买田为馆谷之资。是年，怀与李遂、刘起宗、何迁、余胤绪、吕光洵、欧阳塾、欧阳瑜、王与槐、陆光祖、庞嵩、林烈及诸生数十人，建楼于精舍，设师与甘泉像为讲会。会毕，退坐昧昧室，默对终夕而别。是月，洪送王正亿人胄监。至金山，遂人金陵趋会焉。何迁时为吏部文选司郎中，偕四司同僚邀余登报恩寺塔，坐第一层，问曰："闻师门禁学者静坐，虑学者偏静沦枯槁也，似也。今学者初入门，此心久濡俗习，沦浃肤髓，若不使求密室，耳目与物无所睹闻，澄思绝虑，深入玄漠，何时得见真面目乎？师门亦尝言之，假此一段以补小学之功。又云：'心懼疾痼，如镜面斑垢，必先磨去，明体乃见，然后可使一尘不容。'今禁此一法，恐令人终无所入。"洪对曰："师门未尝禁学者静坐，亦未尝立静坐法以入人。"曰："舍此有何法可入？"曰："只教致良知。良知即是真面目。良知明，自能辨是与非，自能时静时动，不偏于静。"曰："何言师门不禁静坐？"曰："程门叹学者静坐为善学，师门亦然。但见得良知头脑明白，更求静处精炼，使全体著察，一滓不留；又在事上精炼，使全体著察，一念不欺。此正见吾体动而无动，静而无静，时动时静，不见其端，为阴为阳，莫知其始：斯之谓动静皆定之学。"曰："偏于求静，终不可与入道乎？"曰："离喜怒哀乐以求中，必非未发之中；离仁敬孝慈以求止，必非缉熙之止；离视听言动以求仁，必非天下归仁之仁。是动静有间矣，非合内合外，故不可与语入道。"曰："师门亦有二教乎？"曰："师尝言之矣，'吾讲学亦尝误人，今较来较去，只是致良知三字无病。'"众皆起而叹曰："致知则存乎心悟，致知焉尽矣。"下塔，由画廊指《真武流形图》曰："观此亦可以证儒佛之辩。"众皆曰："何如？"曰："真武山中久坐，无得，欲弃去。感老妪磨针之喻，复入山中二十年，遂成至道。今若画《尧流形图》，必从克明峻德，亲九族，以至协和万邦；画《舜流形图》，必从舜往于田，自耕稼陶渔，以至七十载陟方；又何时得在金碧山水中枯坐二三十年，而后可以成道耶？"诸友大笑而别。

三十年辛亥，巡按贵州监察御史赵锦建阳明祠于龙场。

龙场旧有龙冈书院，师所手植也。至是锦建祠三楹于书院北，旁翼两序，前为门，仍题曰"龙冈书院"，周垣缭之，奠师位于中堂。巡抚都御史张鹗翼、廉使张尧年、参政万虞恺、提学副使谢东山，共举祠祀。罗洪先撰《祠碑记》。记略曰："予尝考龙场之事，于先生之学有大辨焉。夫所谓良知云者，本之孩童固有，而不假于学虑，虽匹夫匹妇之愚，固与圣人无异也。乃先生自叙，则谓困于龙场三年，而后得之。固有不易者，则何以哉？今夫发育之功，天地之所固有也。然天地不常有其功，一气之敛，闭而成冬，风露之撼薄，霜霰之严凝，陨积摧败，生意萧然，其可谓寂莫而枯槁矣。郁极而轧，雷霆奋焉。百蛰启，群草苗，氤氲动荡于宇宙之间者，则向之风霰为之也。是故藏不深则化不速，蓄不固则致不远，屈伸剥复之际，天地且不违，而况于人乎？先生以豪杰之才，振迅雄伟，脱屣于故常，于是一变而为文章，再变而为气节。当其倡言于逆瑾盅政之时，挞之朝而不悔，其忧思恳款，意气激烈，议论铿訇，真足以凌驾一时而托名后世，岂不快哉。及其摈斥流离而于万里绝域，荒烟深箐，狸鼯豺虎之区，形影孑立，朝夕惴惴，既无一可骋者；而且疾病之与居，瘴疠之与亲，情迫于中，忘之有不能，势限于外，去之有不可，辗转烦督，以需动忍之益，盖吾之一身已非吾有，而又何有于吾身之外。至于是，而后如大梦之醒，强者柔，浮者实，凡平日所挟以自快者，不惟不可以常恃，而实足以增吾之机械，盗吾之聪明。其块然而生，块然而死，与吾独存而未始加损者，则固有之良知也。然则先生之学，出之而愈张，晦之而愈光。鼓舞天下之人至于今日不怠者，非雷霆之震，前日之龙场，其风霰也哉？嗟乎。今之言良知者，莫不曰固有固有。问其致知之功，任其固有焉耳，亦尝于枯槁寂寞而求之乎？所谓盗聪明、增机械者，亦尝有辨丁中否乎？生于忧患，死于安乐，岂有待于人乎？"

三十一年壬子，提督南赣都御史张烜建复阳明王公祠于郁孤山。

祠在赣州郁孤台前，濂溪祠之后。嘉靖初年，军卫百姓思师恩德不已，百姓乃纠材建祠于郁孤台，以虔尸祝。军卫官兵建祠于学宫右，塑像设祀，俱有成式。继后异议者，移郁孤祠像于报功祠后，湫隘慢亵，军民怀忿。至是，署兵备佥事沈谧访询其故，父老子弟相与涕泣申告。谧谒师像，为之泫然出涕。报功祠旧有赡田米三十八石，见供春秋二祭。郁孤祠则取诸赣县，均平银两。乃具申军门。

烜如其议，修葺二祠，迎师像于郁孤台，庙貌严饰，焕然一新。军卫有司各申虔祝，父老子弟岁腊骏奔。烜作记，立石纪事。

师自征三浰，山寇尽平。即日班师，立法定制。令赣属县俱立社学，以宣风教。城中立五社学，东曰"义泉书院"，南曰"正蒙书院"，西曰"富安书院"，又西曰"镇宁书院"，北曰"龙池书院"。选生儒行义表俗者，立为教读。选子弟秀颖者，分入书院，教之歌诗习礼，申以孝悌，导之礼让。未期月而民心不变，革奸宄而化善良。市廛之民皆知服长衣，又手拱揖而歌诵之声溢于委巷。浸浸乎三代之遗风矣。继后异议者尽堕成规，而五院为强暴者私据，礼乐之教息矣。至是，谧询士民之情，罪逐僭据，修举废坠，五社之学复完。慎选教读子弟而淬砺之，风教复兴，飒飒乎如师在日矣。

建复阳明王公祠于南安。

南安青龙铺，师所属圹之地也，士民哀号哭泣，相与建祠于学宫之右。岁时父老子弟奔走祝奠，有司即为崇祀，庙貌宏丽。后为京师流言，承奉风旨者，遂迁祠于委巷，隘陋污秽，人心不堪。谧与有司师生议，复旧址原制，楼五楹，前门五楹，取委巷祠址之值于民助。完工作，具申军门。烜从之。自是师祠与圣庙并垂不朽矣。

三十二年癸丑，江西佥事沈谧修复阳明王公祠于信丰县。

按谧《虔南公移录》曰："赣州府所属十一县，俱有前都察院右副都御史阳明王公祠，巍然并存。盖因前院功业文章，足以匡时而华国；谋猷军旅，足以御暴而捍灾。南、赣士民咸思慕之。歌颂功德，久而不衰，尚有谈及而下泪者。本县原有祠堂，后有塞门什主者，废为宴憩之所，是诚何心哉。为此仰本县官史照牌事例，限三日内即查究清理，仍为洒扫立主，因旧为新。不惟一邑师生故老，得以俱兴瞻仰之私，而凡过信丰之墟者，咸得以尽展拜俎豆之礼。古人所谓爱礼存羊，礼失求野之意，即是可见矣。"时谳署南赣兵备事，故云。

三月，改建王公祠于南康。

南康旧有祠，在学宫右。后因异议者迁师像于旭山韩公祠内。谳往谒祠，见二像并存于一室：王公有祭而无祠；韩公有祠而无祭。其室且卑陋。访祠西有乡约所，前有堂三间，后有阁一座，规模颇胜。乃置师像于堂而复其祭。韩公祠另为立祭。使原有祠者，因祠而举祭；原有祭者，因祭而立祠。则两祠之势并峙，而各全其尊；报功之典同行，而咸尽其义矣。

三月，安远县知县吴卜相请建王公报功祠。

安远旧无师祠，百姓私立牌于小学，父老子弟相率馈奠，始伸岁腊之情。卜相见之，乃惕然曰："此吾有司之责也。"乃具申旧院道谓："前都御史阳明王公，功在天下，而安远为用武之地；教在万世，而虔州为首善之区。本县正德年间中，有广寇叶芳拥众数千，肆行剽掠，民不聊生。自受本院抚剿以来，立籍当差，无异于土著之齐民；后生小子，不忘乎良知之口授。今询舆情，择县西旧堤备所空处，堪以修建祠堂。本县将日逐自理词讼银两，买办供费，庶财省而功倍，祀专而民悦。"嘉靖二十九年，申据前提督军门卢，俱如议行之。见今像貌森严，祠宇宏丽，申兵备佥事沈、提督军门张，扁其堂曰"仰止"，门曰"报功祠"。烜为作记，立石纪事。

四月，瑞金县知县张景星请建王公报功祠。

按《虔南公移录》，景星申称："正德初年，岁祲民饥，畲贼冲炽，民不聊生，逃亡过半。赖提督军门王公剪除凶恶，宣布德威，发粟赈饥，逃民复业。感恩思德，欲报无酬。今有耆民苏等愿自助财鸠工，拓乡校右，以崇祠像；李珩禄愿自助旱田八十亩，以承春秋尸祝。"佥事沈谧嘉奖之，申照军门，张垣严立规制，题曰"报功"，立石纪事。

六月，崇义县知县王廷耀重修阳明王公祠。

崇义县在上犹、大庾、南康之中，相距各三百余里，师所奏建也。数十年来，居民井落，草木茂密，生聚繁衍。百姓追思功德，家设像以致奠祝。至是，廷耀请于前军门卢会民，建师祠于儒学东隅。卢从之。佥事沈谧、巡县廷耀，请新旧制。谧为增其未备，设制定祀如信丰诸县，立石纪事。

九月，太仆少卿吕怀、巡按御史成守节改建阳明祠于琅琊山。

山去城五里。旧有祠在丰乐亭右，湫隘不容俎豆。兹改建紫薇泉上。是年，畿谒师祠，与怀、戚贤等数十人大会于祠下。十月，洪自宁国与贡安国谒师祠，见同门高年，犹有能道师教人初人之功者。

三十三年甲寅，巡按直隶监察御史闾东、宁国知府刘起宗建水西书院，祀先生。

水西在泾县、大溪之西，有上中下三寺。初与诸生会集，寓于各寺方丈。既而诸生日众，僧舍不能容，乃筑室于上寺之隙地，以备讲肆。又不足，提学御史黄洪毗与知府刘起宗创议建精舍于上寺右。未就，巡按御史闾东、提学御史赵镗继至。起宗复申议。于是属知县邱时庸恢弘其制，督成之。邑之士民好义者，竞来相役。南陵县有寡妇陈氏，曹按妻也，遣其子廷武输田八十亩有奇，以廪饩来学。于时书院馆谷具备，遂成一名区云。起宗礼聘洪、畿间年至会。

三十四年乙卯，欧阳德改建天真仰止祠。

德揭天真祠曰："据师二诗，石门、苍峡、龟畴、胥海皆上院之景，吾师神明所依也。今祠建山麓，恐不足以安师灵。"适其徒御史胡宗宪、提学副使阮鹗，俱有事吾浙，即责其改建祠于其上院，扁其额曰"仰止"。江西提学副使王宗沐访南康生祠，塑师像，遣生员徐应隆迎至新祠，为有司公祭，下祠塑师燕居像，为门人私祭。邹守益撰《天真仰止祠记》。记曰："嘉靖丙辰，钱子德洪聚青原、连山之间，议茸《阳明先生年谱》，且曰：'仰止之祠，规模耸旧观矣，宜早至一记之。'未果趋也。乃具颠末以告。天真书院本天真、天龙、净明三寺地。岁庚寅，同门王子臣、薛子侃、王子畿暨德洪建书院，以祀先生新建伯。中为祠堂，后为文明阁、藏书室、望海亭，左为嘉会堂、游艺所、传经楼，右为明德堂、日新馆，傍为翼室。置田以供春秋祭祀。岁甲寅，今总制司马梅林胡公宗宪按浙，今中丞阮公鹗视学，谋于同门黄子弘纲、主事陈子宗虞，改祠于天真上院，距书院半里许。以薛子侃、欧阳子德、王子臣附，俱有事师祠也。左为叙勋堂，右为斋堂，后崖为云泉楼，前为祠门。门之左通慈云岭，磴道横亘若虹。立石牌坊于岭上，题曰'仰止'。下接书院，百步一亭，曰'见畴'，曰'泻云'，曰'环海'。右拓基为净香庵，以居守僧。外为大门，合而题之曰'阳明先生祠'。门外半壁池。跨池而桥曰'登云桥'。外即龟田亭。其上曰'太极'云。岁丁巳春，总制胡公平海夷而归，思敷文教以戢武士，命同门杭二守、唐尧臣重刻先生《文录》《传习录》于书院，以嘉惠诸生。重修祠宇，加丹垩泉石之胜，辟凝霞、玄阳之洞，梯上真，蹑蟾窟，经苍峡，采十真以临四眺，湘烟越峤，纵足万状，穷岛怒涛，坐收樽俎之间。四方游者愕然，以为造物千年所秘也。文明有象，先生尝咏之。而一旦尽发于群公，鬼神其听之矣。守益拜首而复曰：真之动以天也微矣，果畴而仰应，又畴而止之。先师之训曰：'有而未尝有，是真有也；无而未尝无，是真无也；见而未尝见，是真见也。'而反覆师旨，慨乎颜子知几之传。故其诗曰：'无声无臭，而乾坤万有基焉'，是无而未尝无也。又曰：'不离日用常行，而直造先天未画焉'，是有而未尝有也。无而未尝无，故视听言动于天则，欲罢而不能；有而未尝有，故天则穆然，无方无体，欲从而末由。兹颜氏之所以为真见也。吾侪之服膺师训久矣，饬励事为，而未达行著习察之蕴，则倚于滞像，研精性命，而不屑人伦庶物之实；则倚于浚虚，自迩而远，自卑而高，未免于歧也。而入门升堂，奚所仰而止乎。独知一脉，天德所由立，而王道所由四达也。慎之为义，从心从真，不可人力加损。稍涉加损，便入人为而伪矣。古之人受命如舜，无忧如文，继志述事如武王、周公，格帝飨庙，运天下于掌，举由孝弟以达神明，无二涂辙。故曰：夫微之显，诚之不可掩如此，指真之动以天也。先师立艰履险，磨瑕去垢，从直谏远谪，九死一生，沛然有悟于千圣相传之诀。析支离于众淆，融阙漏于二氏，独揭良知以醒群梦。故惠流于穷民，威袭于巨寇，功昭于宗社，而教思垂于喜类。虽罹谗而遇娼，欲掩而弥章。身没三十年矣，干戈倥偬中，表扬日力。此岂声音笑貌可袭取哉？惟梅林子尝学于金台，至取师门学术勋烈相与研之。既令余姚，谙练淬励，荐拜简命，神谋鬼谋，出入千古，旁观骇汗，而竟以成功，若于先师有默解者。继自今督我同游暨于来学，骏奔咏歌，务尽斋明盛服之实。其望也若跂，其至也若休，将三千三百，盎然仁体，罔俾支离阙漏。杂之以古所称忠信笃敬，参前倚衡，蛮貊无异于州里，省刑薄敛，亲上死长，持挺于秦、楚。是发先师未展之秘，达为赤舃，隐为陋巷，俾圣代中和位育之休熙，光天化日之中，是谓仰止之真。"

三十五年丙辰二月，提学御史赵镗修建复初书院，祀先生。

书院在广德州治。初邹守益谪判广德，创建书院，置赡田，以延四方来学。率其徒濮汉、施天爵过越，见师而还。复初之会，遂振不息。后汉、天爵出宦游，是会兴复不常者二十年。至洪、畿主水西会，往来广德，诸生张槐、黄中、李天秩等邀会五十人，过必与停骖信宿。是年，汉、天爵致政归，知州庄士元、州判何光裕，申镗复大修书院，设师位，以岁修祀事。

五月，湖广兵备佥事沈宠建仰止祠于崇正书院，祀先生。

书院在蕲州麒麟山。宠与州守同门谷钟秀建书院，以合州之选士，讲授师学。是年，与乡大夫顾问、顾阙，迎洪于水西。诸生钟沂、史修等一百十人有奇，合会于立诚堂。宠率州守首举祀事。属洪撰《仰止祠记》。其略曰："二三子，尔知天下有不因世而异，不以地而隔，不为形而拘者，非良知之谓乎？夫子于诸生，世异地隔形疏，而愿祠而祀之，尸而祝之，非以良知潜通于其间乎？昔舜、文之交也，世之相后，千有余岁；地之相去千有余里，揆其道则若合符节者，何也？为其良知同也。苟求其同，岂惟舜、文为然哉？赤子之心与大人同；夫妇之愚不肖与圣人同；蒸民之不识不知与帝则同。故考诸往圣而非古也；俟诸百世而非今也；无弗同也，无弗足也。故历千载如一日焉，地不得而间也：通千万人如一心焉，形不得而狥也。三代而降，世衰道微，而良知真体炯然不灭。故夫子一登其端，而吾人一触其几，恍然如出幽谷而睹天日。故诸生得之易而信之笃者，为良知同也。虽然，诸生今日得之若易，信之若笃矣，亦尚思其难而拟其信之若未至乎？昔者夫子之始倡是学也，天下非笑诋訾，几不免于陷阱者屡矣。夫子悯人心之不觉也，忘其身之危困，积以诚心，稽以实得，见之行事。故天下之同好者，共起而以身承之，以政明之。故诸生之有今日，噫亦难矣。诸生今日之得若火燃泉达，能继是无间，必信其燎原达海，以及于无穷，斯为真信也已。是在二三子图之。"

四十二年癸亥四月，先师年谱成。

师既没，同门薛侃、欧阳德、黄弘纲、何性之、王畿、张元冲谋成年谱，使各分年分地搜集成藁，总裁于邹守益。越十九年庚戌，同志未及合并。洪分年得师始生至谪龙场，寓史际嘉义书院，具稿以复守益。又越十年，守益遗书曰："同志注念师谱者，今多为隔世人矣，后死者宁无惧乎？"谱接龙场，以续其后，修饰之役，吾其任之。"洪复寓嘉义书院具稿，得三之二。壬戌十月，至洪都，而闻守益讣。遂与巡抚胡松吊安福，访罗洪先于松原。洪先开关有悟，读《年谱》若有先得者。乃大悦，遂相与考订。促洪登怀玉，越四月而谱成。

八月，提学御史耿定向、知府罗汝芳建志学书院于宣城，祀先生。

洪、畿初赴水西会，过宁国府，诸生周怡、贡安国、梅守德、沈宠、余珊、徐大行等二百人有奇，延至景德寺，讲会相继不辍。是年，畿至。定向、汝芳规寺隙地，建祠立祀，于今讲会益盛。后知府钟一元扁为"昭代真儒"，遵圣谕也。

四十三年甲子，少师徐阶撰《先生像记》。

记曰："阳明先生像一幅，水墨写。嘉靖己亥，予督学江西，就士人家摹得先生燕居像二，朝衣冠像一。明年庚子夏，以燕居之一赠吕生，此幅是也。先生在正德间，以都御史巡抚南赣，督兵败宸濠，平定大乱，拜南京兵部尚书，封新建伯。其后以论学为世所忌，竟夺爵。予往来吉、赣，问其父老云，濠之未叛也，先生奉命按事福州，乞归省其亲，乘单舸下南昌。至丰城闻变，将走还幕府，为讨贼计。而吉安太守松月伍公议适合。郡又有积谷可养士，因留吉安。征诸郡兵与濠战湖中，败擒之，其事皆有日月可按覆。而忌者谓先生始赴濠之约，后持两端，遁归。为伍所强，会濠攻安庆不克，乘其沮丧，幸成功。夫人苟有约，其败征未见，必不遁。凡攻讨之事，胜则侯，不胜则族。苟持两端，虽强不必不留。武皇帝之在御也，政由嬖幸。濠悉与结纳，至或许为内应。方其崛起，天下皆不敢意其遽亡。先生引兵而西，留其家吉安之公署，聚薪环之。戒守者曰：‘兵败即纵火，毋为贼辱。’呜乎。此其功岂可谓幸成，而其心事岂不皎然如日月哉？忌者不与其功足矣。又举其心事诬之，甚矣小人之不乐成人善也。自古君子为小人所诬者多矣，要其终必自暴白。乃予所深慨者，今世士大夫，高者谈玄理，其次为柔愿，下者直以贪黩奔竞，谋自利其身。有一人焉，出死力，为国家平定大乱，而以忌厚诬之，其势不尽驱士类入于三者之途不止。凡为治不患无事功，患无赏罚。议论者，赏罚所从出也。今天下渐以多事，庶几得人焉，驰驱其间，而平时所议论者如此，虽在上智，不以赏罚为劝惩，彼其激励中才之具，不已疏乎？此予所深慨也。濠之乱，孙、许二公死于前，先生平定之于后，其迹不同，同有功于名教。江西会城，孙、许皆庙食，而先生无祠。予督学之二年，始祀先生于后圃。未几被召，因摹像以归，将示同志者，而首以赠吕生。予尝见人言，此像于先生极似。以今观之，貌殊不武，然独以武功显于此，见儒者之作用矣。吕生诚有慕乎，尚于其学求之。”

巡按江西监察御史成守节重修洪都王公仰止祠。

大学士李春芳作《碑记》。记曰："阳明先生祠，少师存翁徐公督学江右时所创建也。公二十及第宏词博学，烨然称首词林，一时词林宿学，皆自以为不及。而公则曰：'学岂文词已也。'日与文庄欧阳公穷究心学。闻阳明先生良知之说而深契焉。江右为阳明先生过化，公既阐明其学以训诸生，而又为崇祀无所，不足以击众志，乃于省城营建祠宇，肖先生像祀之。遴选诸生之俊茂者，乐群其中，名曰'龙沙会'。公课艺暇，每以心得开示诸生。而一时诸生多所兴起云。既公召还，浮跻纶阁，为上所亲信，盖去江右几二十年矣。有告以祠宇倾圮者，则怃然动心，捐赐金九十，属新建钱令修葺之。侍御甘斋成君闻之曰：'此予责也。'遂身任其事，鸠工招材，饰其所已敝，增其所未备，堂宇斋舍，焕然改观。不惟妥神允称，而诸生之兴起者，益勃勃不可御矣。噫。公当枢莞之任，受心膂之寄，无论几务丛委，即宸翰咨答，日三四至，而犹之不可以已也。夫致知学发自孔门，而孟子良知之说，则又发所未发。阳明先生合而言之曰'致良知'，则好善恶恶之意诚，推其极，家国天下可坐而理矣。公笃信先生之学，而日以验之身心，施之政事，秉钧之初，即发私馈，屏贪墨，示以好恶，四海响风。不数年而人心吏治，翕然不变。此岂有异术哉？好善恶恶之意诚于中也。故学非不明之患，患不诚耳。知善知恶，良知具存。譬之大明当天，无微不照，当好当恶，当赏当罚，当进当退，锱铢不爽，各当天则。循其则而应之，则平平荡荡，无有作好，无有作恶，而天下平矣。故诚而自谦，则好人所好，恶人所恶，而为仁；不诚而自欺，则好人所恶，恶人所好，而为不仁。苟为不仁，生于其心，害于其事，蠹治戕民，有不可胜言者矣。公为此惧，又举明道《定性》《识仁》二书发明其义，以示海内学者，而致知之学益明以切。诸生能心惟其义而体诸身，则于阳明先生之学几矣。业新舍者，其尚体公之意，而殚力于诚，以为他日致用之地哉。"

四十五年丙寅，刻先生《文录续编》成。

师《文录》久刻于世。同志又以所遗见寄，汇录得为卷者六。嘉兴府知府徐必进见之曰："此于师门学术皆有关切，不可不遍行。"同志董生启予征少师存斋公序，命工入梓，名曰《文录续编》，并《家乘》三卷行于世云。

今上皇帝隆庆元年丁卯五月，诏赠新建侯，谥文成。

丁卯五月，诏病故大臣有应得恤典赠谥而未得者，许部院科道官议奏定夺。于是给事中辛自修、岑用宾等，御史王好问、耿定向等上疏："原任新建伯兵部尚书兼都察院左都御史王守仁，功勋道德，宜膺殊恤。"下吏、礼二部会议，得："王守仁具文武之全才，阐圣贤之绝学，筮官郎署，而抗疏以犯中珰，甘受炎荒之谪。建台江右，而提兵以平巨逆，亲收社稷之功。伟节奇勋，久见推于舆论。封盟锡典，岂宜遽夺于身终？"疏上，诏赠新建侯，谥文成。制曰："竭忠尽瘁，固人臣职分之常；崇德报功，实国家激劝之典。矧通侯班爵，崇亚上公，而节惠易名，荣逾华衮。事必待乎论定，恩岂容以久虚？尔故原任新建伯南京兵部尚书，兼都察院左都御史王守仁，维岳降灵，自天佑命。爰从弱冠，屹为宇宙人豪。甫拜省郎，独夺乾坤正论。身濒危而志愈壮；道处困而造弥深。绍尧、孔之心传，微言式阐；倡周、程之道术，来学攸宗。蕴蓄既宏，猷为不著；遗艰投大，随试皆宜；戡乱解纷，无施勿效。闽、粤之箐巢尽扫，而擒纵如神，东南之黎庶举安，而文武足宪。爰及逆藩称乱，尤资仗钺渊谋。旋凯奏功，速于吴、楚之三月；出奇决胜，迈彼淮、蔡之中宵。是嘉社稷之伟勋，申盟带砺之异数。

既复抚夷两广，旋至格苗七旬。谤起功高，赏移罚重；爰遵遗诏，兼采公评，续相国之生封；时庸旌伐，追曲江之殊恤，庶以酬劳。兹赠为新建侯，谥文成，锡之诰命。于戏。钟鼎勒铭，嗣美东征之烈；券纶昭锡，世登南国之功。永为一代之宗臣，实耀千年之史册。冥灵不昧，宠命其承。"六月十七日，遣行人司行人赐造坟域，遣浙江布政使司堂上正官参政，与祭七坛。

二年戊辰六月，先生嗣子正亿袭伯爵。

元年三月，给事中辛自修、岑用宾等为开读事上疏，请复伯爵。吏部尚书杨博奉旨移咨江西巡抚都御史任士凭，会同巡按御史苏朝宗查覆征藩实迹，及浙江巡抚都御史赵孔昭、巡按御史王得春奏应复爵荫相同。于是吏部奉钦依会同成国公朱希忠、户部尚书马森等议得："本爵一闻逆濠之变，不以非其职守，急还吉安，倡义勤王。未逾旬朔，而元凶授首，立消东南尾大之忧。不动声色，而奸宄荡平，坐贻宗磐石之固。较之开国佐命，时虽不同，拟之靖远咸宁，其功尤伟。委应补给诰券，容其子孙承袭，以彰与国成休，永世无穷之报。"议上，诏遵先帝原封伯爵，与世袭。至二三年五月，御史傅宠奏议爵荫，吏部复请钦依，会同成国公朱希忠、户部尚书刘体乾议得："诚意伯刘基食粮七百石，乃太祖钦定；靖远伯王骥一千石，新建伯王守仁一千石，系累朝钦定，多寡不同。夫封爵之典，论功有六：曰开国，曰靖难，曰御胡，曰平番，曰征蛮，曰擒反：而守臣死绥，兵枢宣猷，督府剿寇，咸不与焉。盖六功者，关社稷之重轻，系四方之安危，自非茅土之封，不足以报之。至于死绥、宣猷、剿寇，则皆一身一时之事，锡以锦衣之荫则可，概欲剖符，则未可也。窃照新建伯王守仁，乃正德十四年亲捕反贼宸濠之功。南昌、南赣等府，虽同邦域，分土分民，各有专责，提募兵而平邻贼，不可不谓之倡义。南康、九江等处，首罹荼毒，且进且攻，人心摇动，以藩府而叛朝廷，不可不谓之劲敌。出其不意，故俘献于旬月之间。若稍怀迟疑，则贼谋益审，将不知其所终。攻其必救，故绩收乎万全之略。若少有疏虞，则贼党益繁，自难保其必济。肤功本自无前，奇计可以范后。靖远或宁，姑置不论，即如宁夏安化之变，比之江西，难易迥绝。游击仇钺，于时得封咸宁伯，人无间言。同一藩服捕反，何独于新建伯而疑之乎？所据南京各道御史，欲要改荫锦衣卫，于报功之典未尽，激劝攸关，难以轻拟。合无将王守仁男正亿袭新建伯，不必改议，以后子孙仍照臣等先次会题，明旨许其世袭。"诏从之，准照旧世袭。

红夷大炮

年谱附录二年谱旧序至论年谱书

《增订年谱》刻成，启原检旧谱，得为序者五，得年谱者二十。乃作而叹曰：谱之成也，非苟然哉！阳明夫子，身明其道于天下，绪山、念庵诸先生，心阐斯道于后世。上以承百世正学之宗，下以启百世后圣之矩。读是谱者，可忽易哉！乃取叙书，汇而录之，以附谱后。使后之志师学者，知诸先生为道之心身，斯谱其无穷乎？

阳明先生年谱序钱德洪

嘉靖癸亥夏五月，《阳明先生年谱》成，门人钱德洪稽首叙言曰：昔尧、舜、禹，开示学端，以相授受，曰："允执厥中，四海困穷，天禄永终。"噫！此三言者，万世圣学之宗与？"执中"，不离乎四海也。"中"也者，人心之灵，同体万物之仁也。"执中"而离乎四海，则天地万物失其体矣。故尧称峻德，以自亲九族，以至和万邦；舜称玄德，必自定父子以化天下。尧、舜之为帝，禹、汤、文、武之为王，所以致唐虞之隆，成三代之盛治者，谓其能明是学也。后世圣学不明，人失其宗，纷纷役役，疲极四海，不知"中"为何物。伯术兴，假借圣人之似以持世，而不知逐乎外者遗乎内也。佛、老出，穷索圣人之隐微以全生，而不知养乎中者遗乎外也。教衰行弛，丧乱无日，天禄亦与之而永终。噫，夫岂无自而然哉！寥寥数千百年，道不在位，孔子出，祖述尧、舜、颜、曾、思、孟、濂溪、明道继之，以推明三圣之旨，斯道灿灿然复明于世。惜其空言无征，百姓不见三代之治，每一传而复晦，寥寥又数百年。

吾师阳明先生出，少有志于圣人之学。求之宋儒不得，穷思物理，卒遇危疾，乃筑室阳明洞天，为养生之术。静摄既久，恍若有悟，蝉脱尘垢，有飘飘遐举之意焉。然即之于心，若未安也，复出而用世。谪居龙场，衡困拂郁，万死一生，乃大悟"良知"之旨。始知昔之所求，未极性真，宜其疲神而无得也。盖吾心之灵，彻显微，忘内外，通极四海而无间，即三圣所谓"中"也。本至简也，而求之繁，至易也，而求之难，不其谬乎？征藩以来，再遭张、许之难，呼吸生死，百炼千磨，而精光焕发，益信此知之良，神变妙应而不流于荡，渊澄静寂，而不堕于空，征之千圣，莫或纰缪，虽百氏异流，咸于是乎取证焉。噫！亦已微矣。始教学者悟从静入，恐其或病于枯也，揭"明德""亲民"之旨，使加"诚意""格物"之功，至是而特揭"致良知"三字，一语之下，洞见全体，使人人各得其中。由是以昧入者以明出，以塞入者以通出，以忧愤入者以自得出。四方学者，翕然来宗之。噫！亦云兆矣。天不慭遗，野死遐荒，不得终见三代之绩，岂非千古一痛恨也哉！

师既没，吾党学未得正，各执所闻以立教。仪范隔而真意薄，微言隐而口说腾。且喜为新奇谲秘之说，凌猎超顿之见，而不知日远于伦物。甚者认知见为本体，乐疏简为超脱，隐几智于权宜，蔑礼教于任性。未及一传，而淆言乱众，甚为吾党忧。迩年以来，亟图合并，以宣明师训，渐有合异统同之端，谓非良知昭晰，师言之尚足征乎？谱之作，所以征师言耳。始谋于薛尚谦，顾三纪未就。同志日且凋落，邹子谦之遗书督之。洪亦大惧湮没，假馆于史恭甫嘉义书院，越五月，草半就。趋谦之，而中途闻讣矣。偕抚君胡汝茂往哭之。返见罗达夫，闭关方严，及读谱，则喟然叹曰："先生之学，得之患难幽独中，盖三变以至于道。今之谈'良知'者，何易易也！"遂相与刊正。越明年正月，成于怀玉书院，以复达夫。比归，复与王汝中、张叔谦、王新甫、陈子大宾、黄子国卿、王子健互精校阅，曰："庶其无背师说乎？"命寿之梓。然其事则核之奏牍，其文则禀之师言，罔或有所增损。若夫力学之次，立教之方，虽因年不同，其旨则一。洪窃有取而三致意焉。噫！后之读谱者，尚其志逆神会，自得于微言之表，则斯道庶乎其不绝矣。僭为之序。

阳明先生年谱考订序 罗洪先

嘉靖戊申，先生门人钱洪甫聚青原，言年谱，佥以先生事业多在江右，而直笔不阿，莫洪先君，遂举丁丑以后五年相属。又十六年，洪甫携《年谱稿》二三册来，谓之曰："戊申青原之聚，今几人哉！洪甫惧，始坚怀玉之留。"明年四月，《年谱》编次成书，求践约，会滁阳。胡汝茂巡抚江右，擢少司马，且行，刻期入梓，敬以旬日毕事。已而即工稍缓，复留月余。自始至卒，手自更正，凡八百数十条。其见闻可据者，删而书之。岁月有稽，务尽情实，微涉扬诩，不敢存一字。大意贵在传信，以俟将来。于是《年谱》可观。

洪先因订《年谱》，反覆先生之学，如适途者颠仆沉迷泥淖中，东起西陷，亦既困矣，然卒不为悦也。久之，得小蹊径，免于沾途，视昔之险道有异焉。在他人，宜若可以已矣，然卒不为休也。久之，得大康庄，视昔之蹊径又有异焉。在他人宜若可以已矣，乃其意则以为出于险道，而一旦至是，不可谓非过幸。彼其才力足以特立，而困为我者固尚众也，则又极力呼号，冀其偕来以共此乐。而颠迷愈久，呼号愈切。其安焉而弗之悟者，顾视其呦呦，至老死不休，而翻以为笑。不知先生盖有大不得已者恻于中。呜呼！岂不尤异也乎？故善学者，竭才为上，解悟次之，听言为下。盖有密证殊资，嘿持妙契，而不知反躬自求实际，以至不副夙期者，多矣。固未有历涉诸难，深入真境，而触之弗灵，发之弗莹，必有俟于明师面临，至语私授，而后信久远也。洪先谈学三年，而先生卒，未尝一日得及门。然于三者之辨，今已审矣。学先生之学者视此何哉？无亦曰是必有得乎其人，而《年谱》者固其影也。

刻阳明先生年谱序 王畿

《年谱》者何？纂述始生之年，自幼而壮，以至于终，稽其终始之行实而谱焉者也。其事则仿于《孔子家语》，而表其宗传，所以示训也。《家语》出于汉儒之臆说，附会假借，鲜稽事实；致使圣人之学黯而弗明，偏而弗备，驳而弗纯，君子病焉。求其善言德行，不失其宗者，莫要于《中庸》。盖子思子忧道学之失传，发此以诏后世。其言明，备而纯，不务臆说；其大旨则在"未发之中"一言，即虞廷道心之微也。本诸心之性情，致谨于隐微显见之几，推诸中和位育之化，极之乎无声无臭，而后为至，盖家学之秘藏也。孟轲氏受业子思之门，自附于私淑，以致愿学之诚，于尹、夷、惠，则以为不同道，于诸子，则以为姑舍是。自生民以来，莫盛于孔子，毅然以见而知之为己任，差等百世之上，若观诸掌中，是岂无自而然哉？所不同者何道，所舍者何物，所愿者何事，端绪毫厘之间，必有能辨之者矣。汉儒不知圣人之学本诸性情，屑屑然取证于商羊萍实，防风之骨，肃慎之矢之迹，以遍物为知，必假知识闻见助而发之，使世之学者不能自信其心，伥伥然求知于其外，渐染积习，其流之弊，历千百年而未已也。

我阳明先师，崛起绝学之后，生而颖异神灵，自幼即有志于圣人之学。盖尝泛滥于辞章，驰骋于才能，渐渍于老、释，已乃折衷于群儒之言，参互演绎，求之有年，而未得其要。及居夷三载，动忍增益，始超然有悟于"良知"之音：无内外，无精粗，一体浑然，是即所谓"未发之中"也。其说虽出于孟轲氏，而端绪实原于孔子。其曰："吾有知乎哉，无知也。盖有不知而作，我无是也。"言"良知"无知而无不知也。而知识闻见不与焉。此学脉也。师以一人超悟之见，呶呶其间，欲以挽回千百年之染习，盖亦难矣。寝幽寝昌，寝微寝著，风动雷行，使天下靡然而从之，非其有得于人心之同然，安能舍彼取此，确然自信而不惑也哉？虽然，道一而已，学一而已。"良知"不由知识闻见而有，而知识闻见莫非"良知"之用。文辞者，道之华；才能者，道之干；虚寂者，道之原；群儒之言，道之委也，皆所谓"良知"之用也。有舍有取，是内外精粗之见未忘，犹有二也。无声无臭，散为万有，神奇臭腐，随化屡迁，有无相乘之机，不可得而泥也。是故溺于文辞，则为陋矣。道心之所达，"良知"未尝无文章也。役于才艺，则为鄙矣。天之所降，百姓之所与，"良知"未尝无才能也。老、佛之沉守虚寂，则为异端。无思无为，以通天下之故，"良知"未尝无虚寂也。世儒之循守典常，则为拘方。有物有则，以适天下之变，"良知"未尝无典要也。盖得其要，则臭腐化为神奇，不得其要，则神奇化为臭腐。非天下之至一，何足以与于此？夫儒者之学，务于经世，但患于不得其要耳。旨人谓以至道治身，以土苴治天下，是犹泥于内外精粗之二见也。动而天游，握其机以达中和之化，非有二也。功著社稷而不尸其有，泽究生民而不宰其能，教彰士类而不居其德，周流变动，无为而成，莫非"良知"之妙用，所谓浑然一体者也。如运斗极，如转户枢，列宿万象，经纬阖辟，推荡出入于大化之中，莫知其然而然。信乎儒者有用之学，"良知"之不为空言也。师之缵承绝学，接孔孟之传，以上窥姚姒，所谓闻而知之者非耶？

友人钱洪甫氏，与吾党二三小子，忧学脉之无传，而失其宗也，相与稽其行实终始之详，纂述为谱，以示将来。其于师门之秘，未敢谓尽有所发；而假借附会，则不敢自诬，以滋臆说之病。善读者以意逆之，得于言诠之外，圣学之明，庶将有赖，而是谱不为徒作也已。故曰所以示训也。

又 胡松

人有恒言，真才固难，而全才尤难也。若阳明先生，岂不为寔哉其人乎？方先生抗议忤权，投荒万里，处约居贫，困心衡虑，茕然道人尔。及稍迁令尹，渐露锋颖矣。未几内迁，进南太仆，若鸿胪，官曹简暇，日与门人学子讲德问业，尚友千古。人皆哗之为禅。后擢金副都御史至封拜，亦日与门人学子论学不辍。而山贼逆藩之变，一鼓歼之。于是人始服先生之才之美矣。虽服先生之才，而犹疑先生之学，诚不知其何也？

松尝谓先生之学，与其教人，大抵无虑三变。始患学者之心纷扰而难定也，则教人静坐反观，专事收敛。学者执一而废百也，偏于静而遗事物，甚至厌世恶事，合眼习观，而几于禅矣，则揭言知行合一以省之。其言曰："知者行之始，行者知之成。"又曰："知为行主意，行为知功夫。"而要于去人欲而存天理。其后，又恐学者之泥于言诠，而终不得其本心也，则专以"致良知"为作圣为贤之要矣。不知者与未信者，则又病"良知"之不足以尽道，而群然吠焉。岂知"良知"即"良心"之别名。是"知"也，维天高明，维地广博，虽无声臭，万物皆备；古今千圣万贤，天下百虑万事，谁能外此"知"者。而"致"之为言，则笃行固执，允迪实际，服膺弗失，而无所弗用其极，并举之矣。岂专守灵明，用知而自私耶？专守灵明用智自私，而不能流通著察于伦物云为之感，而或牵引转移于情染伎俩之私，虽名无不周遍，而实难于研虑，虽称莫之信果，而实近于荡恣，甚至藐兢业而病防检，私徒与而挟悻嫉，废人道而群鸟兽，此则禅之所以病道者尔！先生之学，则岂其然乎？故其当大事，决大疑，夷大难，不动声色，不丧匕鬯，而措斯民于衽席之安，皆其"良知"之推致而无不足，而非有所袭取于外。

他日读书，窃疑孔子之言，而曰："我战则克，祭则受福。"夫圣非夸也，未尝习为战与斗也，又非有祝诅厌胜之术也，而云必克与福，得无殆于诬欤？是未知天人之心之理之一也。夫君子斋戒以养心，恐惧而慎事，则与天合德，而聪明睿知，文理密察，溥博渊泉，而时出之矣。则何福之不获，何战之弗克，而又奚疑焉？不然，传何以曰："明乎郊社之礼，禘尝之义，治国其如视诸掌乎？"夫郊社、禘尝之礼，则何与于治国之事也？夫道一而已矣，通则皆通，塞则皆塞。文岂为文，武岂为武，盖尚父之鹰扬，本于敬义，而周公之东征破斧，实哀其人而存之。彼依托之徒，呼喝叱咤，豪荡弗检，自诡为道与学，而欲举天下之事，只见其劳而敝矣。

绪山钱子，先生高第弟子也，编有先生《年谱》旧矣。而犹弗自信，溯钱塘，逾怀玉，道临川，过洪都，适吉安，就正于念庵诸君子。念庵子为之删繁举要，润饰是正，而补其阙轶，信乎其文则省，其事则增矣。计为书七卷，既成，则谓予曰："君滁人，先生盖尝过化，而今继居其官，且与讨论，君宜叙而刻之。"余谢不敢，而又弗克辞也，则以窃所闻于诸有道者论次如左，俾后世知先生之才之全，盖出于其学如此。必就其学而学焉，庶几可以弗畔矣夫。

又 王宗沐

昔者孔子自序其平生得学之年，自十五以至七十，然后能从心所欲，不逾矩。其间大都诣入之深，如浚井者，必欲极底里以成；而修持之渐，如历阶者，不容躐一级而进。至哉粹乎！千古学脉之的也。然宗沐尝仰而思之，使孔子不至七十而没，岂其终不至于从心耶？若再引而未没也，则七十而后，将无复可庸之功耶？嗟呼！此孔子所谓苦心，吾恐及门之徒，自颜、曾而下，有不得而闻者矣。

夫矩，心之体而物之则也。心无定体，以物为体。方其应于物也，而体适呈焉，炯然焕然，无起无作，不以一毫智识意解参于其间，是谓动以天也，而自适于则。加之则涉于安排，减之则阙而不贯。毫厘几微，瞬目万里，途辙倚着，转与则背，此非有如圣人之志，毕余生之力，精研一守，以至于忘体忘物，独用全真，则固未有能凑泊其藩者。而况于横心之所欲，而望其自然不逾于矩哉？此圣学所以别于异端，毙而后已，不知老之将至者也。不逾矩，由不惑出。而不惑者，吾心之精明本体，所谓知也。自宋儒濂溪、明道之没，而此学不传。

我朝阳明王先生，盖学圣人之学者。其事功文章，与夫历涉发迹，颇为世所奇，而争传之以为怪。年几六十而没。而其晚岁，始专揭"致良知"为圣学大端，良有功于圣门。予尝览镜其行事，而参读其书，见其每更患难，则愈精明，负重难，则愈坚定；然后知先生英挺之禀，虽异于人，而所以能邃于此学，而发挥于作用者，亦不能不待于历岁践悟之渐。而世顾奇其发迹，与夫事业文章之余，夫亦未知所本也与？

先生高弟余姚钱洪甫氏，以亲受业，乃能谱先生履历始终，编年为书。凡世所语奇事不载，而于先生之学，前后悟入，语次犹详。书成而俾予为之序。

论年谱书 邹守益

浮峰公归浙，托书促聚复真，以了先师年谱，竟不获报。乌泉归，审去岁兄在燕峰馆修《年谱》，以大水乃旋。今计可脱稿，为之少慰。同门群公，如中离、静庵、善山、洛村、南野皆勤勤在念，又作隔世人矣。努力一来，了此公案，师门固不藉此，然后死者之责，将谁执其咎，伫望伫望！归自武夷，劳与暑并，静养寡出，始渐就愈。老年精力，更须爱惜，愿及时励之。风便，早示瑶音，以快悬跂。

论年谱书 凡九首 罗洪先

数年一晤，千里而来，人生几何，几聚散遂已矣，可不悲哉！信宿相对，受益不浅。正通书炉峰，问行踪，书扇至矣。好心指摘，感骨肉爱，儿辈何知，辱海真语，且波其父，两世衔戢，如何为报？计南浦尚有数月留，稍暇裁谢也。《年谱》自别后即为册事夺去，自朝至暮，不得暇，竟无顷刻相对。期须于岁晚图之，幸无汲汲。所欲语诸公者，面时当不忘。别后见诸友，幸语收静之功。居今之世，百务纷纷，中更不回首，宁有生意。不患其不发扬，患不枯槁耳。会语教儿辈者可以语诸友也，如何？

天寒岁暮，孤舟漾漾，不知何日始抵南浦，此心念之。忽思年谱非细事，兄亦非闲人，一番出游，一番岁月，亦无许多闲光阴。须为决计，久留僻地，一二月方可成功。前所言省城内外，终属喧嚣是非之场，断非著书立言之地，又不过终日揖让饮宴而已，何益于久处哉？今为兄计，岁晚可过鲁江公连山堂静处；且须谢绝城中士友，勿复往来。可久则春中始发，不然初正仍鼓怀玉之棹。闲居数月，日间会友，皆立常规。如此，更觉稳便。即使柏泉公有扳留意，亦勿依违。如此，方有定向，不至优游废事矣。弟欲寄语并谱草，亦当觅便风不长远也。深思为画此策，万万俯听，不惑人言，至恳至恳！

玉峡人来，得手书，知兄拳拳谱草。前遇便曾附一简，为公画了谱之计极周悉，幸俯听。且近时人之好尚不同，讹言诮谤，极能败人兴味。纵不之顾，恐于侍坐之愆，不免犯瞽之戒，知公必不忍也。附此，不尽。

倏焉改岁，区区者年六十矣。七十古稀，亦止十年间。十年月日，可成何事？前此只转瞬耳，可不惧哉！前连二书，望留兄了谱事。只留鲁江兄宅上，百凡皆便。有朋友相聚者，令寄食于邻。如此，宾主安矣。不然，柏泉公有馆谷之令，则处怀玉为极当，好景好人好日月，最是难得。如不肖弟者，已不得从，可轻视哉！省中万不可留，毋为人言所诳，再嘱再嘱！年谱一卷，反覆三日，稍有更正。前欲书者，乃合卺日事。而观纲上言学，心若未安，今已入目。于目中诸书揭标，令人触目，亦是提醒人处。入梓日，以白黑地别之。二卷、三卷如举"良知"之说，皆可揭标于目中矣，望增入。不识兄今何在，便风示知之。

正月遣使如吴江迎沈君，曾附年谱稿，并小简上，想已即达。龙光之聚，言之使人兴动。弟谬以不肖所讲，言之诸兄，是执事说假譬以兴发之。在诸君，或有自得，在不肖，闻之愧耳。供张不烦有司，甚善。只恐往来酬应，亦费时日。兼彼此不便，则何如？诸君之意方专，诚不知何以为去留也？年谱续修者，望寄示。柏泉公为之序，极善，俟人至当促之。来简"精诣力究"四字，真吾辈猛省处；千载圣人不数数，只为欠此四字。近读《击壤》之集，亦觉此老收手太早。若是孔子，直是停脚不得也。愿共勉之。

承别简数百言，反覆于仆之称谓。谓仆心师阳明先生，称后学，不称门人，与童时初志不副。称门人于没后，有双江公故事可援，且谬加许可，以为不辱先生门墙。此皆爱仆太过，特为假借推引耳。在仆固有所不敢。窃意古人之称谓，皆据实不苟焉，以著诚也。昔之愿学孔子者莫如孟子。

孟子尝曰："予未得为孔子徒也。"盖叹之也。彼其叹之云者，谓未得亲炙见而知之，以庶几于速肖焉耳，固未始即其愿学而遂自谓之徒也。夫得及门，虽互乡童子，亦与其进；不得及门，虽孟子不敢自比于三千。后之师法者，宜如何哉？此仆之所以不敢也。虽然，仆于先生之学，病其未有得耳。如得其门，称谓之门不门，何足轻重？是为仆谋者，在愿学，不在及门也。今之称后学者，恒不易易。必其人有足师焉，然后书之。如是，则仆之称谓，实与名应，宜不可易。若故江公与仆两人，一则尝侍坐，一则未纳赘，事体自别，不得引以为例。且使仆有不得及门之叹，将日俯焉，跂而及之，亦足以为私淑之助，未惟戚也。惟兄无多言。

廿六日，吐泄大作，医云内有感冒，五日后方云无事。在五六日中，自分与兄永诀。方见门前光景，未能深入，究竟亦无奈何。惟此自知耳，虽父子间，不能一语接也。初四日复见正月廿日书，始知廿四之期决不可留，人为怅怅。盖兄在南浦一日未安，则弟不能安松原一日。今离去太远，此心如何！此心如何！见兄论夜坐诗，中间指先天之病，非谓先天也，渭学也。记得白沙夜坐有云："些儿若问天根处，亥子中间得最真。"又云："吾儒自有中和在，谁会求之未发前？"是白沙无心于言也。信口拈来，自与道合。白沙虽欲靳之，有不可得者也。不肖正欲反其意，而言不自达，为之愧愧。然不敢妄言，乃遵兄终身之惠，不敢不敬承。病戒多言，复此喋喋，不任惶恐。附此再呈不次。

前病中承示行期，即力疾具复。未几，王使来，复辱惠以《年谱》。即日命笔裁请。缘其中有当二三人细心商量者，而执事得先生真传，面对口语，不容不才亿度，比别样叙作用不同，故须再请于执事，务细心端凝，曲尽当时口授大义，使他年无疑于执事可也。自整不妨连下，或至来年总寄来。不肖不敢不尽其愚。此千载之事，非一时草草。然舍今不为，后一辈人，更不可望矣。峡江胡君知事者，书来托之，断不稽缓。

八月十一日始得兄六月朔日书，则知弟六月下旬所寄书，未知何日至也。柏泉公七月发《年谱》来，日夕相对，得尽寸长。平生未尝细览文集，今一一详究，始知先生此学进为始末之序。因之颇有警悟。故于《年谱》中手自披校，凡三四易稿，于兄原本，似失初制，诚为僭妄。弟体兄虚心求益，不复敢有彼我限隔耳。如己卯十一日始自京口返江西，游匡庐，庚辰正月赴召归，重游匡庐，二月九江还南昌；又乙亥年自陈疏，乃己亥年考察随例进本，不应复有纳忠切谏之语，亦遂举据文集改正之。其原本所载，本稿不敢滥入，岂当时先生有是稿未上欤？愚意此稿只入集，不应遂入《年谱》。不及请正，今已付新建君入梓，惟兄善教之。草草裁复，不尽请正。

得吴尧山公书，知《年谱》已刻成。承陆北川公分惠，可以达鄙意矣。绵竹共四十部，此外寄奉龙溪兄十部，伏惟鉴入。虽然，今所传者，公之影响耳。至于此学精微，则存乎人自得之，固不在有与无，多与少也。弟去岁至今，皆在病中，无能复旧。然为学之意，日夕恳恳。始知垂老惟有此事紧要。若得影响，即可还造化，无他欠事也。兄别去一年，此件自觉如何？前辈凋落，双翁已归土。所赖倡明此学者，却在吾辈。吾辈若不努力，稍觉散漫，即此已矣，无复可望矣。得罪千古，非细事也，悲哉悲哉！千里寄言，不尽缱绻。

答论年谱书凡十首钱德洪

承兄下榻，信宿对默，感教实多。兄三年闭关，焚舟破釜，一战成功，天下之太宇定矣。斯道属兄，后学之庆也，珍重珍重！更得好心消尽，生死毁誉之念忘，则一体万化之情显，尽乎仁者，如何如何？师谱一经改削，精彩迥别，谢兄点铁成金手也。东去，谱草有继上，乞赐留念。外诗扇二柄，寄令郎以昭，并祈赐正。诗曰："我昔游怀玉，而翁方闭关。数年论睽合，岂泥形迹间。今日下翁榻，相对无怍颜。月魄入帘白，松标当户闲。我默镜黯黯，翁言玉珊珊。剑神不费解，调古无庸弹。喜尔侍翁侧，倾听巍如山。见影思立圭，植根贵删繁。远求忧得门，况乃生宫阃。毋恃守成易，俯惟创业艰。"又书会语一首："程门学善静坐，何也？曰：其悯人心之不自觉乎？声利百好，扰扰外驰，不知自性之灵，炯然在独也。稍离奔骛，默悟真百感纷纭，而真体常寂，此极深研几之学也。入圣之几，庶其得于斯乎？"

奉读手诏，感惓惓别后之怀。心同道同，不忘尔我，一语不遗，其彻心髓，真所谓"同心之言，其臭如兰"也，感惕如之何！年来同志凋落，慨师门情事未终，此身怅怅无依。今见兄诞登道岸，此理在天地间，已得人主张。吾身生死短长，乌足为世多寡，不觉脱然无系矣。此番相别，夫岂苟然哉，宜兄之临教益切也。师谱得兄改后，誊清再上，尚祈必尽兄意，无容遗憾，乃可成书。令朗美质，望奋志以圣人为己任，斯不辜此好岁月耳。乡约成册，见兄仁覆一邑，可以推之天下矣。信在言前，不动声色，天载之神也。余惟嗣上，不备。

别后沿途阻风，舟弗能前。至除夜，始得到龙光寺。诸友群聚，提兄"丕显待旦"一语为柄，听者莫不耸然反惕。谓兄三年闭关，即与老师居夷处困，动忍熟仁之意同。盖慨古人之学，必精诣力究，深造独得，而后可以为得，诚非忽慢可承领也。诸生于是日痛发此意。兄虽在关，示道标的，后学得所趋矣，喜幸喜幸！城中王绪诸生，夙办柴米，为久留计，供应不涉有司。五日一讲会，余时二人轮班，代接宾客，使生得静处了谱。见其志诚恳，姑与维舟信宿以试之。若果如众计，从之；若终涉分心，必难留矣。二书承示周悉，同体之爱也。今虽久暂未定，必行兄意，不敢如前坚执硬主也。柏泉公读兄《年谱》，深喜，经手自别，决无可疑，促完其后。

昨乞作序冠首，兄有书达，幸督成之。留稿乞付来人，盖欲付人誊真也。

兄于师谱，不称门人，而称后学，谓师存日，未获及门委贽也。兄谓古今称门人，其义止于及门委贽乎！子贡谓："得其门者或寡矣。"孔子之徒三千人，非皆及门委贽者乎！今载籍姓名，七十二人之外无闻焉，岂非委贽而未闻其道者，与未及门者同乎？韩子曰："道之所在，师之所在也。"夫道之所在，吾从而师之，师道也，非师其人也。师之所在，吾从而北面之，北面道也，非北面其人也。兄尝别周龙冈，其序曰："予年十四时，闻阳明先生讲学于赣，慨然有志就业。父母怜恤，不令出户庭。然每见龙冈从赣回，未尝不愤愤也。"是知有志受业，已在童时，而不获通贽及门者，非兄之心也，父母受护之过也。今服膺其学，既三纪矣。匪徒得其门，且升其堂、入其室矣。而又奚歉于称门人耶？昔者方西樵叔贤与师同部，曹僚也；及闻夫子之学，非僚也，师也，遂执弟子礼焉。黄久庵宗贤见师于京师，友也；再闻师学于越，师也，非友也，遂退执弟子礼。聂双江文蔚见先生于存日，晚生也；师没而刻二书于苏，曰："吾昔未称门生，冀再见也，今不可得矣。"时洪与汝中游苏，设香案告师称门生，引予二人以为证。汪周潭尚宁始未信师学，及提督南赣，亲见师遗政，乃顿悟师学，悔未及门，而形于梦，遂谒师祠称弟子，遗书于洪、汝中以为证。夫始未有闻，僚也，友也；既得所闻，从而师事之，表所闻也。始而未信师学于存日，晚生也；师没而学明，证于友，形于梦，称弟子焉，表所信也。吾兄初拟吾党承颜本体太易，并疑吾师之教。年来翕聚精神，穷深极微，且闭关三年，而始信古人之学丕显待旦，通昼夜，合显微而无间。试与里人定图徭册，终日纷嚣，自谓无异密室。乃见吾师进学次第，每于忧患颠沛，百炼纯钢，而自征三年所得，始洞然无疑。夫始之疑吾师者，非疑吾师也，疑吾党之语而未详也；今信吾师者，非信吾师也，自信所得而征师之先得也。则兄于吾师之门，一启关钥，宗庙百官，皆故物矣。称入室弟子，又何疑乎？谱草承兄改削，编述师学，惟兄与同，今谱中称门人，以表兄信心，且从童时初志也，其无辞。

南浦之留，见诸友相期恳切，中亦有八九辈，肯向里求人，可与共学矣。亦见其中有一种异说，为不羁少年，助其愚狂，故愿与有志者反覆论正，指明师旨，庶几望其适道。诸生留此，约束颇严，但无端应酬，终不出兄所料。已与柏泉公论别，决二十日发舟登怀玉矣。兄第五简复至，感一体相成之爱，无穷已也，仰谢仰谢！精诣力究，昨据兄独得之功而言，来简揭出四字以示，更觉反惕。谓："康节收手太早，若在孔门，自不容停脚矣。"实际之言，真确有味，闻者能无痛切乎？别简谓："孟子不得为孔子徒，盖叹己不得亲炙以成速肖也。"诵言及此，尤负惭恐。亲炙而不速肖，此弟为兄罪人也。兄之所执，自有定见，敢不如教？闲中读兄夜坐十诗，词句清绝，造悟精深，珍味入口，令人隽永。比之宋儒感兴诸作，加一等矣，幸教幸教！然中有愿正者，与兄更详之。吾党见得此意，正宜藏蓄，默修默证，未宜轻以示人。恐学者以知解承，功未至而知先及本体，作一景象，非徒无益，是障之也。盖古人立言，皆为学者设法，非以自尽其得也。故引而不发，更觉意味深长。然其所未发者，亦已跃如。何也？至道非以言传，至德非以言入也。故历勘古训，凡为愚夫愚妇立法者，皆圣人之言也。为圣人说道，妙发性真者，皆贤人之言也。与富家翁言，惟闻创业之艰。与富家子弟言，惟闻享用之乐。言享用之乐，非不足以歆听而起动作也，然终不如创业者之言近而实也，此圣贤之辨也。调息、杀机、亥子诸说，知兄寓言，然亦宜藏默。盖学贵精，最忌驳。道家说"性命"，与圣人所间毫厘耳。圣人于家、国、天下，同为一体。岂独自遗其身哉？彼所谓"术"，皆吾修身中之实功，特不以微躯系念，辄起绝俗之想耳。关尹子曰："圣人知之而不为。"圣人既知矣，又何不为耶？但圣人为道，至易至简，不必别立炉灶，只致良知，人已俱得矣。知而不为者，非不为也，不必如此为也。夫自吾师去后，茫无印正。今幸兄主张斯道，慨同志凋落，四方讲会虽殷，可与言者，亦非不多，但炉中火旺，会见有融释时，毫厘滓化未尽，火力一去，滓复凝矣；更望其成金足色，永无变动，难也。而况庸一言之杂其耳乎？兄为后学，启口容声，关系匪细，立言之间，不可不慎也。故敢为兄妄言之。幸详述以进我。情关血脉，不避喋喋，惟兄其谅之。

前月二十五日，舟发章江。南昌诸友追送，阻风樵舍。五日入抚州，吊明水兄。又十日而始出境。舟中特喜无事，得安静构思，谱草有可了之期矣。乏人抄写，先录庚辰八月，至癸未二月，稿奉上。亟祈改润，即付来手。到广信，再续上。出月中旬，计可脱稿也。龙溪兄玉山遗书谓："初以念庵兄之学偏于枯槁，今极耐心，无有厌烦，可谓得手。但恐不厌烦处落见，略存一毫知解；虽无知解，略着一些影子；尚须有针线可商量处，兄以为何如？"不肖复之曰："吾党学问，特患不得手；若真得手。'良知'

自能针线，自能商量。苟又依人商量而脱，则恐又落商量知解，终不若'良知'自照刷之为真也。"云云。昨接兄回书，云："好心指摘，感骨肉爱。"只此一言，知兄真得手矣；真能尽性尽仁，致践履之实，以务求于自慊矣。沧海处下，尽纳百川，而不自知其深也；泰山盘旋，凌出霄汉，而不自知其高也。"良知"得手，更复奚疑？故不肖不以龙溪之疑而复疑兄也，兄幸教焉，何如？舟中诸生问："如何是知解？如何是影子？"洪应之曰："念翁悯吉水瑶贼不均，穷民无告，量己之智，足与周旋，而又得当道相知，信在言前，势又足以完此，故集一邑贤大夫、贤士友，开局以共成此事。此诚出于万物一体，诚爱恻怛之至情，非有一毫外念参于其中也。若斯时有一毫是非毁誉、利害人我，相参于其中，必不能自信之真，而自为之力矣。比非尽性尽仁，'良知'真自得手，乌足与语。此或有一毫影子，曰：我闭关日久，姑假此以自试，即是不倚静知解。终日与人纷纷，而自觉无异密室，此即是不厌动知解。谓我虽自信，而同事者或未可以尽信，不信在人，于我无污，此即是不污其身之知解。谓我之首事，本以利民，若不耐心，是遗其害矣；我之首事，本以宜民，若不耐心，是不尽人情矣；我之首事，本承当道之托，若不耐心，无以慰知己；此又落在不耐心之知解也。'良知'自无是非毁誉利害人我之间，自能动静合一，自能人我同过，自能尽人之情，慰知己之遇。特不由外入，起此知解毫厘。影子与'良知'本体尚隔一尘。一尘之隔，千里之间也。"诸生闻之，俱觉惕然有警。并附以奉陈左右，亦与局中同事诸君一照刷，可以发一笑也。幸教幸教！

连日与水洲兄共榻，见其气定神清，真肯全体脱落，猛火炉煅，有得手矣。自是当无退转也。但中有一种宿惑，信梦为真，未易与破耳。久之当望殊途同归。然窥其微，终有师门遗意在也。师门之学，未有究极根柢者。苟能一路精透，始信圣人之道至广大，至精微，儒、佛、老、庄更无剩语矣。世之学者，逐逐世累，固无足与论。有志者，又不能纯然归一，此适道之所以难也。吾师开悟后学，汲汲求人，终未有与之敌体承领者。临别之时，稍承剖悉，但得老师一期望而已，未尝满其心而去也。数十年来，因循岁月，姑负此翁。所幸吾兄得手，今又得水洲共学，师道尚有赖也。但愿简易直截，于人伦日用间，无事拣择，便入神圣，师门之嘱也。《大学》一书，此是千古圣学宗要，望兄更加详究，略涉疑议，便易入躐等径约之病也，慎之慎之！即日上怀玉，期完谱尾，以承批教，归日当卜出月终旬也。

谱草苟完，方自怀玉下七盘岭，忽接手教，开缄宛如见兄于少华峰下，清洒殊绝，感赐深也。四卷所批种种，皆至意。先师千百年精神，同门逡巡数十年，且日凋落，不肖学非夙悟，安敢辄承？非兄极力主裁，慨然举笔，许与同事，不敢完也。又非柏泉公极力主裁，名山胜地，深居廪食，不能完也。岂先师精神，前此久未就者，时有所待耶？伸理冀元亨一段，如兄数言，简而核，后当俱如此下笔也。闻老师遣冀行，为刘养正来致濠殷勤，故冀有此行，答其礼也。兄所闻核，幸即裁之。铺张二字，最切病端，此贫子见金而喜也。平时稍有得，每与师意会，便起赞叹称羡。富家子只作如常茶饭，见金而起喜心者，贫子态也。此非老成持重，如兄巨眼，安能觑破？兄即任意尽削之，不肖得兄举笔，无不快意，决无护持疼痛也，信之信之！教学三变诸处，俱如此例，若不可改，尽削去之。其余所批，要收不可少处。此弟之见正窃比于兄者。

自古圣贤，未有不由忧勤惕励而能成其德业。今之学者，只要说微妙玄通，凌躐超顿，在言语见解上转。殊不知老师与人为善之心，只要实地用功，其言自谦逊卑抑。《大学》"诚意"章："惟不自欺者，其心自谦，非欲谦也，心常不自足也。"兄所批教处，正见近来实得与师意同也。

舒国裳在师门，《文录》无所见，惟行福建市舶司取至军门一牌。《传习续录》则与陈维浚、夏于中同时在坐问答语颇多。且有一段，持纸乞写"拱把桐梓"一章，欲时读以省。师写至"至于身而不知所以养"之句，因与座中诸友笑曰："国裳中过状元来，岂尚不知所以养，时读以自警耶？"在座者闻之，皆竦然汗背。此东廓语也。

又丙午年游安福复古书院，诸友说张石盘初不信师学。人有辩者。张曰："岂有好人及其门耶？"辩者曰："及门皆好人也。"张曰："东廓岂及门乎？"辩者曰："已在赣及门矣。"又曰："舒国裳岂及门乎？"曰："国裳在南昌及门矣。"张始默然俯首，后亦及门。

是年，石盘携其子会复古。其子举人口口，至今常在会，未有及门之说。昨南昌闻之诸友，相传因问律吕元声，乃心服而拜，盖其子侄辈叙其及门之端也。昨见兄疑，又检中离《续同志考》，舒芬名在列。则其诸所相传者不诬也。如兄之教，去前"不欲"一段，存后"问元声"语可矣。

徐珊尝为师刻《居夷集》，盖在癸未年，及门则辛巳年九月，非龙场时也。

继后可商量处甚多，兄有所见，任举笔裁之。兹遣徐生时举持全集面正门下。弟心力已竭，虽闻指教，更不能再著思矣。惟兄爱谅之。

不肖五月季旬到舍下，又逾月十日，始接兄二月四日峡江书。一隔千里，片纸之通，遂难若此，感慨又何深也！玉体久平复，在怀玉已得之柏泉兄。兹读来谕，更觉相警之情也。深入究竟，虽父子之间，不能一语接，诚然诚然！此可与千古相感，而不可与对面相传，在有志者自究自竟之耳。天根亥子，白沙诗中亦泄此意。达"性命"之微者，信口拈来，自与道合。但我阳明先师全部文集，无非此意，特无一言搀入者，为圣学立大防也。兄之明教究悉，然于此处幸再详之。兄卧处卑湿，早晚亦须开关，径行登眺，以舒泄蔽郁之气，此亦去病之一端也。徐时举来，师《谱》当已出稿，乞早遣发，远仰远仰！

春来与王敬所为赤城会，归天真，始接兄峡江书，兼读师《谱》考订，感一体相成之心，庆师教之有传也。中间提纲整洁，增录数语，皆师门精义，匪徒庆师教之有传，亦以验兄闭关所得，默与师契，不疑其所行也。

去年归自怀玉，黄沧溪读谱草，与见吾、肖溪二公互相校正，亟谋梓行。未几，沧溪物故，见吾闽去，刻将半矣。六卷已后，尚得证兄考订。然前刻已定，不得尽如所拟，俟番刻，当以兄考订本为正也。中间增采《文录》《外集》《传习续录》数十条，弟前不及录者，是有说，愿兄详之。

先师始学，求之宋儒。不得人，因学养生，而沉酣于二氏，恍若得所入焉。至龙场，再经忧患，而始豁然大悟"良知"之旨。自是出与学者言，皆发"诚意""格物"之教。病学者未易得所入也，每谈二氏，犹若津津有味。盖将假前日之所入，以为学者入门路径。辛巳以后，经宁藩之变，则独信"良知"，单头直入，虽百家异术，无不具足。自是指发道要，不必假途傍引，无不曲畅旁通。故不肖刻《文录》，取其指发道要者为《正录》，其涉假借者，则厘为《外集》。谱中所载，无非此意。盖欲学者志专归一，而不疑其所往也。

师在越时，同门有用功恳切，而泥于旧见，郁而不化者，时出一险语以激之，如水投石，于烈焰之中，一击尽碎，纤滓不留，亦千古一大快也。

听者于此等处，多好传诵，而不究其发言之端。譬之用药对症，虽芒硝大黄，立见奇效；若不得症，未有不因药杀人者。故圣人立教，只指揭学问大端，使人自证自悟；不欲以峻言隐语，立偏胜之剂，以快一时听闻，防其后之足以杀人也。

师殁后，吾党之教日多歧矣。洪居吴时，见吾党喜为高论，立异说，以为亲得师传，而不本其言之有自。不得已，因其所举而指示言之端。私录数条，未敢示人。不意为好事者窃录。甲午主试广东，其录已久岭表。故归而删正；刻《传习续录》于水西，实以破传者之疑，非好为多述，以眩学者之听也。故谱中俱不采入。而兄今节取而增述焉。然删刻苦心，亦不敢不谓兄一论破也，愿更详之。

室远，书扎往复甚难，何时合并，再图面证，以了未尽之私！德教在思，寤寐如见，惟不惜遐音，仰切仰切！

是书复去，念庵隋以计报，竟不及一见，痛哉痛哉！

卷二十三 《世德纪》

传

王性常先生传

张壹民

王纲字性常，一字德常。弟秉常、敬常，并以文学知名。性常尤善识鉴，有文武长才。少与永嘉高则诚族人元章相友善，往来山水间，时人莫测也。元末尝奉母避兵五泄山中。有道士夜投宿，性常异其气貌，礼敬之，曰："君必有道者，愿闻姓字。"道士曰："吾终南隐士赵缘督也。"与语达旦，因授以筮法。且为性常筮之曰："公后当有名世者矣。然公不克终牖下。今能从吾出游乎？"性常以母老，有难色。道士笑曰："公俗缘未断，吾固知之。"遂去。诚意伯刘伯温微时常造焉。性常谓之曰："子真王佐才，然貌微不称其心，宜厚施而薄受之。老夫性在邱壑，异时得志，幸勿以世缘见累，则善矣。"后伯温竟荐性常于朝。

洪武四年，以文学征至京师。时性常年已七十，而齿发精神如少壮。

上问而异之。亲策治道，嘉悦其对，拜兵部郎中。未几，潮民弗靖，遂擢

明代宫廷绘画《宣宗行乐图》

广东参议，往督兵粮。谓所亲曰："吾命尽兹行乎？"致书与家人诀，携其子彦达以行。至则单舸往谕，潮民感悦，咸扣首服罪，威信大张。回至增城，遇海寇曹真窃发，鼓噪突至，截舟罗拜，愿得性常为帅。性常谕以逆顺祸福，不从，则厉声叱骂之。遂共扶舁之而去。贼为坛坐性常，日罗拜请不已。性常亦骂不绝声，遂遇害。时彦达亦随人贼中，从旁哭骂求死。贼欲并杀之。其酋曰："父忠而子孝，杀之不祥。"与之食，不顾。贼悯其诚孝，容令缀羊革裹尸，负之而出，得归葬禾山。

洪武二十四年，御史郭纯始备上其事。得立庙死所，录用彦达。彦达痛父以忠死，躬耕养母，麓衣恶食，终身不仕。性常之殁，彦达时年十六云。

遁石先生传

胡俨

　　翁姓王氏，讳与准，字公度，浙之余姚人，晋右军将军羲之之裔也。父彦达，有隐操。祖广东参议性常，以忠死难。朝廷旌录彦达，而彦达痛父之死，终身不仕。悉取其先世所遗书付翁曰："但毋废先业而已，不以仕进望尔也。"翁闭门力学，尽读所遗书。乡里后进或来从学者，辄辞曰："吾无师承，不足相授。"因去从四明赵先生学《易》。赵先生奇其志节，妻以族妹而劝之仕。翁曰："昨闻先生'遁世无闷'之诲，与准请终身事斯语矣。"赵先生愧谢之。

　　先世尝得筮书于异人，翁暇试取而究其术，为人筮，无不奇中。远近辐辏，县令亦遣人来邀筮。后益数数，日或二三至。翁厌苦之，取其书对使者焚之曰："王与准不能为术士，终日奔走公门，谈祸福。"令大衔之。翁因逃入四明山石室中，不归者年余。时朝廷督有司访求遗逸甚严。部使者至县，欲起翁。令因言曰："王与准以其先世尝死忠，朝廷待之薄，遂父子誓不出仕，有怨望之心。"使者怒，拘翁三子，使人督押，入山求之。翁闻益深遁，坠崖伤足。求者得之以出。部使见翁创甚，且视其言貌坦直无他。翁亦备言其焚书逃遁之故。使者悟，始释翁。见翁次子世杰之贤，因谓翁曰："足下不仕，终恐及罪，宁能以子代行乎?"不得已，遂补世杰邑庠弟子员。而翁竟以足疾得免。翁谓人曰："吾非恶富贵而乐贫贱；顾吾命甚薄，且先人之志，不忍渝也。"又曰："吾非伤于石，将不能遂栖遁之计，石有德于吾，不敢忘也。"因自号遁石翁云。

翁伟貌修髯，精究《礼》《易》，著《易微》数千言。尝筮居秘图湖阴，遇"大有"之"震"，谓其子曰："吾先世盛极而衰，今衰极当复矣。然必吾后再世而始兴乎？兴必盛且久。"至是翁没且十年，而世杰以名儒宿学膺贡，来游南雍。大司成陈公一见，待以友礼，使毋就弟子列；命六堂之士咸师资之。俨忝与同舍，受世杰教益为最多，而相知为最深，因得备闻翁之隐德，乃私为志之若此。

昔人有言：公侯子孙必复其始。王氏自汉吉祥至祥览，皆以令德孝友垂江左。聊緜数百祀，门第之盛，天下莫敢望。中微百余年，天道未为无意也。元末时，其先世尝遇异人，谓其后必有名世者出；而翁亦尝再世而兴之筮。今世杰于翁亦再世矣，充世杰之道，真足以弘济天下，而能澹然爵禄不入其心，古所谓"富贵不能淫，贫贱不能移，威武不能屈"者，吾诚于世杰见之，异时求当天下之大任者，非世杰而谁乎？则异人之言，与翁之筮，于是始可验矣。

槐里先生传

戚澜

先生姓王，名杰，字世杰，居秘图湖之后。其先世尝植三槐于门，自号槐里子，学者因称曰槐里先生。始祖为晋右将军羲之。曾祖纲性常与其弟秉常、敬常俱以文学显名国初，而性常以广东参议死于苗之难。秘湖渔隐彦达，父遁石翁与准，皆以德学为世隐儒。先生自为童子，即有志圣贤之学。年十四，尽通《四书》《五经》及宋诸大儒之说。时朝廷方督有司求遗逸，部使者闻遁石翁之名，及门迫起之，不可得。见先生，奇焉，谓遁石翁曰："足下不屑就，罪且及身，宁能以子代行乎？"不得已，乃遣先生备邑庠弟子员。时教谕程晶负才倨傲，奴视诸生，见先生，辄敬服，语人曰："此今之黄叔度也。"岁当大比，邑有司首以先生应荐。比入试，众皆散发袒衣，先生叹曰："吾宁曳履衡门矣。"遂归，不复应试。

宣德间，诏中外举异才堪风宪者，破常调任使之。时先生次当贡，邑令黄维雅重先生，为之具行李，戒仆从，强之应诏。先生固以亲老辞。乃让其友汪生叔昂。既而遁石翁殁，又当贡，复以母老辞，让其友李生文昭；而躬耕受徒，以养其母，饔飧不继，休如也。母且殁，谓先生曰："尔贫日益甚，吾死，尔必仕。毋忘吾言。"已终丧，先生乃应贡，入南雍。祭酒陈公敬宗闻先生至，待以友礼，使毋就弟子列。明年，荐先生于朝。未报，而先生殁。

先生仪观玉立，秀目修髯，望之以为神人。无贤愚戚疏，皆知敬而爱之。言行一以古圣贤为法。尝谓其门人曰："学者能见得曾点意思，将洒然无人而不自得，爵禄之无动于中，不足言也。"

先生与先君冷川先生友，先君每称先生所著《易春秋说》《周礼考正》，以为近世儒者皆所不及；与人论人物，必以先生为称首。澜时为童子，窃志之。然从先君宦游于外，无因及门也。今兹之归，先生殁已久矣。就其家求所著述，仅存《槐里杂稿》数卷；而所谓《易春秋说》《周礼考正》者，则先生之殁于南雍，其二子皆不在侍，为其同舍生所取，已尽亡之矣，呜呼惜哉。先君幼时，尝闻乡父老相传，谓王氏自东晋来盛江左，中微且百数年，元时有隐士善筮者，与其先世游，尝言其后当有大儒名世者出，意其在先生。而先生亦竟不及用，岂尚在其子孙耶？

竹轩先生传

魏瀚

先生名伦，字天叙，以字行。性爱竹，所居轩外环植之，日啸咏其间。视纷华势利，泊如也。客有造竹所者，辄指告之曰："此吾直谅多闻之友，何可一日相舍耶？"学者冈称曰竹轩先生。

早承厥考槐里先生庭训，德业夙成。甫冠，浙东西大家争延聘为子弟师。凡及门经指授者，德业率多可观。槐里先生蚤世，环堵萧然，所遗惟书史数簏。先生每启簏，辄挥涕曰："此吾先世之所殖也。我后人不殖，则将落矣。"乃穷年口诵心惟，于书无所不读，而尤好观《仪礼》《左氏传》《司马迁史》。雅善鼓琴，每风月清朗，则焚香操弄数曲。弄罢，复歌以诗词，而使子弟和之。识者谓其胸次洒落，方之陶靖节、林和靖，无不及焉。

居贫，躬授徒以养母。母性素严重，而于外家诸孤弟妹，怜爱甚切至。先生每先意承志，解衣推食，惟恐弗及；而于妻孥之寒馁，弗遑恤焉。弟粲幼孤，为母所钟爱。先生少则教之于家塾，长则挈之游江湖，有无欣戚，冈不与居。逮子华官翰林，请于朝，分禄以为先生养。先生复推其半以赡弟。乡人有萁豆相煎者，闻先生风，多愧悔，更为敦睦之行。

先生容貌环伟，细目美髯。与人交际，和乐之气蔼然可掬。而对门人弟子，则矩范严肃，凛乎不可犯。为文章好简古而厌浮靡，赋诗援笔立就，若不介意，而亦未尝逸于法律之外。所著有《竹轩稿》及《江湖杂稿》若干卷，藏于家。

先生与先君菊庄翁订盟吟社，有莫逆好。瀚自致政归，每月旦亦获陪先生杖履游。且辱知于先生仲子龙山学士。学士之子守仁，又与吾儿朝端同举于乡。累世通家，知先生之深者，固莫如瀚，因节其行之大者于此，以备太史氏之采择焉。

海日先生墓志铭

杨一清

正德己卯，宁濠称乱江西，鸠集群盗，发数千艘而东，远近震动。巡抚南赣都御史王守仁伯安传檄邻境，举兵讨贼。时其父南京吏部尚书王公致仕居会稽。有传伯安遇害者，人谓公曰："盍避诸?"公曰："吾儿方举大义，吾避安之。"或曰："伯安既仇贼，贼必阴使人行不利于公，避之是也。"公笑曰："吾儿能弃家讨贼，吾何可先去，以为民望。祖宗功泽在天下，贼行且自毙。吾为国大臣，恨老不能荷戈首敌。即有不幸，犹将与乡里子弟共死此城耳。"因使人趣郡县，宜急调兵粮为备；禁讹言，勿令动摇人心。乡人窃视公宴然如常时，众志亦稍稍定。盖不旬月而伯安之捷报至矣。初，贼濠东下，将趋南都。伯安引兵入南昌，夺其巢。贼闻大恐，急旋舟。伯安帅吉安知府今都宪伍君文定等大战于鄱阳湖。贼兵风靡，遂擒濠，并其党与数千人，献俘于阙。呜呼。自古奸雄构乱，虽有忠臣义士，必假以岁月，乃能削平祸难。伯安奋戈一呼，以身临不测之渊，呼吸之间，地方大定。公闻变从容，群嚣众惑，屹然不为动。伯安得直前殉国。不婴怀回顾以成懋绩。公之雅量，伯安之忠义，求之载籍，可多见哉?

及是武庙南巡，权奸妒功，构飞语陷伯安，迹甚危。众虑祸且及家，公寂若无闻。辛巳，今皇帝入嗣大统，始下诏表扬伯安之功。召还京师，因得便道归省。寻论功封奉天翊运推诚宣力守正文臣，特进光禄大夫柱国新建伯。又以廷推兼南京兵部尚书，参赞机务。锡之造券，封公勋阶爵邑如子，俾子孙世其爵。适公诞辰，伯安捧觞为寿。公蹙然曰："吾父子乃得复相见耶。贼濠之乱，皆以汝为死矣，而不死。以为事难猝平，而平之。然此仗宗社神灵，朝廷威德，岂汝一书生所能办。比谗构横行，祸机四发，赖武庙英明保全。今国是既定，吾父子之荣极矣。然福者祸之基，能无惧乎。古云：'知足不辱，知止不殆。'吾老矣，得父子相保牖下，孰与犯盈满之戒，覆成功而毁令名者耶？"伯安跪曰："谨受教。"公自是日与姻党置酒宴乐。岁暮，旧疾作。嘉靖壬午春二月十二日，终于正寝。得年七十有七。未属纩时，使者以部咨将新命至，公尚能言，趣诸子曰："不可以吾疾废礼，宜急出迎。"既成礼，偃然而逝。

讣闻，上赐谕祭，命有司治葬事。伯安偕诸弟卜以卒之明年秋八月某日，葬公郡东天柱峰之南之原，具书戒使者诣镇江请予铭公墓。予曩官外制官太常，接公班行不鄙，谓予以知言见待。予迁南京太常，辱赠以文。公校文南畿，道旧故甚洽。正德丁卯，取嫉权奸，归致仕；予亦避谗构，谢病归，杜门不接宾客。公直造内室，慰语久之。伯安又予掌铨时首引置曹属，号知己。公铭当予属。顾以江西之变，关系公父子大节，特先书之。乃按公门人国子司业陆君深所著状，摘而叙之曰：

公姓王氏，讳华，字德辉，号实庵，晚号海日翁。尝读书龙泉山中。学者称为龙山先生。上世自琅琊徙居会稽之山阴，又自山阴徙余姚。四世祖讳性常，有文武才。国初为诚意伯所荐，仕至广东参议。峒苗为乱，死之。高祖讳彦达，号秘湖渔隐。年十六，裹父尸自苗壤归葬。痛父死忠，布蔬终其身，人称孝子。曾祖讳与准，号遁石翁。学精于《易》，尝筮得

《震》之《大有》，谓其子曰："吾后再世其兴，兴其久乎？"祖讳世杰，号槐里子，以明经贡为太学生卒。父讳天叙，号竹轩。初以公贵封修撰，后与槐里公俱赠嘉议大夫礼部右侍郎，今以伯安功，俱追封新建伯。祖妣孟氏，封淑人。妣岑氏，累封太淑人，进封太夫人。

公生正统丙寅九月。孟淑人梦其姑抱绯衣玉带一童子授之曰："妇事吾孝，孙妇亦事汝孝。吾与若祖丐于上帝，以此孙畀汝，世世荣华无替。"故公生以今名名，长兄以荣名，符梦也。

公生而警敏，始能言，槐里公口授以诗歌，经耳辄成诵。稍长，读书过目不忘。

六岁，与群儿戏水滨。见一客来濯足，已大醉，去，遗其所提囊。取视之，数十金也。公度其醒必复来，恐人持去，以投水中坐守之。少顷，其人果号而至。公迎谓曰："求尔金邪？"为指其处。其人喜，以一锭为谢，却不受。

年十一，从里师授业，日异而月不同。岁终，里师无所施其教。

年十四，尝与诸子弟读书龙泉山寺。寺故有妖物为祟，辄伤人：寺僧复张皇其事，诸生皆丧气走归。公独留居，妖亦浸灭。僧以为异，假妖势恐，且试之百方，不色动。僧谢曰："君天人也，异时福德何可量。"

弱冠，提学张公时敏试其文，与少傅木齐谢先生相甲乙，并以状元及第奇之，名遂起，故家世族争礼聘为子弟师。浙江方伯祁阳宁君良择师与张公。张公曰："必欲学行兼优，无如王某者。"宁亲造其馆，宾礼之，请为子师，延至祁阳，湖湘之士闻而来从者踵相接。居宁之梅庄别墅。墅中积书数千卷，日夕讽诵其间，学益进。祁俗好妓饮，公峻绝之，三年如一日，祁士有化服者。

归，连举不利。成化庚子，发解浙江第二人。明年辛丑，廷试第一甲第一人，授翰林院修撰。甲辰，充廷试弥封官。丁未，同考会试。弘治改元，戊申，与修《宪庙实录》，充经筵官。己酉，满九载，以竹轩公忧去。癸丑，服阕，迁右春坊右谕德。

丙辰，命为日讲官，赐金带四品服。公讲筵音吐明畅，词多切直，每以勤圣学，戒逸豫，亲仁贤，远邪佞为劝。孝庙嘉纳焉。内侍李广方贵幸。尝讲《大学衍义》，至唐李辅国结张后表里用事，众以事颇涉嫌，欲讳之，公朗然诵说，无少避忌，左右皆缩头吐舌。上乐闻之不厌。罢讲，遣中官赐尚食。

皇太子出阁，诏选正人辅导，用端国本。公卿多荐公。自是日侍东宫讲读，眷赐加隆。

戊午，命主顺天乡试。辛酉，再主乡试应天，得士为多。壬戌，迁翰林院学士，食从四品禄，命授庶吉士业修《大明会典》为纂修官。书成，迁詹事府少詹事，兼学士，掌院事，与编纂《通鉴纂要》。是岁迁礼部右侍郎，仍兼日讲。武庙嗣位，遣祭江淮诸神。乞便道归省。以岑太夫人年高，乞归便养，不允。

明年改元。丙寅，瑾贼窃柄，士夫侧足立，争奔走其门，求免祸。公独不往。瑾衔之。时伯安为兵部主事，疏瑾罪恶。瑾矫诏执之，几毙廷杖，窜南荒以去。瑾复移怒于公。寻知为微时所闻名士，意稍解，冀公一见，且将柄用焉。公竟不往，瑾益怒。丁卯，迁南京吏部尚书，犹以旧故慰言，冀必往谢，公复不行。遂推寻礼部旧事与公本不相涉者，勒令致仕。既归，有以其同年友事诬毁之者。人谓公当速白，不然且及罪。公曰："是焉能浼我？我何忍讦吾友？"后伯安复官京师，闻士夫论及此，将疏辨于朝。公驰书止之曰："汝将重吾过邪？"

公性至孝。初，竹轩公病报至，当道以不受当迁官，宜出受新命，公卧家不出，日忧惧不知所为。逾月，讣始至，恸绝几丧生。襄葬穴湖山，遂庐墓下。墓故虎穴，虎时群至，不为害，久且益驯，人谓孝感。比致仕，岑太夫人年近百岁，公寿逾七十，犹朝夕为童子嬉戏以悦亲；左右扶掖，不忍斯须去侧。太夫人卒，块苦擗踊，过毁致疾。及葬，徒跣数十里，疾益甚，竟以是不起。

处诸昆弟笃友爱，禄食赢余，恒与共之，视其子若己出。气质醇厚，坦坦自信，不立边幅。议论风生，由衷而发，广廷之论，人对妻孥无异语。人有片善，亟称之；有急，恻然赴之。至人有过恶，则尽言规斥，不少回曲，坐是多遭嫉忌。然人谅其无他，则亦无深怨之者。识宏而守固，百务纷沓，应之如流。至临危疑震荡，众披靡惶惑，独卓立毅然不为变若是。盖有人不及知者矣。

公之学一出于正，书非正不读。客有以仙家长生之术来说者，则峻拒之曰："修身以俟命，吾儒家法。长生奚为？"俭素自持，货利得丧，不屑为意。楼居厄于火，赀积一空。亲朋来救焚者，款语如常。为诗文取达意，不以雕刻为工，而自合程度。所著有《龙山稿》《垣南草堂稿》《礼经大义》诸书，《杂录》《进讲余抄》等稿，共四十六卷，藏于家。

初配赠夫人郑氏，渊静孝悲，与公起微寒，同贫苦，躬纺绩以奉舅姑。既贵，恭俭不衰。寿四十一，先公三十六年卒。继室赵氏，封夫人。侧室杨氏。子男四：长即伯安，守仁名，别号阳明子，其学邃于理性，中外士争师之，称阳明先生。次守俭，太学生。次守文，郡庠生。次守章。女一，适南京工部都水郎中同邑徐爱。初，郑夫人祔葬穴湖，已而改殡郡南石泉山。石泉近有水患，乃卜今地葬公云。

惟古贤人君子未遇之时，每以天下国家为己任。出而登仕，其所遭际不同，而其志有遂有不遂，非人之所能为也。公少负奇气，壮强志存用世。顾其职业恒在文字间，而未能达之于政。际遇孝宗，讲筵启沃，圣心简在，柄用有期。不幸龙驭上宾，弗究厥用。晚登八座，旋见沮于权奸，偃蹇而归。岂非天哉。然有子如伯安，所建立宏伟卓荦，凡公之所欲为，嗫而不得施用者，皆于其子之身而显施大发之，公又亲及见之，较之峻登大受既久且专，而泯然无闻于世者，其高下荣辱宜何如也？王氏之先，有植槐于庭，荫后三公者，遁石翁"大有"之占，其类是乎？铭曰：

孰不有母，孰如公母寿。七十之叟，偲偲拜舞，百岁而终，归得其所。孰不有子，公子天下士。亶其忠勤，以事其事，不有其身，惟徇之义。是子是父，允文允武，勋在册府，帝锡之爵土。其生不负而殁不朽，铭以要诸久。

海日先生行状

陆深

先生姓王氏，讳华，字德辉，别号实庵，晚复号海日翁。尝读书龙泉山中，学者又称为龙山先生。其先出自晋光禄大夫览之曾孙、右军将军羲之，由琅琊徙居会稽之山阴。后二十三代孙迪功寿又自山阴徙余姚。至先生之四世祖，广东参议性常，又五世矣。参议博学，善识鉴，有文武长才，与永嘉高则诚族人元章相友善，往来山水间，时人莫测也。诚意伯刘伯温微时尝造焉。参议谓曰："子真王佐才，然异时勿累老夫则善矣。"伯温既贵，遂荐以为兵部郎中，擢广东参议。卒死于苗难。高祖讳彦达，号秘湖渔隐。渔隐年十六，自苗中裹父尸归葬，朝夕哭墓下。痛父以忠死，麄衣恶食，终身不仕，乡里以孝称之。曾祖讳与准，号遁石翁。伟貌修髯，精究《礼》《易》，著《易微》数千言。居秘湖阴，尝筮得"大有"之"震"，谓其子曰："吾先世盛极而衰，今衰极当复矣。然必吾后再世而始兴乎？兴必盛且久。尔虽不及显，身没亦与有焉。"祖讳世杰，号槐里子。以明经贡为太学生。卒赠嘉议大夫，礼部右侍郎。祖妣孟氏，赠淑人。父讳天叙，别号竹轩。封翰林院修撰，赠礼部右侍郎。妣岑氏，封太淑人。

正统丙寅九月甲午，先生生。先夕，孟淑人梦其姑赵抱一童子绯衣玉带授之曰："新妇平日事吾孝，今孙妇事汝亦孝。吾与若祖丐于上帝，以此孙畀汝，子孙世世荣华无替。"故先生生而以今名名，先生之长兄半岩先生以荣名，梦故也。先生生而警敏绝人。始能言，槐里先生抱弄之，因口授以古诗歌，经耳辄成诵。稍长使读书，过目不忘。

六岁时，与群儿戏水滨。见一客来濯中，已大醉，遗其所提囊而去。取视之，数十金也。先生度其人酒醒必复来，恐人持去，投水中，坐守之。有顷，其人果号泣而至。先生迎谓曰："求尔金邪？"为指其处。其人喜跃，以一金谢。先生笑却之曰："不取尔数十金，乃取尔一金乎？"客且惭且谢，随至先生家，无少长咸遍拜而去。

岑太夫人尝绩窗下，先生从旁坐读书。时邑中迎春，里儿皆竞呼出观，先生独安读书不辍。太夫人谓曰："若亦暂往观乎？"先生曰："大人误矣，观春何若观书？"太夫人喜曰："儿是也，吾言误矣。"

年十一，从里师钱希宠学。初习对句：月余，习诗；又两月余，请习文。数月之后，学中诸生尽出其下。钱公叹异之曰："岁终吾无以教尔矣。"

县令呵从到塾，同学皆废业拥观，先生据案朗诵若无睹。钱奇之，戏谓曰："尔独不顾。令即谓尔倨傲，呵责及尔，且奈何？"先生曰："令亦人耳，视之奚为？若诵书不辍，彼亦便奈呵责也？"钱因语竹轩公曰："公子德器如是，断非凡儿。"

十四岁时，尝与亲朋数人读书龙泉山寺。寺旧有妖为祟。数人者皆富家子，素豪侠自负，莫之信；又多侵侮寺僧，僧甚苦之。信宿妖作，数人果有伤者。寺僧因复张皇其事，众皆失气，狼狈走归。先生独留居如常，妖亦遂止。僧咸以为异。每夜分，辄众登屋号笑，或瓦石撼卧榻，或乘风雨雷电之夕，奋击门障。僧从壁隙中窥，先生方正襟危坐，神气自若。辄又私相叹异。然益多方试之，技殚，因从容问曰："向妖为祟，诸人皆被伤，君能独无恐乎？"先生曰："吾何恐？"僧曰："诸人去后，君更有所见乎？"先生曰："吾何见？"僧曰："此妖但触犯之，无得遂已者，君安得独无所见乎？"先生笑曰："吾见数沙弥为祟耳。"诸僧相顾色动，疑先生已觉其事，因详谓曰："此岂吾寺中亡过诸师兄为祟邪？"先生笑曰："非亡过诸师兄，乃见在诸师弟耳。"僧曰："君岂亲见吾侪为之？但臆说耳。"先生曰："吾虽非亲见，若非尔辈亲为，何以知吾之必有见邪？"寺僧因具言其情，且叹且谢曰："吾侪实欲以此试君耳。君天人也，异时福德何可量？"至今寺僧犹传其事。

天顺壬午，先生年十七，以三礼投试邑中。邑令奇其文，后数日，复特试之。题下，一挥而就。令疑其偶遇宿构，连三命题，其应益捷。因大奇赏，谓曰："吾子异日必大魁天下。"远迩争礼聘为子弟师。提学松江张公时敏考校姚士，以先生与木斋谢公为首，并称之曰："二子皆当状元及第，福德不可量也。"方伯祁阳宁公良择师于张公。张曰："但求举业高等，则如某某者皆可。必欲学行兼优，惟王某耳。"时先生甫逾弱冠，宁亲至馆舍讲宾主礼，请为其子师。延至家，湖湘之士翕然来从者以数十。在祁居梅庄别墅。墅中积书数千卷，先生昼夜讽诵其间，不入城市者三年。永士有陈姓者，闻先生笃学，特至梅庄请益。间取所积书叩之，先生皆默诵如流。陈叹曰："昔闻'《五经》笥'，今乃见之。"祁俗好妓饮，先生峻绝之。比告归，祁士以先生客居三年矣，乃秘两妓于水次，因钱先生于亭上，宿焉。客散，妓从秘中出。先生呼舟不得，撤门为桴而渡。众始叹服其难。

始，先生在梅庄，尝一夕梦迎春，归其家，前后鼓吹幡节，中导白土牛，其后一人舆以从，则方伯杜公谦也。既觉，先生以竹轩公、岑太夫人皆生于辛丑，谓白为凶色，心恶之，遂语诸生欲归。诸生坚留之。宁生曰："以纮占是梦，先生且大魁天下矣。夫牛，丑属也，谓之一元；大武辛金属，其色白；春者，一岁之首也，世以状元为春元，先生之登，其在辛丑乎。故事送状元归第者，京兆尹也，其时杜公殆为京兆乎？"先生以亲故，遂力辞而归。舟过洞庭，阻风君山祠下，因入祠谒。祝者迎问曰："公岂王状元邪？"先生曰："何从知之？"祝者曰："畴昔之夕，梦山神曰：'后日薄暮有王状元来。'吾以是知之。"先生异其言，与梅庄之梦适相协，因备纪其事。自是先生连举不利，至成化庚子，始以第二人发解。明年，辛丑，果状元及第：杜公为京兆，悉如其占云。

是岁授官翰林院修撰。甲辰廷试进士，为弥封官。丁未充会试同考官。弘治改元，与修《宪庙实录》，充经筵官。己酉，秩满九载，当迁。闻竹轩疾，即移病不出。当道使人来趣，亲友亦交劝之且出迁官，若凶闻果至，不出未晚也。先生曰："亲有疾，已不能匍匐归侍汤药，又逐逐奔走为迁官之图，须家信至，幸而无恙，出岂晚乎？"竟不出。

庚戌正月下旬，竹轩之讣始至，号恸屡绝。即日南奔，葬竹轩于穴湖山，遂庐墓下。墓故虎穴，虎时时群至。先生昼夜哭其傍，若无睹者。久之益驯，或傍庐卧，人畜一不犯，人以为异。

癸丑服满。升右春坊右谕德，充经筵讲官。尝进劝学疏，其略谓：

贵缉熙于光明。今每岁经筵不过三四御，而日讲之设，或间旬月而始一二行，则缉熙之功，无亦有间欤？虽圣德天健，自能乾乾不息。而宋儒程颐所谓涵养本原，熏陶德性者，必接贤士大夫之时多，而后可免于一暴十寒之患也。

上然其言，御讲日数。

丙辰三月，特命为日讲官，赐金带四品服。四月，以选正人端国本，公卿会推为东宫辅导。戊午三月，又命兼东宫讲读，眷赐日隆。是岁，奉命主顺天府乡试。辛酉，又奉命主应天乡试。壬戌，升翰林院学士，从四品俸。寻命教庶吉士鲁铎等。继又命与纂修《大明会典》。逾年书成，升詹事府少詹事，兼翰林院学士。五月，复命与编《通鉴纂要》。六月，升礼部右侍郎，仍兼日讲。上以先生讲释明赡，故特久任。是岁冬，命祭江淮诸神，乞便道归省。还朝以岑太夫人年迈屡疏乞休，以便色养。不允。寻升礼部左侍郎。

明年，武宗皇帝改元。贼瑾用事，呼吸成祸福。士大夫奔走其门者如市。先生独不之顾。时先生元子今封新建伯方为兵部主事，上疏论瑾罪恶。瑾大怒，既逐新建，复迁怒于先生。然瑾微时尝从先生乡人方正习书史，备闻先生平日处家孝友忠信之详，心敬慕之，先生盖不知也。瑾后知为先生，怒稍解。尝语阴使人，谓于先生有旧，若一见可立跻相位。先生不可。瑾意渐拂。丁卯，升南京吏部尚书。瑾犹以旧故，使人慰之曰："不久将大召。"冀必往谢。先生又不行。瑾复大怒。然先生乃无可加之罪，遂推寻礼部时旧事与先生无干者，传旨令致仕。先生闻命忻然，束装而归，曰："吾自此可免于祸矣。"

既而，有以同年友事诬毁先生于朝者，人咸劝先生一白。先生曰："某吾同年友，若白之，是我讦其友矣。是焉能浼我哉？"竟不辨。后新建复官京师，闻士夫之论，具本奏辨。先生闻之，即驰书止之曰："是以为吾平生之大耻乎？吾本无可耻，今乃无故而攻发其友之阴私，是反为吾求一大耻矣。人谓汝智于吾，吾不信也。"乃不复辨。

历事三朝，惟孝庙最知。末年尤加眷注，屡因进讲，劝上勤圣学，戒逸豫，亲仁贤，远邪佞。上皆虚心嘉纳。故事讲官数人当直者，必先期演习，至上前犹或慌张失措。先生未尝预习，及进讲，又甚条畅。一日，上已幸讲筵，直讲者忽风眩仆地。众皆遑遽，共推先生代，先生从容就案，展卷敷析，尤极整暇。众咸服其器度。内侍李广方贵幸，尝于文华殿讲《大学衍义》，至唐李辅国与张后表里用事，诸学士欲讳不敢言，先生特诵说朗然，开讽明切。左右闻者皆缩头吐舌，而上乐闻不厌。明日罢讲，命中官赐食。中官密语先生云："连日先生讲书明白，圣心甚喜，甚加眷念。"先生自庆知遇，益用剀切。上亦精勤弥励。讵意孝庙升遐，先生志未及行，亦偃蹇而归矣。天道如斯，呜呼悲夫。

先生气质醇厚，平生无矫言饰行，仁恕坦直，不立边幅。与人无众寡大小，待之如一。谈笑言议，由衷而发，广庭之论，入对妻孥，曾无两语。人有片善，称之不容口；有急难来控者，恻然若身陷于沟阱，忘己拯救之，虽以此招谤取嫌，亦不恤；然于人有过恶，亦直言规切，不肯少回曲，以是往往反遭嫉忌，然人亦知其实心无他，则亦无有深怨之者。先生才识宏达，无所不可。而操持坚的，屹不可动。百务纷沓，应之沛然，未尝见其有难处之事。至临危疑震荡，众多披靡惶恐，而先生毅然卓立，然未尝以此自表现，故人之知者罕矣。为诗文皆信笔立就，不事雕刻，但取词达而止。所著有《龙山稿》《垣南草堂稿》《礼经大义》诸书。《杂录》《进讲余抄》等稿，共四十六卷。

先生孝友出于天性，禄食盈余，皆与诸昆弟共之，视诸昆弟之子不啻己出。竹轩公及岑太夫人色爱之养，无所不至。太夫人已百岁，先生亦寿逾七十矣，朝夕为童子色嬉戏左右，抚摩扶掖，未尝少离。或时为亲朋山水之邀，乘舟暂出，忽念太夫人，即蹙然反棹。及太夫人之殁，寝苦蔬食，哀毁逾节，因以得疾。逮葬，跣足随号，行数十里，于是疾势愈增。病卧逾年，始渐瘳。然自是气益衰。

先生素闻宁濠之恶，疑其乱，尝私谓所亲曰："异时天下之祸，必自兹人始矣。"令家人卜地于上虞之龙溪，使其族人之居溪傍者买田筑室，潜为栖遁之计。至是正德己卯，宁濠果发兵为变。远近传闻骇愕，且谓新建公亦以遇害，尽室惊惶，请徙龙溪。先生曰："吾往岁为龙溪之卜，以有老母在耳。今老母已入土，使吾儿果不幸遇害，吾何所逃于天地乎？"饬家人勿轻语动。又而新建起兵之檄至，亲朋皆来贺，益劝先生宜速逃龙溪。咸谓新建既与濠为敌，其势必阴使奸人来不利于公。先生笑曰："吾儿能弃家杀贼，吾乃独先去以为民望乎？祖宗德泽在天下，必不使残贼覆乱宗国，行见其败也。吾为国大臣，恨已老，不能荷戈首敌。倘不幸，胜负之算不可期，犹将与乡里子弟共死此城耳。"因使趣郡县宜急调兵粮，且禁讹言，勿令摇动。乡人来窃视先生，方晏然如平居，亦皆稍稍复定。不旬月，新建捷至，果如先生所料。亲朋皆携酒交庆。先生曰："此祖宗深仁厚泽，渐渍人心，纪纲法度，维持周密，朝廷威灵，震慑四海，苍生不当罹此荼毒。故旬月之间，罪人斯得，皆天意也。岂吾一书生所能办此哉？然吾以垂尽之年，幸免委填沟壑；家门无夷戮之惨；乡里子弟又皆得免于征输调发；吾儿幸全首领，父子相见有日；凡此皆足以稍慰目前者也。"诸亲友咸喜极，饮尽欢而罢。

已而，武庙南巡，奸党害新建之功，飞语构陷，危疑汹汹，旦夕不可测。群小伺伺，旁午于道。或来先生家，私籍其产宇丁畜，若将抄没之为。姻族皆震撼，莫知所出。先生寂若无闻，日休田野间，惟戒家人谨出入，慎言语而已。辛巳，今上龙飞，始下诏宣白新建之功，召还京师。新建因得便道归省。寻进南京兵部尚书，封新建伯。遣行人赍白金文绮慰劳新建。遂下温旨存问先生于家，兼有羊酒之赐。适先生诞辰，亲朋咸集。新建捧觞为寿。先生蹙然曰："吾父子不相见者几年矣。始汝平寇南赣，日夜劳瘁，吾虽忧汝之疾，然臣职宜尔，不敢为汝忧也。宁濠之变，皆以汝为死矣，而不死；皆以事为难平矣，而卒平。吾虽幸汝之成，然此实天意，非人力可及，吾不敢为汝幸也。谗构朋兴，祸机四发，前后二年，岌乎知不免矣。人皆为汝危，吾能无危乎？然于此时惟有致命遂志，动心忍性，不为无益，虽为汝危，又复为汝喜也。天开日月，显忠遂良，穹官高爵，滥冒封赏。父子复相见于一堂，人皆以为荣，吾谓非荣乎？然盛者衰之始，福者祸之基，虽以为荣，复以为惧也。夫知足不辱，知止不殆，吾老矣，得父子相保于牖下，孰与犯盈满之戒，覆成功而毁令名者邪？"新建诚而跽曰："大人之教，儿所日夜切心者也。"闻者皆叹息感动。于是会其乡党亲友，置酒燕乐者月余。岁且暮，疾复作。新建率其诸弟日夜侍汤药。壬午正月，势转剧。二月十二日己丑，终于正寝。享年七十有七。临绝，神识精明，略无昏愦。时朝廷推论新建之功，进封先生及竹轩、槐里，皆为新建伯。是日部咨适至，属疾且革。先生闻使者已在门，促新建及诸弟曰："虽仓遽，乌可以废礼？尔辈必皆出迎。"闻已成礼，然后偃然瞑目而逝。

先生始致政归，客有以神仙之术来说者。先生谢之曰："人所以乐生于天地之间，以内有父母、昆弟、妻子、宗族之亲，外有君臣、朋友、姻戚之懿，从游聚乐，无相离也。今皆去此，而槁然独往于深山绝谷，此与死者何异？夫清心寡欲，以怡神定志，此圣贤之学所自有。吾但安乐委顺，听尽于天而已，奚以长生为乎？"客谢曰："神仙之学，正谓世人悦生恶死，故其所欲而渐次导之。今公已无恶死悦生之心，固以默契神仙之妙，吾术无所用矣。"先生于异道外术一切奇诡之说，廓然皆无所入。惟岑太夫人稍崇佛教，则又时时曲意顺从之，亦复不以为累也。

先生既归，即息意邱园，或时与田夫野老同游共谈笑，萧然形迹之外。人有劝之，宜且闭门养威重者。先生笑曰："汝岂欲我更求作好官邪？"性喜节俭，然于货利得丧，曾不以介意。尝构楼居十数楹，甫成而火，赀积为之一荡。亲友来救焚者，先生皆一一从容款接，谈笑衍衍如平时，略不见有仓遽之色。人以是咸叹服其德量云。

先生元配夫人郑氏，渊靖孝慈，与先生共甘贫苦。起微寒，躬操井臼，勤纺织以奉舅姑。既贵而恭俭益至。寿四十九，先先生三十六年卒。继室赵氏，封夫人。侧室杨氏。子四人：长守仁，郑出，南京兵部尚书，封新建伯。次守俭，杨出，太学生。次守文，赵出，郡庠生。次守章，杨出。一女，赵出，适南京工部都水郎中同邑徐爱。始郑夫人殡郡南之石泉山，已而有水患，乃卜地于天柱峰之阳而葬先生焉。

深，先生南畿所录士也。暨于登朝，获从班行之末，受教最深；又辱与新建公游处，出入门墙最久。每当侍侧讲道之际，观法者多矣。正德壬申秋，以使事之余，迂道拜先生于龙山里第。扁舟载酒，相与游南镇诸山，乃休于阳明洞天之下。执手命之曰："此吾儿之志也。大业日远，子必勉之。"临望而别。呜呼。深鄙陋无状，不足以窥见高深，然不敢谓之不知先生也。谨按王君琥所录行实，泣而叙之，将以上于史官，告于当世之司文柄者，伏惟采择焉。

阳明先生墓志铭

湛若水

甘泉子挈家闭关于西樵烟霞之洞，故友新建伯阳明王先生之子正亿以其岳舅礼部尚书久庵黄公之状及书来请墓铭。曰："公知阳明公者也，非公莫能铭。"甘泉子曰："吾又何辞焉？公知阳明公者也，非公莫能状。公状之，吾铭之。公状其详，吾铭其大。吾又何义之辞焉？"乃发状而谨按之：

读世系状云云，曰：

公出于龙山状元大宗伯公华；大宗伯公出于赠礼部侍郎竹轩公天叙；竹轩公出于太学生赠礼部侍郎槐里公杰；槐里公出于遁石公与准，厥有《礼》《易》之传；遁石公出于秘湖渔隐公彦达；秘湖出于性常公纲，有文武长才，与括苍刘伯温友善，仕为广东参议，死难也。推其华胄遥遥，远派于晋高士羲之，光禄大夫览焉。曰："公其有所本之矣。"夫水土之积也厚，其生物必蕃，有以也夫。

读诞生状云云，曰：

祖妣岑太淑人，有赤子乘云下界，天乐导之之梦，公乃诞焉。是名曰云，盖征之矣。神僧言之，遂改今名。曰："然则阳明公殆神授钦，其异人矣。"六年乃言，十一年有金山之诗，十七年闻一斋"圣人可学"之语。曰："其有所启之矣。"

读学术状云云，曰：

初溺于任侠之习；再溺于骑射之习；三溺于辞章之习；四溺于神仙之习；五溺于佛氏之习。正德丙寅，始归正于圣贤之学。会甘泉子于京师，语人曰："守仁从宦三十年，未见此人。'"甘泉子语人亦曰："若水泛观于四方，未见此人。"遂相与定交讲学，一宗程氏"仁者浑然与天地万物同体"之指。故阳明公初主"格物"之说，后主"良知"之说；甘泉子一主"随准体、认天理"之说，然皆圣贤宗指也。而人或舍其精义，各滞执于彼此言语，盖失之矣。故甘泉子尝为之语曰："良知必用天理，天理莫非良知，以言其交用则同也。"

读仕进状云云，曰：

初举己未礼闱第一，徐穆争之，落第二，然益有声。登进士，试工部，差督造王威宁坟，辞却金币，独受军中佩剑之赠，适符少时梦，盖兆之矣。疏边务朝政之失，有声。授刑部土事，审囚淮甸，有声。告病归养，起补兵部主事，上疏乞宥南京所执谏官戴铣等，毋使远道致死，朝廷有杀谏官之名。刘瑾怒，矫诏廷杖之。不死，谪贵州龙

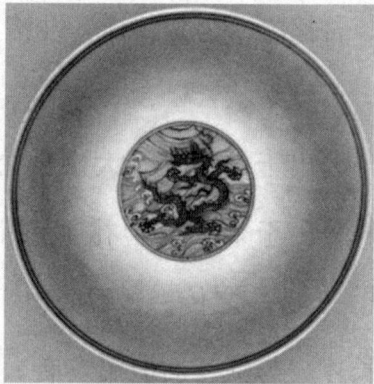

青花九龙闹海纹碗

场驿。万里矣，而公不少怵。甘泉子赠之九章，其七章云："皇天常无私，日月常盈亏，圣人常无为，万物常往来。何名为无为？自然无安排，勿忘

与勿助，此中有天机。"其九章云："天地我一体，宇宙本同家。与君心已通，别离何怨嗟？浮云去不停，游子路转赊。愿言崇明德，浩浩同无涯。"及居夷，端居默坐，而夷人化恶为善，有声。人或告曰："阳明公至浙，沉于江矣，至福建始起矣。登鼓山之诗曰：'海上曾为沧水使，山中又拜武夷君。'有征矣。"甘泉子闻之笑曰："此佯狂避世也。"故为之作诗，有云："佯狂欲浮海，说梦痴人前。"及后数年，会于滁，乃吐实。彼夸虚执有以为神奇者，乌足以知公者哉。复起尹庐陵，卧治六月而百务具理，有声。取入南京刑部主事，留为吏部验封主事，有声。阳明公谓甘泉子曰："乃今可卜邻矣。"遂就甘泉子长安灰厂右邻居之。时讲于大兴隆寺，而久庵黄公宗贤会焉。三人相欢语，合意。久庵曰："他日天台，雁荡，当为二公作两草亭矣。后合两为一焉，明道一也。"明年，甘泉子使安南。后二年，阳明公迁贰南太仆，聚徒讲学，有声。甘泉子还，期会于滁阳之间。夜论儒、释之道。又明年，甘泉子丁忧，扶母枢南归。阳明公时为南大鸿胪，逆吊子龙江关。寻迁南赣都宪矣。

读平赣之状云云，曰：

夫倡三广夹攻之策，收横水、左溪、桶冈、浰头之功，用兵如神矣。甘泉子曰："虽有大司马王晋溪之知，请授之便宜旗牌以备他用，亦以阳明公素养锐士于营，以待不时之出也；迅雷呼吸之间也，又以身先士卒以作军气也。"

读平江西之状云云，曰：

"甘泉子先是在忧，致书于公，幸因闽行之使以去也。"盖公前有宰相之隙，后有江西未萌之祸，不去必为楚人所钤，两不报。未几，有宁府之变，公几陷于虎口。然而赣兵素振，既足为之牵制，而倡义檄诸府县兴兵，会丰城誓师，分攻七门，七门大开，遂除留守之党，封府库之财，收劫取之印，安协从之民，释被报之囚，表死难之忠。据省城，绝其归路，直趣樵舍，因成擒贼之功。是水也以浅见测渊谋也。然始而翕然称为掀天揭地之功矣，既而大吏妒焉，内幸争功者附焉，辗转殚力竭精矣，仅乃得免，或未尝不思前虑也，所以危而不死者，内臣张永护之也，于大吏门列，不亦愧乎？由是遂流为先与后擒之言，上下腾沸，是不足辩也。

夫阳明逆知宸濠有异志，刘养正来说："必得公乃发。"公应之曰"时非桀、纣，世无汤、武，臣有仗节死义耳。"其犹使冀生元亨往与之语者，实欲诱其善，不动干戈，潜消莫大之祸也。使阳明公而实许养正，则宸濠杀孙都宪、许副使，必待阳明至乃发。阳明未至而发者，知绝意于阳明之与己矣。使阳明实许之，必乘风直抵南昌，必不与丰城，闻顾泌告变，即谋南奔以倡大义，夺渔艇，使如渔人然以奔吉安矣。其宸濠兵校追公者，非迎公也，将胁公也。且宸濠之上不能直趋中原以北，中不能攻陷金陵以据者，以阳明为之制其尾，兵威足以累之，使不前也；又取据省城，绝其资重与归路也；功莫大焉。若夫百年之后，忌妒者尽死，天理在人心者复明，则公论定矣。

己而，该部果题赐敕锡劳，封新建伯，奉天翊卫推诚宣力守正文臣，特进光禄大夫柱国兼南京兵部尚书，参赞机务，岁支米一千石，于时天其将定矣，而置之南者有人焉以参乎其间矣。公丁父忧，而四方从学者日众。有迎忌者意，致有伪学之劾者，人其胜天乎。或以浮语沮公，六年不召。寻以论荐，命为两广总制军务，平岑猛之乱。或曰："其且进且沮，使公不得入辅乎？"

读思、田之状云云，曰：

公奏行剿之患十,行抚之善十,乃撤防兵,解战甲,谕威信,受来降,杖土目,复岑后,设流守,而思、田平。夫阳明公不革岑猛之后之土官,以夷治夷也。卢苏等杖之百而释之,置流守以制焉,仁义之术也。人知杀伐之为功,而不知神武不杀者,功之上也,仁义两全之道也。

读八寨之状云云,曰:

檄参将会守巡,命指挥马文瑞,永顺宣慰彭明辅,保靖宣慰彭九霄,分兵布哨,擒斩贼酋党与,遂破诸巢,移卫所制诸蛮,贯八寨之中,扼道路之冲,设县治,增城堡,皆保治安民之要。或曰:"八峒掩袭村落以为功,无破巢之功也,无功以为有功也,何则?"辩之曰:"夫阳明之贪功,当取岑猛、卢苏之大功而不取焉,不宜舍其大者,取其小者,其亦不智不武也。谓阳明公为之乎?夫宣慰诸哨之兵,可袭则袭,出其不意,兵法之奇,不可预授者也。而以病阳明焉,将使为宋襄、陈儒之愚已耶?非驭戎不测之威矣。"

事竣而请归告病危矣,不待报而遽行,且行且候命。其卒于南安途次而不及命下,亦命也。江西辅臣进帖以潜公,上革之恤典,人众之胜天也,亦命也。百年之后,天定将不胜人矣乎?甘泉子始召人礼部,面叩辅臣曰:"外人皆云阳明之事乃公为之乎?"辅臣默然,然亦不以作怒加祸,犹为有君子度量焉,可尚也。

公卒之日,两广、江西之民相与吊于途曰:"哲人其痿矣。"士夫之知者,相与语于朝曰:"忠良其逝矣。"四方同志者且与吊于家曰:"斯文其丧矣。"久庵公为之状,六年而后就,慎重也。甘泉子曰:"吾志其大义,铭诸墓,将使观厥详于状也。"铭曰:

南镇嶙嶙,在浙之滨;奇气郁积,是生异人。生而气灵,乘云降精。

十一金山，诗成鬼惊。志学逾二，广信馆次，娄公一言，圣学可至。长而任侠，未脱旧习，驰马试剑，古人出入。变化屡迁，逃仙逃禅；一变至道，丙寅之年。邂逅语契，相期共诣：天地为体，物莫非己。抗疏廷杖，龙场烟瘴；居夷何陋，诸蛮归向。起尹卢陵，卧治不庭；六月之间，百废具兴。入司验封，众志皆通，孚于同朝，执经相从。转南太仆，鸿胪太畜；遂巡南赣，乃展骥足。涮头、桶冈，三广夹攻，身先士卒，屡收奇功。蓄勇养锐，隐然有待，云胡养正，阴谋来说。诈言尊师，公明灼知；冀子往化，消变无为。闽道丰城，及变未萌；闻变遄返，心事以明。旌旗蔽空，声义下江，尾兵累之，北趋不从。乃擒巨贼，乃亲献馘；争功欲杀，永也护翊。彼同袍者，反戈不怩，隐之于心，以莫不戚。忧居六年，起治思、田，抚而不戮，夷情晏然。武文兼资，仁义并行，神武不杀，是称天兵。凡厥操纵，圣学妙用，一以贯之，同静异动。

阳明先生行状

黄绾

阳明先生王公讳守仁，字伯安，其先琅琊人，晋光禄大夫览之后。

览曾孙羲之少随父旷渡江家建康，不乐，徙会稽。其后复徙剡之华塘，自华塘徙石堰，又徙达溪。有曰寿者，仕至迪功郎，乃徙居余姚。

六世祖讳纲，字性常，博学善识鉴，有文武长才，与永嘉高则诚宗人高元章、括苍刘伯温友善。仕国朝，为广东参议，死苗难。五世祖讳彦达，号秘湖渔隐，有孝行。高祖讳与准，号遁石翁，精究《礼》《易》，著《易微》数千言。曾祖讳杰，号槐里子，以明经贡为太学生，赠礼部右侍郎。

曾祖妣孟氏，赠淑人。祖讳天叙，号竹轩，封翰林院编修，赠礼部右侍郎。祖妣岑氏，封太淑人。父讳华，成化辛丑状元及第，仕至南京吏部尚书，封新建伯。妣郑氏，封孺人，赠夫人。继母赵氏，封夫人。郑氏孕十四月而生公。

诞夕，岑太淑人梦天神抱一赤子乘云而来，导以鼓乐，与岑。岑寤而公生，名曰云。六岁不言。一日，有僧过之，摩其顶曰："有此宁馨儿，却叫坏了。"龙山公悟，改今名，遂言，颖异顿发。

年十一，竹轩翁携之上京，过金山，作诗曰："金山一点大如拳，打破维扬水底天。醉倚妙高台上月，玉箫吹彻洞龙眠。"有相者谓塾师曰："此子他日官至极品，当立异等功名。"

年十三，侍龙山公为考官，入场评卷，高下皆当。性豪迈不羁，喜任侠。畿内石英、王勇，湖广石和尚之乱，为书将献于朝，请往征之。龙山公力止之。

年十七，至江西，成婚于外舅养和诸公官舍。

明年，还广信，谒一斋娄先生。异其质，语以所当学，而又期以圣人，为可学而至，遂深契之。

领弘治壬子年乡荐。己未登进士，观政工部。与太原乔宇，广信汪俊，河南李梦阳、何景明、姑苏顾璘、徐祯卿，山东边贡诸公以才名争驰骋，学古诗文。钦差督造威宁伯王公坟于河间，驭役夫以十五之法，暇即演八阵图，识者已知其有远志。少日尝梦威宁伯授以宝剑，既竣事，威宁家以金币为谢，辞不受，乃出威宁军中佩剑赠之，适符其梦，受焉。时有彗星及韃虏猖獗，上疏论边务，因言朝政之失，辞极剀切。

明年，授刑部主事，差往淮甸审囚，多所平反，复命。日事案牍，夜归必燃灯读《五经》及先秦、两汉书，为文字益工。龙山公恐过劳成疾，禁家人不许置钉书室。俟龙山公寝，复燃，必至夜分，因得呕血疾。

养病归越，辟阳明书院，究极仙经秘旨，静坐，为长生久视之道，久能预知。其友王思裕等四人欲访公，方出五云门，即命仆要于路，历语其故。四人惊以为神。

甲子，聘为山东乡试考官，至今海内所称重者，皆所取士也。改兵部武库司主事。明年，白沙陈先生高第甘泉湛公若水，一会而定交，共明圣学。

明年丙寅，正德改元，宦官刘瑾窃国柄，作威福，差官校至南京，拿给事中戴铣等下狱。公上疏乞宥之。瑾怒，矫诏廷杖五十，毙而复苏，谪贵州龙场驿丞。瑾怒未释。公行至钱塘，度或不免，乃托为投江，潜入武夷山中，决意远遁。夜至一山庵投宿，不纳。行半里许，见一古庙，遂据香案卧。黎明，道士特往视之，方熟睡。乃推醒曰："此虎狼穴也，何得无恙？"因诘公出处，公乃吐实。道士曰："如公所志，将来必有赤族之祸。"公问："何以至此？"道士曰："公既有名朝野，若果由此匿迹，将来之徒假名以鼓舞人心，朝廷寻究汝家，岂不致赤族之祸？"公然其言。尝有诗云："海上曾为沧水使，山中又拜武夷君。"遂由武夷至广信，溯彭蠡，历沅、湘，至龙场。

始至，无屋可居。茇于丛棘间，迁于东峰，就石穴而居。夷俗于中土人至，必蛊杀之。及卜公于蛊神，不协，于是日来亲附。以所居阴湿，乃相与伐木为何陋轩、君子亭、宾阳堂、玩易窝以居之。三仆历险冒瘴，皆病，公日夕躬为汤糜调护之。

瑾欲害公之意未已。公于一切得失荣辱皆能超脱，惟生死一念，尚不能遣于心，乃为石廓，自誓曰："吾今惟俟死而已，他复何计？"日夜端居默坐，澄心精虑，以求诸静一之中。一夕，忽大悟，踊跃若狂者。以所记忆《五经》之言证之，一一相契，独与晦庵注疏若相抵牾，恒往来于心，因著《五经臆说》。时元山席公官贵阳，闻其言论，谓为圣学复睹。公因取《朱子大全》阅之，见其晚年论议，自知其所学之非，至有诳己诳人之说，曰："晦翁亦已自悔矣。"日与学者讲究体察，愈益精明，而从游者众。

时思州守遣人至龙场，稍侮慢公，诸役夫咸愤惋，辄相与殴辱之。守大怒，曰宪副毛公科，令公请谢，且喻以祸福。公致书于守，遂释然，愈敬重公。安宣慰闻公名，使人馈米肉，给使令，辞不受。既又重以金帛鞍马，复固辞不受。及议减驿事，则力折之，且申说朝廷威信令甲，其议遂寝。已而，僮酋有阿买、阿札者，摽掠为地方患，公复以书诋讽之。安悚然，操切所部，民赖以宁。

庚午，升庐陵知县。比至，稽国初旧制，慎选里正三老，委以词讼，公坐视其成，囹圄清虚。是岁冬，以朝观入京，调南京刑部主事，馆于大兴隆寺。予时为后军都事，少尝有志圣学，求之紫阳、濂、洛、象山之书，日事静坐；虽与公有通家之旧，实未尝深知其学。执友柴墟储公𤩽与予书曰："近日士夫如王君伯安，趋向正，造诣深，不专文字之学，足下肯出与之游，丽泽之益，未必不多。"予因而慕公，即夕趋见。适湛公共坐室中，公出与语，喜曰："此学久绝，子何所闻而遽至此也？"予曰："虽粗有志，实未用功。"公曰："人惟患无志，不患无功。"即问："曾识湛原明否？来日请会，以订我三人终身共学之盟。"明日，公令人邀予至公馆中，会湛公，共拜而盟。又数日，湛公与予语，欲谋白岩乔公转告冢宰遽庵杨公，留公北曹。杨公乃擢公为吏部验封主事。予三人者自职事之外，稍暇，必会讲；饮食起居，日必共之；各相砥砺。

　　未几，升文选员外郎，升考功郎中，而学益不懈。士大夫之有志者，皆相率从游。如此二年，而湛公使安南，予与公又居一年。壬申冬，予以疾告归，公为文及诗送予，且托予结庐天台、雁荡之间而共老焉。湛公又欲买地萧山、湘湖之间，结庐，与予三人共之。明年癸酉，升南京太仆寺少卿，从游者日益众。甲戌，升南京鸿胪寺卿，始专以良知之旨训学者。乙亥，朝廷举考察之典，为疏自劾，力乞休致，以践前言。不允。八月，又上疏力以疾甚，乞养病。又不允。

　　明年，丙子十月，升都察院左佥都御史，抚镇南、赣、汀、漳等处。先是南、赣抚镇，屡用非人，山谷凶民初为攘窃，渐至劫掠州县，肆无忌惮，远近视效。凡在虔、楚、闽、广接壤山谷，无非贼巢。小大有司束手无策，皆谓终不可除。兵部尚书王公琼独知公，特荐而用之。又恳疏以辞，亦不允，督旨益严。公遂受命。

　　既至南、赣，先严战御之法。时龙南贼二千余突至信丰，又纠合广东龙川、浰头诸贼酋分队以进，势甚猖獗。公于未战之先，令兵备官调兵断贼归路，又委官统领，前后夹击。又曰："此贼既离巢穴，利在速战。"又令乘险设伏，厚集以待，及各乡村往来路径，多张疑兵，使进无所获，退无所据，不过旬日，可以坐擒。一违节制，以军法从事。先时，在官吏书门皂及在门军民阴阳占卜，皆与贼通，日在官府左右调觇，不惟言出于口，贼必先知，凡意向颜色之间，贼亦知之。公知其然，在此则示以彼，在彼则示以此：每令阴阳择日，日者占卜，或已吉而不用，或欲用而中止；每励兵蓐食，令俟期而发，兵竟不出。贼各依险自固，四路设伏，公潜令三省兵备官各率兵从径道与贼交锋，前后大战数合，擒斩首俘获无算。余党奔聚象湖山拒守。谕令佯言犒军退师，俟秋再举，密探虚实，乘贼懈弛，以护送广东布政使邵蕡为名，选精兵一千五百当先，重兵四千二百继后。夜半，自率数十骑至，密招前军来，令分三路，各衔枚直趋象湖山，捣其巢穴。我兵夺据隘口，贼犹不知。贼虽失险，其间骁悍犹能凌绝谷超距如飞，复据上层峻险，四面飞打滚木垒石，以死拒敌。我兵奋勇鏖战，自辰至午，三省所发奇兵复从间道鼓噪突登，始惊溃大败。我兵乘胜追杀，擒斩俘获无算，堕崖壑而死者不可胜计。余党复入流恩、山冈等巢，与诸贼合势。明日复战，贼又不利，遁入广东界上。黄蜡、樟溪、大山贼酋詹师富等恃居可塘洞山寨，聚粮守险，势甚强固。公命分兵五路攻击，与贼连战。令知府钟湘破长富村等巢三十余处，擒斩俘获益多。其胁从余党悉愿携家以听抚安。公委官招抚，复业者四千余人。又令佥事顾应祥等委官统领军兵，会同福建克期进剿，扬言班师，出其不意，从牛皮、石岭脚等处分为三哨，鼓噪并进。贼瞻顾不暇，望风瓦解。攻破古村、柘林、白土村、赤石岩等巢，直捣箭灌。及攻破水竹、大重玩、苦宅溪、清泉溪、曰罗、南山等巢，直捣洋竹洞、三角湖等处。前后大战十余，俘获四千人有奇，牛马货物无算。

尝上疏申明赏罚，以励人心，因请教便宜行事，及请令旗、令牌，不报。及是大庾、南康、上犹三县畬贼虏掠居民，广东浰头等处强池大鬓等三千余徒突围南康县，杀损官兵，与湖广桂阳、广东乐昌等巢相联，盘据流劫三省。时兵备等官请调三省狼达等兵，与官兵夹剿。又上疏论狼兵所过，不减于盗，转输之苦，重困于民。仍请便宜行事，期于成功，不限以时，则兵众既练，号令既明，人知激劝，事无掣肘，可以伸缩自由，相机而动，日剪月削，可使渐尽。复请添设清平县治，通盐法，以足兵食。会湖广巡抚都御史秦公金奏请夹剿疏下，复上疏议处兵粮事宜。六月，召知府季敩、县丞舒富等密授方略，领兵分剿，生擒贼酋陈曰能等，捣其巢，俘获贼党无算。又上疏论三省交剿方略。先是屡请敕便宜行事，众皆笑公为迂，惟尚书王公慨然曰："朝廷此等权柄，不与此等人用，又与谁用？我必与之。"故因公疏覆议，奉旨改公提督南、赣、汀、漳等处军务，赐敕书及前所请旗牌，便宜行事。廷议以公前攻破长富村、象湖山，可塘洞诸处，擒斩首从贼级数多，降敕奖励，升俸一级，赏银二十两，纻丝二表里。

时汀、漳、左溪贼酋蓝天凤与赣、南、上新、稳下等硐贼酋雷鸣聪、高文辉等相结，盘据千里，荼毒三省。公与诸从事议曰："诸巢为患虽同，事势各异。以湖广言之，则桶冈诸巢为贼之咽喉，而横水、左溪诸巢为之腹心。以江西言之，则横水、左溪诸巢为贼之腹心，而桶冈诸巢为之羽翼。今不先去横水、左溪腹心之患，而欲与湖广夹攻桶冈，进兵两寇之间，腹背受敌，势必不利。今我出其不意；进兵速击，可以得志。已破横水、左溪，移兵而临桶冈，势如破竹矣。"议既决，命指挥邓文帅兵千余，自大庚县义安入；知府唐淳帅兵千余，自大庚县聂都入；知府季敩帅兵千余，自大庚县稳下入；县丞舒富帅兵千余，自上犹县金坑入；亲帅兵千余，自南康进屯至坪，期直捣横水，与诸军会；命副使杨樟，参议黄宏，监督各营官兵往来给饷，以促其后。是月初七日，各哨齐发。初十日，进兵至坪。会间谍詗知，各险隘皆设滚木垒石。公度此时贼已据险，势未可近，乃自率兵乘夜遂进。未至贼巢三十里止舍，使人伐木立栅，开堑设堠，示以久屯之形。复遣官分帅乡兵及樵竖善登山者四百人，各与一旗，赍锐炮钩镰，使由间道攀崖壁而上，分列远近极高山顶以觇贼，张立旗帜，热茅为数千灶，度我兵至险，则举炮燃火相应。十二日黎明，公进兵至十八面隘。贼方据险迎敌，骤闻远近山顶炮声如雷，烟焰四起，我兵复呼哨分逼，铳箭齐放，贼皆惊溃失措，以为官兵尽破其巢，遂弃险退走。公预遣千户陈伟、高睿分帅壮士数十缘崖上，夺贼险，尽发其滚木垒石。我兵乘胜骤进，指挥谢咏、马廷瑞兵由间道先入，悉焚贼巢。贼退无所据，乃大败奔溃。横水既破，遂乘胜进攻左溪，擒斩首级无算，俘获男妇牛马什物不可胜算。会雾雨连日，公令休兵犒劳。

是月二十七日，官兵乘胜进攻桶冈。公复议：桶冈天险，四山壁立万仞，中盘百余里，连峰参天，深林绝谷，不睹日月。因询访乡导，贼所由入惟锁匙龙、葫萝洞、茶坑、十八磊、新地五处，皆假栈梯壑，夤悬绝壁而上；惟上章一路稍平，然深入湖广，迂回取道，半月始至。令移屯近地，休兵养锐，振扬威声，使人谕以祸福，彼必惧而请服。其或不从，乘其犹豫，袭而击之，乃可以逞。纵所获桶冈贼钟景绲入贼营，期以翼日早，使人于锁匙龙受降。贼方恐，集众会议。又遣县丞舒富帅数百人屯锁匙龙，促使出降。遣知府邢珣入茶坑，伍文定入西山界，唐淳入十八磊，知县张戬入葫萝洞，皆于是月晦日乘夜各至分地。遇大雨，不得进。明早，冒雨疾登。贼酋蓝天凤方就锁匙龙聚议，闻各兵已入险，皆惊愕散乱。犹驱其男妇千余人据内隘，绝险隔水为阵以拒。我兵渡水前击，复分部左右夹攻，贼不能支，且战且却。及午，雨霁，各兵鼓奋而前，贼乃败走。桶冈诸巢悉平。

亲行相视形势，据险之隘，议以其地请建县治，控制三省诸瑶，断其往来之路。又进兵攻稳下、朱坑等巢，悉平。又以湖、广二省之兵方合，虽近境之贼悉以扫荡，而四远奔突之虞难保必无，乃留兵二千余，分屯茶、寮诸隘，余兵令回近县休息，候二省夹攻尽绝，然后班师。驱卒不过万余，用费不满三万，两月之间，俘斩六千有奇，破巢八十有四，渠魁授首，噍类无遗。又疏请三县适中之处立崇义县，移置小溪驿于大庾县城内，使督兵防遏。

涮头贼酋池大鬓等闻横水诸巢皆破，始惧加兵，乃遣其弟池仲安等率老弱二百余，徒赴军门投降，随众立效，意在缓兵，因窥虚实，乘间内应。公逆知其谋，乃阳许之。及进攻桶冈，使领其众截路于上新地以远其归途。十一月，池大鬓等闻复破桶冈，益惧，为战守备。公使人赐各酋长牛酒，以察其变。贼度不可隐，诈称龙川新民卢珂等将掩袭之，是密为之防，非虞官兵也。亦阳信其言，因复阳怒卢珂等擅兵仇杀，移檄龙川，使廉其实；且趣伐木开道，将回兵涮头，取道往征之。贼闻之，且喜且惧。卢珂、郑志高、陈英者，皆龙川旧招新民，有众三千余，为池大鬓所胁，而三人者独深忌之，乃来告变。云池大鬓僭号设官，及以伪授庐珂等金龙霸王官爵印信来首。公先已谍知其事，乃复阳怒，不信，遂械系卢珂，而使人密谕其意。珂遂遣人归集其众，待时而发。又使人往谕池大鬓，且密购其所亲信头目二十人，阴说之同部下百八十人使自来投诉。还赣，乃张乐大享将士，下令城中散兵，使各归农，示不复用。贼众皆喜，遂弛其备。池大鬓等乃谓其众曰："若要伸，先用屈。赣州伎俩，亦须亲往勘破。"率其麾下四十人自诣赣。公使人探知池大鬓已就道，密遣人先行属县，勒兵分哨，候报而发。又使人督集卢珂等兵，俱至，令所属官寮以次设羊酒，日犒池大鬓等，以缓其归。会正旦之明日，复设犒于庭，先伏甲士，引池大鬓入，并其党悉擒之。出卢珂等所告状，讯鞫皆伏，置于狱斩之。夜使人趣发属县兵，期以初七日入巢。诸哨兵皆从各径道以入；自率帐下官兵，从龙南县令水直揭下涮大巢，与各哨兵会于三涮。先是贼徒得池大鬓报，谓赣州兵已罢归，皆已弛备，散处各巢。至是骤闻官兵四路并进，皆惊惧，分投出御；悉其精锐千余据险设伏，并势迎敌于龙子岭。我兵聚为三冲，犄角而前，大战良久，贼败。复奋击数十合，遂克上、中、下三浰。各哨官兵遥闻三浰大巢已破，皆奋勇齐进，各贼溃败。

遂进攻九连山。于是选精锐七百余人，皆衣所得贼衣，佯若奔溃者，乘暮直冲贼所，据崖下涧道而过。贼以为各巢败散之党，皆从崖下招呼。我兵亦佯应之。贼疑，不敢击。已度险，遂断其后路。次日，贼始知为我兵，并势冲敌。我兵已据险，从上下击，贼不能支。公度其必溃，预令各哨官兵四路设伏以待。贼果潜遁，邀击而悉俘之，前后擒斩首级无算，俘获男妇牛马器仗什物不可胜计。余党张仲全等二百余人，及远近村寨，一时为贼所驱，从恶未久者，势穷计迫，聚于九连谷口呼号痛哭，诚心投降。遣邢珣验实，量加责治，籍其名数，悉安插于白沙。相视险易，经理立县设隘可以久安长治之策，留兵防守而归。赣人皆戴香遮道而迎，为立生祠，又家肖其像，而岁时祭祷。

上疏乞休致，不允。又以龙川诸处系山林险阻之所，盗贼屯聚之乡，当四县交界之隙，乃三省闰余之地，政教不及，人迹罕到。其间接连闽、广，反覆贼巢，动以百数。据而守之，真足控诸贼之往来，杜奸宄之潜匿。遂疏请于和平地方建设和平县治，以扼其要害。又以大贼酋龚福全、高仲仁、李斌、吴玑等邀路劫杀军民，攻掠郡县，命三省将官剿平。上三省夹剿捷音疏。朝廷论功行赏，升右副都御史，荫子一人锦衣卫，世袭百户，写敕奖励。恳疏辞免，乞原职致仕。温旨慰留。因奏平定广东韶州府乐昌县等贼捷音，查例加升子本卫，世袭副千户。

在赣虽军旅扰扰，四方从游日众，而讲学不废。褒崇象山陆子之后以扶正学。赣人初与贼通，俗多鄙野。为立保甲十家牌法，于是作业出入皆有纪。又行乡约，教劝礼让。又亲书教试四章，使之家喻户晓。而赣俗丕变，赣人多为良善，而问学君子亦多矣。

十四年正月，再疏乞放归田里。当路忌公，欲从其请。王公琼逆知宸濠必将为变，一日，召其属主事应典曰："我置王某于江西，与之便宜行事者，不但为溪洞诸贼而已，或有他变，若无便宜行事敕书旗牌，将何施用？"时福建有军人进贡等之变，王公曰："此小事，不足烦王某。但假此以牵便宜敕书在彼手中，以待他变。尔可为我做一题稿来看。"稿成，具题。降敕与公曰："福州三卫军人进贡等协众谋反，特命尔暂去彼处地方会同查议处置，参奏定夺。"

时濠阴谋不轨，亦已有年。一日，命安福举人刘养正往说公云："宁王尊师重道，有汤、武之资。欲从公讲明正学。"公笑曰："殿下能舍去王爵否？"既而令门人冀元亨先往，与濠讲学，以探其诚否。元亨与语矛盾；濠怒，遣还，密使人杀于途，不果。公以六月初九日自赣往福建勘事。十五日至丰城县界，典史邓人报濠反状。继而知县顾似具言之。公度单旅仓猝，兵力未集，难即勤王，亟欲溯流趋吉安。南风方盛，舟人闻宸濠发千余人来劫公，畏不敢发，乃以逆流无风为辞。公密祷于舟中，誓死报国。无何，北风大作，舟人犹不肯行；拔剑劖其耳，遂发舟。薄暮，度势不可前，潜觅渔舟，以微服行；留麾下一人服己冠服在舟中。濠兵果犯舟，而公不在。欲杀其代者，一人曰："何益？"遂舍之。故追不及。是夜至临江。知府戴德孺喜甚，留公入城调度。曰："临江居大江之滨，与省城相近，且当道路之冲，莫若吉安为宜。"又以三策筹之曰："濠若出上策，直趋京师，出其不意，则宗社危矣。若出中策，则趋南都，大江南北亦被其害。若出下策，但据江西省城，则勤王之事尚易为也。"

行至中途，恐其速出，乃为间谍，假奉朝廷密旨先知宁府将反，行令两广、湖、襄都御史杨旦、秦金及两京兵部各命将出师，暗伏要害地方，以俟宁府兵至袭杀。复取优人数辈，各与数百金以全其家，令至伏兵处所飞报窃发日期，将公文各缝置袷衣絮中。将发间，又捕捉伪太师李士实家属至舟尾，令其觇知。公即佯怒，牵之上岸处斩，已而故纵之，令其奔报。宸濠逻获优人，果于袷衣絮中搜得公文，遂疑不发。

十八日至吉安。知府伍文定甚喜，军民皆遮道呼号。公入城抚慰，两上疏告变，请命将征讨，以解东南倒悬。奏至，王公琼扬言于朝曰："王某在南赣，必能擒之。不久当有捷报至。但朝廷不命将出师，则无以壮其军威。"

时濠畜养死士二万，招诱四方盗贼渠魁亦万数，举事之日，复驱其护卫党与并胁从之人又六七万，虐焰张炽。公以百数从卒，退保吉安，遥为牵制之图。远近军民劫于濠积威，道路以目，莫敢出声。公率知府伍文定、戴德孺、邢珣、徐琏等调集军民兵快，石募四方报效义勇，会计应解留钱粮，支给粮赏，造作军器战船，奏留公差回任御史谢源、伍希儒分职任事，约会乡官致仕右副都御史王懋忠，养病编修邹守益，郎中曾直，评事罗侨，丁忧御史张鳌山，赴部调用佥事刘蓝，依亲进士郭持平，致仕副使刘逊，参政黄绣，闲住知府刘昭等，相与激劝忠义，晓谕祸福。调度已定，移檄远近，宣布朝廷仁德，暴濠罪恶。濠始觉为公所欺，亟欲引兵而出。公谓：急冲其锋，攻其有备，皆非计之得也；始示以自守不出之形，必俟其出，然后尾而图之。先复省城以捣其巢穴，彼闻必回兵来援。我则出兵邀而击之。此全胜之策也。濠果使人探公未出，先发兵出次南康、九江，自居省城以御公。

七月初二日，濠又使人探公兵果不出，乃留兵万余，属其腹心宗室及仪宾内官并伪部都督都指挥等官使守省城，自引兵向安庆。公知其出，遂急促各府兵，期以本月十五日会于临江樟树镇；身督伍文定等兵径下。于是知府戴德孺引兵自临江来，知府徐琏引兵自袁州来，知府邢珣引兵自赣州来，通判胡尧元、童琦引兵自瑞州来，通判谈储，推官王晖、徐文英，新淦知县李美，太和知县李楫，宁都知县王天与，万安知县王冕，亦各以兵来赴。十八日遂至丰城，分布哨道。使伍文定攻广润门，邢珣攻顺化门，徐琏攻惠民门，戴德孺攻永和门，胡尧元、童琦攻章江门，李美攻德胜门，都指挥余恩攻进贤门。谈储、王晖、李楫、王天与、王冕等各以其兵乘七门之衅，从旁夹击，以佐其势。又探得濠伏兵千余于新旧坟厂，以备省城之援。乃遣奉新知县刘守绪，典史徐诚，领兵四百，从间道夜袭破之，以摇城中。

十九日，登市汉誓师，且申布朝廷之威，再暴濠恶。约诸将一鼓而附城，再鼓而登城，三鼓不克诛其伍，四鼓不克斩其将。誓已，莫不切齿痛心，踊跃激奋。薄暮徐发。

二十日黎明，各至信地。城中为备甚严，滚木、灰瓶、火炮、石弩、机毒之械，无不毕具。及我兵已破新旧坟厂，败溃之卒皆奔告城中。城中闻我师四面骤集，莫不震骇。我师呼噪并进，梯絙而登。城中倒戈而奔。遂破擒其居守宜春王栱橡及伪太监万锐等千余人。宫眷纵火自焚，延烧居民房屋。公令各官分道救火，抚定居民，释其胁从，封其府库。搜出原收大小衙门印信九十六颗。其胁从布政使胡廉、参政刘斐、参议许效廉、副使唐锦、佥事赖凤、都指挥王玘，皆自上江西捷音疏，仍分兵四路追蹑。

是时濠攻安庆未下，亲自督兵运土填堑，期在必克。及闻我兵至丰城，大恐，即欲回舟。李士实阻劝，以为必须径往南京，既登大宝，则江西自服。濠不应。次日，遂解安庆之围，移兵泊阮子江，会议归援。

先是兵至丰城，众议安庆被围，宜引兵直趋安庆。公以九江、南康皆以为贼所据，而南昌城中数万之众，精悍亦且万余，食货充积。我兵若抵安庆，贼必回军死斗。安庆之兵仅仅自守，必不能援我于湖中。南昌之兵绝我粮道，而九江、南康之贼合势挠蹳，而四方之援又不可望，事难图矣。今我师骤集，先声所加，城中必已震慑，因而并力急攻，其势必下。已破南昌，贼先破胆夺气，失其本根，势必归救。则安庆之围可解，濠亦可以坐擒。果如公料。及议所以御之之策，众谓宜敛兵入城，坚壁自守，以待四方援兵。公独谓宜先出锐卒，乘其惰归，要迎掩击，一挫其锋，众将不战自溃，所谓"先人有夺人之气，攻瑕则坚者瑕"矣。是日抚州知府陈槐引兵亦至。公遣伍文定、邢昈、徐琏、戴德孺共领精兵五百分道并进，击其不意。濠亦先使精悍千余人从间道欲出公不意攻收省城，偶遇于某处，遂交战。我兵失利。报至。公怒甚，欲以军法斩取伍文定、邢珣、戴德孺、徐琏等首。乃自帅兵亲战。或以敌锋方交，若即斩其首，兵无统领而乱，俟各奋励以图后效。明日各帅兵奋死以战，大败之。又遣余恩以兵四百往来湖上，诱致贼兵。陈槐、胡尧元、童琦、谈储、王昈、徐文英、李美、李楫、王冕、王轼、刘守绪、刘源清等各领百余，四面张疑设伏，候伍文定等兵交，然后四起合击。

分布既定，大赈城中军民。虑宗室郡王将军或为内应生变，亲慰谕之，以安其心。出给告示，凡胁从皆不问，虽尝受贼官爵，能逃归者皆免死，能斩贼徒归降者皆给赏。使内外居民及乡导人等四路传布，以解散其党。

二十三日，濠先锋已至樵舍，风帆蔽江，前后数十里。公乃分督各兵乘夜趋进，使伍文定以正兵当其前，余恩继其后，邢珣引兵绕出贼背，徐琏、戴德孺张两翼以分其势。

二十四日早，贼兵鼓噪乘风而前，逼黄家渡，其气骄甚。伍文定、余恩之兵佯北以致之。贼争进趋利，前后不相及。邢珣之兵从后横击，直贯其中，贼败走。伍文定、余恩督兵乘之。徐琏、戴德孺合势夹攻，呼噪并起。贼不知所为，遂大溃，奔走十余里。擒斩二千余级，落水死者以万数。贼势大沮，引兵退保八字脑，众稍遁散。濠震惧，身自激励将士，赏其当先者以千金，被伤者银百两。尽发九江、南康守城之兵以益师。是日，建昌知府曾玙引兵至。公以九江不破则湖兵终不敢越九江以援我，南康不复则我兵亦不能逾南康以蹑贼。及遣知府陈槐领兵四百，合饶州知府林城之兵乘间以攻九江；知府曾玙领兵四百，合广信知府周朝佐之兵乘问以取南康。

二十五日，贼复并力盛气挑战。时风势不便，我兵少却，死者数十人。公急令人斩取先却者。知府伍文定等立于铳炮之间。火燎其须，不敢退，奋督各兵，殊死并进。炮及宁王舟。宁王退走，遂大败。擒斩二千余级，溺水死者不计其数。贼复退兵保樵舍，连舟为方阵，尽出其金银以赏士。公乃夜督伍文定等为火攻之具。邢珣击其左，徐琏、戴德孺出其右，余恩等各官兵分兵四伏，期火发而合。

二十六日，宁王方朝，群臣拘集所执三司各官，责其间以不致死力，坐观成败者，将引出斩之。争论未决，而我兵已奋击四面而集，火及宁王副舟，众遂奔散。宁王与妃嫔泣别，妃嫔宫人皆赴水死。我兵遂执宁王，并其世子、郡王、将军、仪宾及伪太师、国师李士实、刘养正、元帅、参赞、尚书、都督、指挥、千百户等官数百余人，被执胁从官太监王宏，御史王金，主事金山，按察使杨璋，佥事王畴、潘鹏，参政程果，布政使梁辰，都指挥邓文、马骥、白昂等，擒斩贼党三千余级，落水死者约三万余。弃其衣甲器仗财物，与浮尸积聚，横亘若洲。余贼数百艘，四散逃溃。公复遣官分路追剿，毋令逸入他境为患。二十七日，及之于樵舍，大破之；于吴城又破之，擒斩复千余级，落水死者殆尽。濠既擒，众执见公，呼曰："王先生，我欲尽削护卫所有，请降为庶民，可乎？"对曰："有国法在。"遂令送至囚所。

公既擒濠，欲令人献俘，虑有余党沿途窃发，欲亲解赴阙，因在吉安上疏乞命将出师。朝廷差安边伯许泰为总督军务，充总兵官，平虏伯江彬为指督等官，左都督刘晖为总兵官，太监张忠为提督军务，张永为提督，赞画机密军务，并体勘濠反逆事情，及查理库藏宫眷等事，太监魏彬为提督等官，兵部侍郎王宪为督理粮饷，往江西征讨。至中途，闻捷报，计欲夺功，乃密请上亲征。上遂自称为总督军务威武大将军总兵官后军都督府太师镇国公，往江西亲征。廷臣力谏不听，有被杖而死者。

江彬、许泰、刘晖、张忠、张永、魏彬等先领兵由大江至，入居城中，人马填溢衢巷，至不可行。乃倡言诬公始同濠谋反，因见天兵俯临征讨，始擒濠以脱罪，欲并擒公为己功。公于官军慰劳有加，病者为之医药，死者为之棺敛，间自行抚，众心皆悦。初见彬辈，皆设席于傍，令公坐。公乃佯为不知，遂坐上席；转傍席于下，以坐彬辈。彬辈衔之，出语诮公。公以常行交际事体谕之，左右皆为公解，遂无言。公非争一坐也，恐一受节制，则事机皆将听彼而不可为矣。

又欲置濠湖中，待驾至列阵擒之，然后奏凯论功。公竟发南昌，数遣人追至广信，不听。戴星趋玉山，度草萍，上疏力止。以为：

濠睥睨神器，阴谋久蓄，招纳叛亡，探辇毂之动静，日无停迹。广置奸细，臣下之奏白，百不一通。发谋之始，逆料大驾必将亲征，先于沿途伏有奸党，为博浪、荆轲之谋。今逆不旋踵，遂以成擒，法宜解赴阙下，式昭天讨。欲付部下各官押解，恐旧所潜布乘隙窃发，或致意外之虞，臣死有余憾。况平贼献俘，固国家常典，亦臣子职分。臣谨于九月十一日亲自量带官军，将濠并宫眷逆贼情重人犯督解赴阙。

行至广信，闻报，疏上不听。既抵杭，谓张永曰："西民久遭濠毒，经大乱，继旱灾，困苦既极，必逃聚山谷为乱。奸党群应，土崩之势成矣。然后兴兵平之，不已难乎？"永深然之，徐曰："吾此出为君侧群小，欲调护而默辅之，非掩功也。但将顺天意，犹可挽回。万一苟逆之徒激群小之怒，何救于大事？"公始深信，以濠付之。复上捷音，以为宸濠不轨之谋已逾一纪，今旬月之间遂克坚城，俘擒元恶，是皆钦差总督威德指示方略所致。以此归功总督军门，以止上江西之行。称病净慈寺。

张永在上前备言公尽心为国之忠之功，及彬等欲加害之意。既而彬等果诬公无君欲叛，上不信。又言此既不信，试召之，必不来，则可知其无君矣。上乃召公。公即奔南京龙江关，将进见。忠等皆失意，又从中阻之，使不见。公乃以纶巾野服入九华山。永闻知，又力言于上曰："王守仁实忠臣，今闻众欲争功，欲并弃其官，入山修道。"由是上益信公之忠。

公复还江西视事。西人皆家肖公像，岁时报祀，犹夫赣焉。

十五年闰八月，四乞省葬，节奉旨："王守仁奉命巡视福建，行至丰城，一闻宸濠反叛，忠愤激烈，即便倡率所在官司，起集义兵，合谋剿杀，气节可嘉。已有旨著督兵讨贼，兼巡抚江西地方。所奏省亲事情，待贼平之日来说。"故复领巡抚事。江西兵残之余，宗室人民凋敝之甚，官府衙门居民房屋烧毁殆尽。公为之赈恤，绥劳抚定，奏免租税。又将城中没官房屋，及濠违制宫室，与革毁一应衙门，皆修改为公廨。濠占夺民间田地山塘房屋，遵奉诏书给还原主管业。其余照依时估变卖，价银入官，先尽拨补南、新二县兑军，淮安京库折银粮米，及王府禄米；余羡收贮布政司，用备缓急。

是年口月，上晏驾。今上皇帝登极。特降玺书曰："尔昔能剿平乱贼，安靖地方。朝廷新政之初，特兹召用。敕至，尔可驰驿来京，毋或稽迟。"于二十日，公驰驿起程。为辅臣所忌，潜讽科道建言，以为朝廷新政，武宗国丧，资费浩繁，不宜行晏赏之事。行至中途而返。道经钱塘，上疏恳乞便道归省。制曰：可。

升南京兵部尚书，参赞机务。又具疏辞免，慰旨益勤。本年十二月内，该部题为捷音事，议封公伯爵，给与诰券，子孙世世承袭，赐敕遣官奖劳慰谕，锡以银币，犒以羊酒。乃封公新建伯，奉天翊卫推诚宣力守正文臣，特进光禄大夫柱国，兼南京兵部尚书。参赞机务，岁支禄米一千石，三代并妻一体追封。累疏辞免，欲朝廷普恩赏于报效诸臣。又极言举人冀元亨因说宸濠，反为奸党构陷狱中，以忠受祸，为贼报仇，抱冤赍恨，愿尽削己官，移报元亨，以赎此痛。先是元亨在狱，又为移咨六部申理其冤。及元亨死，又为移文湖广两司，优恤其家属。

元年，丁父海日翁忧，四方来游其门益众。科道官迎当路意，以伪学举劾。服阕，辅臣忌公才高望重，六载不召。御史石金等交章论荐。礼部尚书席公书为疏特荐公及石淙杨公曰："生在臣前见一人，曰杨一清；生在臣后见一人，曰王守仁。"皆不报。

丁亥，田州土知府岑猛之乱，提督都御史姚镆不克成功。张公孚敬拉桂公萼同荐，桂公不得已，勉从荐公。得俞旨，兵部奉钦依，差官持檄，授公总制军务，督同都御史姚镆勘处彼中事情。上疏辞免，举尚书胡世宁、李承勋自代，不允。上与杨公一清曰："若姚镆不去，王守仁决不肯来。"遂令镆致仕。又降旨督趋赴任。旨云："卿识敏才高，忠诚体国。今两广多事，方藉卿威望，抚定地方，用舒朕南顾之怀。姚镆已致仕了，卿宜星夜前去，节制诸司，调度军马，抚剿贼寇，安戢兵民，勿再迟疑推诿，以负朕望。还差官铺马裹赍文前去敦取赴任行事，该部知道。"

予时为光禄寺少卿，具疏论江西军功，及荐公才德，堪任辅弼。上喜，亲书御扎，并疏付内阁议。杨公一清忌公入阁，与之同列，乃与张公孚敬具揭帖对曰："王守仁才固可用，但好服古衣冠，喜谈新学，人颇以此异之。不宜入阁，但可用为兵部尚书。"桂公知，遂大怒詈予，潜进揭帖毁公，上意遂止。公遂扶病莅任，沿途涉历访诸士夫，询诸行旅，皆云岑猛父子固有可诛之罪；然所以为乱者，皆当事诸人不能推诚抚安以致之。上疏谢恩，极言致乱之由，平复之策。

十二月，杨公一清与桂公萼谋，恐事完回京，复命见上，予与张公又荐之，上必留用。又题命公兼理巡抚。奉圣旨"王守仁暂令兼理巡抚两广等处地方，写敕与他。"咨到，又力疏辞免，举致仕都御史伍文定、刑部左侍郎梁才自代，不允。建议大约以为进兵行剿之患十，罢兵行抚之善十，与夫二幸四毁之弊。时布政使林富，纪功御史石金，皆以为然。

至南宁府，乃下令尽撤调集防守之兵，数日之内，解散而归者，数万有余。湖兵数千，道阻且远，不易即归，仍使分留南宁、宾州，解甲休养，待间而发。

初，思、田二府目民卢苏、王受等闻公来，知无必杀之心，皆有投生之念，日夜悬望，惟恐公至之不速。既至，又见防守之兵尽撤，投生之念益坚，乃遣其头目黄富等十余人先赴军门诉苦。公谕以朝廷威信，及开示更生之路。明日，苏、受等毕囚首自缚，各与其头目数百人投见，号哀控诉。公复谕以朝廷恩德，下苏、受于军门，各杖一百。众皆合辞别扣首，为之请命。乃解其缚曰："今日宥尔一死者，是朝廷好生之仁；杖尔一百者，乃吾等人臣执法之义。"于是众皆扣首悦服。公随至其营，抚定余众，莫不感泣，欢呼感恩。誓以死报，杀贼立功，以赎前罪。公复谕以朝廷惟愿生全尔等，今尔方来投生，岂忍又驱之兵刃之下。尔等逃窜日久，家业破荡，且宜速归，完尔室家，及时耕种，修复生理。至于各处盗贼，军门自有区处，不须尔等剿除。待尔等家事稍定，徐当调发。于是又皆感泣欢呼。遂委布政林富，总兵官张祐，分投安插，督令各归复业。

既而上疏，处置平复地方以图久安，宜仍立土官以顺其情，分土目以散其党，设流官以制其势。犹以士夷之心未必尽得，而穷山僻壤或有隐情，则又备历田州、思恩村落而经理其城堡。因以所以处之之道询诸其长目。率皆以为善。又询诸父老子弟，又皆以为善。然后信其可以久行，而反覆其辞，更互其说。请田州仍立岑氏后为土官知州以顺土夷之情；特设流官知府以制土官之势；分设土官巡检以散各夷之党。又以田州既设流官，宜更其府名为田宁，盖取"田石倾，田州兵；田石平，田州宁"之谣。至于思恩，则岑浚之后已绝，不必复有土官之设矣。

又按视断藤峡诸处瑶贼，上连八寨，下通仙台、花相诸峒，连络数十余巢，盘亘三百余里，彼此犄角，结聚凭险，流劫郡县，檄参将张经会同守巡各官集议。于是命浔州卫指挥马文瑞，永顺统兵宣慰彭明辅男彭宗舜，保靖统兵宣慰彭九霄，辰州等卫指挥彭飞等，分兵布哨。以永顺土兵进剿牛肠等贼巢，保靖土兵进剿六寺等贼巢。先是贼酋詗知公住扎南宁，寂无征剿消息，又不见调兵集粮，遂皆怠弛，不以为意。至是突遇官兵，四面攻围，怆惶失错。擒斩贼酋及党与颇多。余贼退败，复据仙女大山。我兵追围，拔大缘崖，仰攻，复大破之。乘胜攻破油榨，石壁、大陂等巢。余贼奔至断藤峡、横石江边，我兵追急，争度溺死者无算，斩获首从，俘获男妇牛畜器械等项不可胜计。

还兵浔州府住扎，复进剿仙台诸贼巢。诸军吏各率永顺、保靖壮兵争先陷阵。贼又大败，奔入永安边界立山将险结寨。乃摘调指挥王良辅并目兵彭恺等分路并进，四面仰攻。贼败散。命林富、张祐分投密调各目兵卢苏、王受等分道进剿，前后生擒斩获并俘获男妇头畜器械殆尽。

以八寨之地据其要害，欲移设卫所，控制诸蛮。复于三里设县，迭相引带。亲临视思恩府基景定卫县规则。盖南舟卫僻在广西极边之地，非中土之人所可居者，于是移筑于周安堡。当八寨之中，以阻扼其道路之冲，则柳庆诸贼不必征剿，皆将效顺服化。思恩旧在寨城山内，尚历高山数十余里，令移于荒田地方，四野宽衍之处，开图立里，用汉法以治武缘之众，夷夏交和，公私两便。移风化县治于虞乡，为立廨宇，属之思恩。于宣化、思龙地方添设流官县治。是皆保治安民之要。增筑守镇城堡于五屯，以壮威设险。仍选取协守诸兵及附近土寨目兵，智略忠勇官一员，重任而专责之，使之训练抚摩，令参将兵备等官时至其地经理而振作之，则贼势自摧。将思、田分设九土巡检司，各立土目众所信服者管之，节疏奏请定夺。奉旨："王守仁受命提督军务，莅任未久，乃能开诚宣恩，处置得宜，致令叛夷畏服，率众归降，罢兵息民，奇功可加。写敕差行人赍去奖励，还赏银五十两，紵丝四表里，布政司买办羊酒送用。"九月八日，行人冯恩赍至广城。是时公已卧病月余，扶病疏谢。

而病势日笃，犹力疾视事。年十五岁时，梦中尝得句云："卷甲归来马伏波，早年兵法鬓毛皤"，莫知其谓。至是舟至乌蛮滩，舟人指曰："此伏波庙前滩也。"公呀然登拜，如梦中所见，因诵梦中诗，叹人生行止之不偶云。

十月初十日，复上疏乞骸骨，就医养病。因荐林富自代。又一月，乃班师。至大庾岭，谓布政使王公大用曰："尔知孔明之所以付托姜维乎？"大用遂领兵拥护，为敦匠事。廿九日至南康县，将属纩，家童问何所嘱。公曰："他无所念，平生学问方才见得数分，未能与吾党共成之，为可恨耳。"遂逝。舁至南安府公馆而敛。枢经南、赣，虽深山穷谷，男女老弱皆缟素，匍匐哀迎，若丧考妣。凡所过江西地方，行道之人无不流涕者。

讣至，桂公萼欲因公乞养病疏参驳害公，令该司匿不举，乃参其擅离职役，及处置广西思、田、八寨恩威倒置，又诋其擒濠军功冒滥，乞命多官会议。先此张公孚敬见公所处岑猛诸子及卢苏、王受得宜，征剿八寨有方，奏至甚喜，极口称叹，谓予知人之明。又述在南京时与言惓惓欲公之意，曰："我今日方知王公之不可及。"即荐于朝，取来作辅，共成天下之治。桂公、杨公闻之皆不乐，及嗾锦衣卫都指挥聂能迁诬奏公用金银百万，托余送与张公，故荐公于两广。余疏辨其诬。奉旨："黄绾学行才识，众所共知，王守仁功高望隆，与论推重。聂能迁这厮捏词妄奏，伤害正类，都察院便照前旨严加审问。务要追究与他代做奏词并帮助奸恶人犯来说。黄绾安心供职，不必引嫌辞避。"下能迁于狱，杖之死。时予为詹事，桂公、杨公计欲害公，恐予在朝，适南礼侍缺，即推予补之。明年春，上将出郊，桂公密具揭帖奏云云。上遂允命多官会议，削公世袭公爵，并朝廷常行卹典赠谥，至今人以为恨。

公生而天资绝伦，读书过目成诵。少喜任侠，长好词章、仙、释，既而以斯道为己任，以圣人为必可学而至。实心改过，以去己之疵；奋不顾身，以当天下之难。上欲以其学辅吾君，下以其学淑吾民，惓惓欲人同归于善，欲以仁覆天下苍生。人有宿怨深仇，皆置不较。虽处富贵，常有烟霞物表之思。视弃千金，犹如土芥，藜羹珍鼎，锦衣缊袍，大厦穷庐，视之如一。真所谓天生豪杰，挺然特立于世，求之近古，诚所未有者也。

配诸氏，参议养和公讳某女，不育。抚养族子曰正宪。诸氏卒，继张氏，举一子正亿。适予女仅二周而公卒，遂鞠于余。以恩荫授国子生。孙男曰承勋、承学口口；孙女五。

所著有《阳明集》《居夷集》《抚夷节略》《五经臆说》《大学古本旁注》及门人所记《传习录》，所纂则言诵而习者可知其造诣矣。

濠之变盖非一日，其蒸淫奸暴，腥秽彰闻，贼杀善类，剥害细民，招亡纳叛，诱致剧贼，召募四方骁勇，力能拔树排关者，万有余徒。又使其党王春等分赍金银数百万，造奇巧器玩，贿结内外大小臣僚。至有奏保其仁孝者，有复其护卫者，有备其官僚者，有为潜布腹心于各镇及几内各要地，复阴置奸徒于沧州、淮扬、山东、河南之间。起事之日，号称一十八万，从之东下者实八九万。非公忠义智勇，誓不与贼俱生，奚旬月之间，遂得克复坚城，俘擒元恶，以成宗社无疆之休哉？不特此也，南、赣等处贼巢蟠居三省，积数十年，如池大鬓之俦，皆勇力机智绝人者，非先计除之，则宸濠一呼，风从乌合，其为天下祸当何如也？且八寨为害积几百年，思、田扰攘亦既数年，一旦除而安之，文武并用，处置经画，皆久远之图。惜当路忌之既深，而南北臣又皆承望风旨，反肆弹劾。虽平日雅好公者，方公成功时，亦心害其能，考察之岁，承辅臣意。有功如邢珣、徐琏、陈槐、谢源等皆黜之。则国典之所以议功议能者安在哉。

予以女许公之子，盖悯其孤而抚之。汪公鋐因予诤张公大同之征，当别其善恶，不当玉石俱焚，张公怒，

明代澄泥砚

汪迎其意，劾予回护属官邹守益，难居大臣，调予边方参政。赖圣明复职。汪又为疏论公伪学，及指予皆为党邪不忠。予又为疏明诤大同之心，又明公学术之忠国，及予所以悯子许婚携抚，皆非得已。疏上，亦赖圣明拔之陷阱，因察公与守益之无辜。于乎。公既困屈，没齿尚尤不免，则公与予平生所期何如，而皆仅止此者，岂非天与命也，悲夫。

子正宪、正亿将以是年仲冬十一日奉公柩葬于洪溪之高村，为次其世行功爵，及所以致谤者，乞铭于宗工。幸怜而属笔焉，以备他日太史氏之择。谨状。

祭文

亲友祭文九篇

石潭汪俊礼部尚书

惟公豪杰之才，经纶之业，习坎心亨，穷标峻揭。勋名既懋，德誉亦

隆，阳明之称，走卒儿童。维吾兄弟，投分最早，坐或达旦，何幽不讨。忽谪万里，执手赠言，誓将结茅，待子云烟。公兹东来，曰："予无乐，乐见故人，来践旧约。"旗旆央央，流水涌灂灂，公私皇皇，或卧或起。乃重订约，"其待予归；归将从容，山遨水嬉。"公既奏凯，吾治吾馆。忽闻讣音，乃以丧返。呜呼。公有大劳，国史辉煌；公有心学，传者四方。公何以没，吾何以伤？交情未竟，公进此觞。呜呼哀哉。

北原熊浃 吏部尚书南昌人

于乎。公有安危，朝廷重轻；公有进退，世道升降；公有存亡，圣学晦明。公之生也，士如寐觉；民如醉醒；吏振循良之化；将知仁义之兵；寇贼奸宄，逆节不敢以复萌。譬如祥麟威风，一见于海岳，群鸟百兽，率快睹以飞鸣。公之死也，士迷向往；民坏长城；吏肆贪残之虐；将无纪律之冯；不逞余孽，四方啸聚而横行。譬如山崩梁折，物害民殃，徒奔走而无宁。在昔江藩不轨，荷义举兵，谈笑而清。今几何年，元恶大憨，已湮没而无形。旷恩厚德，尚尔如生。方公之归也，幸其鳝堂载启，木铎扬声，斯文未丧，庶几有兴。其再出也，意其入秉钧衡，辅成圣德，岂期仗钺，不得一日立乎朝廷。悠然长逝，岂厌世浊之不可撄：抑天不遗，俾我民之失典刑。虽然，可尽者公五十七年之身，其不可尽者，与天地相为终始之令名。豫章为公过化之地，浃等遥瞻灵槜匍匐往迎。岂无昭假，以慰微诚。此又不得以天下哀而夺吾党私公之情。呜呼哀战。

诚斋汪鋐 兵部尚书

惟公擅华国之文，奋匡君之节，怀希圣之心，彰伐叛之烈。一代之英，万夫之杰，追韩、范以驱驰，兼朱、程而教设。夫何梁木忽倾，台星俄折？章水咽而不流，楚云愁而四结。岂物理之乘除有数，抑造化之无常者不可以臆决。鋐叨继公后，亦惟遵公之辙。辱公深知，大惧累公之哲。不敢以公所不屑者而自屑也。旅榇摇摇，泻椒浆以荐洁。陈词未竟，自始无穷之咽。

胡东皋 四川廉使

呜呼哀哉。公其可死乎。母太夫人，孰为之养？茕茕遗孤，孰为之抚而成之乎？其大者，圣明尧、舜，方倚公为皋、夔；四方未甚迪乱，正倚公神武之功以镇之，而公其忍死乎？又其大者，圣学不明，几千百年于兹，赖公良知之学以昭揭之；虽有妙契独得，亦天之有意于斯世斯人，故属公以先知先觉之责，公之门人满天下，固不无如颜、如闵、如参、如赐者出于其间，足以继往开来，永公之传于不朽，然公不及亲见其道之大明大行于天下，公其忍死矣乎？呜呼哀哉。虽然，功在社稷，道在人心，文章在遗书，母老子幼而有二仲之贤为可恃。且死王事，公复何憾，予又安得戚戚于生死之间乎？独相去万里，不得执手永诀，亲视含襚，为可恨耳。兹以兵事就道，临风一奠，以寄吾哀；而万一之私，曷其有涯也邪。

徐玺

呜呼。先生有汲长孺之直而辞不至于戆；有张晋公之忠而谋不至于疏：有朱晦庵、陆象山之读书穷理颖悟直截，而存心致知不至于偏废。方其夷江左之大难也，浩然归志，自谓得所欲矣。及闻百粤之乱也，应召而起，履险若夷，功以时建，大彰德威。中道而殒，与榇以归。呜呼。先生而止于斯耶。吾子曰爱，受教门下，先生爱重匪特亲故；先十年而卒，先生哭之恸。孰谓吾今之哭先生，犹先生之哭吾子也。呜呼痛哉。寿夭天也，生顺死安，吾岂为先生憾。然朝廷失重臣，斯文失宗主，幼子失所怙，呜呼痛哉。敬陈薄奠，聊寄痛哀。魂兮耿耿，鉴兹永怀。

储良材 巡按御史

呜呼。先生勋业文章，声光荣遇，夫人能知之，亦能道之，夫复何言。客岁云暮，枢临南浦，良材等载奠载奔，小大莫处。想其道玉山，历草萍，东望会稽，先生故里也。摇摇旅魂，庶其宁止。呜呼。异土之殒，数也；首丘之敦，仁也。数以任其适然；仁以归于至当。君子也，尚何言哉。

储良材 巡按御史

呜呼。濂、洛云逝，斯道攸叺。公启绝学，允协于中。钥藏发蒙，我知孔良。允文允武，绥我四方。四方既同，公归江东。童冠二三，春风融融。岑寇匪茹，跳梁三纪。维公来止，载橐弓矢。南夷底绩，公既弥留。

人百其哀，况我同俦。小人靡悱，君子曷宗？羞我黄流，为天下协。呜呼哀哉。

王尧封 右副都御史

呜呼。先生以纯粹之资，刚毅之气，通达之才，雄浑之文，心得之学，今焉已哉。方其抗逆坚也，而奸党息；奸叛宗也，而天下安；化瑶、僮也，而边夷格。帝念厥勋，爵位载锡，声光洋洋，簪缨奕奕，今焉已哉。方今圣明在上，励精唐、虞之治，天奚夺之速，而顾不遗，以共弼厥成耶？呜呼。天宅茫茫，至难谌也。寒蛩唧唧于月砌，鸾凤沦没于岑丘，蕙兰靡靡于蔓草，藄施蕃盛于道周，慨物运之不齐，于天道乎奚尤？于乎先生，其已焉哉。尧封等竞陈词兮酌醴，灵仿佛兮淹留。

王晔

呜呼。先生排奸触忌，忠则烈矣：蒙难考贞，节则甘矣；战乱靖戎，功则懋矣；修辞立教，文则崇矣；撝谦下士，德则允矣；明诚合一，道则章矣。忠足以名世，而孤忠谀簸弄之党；节足以名世，而夺循资固宠之习；功足以名世，而基社稷无疆之休；文足以名世，而洗杜撰凿空之陋；德足以名世，而动凌高厉空之志；道足以名世，而破支离偏曲之学。然则先生之生也，虽谓其随之以存。先生之死也，孰谓其随之以灭？如有作者，其不可及已夫，呜呼先生。

有司祭文三篇

吉安府知府张汉等

于乎先生。弘毅刚大，履险涉崎，忠孝文武，为学者师。任崇正黜邪之责而功同孟氏，合知行动静之一而道传子思。问罪兴思，堂堂豫章之阵；而怀来安辑，正正百粤之旗。方南仲奏春风之凯，而武候星殒；乃龙蛇遘康成之梦，而学者兴悲。《六经》之迷途谁指？明堂之梁栋谁支？谁作万里之长城？谁窥一贯之藩篱？岂非天夺朝廷之杨绾与吾党之濂溪。汉等晚生末学，敬仰光休。矧庐陵望邑，为先生过化旧邦，而流风余韵，为先生之山斗门墙。遡姚江而源流滚滚，瞻五岭而云树苍苍。讣闻螺浦，悲伤旁皇。徒使吾党德锄道范之望，付之于无何有之乡。有奠椒浆，有泪淋浪，临风载拜，先生其来尝。

南昌府儒学教授廖廷臣等

惟公以心会道，倡学东南；以义兴师，讨平逆藩。天子曰都，爰锡公爵。四方景之，泰山乔岳。公方东归，江汉龙飞。冀公凭翼，道与时熙。固天下之延颈，实我公之优为。讵意百粤群丑，弄兵潢池。金曰："平之，匪公弗宜。"拜命南征，蛮方丕叙。经略弥年，委身劳瘁。连章乞归，公疾乃革。天不遗，斯文之厄。呜呼。公之功业，似若未竟：公之道德，曷系存亡。盖功虽以存而建，道不以死而弗彰。公无憾矣。

玉山知县吕应阳

呜呼哀哉。铜柱标伏波之勋，岘碑堕羊公之泪。呜呼哀哉。明堂遗栋石之思，稽山还英灵之气。呜呼哀哉。边陲罢锁钥之防，章缝夺蓍龟之恃。歼我哲人，岂其躬瘁。应阳等窃尝淑公绪论，恨未登其庭也。来吏兹上，闻诸异时，逆藩拂经，丕曰是膺，伊豪杰之奋义，实夫子之先声。不然，虽竭西江之水，未足以洗数年之兵。是则公之泽在天下，而西人再造于公，世世德也。灵輀何来，载疑载惊。今也号叫，昔也欢迎。我奠我奔，愿百其身。公乘白云，厥鉴孔神，而阳耿耿于平日者，犹未能尽呜也。

门人祭文 十五篇

顾应祥应良

呜呼夫子。天其悯俗学之卑陋，而生此真儒耶？何栽培之独厚也？其眷圣上之中兴，而生此贤佐邪？又何遽夺而使之不寿也？呜呼夫子。今不可作矣。斯道斯民，真不幸矣，夫复何言。夫复何言。尤所私痛者，妙道精义不可复闻，霁月光风不可复见矣。将使末学伥伥，可受而不可传邪？呜呼哀哉。敬陈远奠，封寄潺湲。盛德大业，言莫能名；至痛深悲，辞莫能宣。

黄宗明

自道术为天下裂，而人不知其有己，忘内逐外，夸多斗靡，搜罗训诂，立世赤帜。孔、孟既远，濂、洛亦逝；岂无豪杰，如草庐氏，觉彼暮年，精力随弊：金溪之学，为世大忌。惟我夫子，丰神凛异，少也雄杰，出入亦几。鬼神通思，精识径诣，汎扫支离，收功一致。哀我人斯，开关启闭，良知之说，直截简易，无俟推求，无不该具。顺我良知，行罔或悖。逆瑾扇惑，言官尽系，公触危机，从容就理。谪官蛮貊，艰难罔颇。汀、赣贼起，公握兵符，犷狡既殄，老稚歌呼。藩王称乱，海内忧虞。夫子倡义，一鼓献俘。岑氏构祸，东南驿骚，五六年间，财耗兵逃。公抚循之，鞭笞其豪。事适机宜，畏威怀德，出其死力，裹粮灭贼。八寨奇功，神武难名。十年命将，手提重兵。人曰劳止，驰驱靡宁：先生再至，寂无军声。讲学其间，朝夕靡停；运筹决策，贼以计平。出入两广，瘴疠伤生，积成疾疢，中道殒倾。于乎痛哉。夫子之教，如揭日月，人方瞻仰，斯文遽绝。夫子之忠，功在社稷，身死未几，谗谤交集。世路险崎，人言易讹，命也如何，忧忠实多。某自服膺，十有余年，奔走畏途，旧学就捐，孤负教育，谁执其愆。今兹矢心，昕日勉旃，启夕踧奠，号呼旻天。明发赴官，敢附告焉，呜呼哀哉。

魏良器

呜呼，先生遽止于斯邪。振千年之绝学，发吾人之良知，靡用志以安排，曷思索而议拟，自知柔而知刚，自知显而知微。挽人心于根本，洗末学之支离。真韩子所谓功不在禹下，障百川而东之。使天假先生以年，大明此道，斯世殆将皞皞而熙熙。于乎。曾谓先生而遽止于斯邪。壬癸甲乙之岁，坐春风于会稽，先生携某于阳明之麓，放舟于若耶之溪，徘徊晨夕，以砭其愚而指其迷。已而已而，今不可得而复矣。呜呼。天果有意于斯道耶？何啬我先生之期颐？天果无意于斯道耶？则二三子在焉，苟不忘先生之教，其传犹或可期。洋洋如在之灵，尚其阴隙而默相之。于乎。章江之水，其流汤汤，既羞我淆，爰荐我觞，睹灵辆之既驾，怆予衷之皇皇。

应典

维公学承千圣之传，道阐诸儒之秘。立言垂训，体本良知，功归格致。修齐治平，一言以蔽。将刊末学之支离，司二教之同异，总摄万殊，归之一致。进以觉夫当时，退以淑诸来裔。彼忠谏之动朝廷，勋业之铭鼎彝，文章之被金石，世之君子或以为难，在公则为余事耳。方奉命以南征，为朝野之毗倚。胡天命之不延，乃一朝而云瘗。典等受教有年，卒业无怙，恸候江千，泪无从止。呜呼。公虽已矣，神其在天，文未坠地，庶几有传。握椒兰以荐心，指江流而誓焉。惟逊志以无负，庶歆格乎斯筵。

栾惠等

呜呼。乾坤孕秀，哲人降生。睿智间出，忠孝天成。多才多艺，天纵其能。精一之学，尧、舜是承。良知垂教，如梦得醒。四方风动，豪杰奋兴。云集鱼贯，日萃讲庭。岂其徒学，为国柱石。忠耿立朝，不避权逆。窜逐夷方，优游自适。世态浮华，无能损益。玉蕴山辉，珠沉光溢。宸濠倡乱，人心惶惶，祸自萧墙，谁敢为敌？惟师威武，一鼓褫魄。功业既著，谗口交棘。师乃休休，退而自食，荣辱毁誉，弗留于臆。惟道不明，心焉则戚；与二三子，讲学是力。风月为朋，山水成癖，点瑟回琴，歌咏其侧。天王圣明，旌常纪绩。西丑陆梁，日费千仓，凯功未奏，主忧宁忘。奉诏徂征，应时翱翔。既负重委，文德丕扬。先声按抚，弓矢斯张。丑类来归，缉缉洋洋。曰"今已后，弗复敢攘。"师乃谕曰："兵加不轨，不杀投降。尔归王化，我岂尔戕。归完尔室，干乃农桑。"亦有八寨，盗贼业积。一罹其毒，朝不保夕。开国以来，屡征弗获。选将用兵，曾何休息？贻祸非小，实伤国脉。窥望窃发，其机已迫。师轸民忧，不计失得，询谋金同，便宜行策，神机应变，旬日剿贼。巢穴既空，疮痍荡涤，招抚流移，复其田宅。长虑永图，扶病区画，相彼夷方，随俗因革：爰立土官，分地授职，犬牙相制，世守疆域；保甲既严，部伍既饬，统于流官，庶无间隙。爰修文教，俾肄儒籍，变化夷族，实为美则。似兹哲人，邦其有光，苍生父母，后学梯航，宜应福祉，享寿无疆。胡天不悯，俾没瘴乡。王事忠矣，遗孤谁将。斯道之责，孰能担当？呜呼已矣。朝野悲伤。知夫子者，和气春阳；昧夫子者，如刺如芒。呜呼。道大难容，古今之常，爰有公论，孰为泯藏？惠等闻讣惊悼，涕泣沾裳，匪天丧师，二三子殃。百拜荐奠，聊泄悲肠。灵其不昧，庶几鉴尝。

王良知

呜呼已矣。自夫子没而乾坤无粹气矣，山岳无英灵矣，国家无柱石矣，弟子无依归矣，呜呼已矣。讵谓广南之役遂为永诀矣乎。夫子以道殉身，以身殉国，超然于寿夭之间，则亦何憾？而二三子之悲伤，则固无以自赎于今日也，呜呼哀哉。薄奠一觞，摛词伸忱。神其不昧，庶几来歆。

薛侃翁万达

呜呼。世有一长一善，皆足以自章明。而吾夫子学继往圣，功在生民，顾不能安于有位，以大其与人为善之心，岂非浅近易知而精微难悟，劣己者容而胜己者难为让耶？且自精一之传岐而为二，学者沦无滞有，见小遗大，茫无所入。吾夫子发明良知之说，真切简易，广大悉备。漫汗者疑其约，而不知随遇功成，无施不可，非枯寂也。拘曲者疑其泛，而不知方员无滞，动出规矩，非率略也。袭古者疑其背经，考之孔、孟，质诸周、程，盖无一字一意之弗合。尚同者疑其立异，然即乎人情，通乎物理，未尝有一事一言之或迂。是大有功于世教圣门之宗旨也。盖其求之也备尝艰难，故其得之也，资之深若渊泉之莫测，应之妙若鬼神之不可知，教之有序，若时雨之施，弗先弗后，而言易入，若春风煦物，一沾一长。其平居收敛，若山林之叟，了无闻识，其发大论，临大难，断大事，则沛然若河海之倾，确然若蓍龟之信而莫知其以也。世之议夫子者，非晏婴之知，则彭更之疑；非互乡之惑，则子路之不悦；非沮溺荷蒉之讥，则武叔、淳于髡之诋；用是纷纭，非夫子之不幸，世之不幸也。侃也不肖，久立门墙而无闻。顷年以来，知切淬励。夫子逝矣，慨依归之无从，虑身世之弗立，郁郁如痴，奄奄在告，盖一年于兹矣。方将矢证同志，期奉遗训，尚赖在天之灵昭鉴启牖，使斯道大明于天下，传之来世，以永芘于无穷。是固夫子未尽之志也。灵輀将驾，薄奠一觞，衷怀耿耿，天高地长，于乎哀哉。

应大桂

呜呼。人知有先生之道，而或未尽得先生之教；人阴荷先生之功，而或未尽白先生之忠。已卯之变，吾不知其何如也，而谤固以随；交广之难，吾不知其何如也，而死竟以俱。呜呼。外吾教者斯优，晦吾忠者斯女石，岂瘴疠之足尤，实气运之不扶。虎豹委于空山，豺狼号于当路，风雨嗟其何及，家园惨而谁顾。吾念先生之悟道也，以良知为扃钥；其收功也，以格致为实际。体常秘于玄默，用实粲于经济。桂等犹及见先生之面，复密迩先生之明，虽未稔于耳提口授之下，或少得于神交契悟之余。方有待于卒业，而先生竟以若斯。痛先觉之早逝，怅末学其何依？幸门墙之无恙，或斯文之在兹。

刘魁

呜呼。夫子已矣，后学失所宗矣，生民失所望矣，吾道一脉之传，将复付之谁矣？虽然，人心有觉，德音未亡；俨门墙之在望，顾堂室之非遥：去意见之私而必于向往，扫安排之障而果于先登，是在二三子，后死者不得辞其责矣。归葬有日，筑室无期，临风遣使，有泪涟洏，嗟何及矣。矢志靡他，庶其慰矣。

万潮

呜呼。古所谓豪杰之才，圣贤之学，社稷之臣，非先生其人耶？曩哭先生之枢于钱塘之浒，今拜先生之墓于兰亭之阳，吾道终天之恸，其何能已耶。潮早岁受知，不徒文字，循循善诱，孔、孟我师；剖障决藩，直指本体，良知是致，一以贯之。谨服膺以周旋，若饮渴而食饥。悟大道之易简，信精一而无私。顾虽有觉而即在，实惟念兹而在兹。夙夜战兢，深惧无以奉扬先生之教，惟先生在天之灵，阴启予而终成兮。

张津等

惟我夫子，德本诚明，才兼文武。以践履为实而厌俗学之支离，以广大为心而陋专门之训诂。功夫启易简之规，指授辟良知之户。惟所立之甚高，故随在而有补。以之讲道则化洽时雨之施，以之立朝则仪渐鸿羽之楚，以之承诏奏则右尹折招之诗，以献君谟则宣公独对之语。至于名振华夷，勋迈今古：季札观鲁，方陈南龠之仪；山甫徂齐，复正东方之虏。元恶之首既歼，丑类之俦咸抚，此则勇夫悍士犹以为难，而夫子独谈笑于指顾。夫何中山之功甫就，俄盈谤箧之书；武侯之恨有余，辄动英雄之抚。一老不遗，万民何憖？天轴西驰，江声东吐；草正芳兮鸠鸣，日未斜兮鹏舞；叫台城兮云悲，抚钟阜兮烟锁。吁嗟夫子兮固无所憾，而辱倚门墙者不能不为终身之苦。学未传心，言徒在耳，忍观绝笔之铭，式奠临棺之祖。怅吾道之已穷，盖不知涕洒长空之雨。呜呼哀哉。

王时柯等

呜呼。天惟纯佑，材生文武，学本诚明，道宗邹鲁，羽翼程朱，颉颃申甫。早掇巍科，筮仕天部。始谪龙场，直言忤主。九死不回，孤忠自许。

继迁庐陵，人思召父。再擢鸿胪，荐登枢府。专阃分符，衣绣持斧，机密虑周，战胜攻取，芟夷洞寇，四民安堵。蠢兹逆藩，束身就虏。勤在王家，爵封南浦。瑶、僮相攻，赖公柔抚。茕独无告，赖公哺乳，民昔干戈，今豆且俎。民昔呻吟，令歌且舞。式遏寇攘，孰敢予侮？忧无西顾，殿有南土。丽日祥云，和风甘雨，山斗仰瞻，凤凰快睹，厥德斯懋，厥施斯普，人怀至今，公竟作古。意公神灵，翱翔天宇；在帝左右，为帝夹辅；降为河岳，庙食簋簠。柯等亲炙至教，恩沾肺腑。忆昔请益，期以振旅。云胡背弃，使我心苦。敬奠一觞，痛深谈虎。

邹守益

圣学绵绵，嘻其微矣。贸然末俗，纷交驰矣。矧兹寡陋，莫知所之矣。谓考究遗经，可自得矣；旁搜远勘，亦孔之疲矣；将摹仿而效，千古可期矣。外貌或似，精神非矣。不遇口，孰醒我迷矣。良知匪外铄，自秉彝矣。戒慎恐惧，通昼夜而知矣。酬酢万化，口我规规矣。声应气求，四方其随矣。譬彼昏曀，庆口矣。霜雾忽乘之，众安归矣。将民之无禄，罹此菑矣。百世之恸，岂独予私矣。

叶溥

呜呼先生。乾坤间气。呜呼先生。夷夏重名。谓孔、孟学必可成也，谓周、召功必可立也，故以心觉天下，不罔以生也，以身翰天下，力尽而毙也。竟虚天子之注，日深吾党之思。将造物者忌功抑忌德也，何遽止此而不究所志也？呜呼先生。系谁无福？

阳克慎

呜呼。天胡夺我先生之速耶？有濂溪之学而能自强，有武侯之忠而能自将，有子仪之功而能自忘，有良平之智而能自藏，真所谓文武兼资，乾坤间气，领袖后学，柱石明堂者也。天胡夺之速耶？抚灵辆兮涕泗淋浪，泰山颓兮莫知向往。絮酒为仪兮荐此衷肠，神尚不昧兮来格洋洋。

师服问

钱德洪

夫子既没于南安，宽、畿奔丧广信，拟所服于竹峰邵子。邵子曰："昔者孔子没，子贡若丧父而无服制也。"宽、畿曰："然。然则今日若有间也。夫子没于道路，执丧者弗从。宽也父母在，麻衣布绖弗敢有加焉；畿请服斩以从，至越则释，麻衣布绖，终葬则释；宽居越则绖，归姚则否，何如？"邵子曰："亦宜。"于是畿也服斩以行。

讣告同门

钱德洪

去年季冬十九日，宽、畿西渡钱塘，将北趋殿封。二十二日，有人自广来，传夫子以病告，将还庾岭。闻之且喜且疑，即日舟迎至兰溪。传言夫子已逝，相顾骇怖，不知所出。且相慰曰："天为吾道，必无此事。"兼程夜抵龙游驿，吏曰："信矣，于十一月二十九日午时终于江西之南安。"

闻之昏殒愦绝，不知所答。及旦，反风，且雨，舟弗能前，望南而哭。天乎。何至此极邪。吾生如偃草棘薪，何益于世，胡不使我百身以赎，而顾萎吾夫子邪。日夜痛哭，病不能兴。除夕至常山，又相与自解曰："命也已矣，天实为之，奈之何哉。"

斯道晦冥几千百年，而昭明灵觉之体终古不磨，至吾夫子始尽发其秘。同志相承日孚以博，乃有今日，亦云兆矣。天子圣明，注眷日殷，在朝诸老又更相引汲，使其得遂同心，则其未尽之志当更展矣。今若此，天意若将何哉。或者三代以降气数薄蚀，天道之秘既以其人而发泄之，又旋而扑灭之乎？遡观孔、孟，已莫不然。夫孔、孟之不得身行其学者，上无君也。今有君矣，而夫子又若此，果何谓邪？

前年秋，夫子将有广行，宽、畿各以所见未一，惧远离之无正也，因夜侍天泉桥而请质焉。夫子两是之，且进之以相益之义。冬初，追送于严滩请益，夫子又为究极之说。由是退与四方同志更相切磨，一年之别，颇得所省，冀是见复得遂请益也，何遽有是邪。呜呼。别次严滩，逾年而闻讣复于是焉，云何一日判手，遂为终身永诀已乎。

夫子勤劳王家，殉身以道，古固有勤事而野死者，则亦何憾，特吾二三子不能以为生耳。向使吾人懵然无闻，如梦如醉以生于世，则亦已矣；闻道及此而遽使我止此焉，吾何以生为哉？人生不闻道，犹不生也；闻道而未见其止，犹不闻也。夫子教我发我，引我翼我，循循拳拳而不倦者几十年，而吾所闻止此，是夫子之没，亦吾没也，吾何以生为哉？呜呼。命也已矣，天实为之，奈之何哉。

所幸四方同志信道日众，夫子遗书之存，《五经》有删正，《四书》有傍注，传习有录，文有文录，诗有诗录，政事有政事录，亦足恃矣。是夫子虽没，其心在宇宙，其言在遗书，百世以俟圣人，断断乎知其不可易也。明发逾玉山，水陆兼程，以寻吾夫子游魂，收其遗书。归襄大事于稽山之麓，与其弟侄子姓及我书院同志筑室于场，相勉不懈，以冀成吾夫子之志。尚望我四方同志爱念根本之地，勿为遐遗，乃大慰也。

昔者孔子之道不能身见于行，没乃光于万世者，亦以其门人子弟相守不变耳。三年之外，门人治任将归，人揖子贡，相向失声，是非儿女之情也。三年之聚，亦以精其学也。子贡反，筑室独居三年，则益粹于进矣。凡我同志，远者、仕者，虽不必居三年，其亦肯间相一聚，以庶几相期于成乎？

逾月之外，丧事少舒，将遣人遍采夫子遗言及朋友私录以续成书，凡我同志，幸于夫子片纸只语备录以示。嗣是而后，每三年则复遣人，一以哀吾夫子之教言，不至漫逸，一以验朋友之进足，为吾不肖者私淑也。

荒悖恍惚，不知所云。水陆茫茫，预以陈告，惟吾同志，怜念怜念。

遇丧于贵溪书哀感

钱德洪

嘉靖戊子八月，夫子既定思、田、宾、浔之乱，疾作。二十六日，旋师广州。十一月己亥，疾亟，乃疏请骸骨。二十一日逾大庾岭，方伯王君大用密遣人备棺后载。二十九日疾将革，问侍者曰："至南康几何？"对曰："距三邮。"曰："恐不及矣。"侍者曰："王方伯以寿木随，弗敢告。"夫子时尚衣冠倚童子危坐，乃张目曰："渠能是念邪。"须臾气息，次南安之青田，实十月二十九日丁卯午时也。是日，赣州兵备张君思聪，太守王君世芳，节推陆君府奔自赣；节推周君积奔自南安，皆弗及诀，哭之恸。明日，张敦匠事，饰附设披积，请沐浴于南野驿，亲进含玉；陆同殓襚。又明日，南赣巡抚汪公鋐来莅丧纪，士民拥途哀号，汪为之挥涕慰劳。十二月二十日，丧至南昌，有司分道而迎，巡按御史储君良材，提学副使赵君渊哭，士民皆哭，声载于道。乃挽丧留于南浦，请改岁而行，以尽士民之哀。赵日至三踊哭。有问之，曰："吾岂为乃公哭邪？"己丑改岁六日，将发舟，北风厉甚。储焚香虔祝于枢曰："公弗行，岂为士民留邪？公党有子嗣，门人亦望公久矣。"即时反风，不四日，直抵信州。

呜呼。夫子没而诸大夫之周旋者至矣。是固夫子盛德所感，亦诸大夫好德之诚也。二三子弗身承其劳，闻其事能弗以为思乎？详述之，用以告吾同门者。

书稽山感别卷

钱德洪

人有异常之恩于我者，君子感乎？异常之恩，不可恩也；不可恩，不可感也。是故稽颡再拜，颂言烦悉，报之微也；适馆受飧，左右以赆，惠之微也。其遭也无自，其合也不媒，其聚弗亲，其离弗违，无致而至，莫知其以，此恩之至也，感之极也。今夫龙兴而云从，云非恩乎龙而从也，嘘吸为变，莫之致也。计功量者，孰为恩，孰为感，悉悉而数之，则薄矣。吾于赣城杨君竹溪之于夫子何以异。吾固不能忘情于恩感，固亦无以为恩感也。

昔者夫子奉命南征，以不杀之仁，绥思、田之顽民。维时荷戈持戟之士，其孙谋吴略，勇力拔众者，为不少矣。及成功之日，乃皆一时归散，环视诸庭，依依不忍去。若左广之武和斋，吉水之龙北山，赣之刘易斋及君者，乃皆退然若弗胜衣之士，是四君者岂有意而相遭邪？必其所存有以近吾夫子不杀之仁，故不谋而自合。至夫子待命北巡，忽为南安之变也，君皇皇然亲含襚，扶舆椟，行则与蒸徒共揯，止则与二三同门麻衣布绖并就哭位。是固何自而然哉？夫仁，人心也，通幽明，忘物我，不以生而亲，不以死而忘，无致而致，虽四君亦莫之知也。四君且莫之知，吾又得而恩感乎哉？故我欲稽颡再拜，颂言烦悉，以报其情，而其情终不可报；吾欲适馆受飧，左右以赆，以惠其去，而其去终不可惠。故相率归于无言。噫。无言之感，洞彻千古，吾亦无如之何也已。虽然，君去而能益笃吾夫子不杀之仁，则吾之无言者尚有无穷之言也。因其去，吾复能已于言乎？是为书。

谢江广诸当道书

钱德洪

冬暮，宽、畿渡钱塘，将趋北上。适广中有人至，报父师阳明先生以病告，沿途待命，将逾庾岭矣。即具舟南迎，至兰溪，忽闻南安之变。慌怖三问三疑，奔至龙游，传果实矣。死乎。何至此极邪。吾师以王事驰驱，尽心宣力，今果勤事而野死矣乎？在吾师以身许国，死复何憾，独不肖二三子哀恨之私，有不能一日解诸怀耳。夫自讲学四十余年，从之游者遍海内，没乃无一人亲含襚，殓手足，以供二三子之职，哀悯何甚。

宽、畿北面有年矣，教我抚我，诱我翼我，实有罔极之恩，而今若此，无涯之戚，谁则任之。兼程至贵溪，始得凭哭其棺。间乃询之厮吏，始知临终之地，长途空寂，前后弗及。幸我大人先生有预事之谋，载棺相随，使永诀之晨得以时殓襚。是虽子嗣门人亲临其事，当无逾此，诚死生而肉骨者也，恩孰大焉。夫吾师有罔极之恩，而没则贻我以无涯之戚，今赖大人得少慰焉，是大人之恩于二三子，实有无涯之感矣。夫野死而无悔者，夫子之忠也；无归而殡者，大人之仁也。斯二者固皆天下之公义，而区区之恩感不与焉。特吾二三子儿女之情，至此皆不能已于无言耳。剖心刻骨，有言莫尽。《诗》云："中心藏之，何日忘之。"荒悖布情不悉，惟怜而终教之。

再谢汪诚斋书

钱德洪

父师之丧颇德庇，于二月四日奠于堂矣。感公之私，与日俱积。乃弟乃子颇能承袭遗规，弗至逾礼。四方同门亦日来奔，颇具执事。是皆先生倡厚德于前，故子弟门人知激劝于后，不敢以薄自处，重获罪于大君子之门也。所谕父师军中羡余银两，责其官赍送嗣子，是执事哀死之情，推及遗孤，此恩此德，非特其子弟知感，在门人小子，佩刻亦殊深矣。但父师嗣子方及四龄，未有知识；亲弟守俭、守文、守章，继子正宪欲代之言，顾其中有愿言而不敢尽者。生辈恃在旧爱，敢代为之言，惟执事其终听焉。

父师两广事宜，间尝询之幕士矣，颇有能悉其概者。谓奏凯之日，礼有太平筵宴及庆贺赆送之仪，水夫门子供具中有情不得却与例不必却者，收贮赏功所，谓之羡余，以作公赏之费。成功之后，将归，乃总其赏功正数，所给公帑不过一万余两，皆发梧州矣。正数之外，有此羡余，仍命并发梧州。从者又以沿途待命，恐迟留日久，尚有不时之需，姑携附以行，俟随地遣发。不意未至南安，罹此凶变。病革之晨，亲命仆隶检遗书，治行箧，命赏功官劳其勤劳而归羡余于公。此实父师之治命也。当事者既匿其情不以告夫先生，而先生又切哀死之情，笃遗孤之爱，案官吏之请，从合得之议，谓大臣驱驰王事，身殒边陲，痛有余哀，礼当厚报。况物出羡余，受之不为伤义，故直以事断而不疑其为私。其恩可谓厚矣。特弟子登受之余，尚不免于惶惑。盖以父师既有成命，前日之归是，则今日之受非矣。苟不度义而私受之，恐拂死者之情，终无以白于地下也。且子弟之事亲，平时一言，罔敢逾越，况军旅之事，易箦之言，顾忍违忘而私受乎？夫可以与者大人之赐，可以无取者父师之心，取之惟恐违死者之命而重生者之罪，则又其子弟衷由之情，用是不避呵叱，谨勒手状，代为先生布。并原银五百三十二两，托参随州判龙光原义男添贵送复台下，伏望验发公帑，使存殁之心可以质诸天地鬼神。是则先生无穷之赐，幽明共戴之恩也。不胜冒犯殒悼之至。

再谢储谷泉书

钱德洪

宽、畿不率，弗祜于天，遽夺吾师之速；黄发乳口，失所保哺，皇皇然无所归。时闻凶讣，又恨未及相随以趋曳杖之歌；天丧斯文，后死者终弗与闻矣乎。既而奔丧贵溪，冯哭之余，水浆不入于口，奄奄气息，若无复可生于人世矣。间乃询其后事，乃知诸君子殚心瘁力，送死无憾，而先生左右维持之力居多。愚以为相知之情至此，亦云足矣。及凡所经历，舟未入境，而执事之戒命已先哭奠虔虔，虽有司好德之同，而激动之机不无所自，哀感何言。仆且私告曰：公虑吾主君家事也，云云；曰：公虑吾主君勋业未著，云云。已而，朋友又私相语曰：公恻吾夫子者，悼其教未明于天下也，云云。生辈矍然而起曰："有是哉。何公信爱之至有如此也。"

噫。天下之爱吾夫子者有矣，叹之而已矣；信我夫子者有矣，感之而已矣；孰有如吾执事精神心思，周旋曲折，实以见之行事者乎。必其平日相孚默契，有甚不得已者藏于其中，是未可声音笑貌为也。吾侪小人自失所恃，遽恐吾道终底于壁塞。不知天下大君子有如先生者出于其间，斯道虽重，主盟得人，吾何以惧乎哉？孟子曰："然而无有乎尔，则亦无有乎尔。"今兹有乎尔矣。今兹有乎尔矣。于是自衢以下，顺流而归，慷慨激亢，无复为儿女之情。是先生不言之教，起我跛蹩于颠跻之中，吾当何以为报哉。

二月四日，已妥灵于堂。乃弟乃子，颇知自植，四方同门，又日来至，丧事聊此议处，不复敢远婴先生之怀矣。萧尚贤事略具汪公别纸，并奉请教。小厮辈以小嫌构辞，致烦案牍。在先生宽仁之下，当必有处。然是人亦无足过责者，夫子用之，所谓略其全体之陋，以用其一肢之能，故其报死之情亦如是而已矣。今欲望之大过，是又若以其一肢之得，而复责其全体之失也，难矣。恃在推爱，妄敢喋喋，荒悖不恭，万罪万罪。

丧纪

程辉

我师绪山先生编次《阳明夫子家乘》成，辉受而读之，作而叹曰："嗟呼。天道报施善人，抑何其不可测邪。方夫子之生也，苦心妙悟，以续如线之道脉矣，乃伪学之谤不能弭；倡义兴师，以歼谋畔之独夫矣，乃君侧之恶不能去；开诚布心，不烦一旅，以格数百年负固之党矣，乃当轴之忌不能回，使其身一日立乎朝廷之上。何其与世之落落也？及其没也，哭者尽哀，祭者尽诚，至今有吊其墓，谒其祠，拜其家庙，为之太息流涕而不置者。又何其得众之鼎鼎也？窃惑焉。"先生进而教之曰："是不可以观天人负胜之机矣乎？夫子之所不能者，时之艰也，人之胜也；其所能者，德之孚也，天之定也。而又何惑哉？吾方哀祭文之不能尽录者属子以终事焉。盖文固有略者矣；将人之祭于地与就其家而祭焉者，皆其实德所感，而人情之所不能已者，顾可略而不书乎？子其揭日月为序，凡显而公卿，微而庶人，有举必书，庶定者可考而见，且使我后之人知夫子有不待生而存，不随死而灭者，良在此而不在彼也。"辉避席曰："敬闻命矣。"作《丧纪》。

夫子以戊子仲冬之丁卯卒于南安府青龙铺，舆止南野驿。越四日，为季冬庚午，门人广东布政王大用，推官周积，举人刘邦采，实敦后事。副使张思聪率属吏知府王世芳，同知何瑶，大庾知县叶章，府学训导杨登玉、王圭、陈守道，庠生张绂、李节、王辂、王辅等哭奠，乃殓。殓已，署上犹县事经历许同朝，崇义知县祝澍，南康教谕管辅，训导刘森，庠生刘爵等，千户刘环、俞春、周祥，门人知府王銮、阳克慎，乡约王秉言，各就位哭奠。

壬申，梓抵赣州府水西驿。提督都御史汪铉，同知何瑶，推官陆府，检校唐本，乡宦宋元，指挥钱堂，知事郭铖，千百户何涌江、马昂、吴伦、谭景受、卜福、严述、王宁、王宪、潘钰、余洪、毕祥、杨守、武昌，干户所指挥陈伟，门人郎中刘寅，都指挥同知余恩，庠生易绍宣、李乔崇、李挺、李宪、何进隆、何进德、曾廷珂、曾廷琏、黄谱、黎教、王槐密、王振朝、刘凤月、刘天锡、刘瞬、彭遇贵、谢天表、谢天眷、桂士元、桂薰、袁泰、张锃、汪梅、周兰、宋金、雷锐、雷兑、应辰、钟振、俞鹗、汤伟、杜相、黄鳌各就位哭奠。张思聪、周积又各特举焉。

丁丑，榇抵吉安府螺川驿。金事陈璧，知府张汉，同知张烈，通判蒋英、林春泽，建官周在，庐陵知县常序，署泰和县事知事汪仲，县丞刘纶，主簿庄伯瑶，典史李江，教谕林文焯，训导金玥、张旦，吉水县丞杨伯谦，主簿辛仲实，万安主簿杨廷兰，信丰指挥同知林节，乡宦尚书罗钦顺，副使罗钦德，副都御史罗钦忠，门人御史王时柯，庠生萧宠、萧荣、王舜鹏、袁登应、罗绸、谢廷昭、周文甫、王惠迪、刘德、蓝瑜、龙潢、龙渐、幕吏龙光，各就位哭奠。

戊子，榇抵临江府蒲滩驿。同知宇宾，通判林元，推官俞振强，靖江知县陈府，新淦县丞唐和，主簿王纶，教谕向钦，训导从介各就位哭奠。

辛卯，榇抵南昌府南浦驿。建安府镇国将军宸洪，太监黎鉴，御史储良材，参政叶溥、李绯，参议钟云瑞，副使赵渊，金事陈璧、王晗、吴瀚、陈端甫，都指挥金事刘玺、王宁、崔昂，府学教授廖廷臣，训导范昌期、张琚、谭倬、廖金，新建县学教谕刘环，训导梁子钟、何乐，南昌县学训导邢宽，庠生崔嵩、陶潮、刘伯盛、舒泰、武进、邹輎，乡宦副都史熊浃，布政胡训，副使刘伯秀，知府张元春，御史涂相，郎中张钦，主事张鳌，进士熊汲，检校张默，通判万奎、闵鲁，知县余琪、聂仪、杨璋、甘柏、胡大化，举人丁夔，门人裘衍、张良才、张召、魏良器、魏价、万世芳、邹宾、齐升、周麟、黄钟、钟文奎、艾铎，安仁县桂宸、桂宫、桂容、桂轵、孙鋹、孙钧，吉安府曾伟器，报效生员陈文荣，承差刘昂，乡民萧华、李延祥、程玉石、陈本道、高显彰、刘珏、杨文、严洪、徐杞、杜秉文、王钦，各就位哭奠。叶溥、赵渊、王昕、张元春、齐升又各特举焉。

岁己丑正月庚子，榇发南昌府。自储大夫以下，凡百有位，越百姓里居，市儿巷妇，哭而送者载道。风迅不可帆，又不可缆而前也，储大夫抚之曰："先生岂有怀邪？越中子弟门人泣而迎者，延首跂足而俟至者，盖有日矣。"须臾反风，若或使之，遂行。丙午，余干县主簿陈璐，教谕林秀，训导赵珊、傅谙，万年县主簿龙光、相安，仁和县主簿邹軿，训导周铎、黄选，庠生桂与，蒲田县廖大璧，贵溪知县方克，主簿钱珊，典史冯璁，教谕谢炯，庠生邱民节、宋廷豸、叶可久、叶可大、许文明，铅山主簿戚锽，乡宦大学士费宏，尚书汪俊，各就位哭奠。先是绪山、龙溪二先生将赴廷对，闻先生将还，逆之严滩。忽得讣音，相向恸哭。疑于服制，作《师服问》，厥既成服，兼程趋广信，讣告同门。会先生嗣子正宪至自越，至是同遇先生之榇于贵溪，哭之几绝：书《遇丧哀感》以寄怀云。

癸丑，榇抵广信府葛阳驿。知府赵烨，同知卢元恺，通判曾大有、龙纲，举人刘伟，玉山知县吕应阳，教谕霍重，庠生郑世迁、李材、程松、叶廷秀、徐森，常山县丞殷学夔，各就位哭奠。储良材又檄吕应阳而特举焉。夫子弟守俭、守文，门人栾惠、黄洪、李洪、范引年、柴凤会榇于玉山。

辛酉，榇抵衢州府上杭驿。同知杨文奎，通判简阅，推官李翔，西安知县林钟，门人栾惠、黄昫、何伦、王修、林文琼、徐霈、蒋兰，金华府通判高风，兰溪县主簿高禹，教谕朱骥，训导胡弈、口辉，门人应典，严州府推官程淳，桐庐县主簿屠继祖，各就位哭奠。

丁卯，榇抵杭州府浙江驿。布政潘旦、刘节，参政胡缵宗、叶宽，参议万廷彩、庞浩，按察使叶溥，副使傅钥、万潮、党以平、何鳌、汪金，佥事孙元、巴思明、梁世骠、江良材、林茂竹，都指挥使刘宗伟，都指挥佥事李节、刘翱、孙仁、王佐，杭州府推官刘望之。府学教授陶贺，仁和县主簿曹官，富阳县主簿李珍，教谕黄宁，训导程大有、王裕，莆人知县黄铭介，子黄中，百户施经，各就位哭奠。

庚午，榇抵越城，奠于明堂。御史陈世辅、王化，分守庞浩，绍兴知府洪珠，同知孔庭训，通判陆远、洪皙，推官喻希礼，府学训导舒哲、陈箴、林文斌、曾升，会稽知县王文儒，教谕张概，训导詹诏，山阴知县杨仁

斗彩鸡缸杯

中，教谕林斌，训导王升，广西布政李寅，参政沈良佐，参议汪必东，按察使钱宏，副使李中、翁素、张挺、伍箕，佥事张邦信、王世爵，都指挥佥事高松，金华府同知刘业，友人侍郎湛若水，副都御史刘节，门人侍郎黄绾，给事中毛宪，员外郎王臣，主事石简、陆澄，按察使顾应祥，副使郭持平、萧璆、应良，知州王直、刘魁，训导周桐、周衢、教授周冲、陈埕、陈焞、陈炼、李敬、应佐，监丞周仲、周浩、周甸，辨印生钱君泽，私淑门人知县戚贤，武林驿丞何图，赣州卫指挥同知刘镗，指挥佥事杨基，广州府右卫指挥佥事武銮，南昌卫指挥佥事赵升，广州府前卫舍人孙绍英，各就位哭奠。洪珠、栾惠又各特举焉。刘镗、杨基、武銮、龙光咸以营护至越时将告归。绪山先生书《稽山感别卷》赠之，因寓书江、广诸当道，盖德其虔于襄大事也。

仲冬癸卯，奉夫子榇窆于越城南三十里之高村，会葬者数千人。副都

御史王尧封，御史端廷赦、陈世辅、梁尚德、万潮、黄卿、万廷彩、庞浩、傅钥、党以平、汪金、区越、梁世骠、江良材、林茂竹、王臣、刘宗仁、李节、刘翱、孙仁、洪珠、孔庭训、洪晢，杭州知府娄世德，同知杨文升，通判周忠、刘坎潜，推官刘望之，运同钱澜，副使李信，判官林同、方禾，钱塘知县王桥，会稽知县王文儒，山阴县丞应佐，余姚主簿彭英，典史刘文聪，教谕徐锐，训导谢贤、陈元，广东御史何齒。布政邵锐，姻人大学士谢迁，尚书韩邦问，编修周文烛，御史毛凤，都御史胡东皋，参政汪惇，副使吴悿、司马公轾，佥事汪克章、沈钦、司马相、韩明，知府陆宁、金椿，运同徐冕，知县宋溥、金谧、陶天祐、刘瀚、田惟立、徐玺、徐俊民、吴昊、叶信、汪伹榖、周大经、周文炽、胡瀛、陈廷华，知县王轼，乡生钱继先、王廷辅、王文轩、夏文琳、何炫、徐应、周大赍、高隆，友生尚书伍文定，侍郎杨大章、陈筐、严毅、杨霓、杨誉，知府吴叙。廉使韩廉、邵贾、徐彬、邹鹄，员外郎张璿、施信、史伯敏、王代、于震、朱梁，晚生佥事汪应轸，知府朱衮、李节，郎中胡廷禄、陈良谟，主事叶良佩、田汝成、王度、王渐逵、王一和、王之训、王文辅、王文辕、王文辂、良直、费思义，门人大学士方献夫，侍郎黄绾，编修欧阳德，给事中魏良弼、李逢，行人薛侃、应大桂，郎中邹守益，员外郎蓝渠，主事潘颖、黄宗明、翁万达、石简、胡经，参政万潮，副使萧鸣凤，参议王洙，博士马明衡，监丞赵显荣，助教王崏、薛侨，知县薛宗铠、周桐、孙瑛、刘本、刘樽、诸训、诸阳、诸守忠，举人诸大纲、杨汝荣、金佩、金克厚，佥事韩柱，主事顾敦复、胡冲、徐沂、徐楷、徐潞、叶错、徐霈、张津、钱翀、钱翱、钱祚诏、凌世华、朱篪、龚溥、龚渐，员外郎龚芝、杜应豸，县丞朱绂、周应损、秦輗、章乾、杨柱，从弟王守第，各就位哭奠。

　　呜呼。丧纪作则有孚惠我德者，固美而必章，而有孚惠我心者，亦盛而必传。读是编者，毋但曰雷阳寇公之竹而已也。

卷二十四 《世德纪》附录

辨忠谗以定国是疏门人陆澄刑部主事时上

臣切见巡按江西监察御史程启充，户科给事中毛玉，各论劾丁忧新建伯王守仁，似若心迹未明，功罪未当者。此论一倡，一二嫉贤妒功之徒，固有和者。而在朝在市，冤愤不平。臣系守仁门生，知之最详，冤愤特甚，敢昧死一言。

谨按守仁学本诚明，才兼文武，抗言时事，致忤逆瑾，杖之几死。谪居龙场，居夷处困，动心忍性，独悟道真。荷先帝收用，屡迁至于巡抚。其在南、赣，四征而福建、湖广、广东、江西数十年之巨寇为之荡平。因奉敕勘事福建，道由江西，至于丰城。适遇贼变，拜天转风，舟返吉安，倡义督兵，不旬月而贼灭。人但见其处变之从容，而不知其忠诚之激切；人但见其成功之迅速，而不知其谋略之渊微；人但见其遭非常之构陷，而祸莫能中，而不知其守身无毫发之可疵。当时张锐、钱宁辈以不遂卖国之计而恨之，张忠、江彬辈以不遂冒功之私而恨之。宸濠、刘吉辈以不遂篡逆之谋而恨之，凡可以杀其身而赤其族者，诛求搜剔，何所不至。使守仁而初有交好之情，中有犹豫之意，后有贪冒之为，诸人其肯隐忍而不发乎？迨皇上龙飞，而褒慰殊恩，形于诏旨。天下方快朝廷之清明，不意功罪既白，赏罚既定，乃复有此怪僻颠倒之论，欲以暧昧不明之事，而掩其显著不世之功，天理人心安在哉！

论者之意，大略有六：一谓宸濠私书，有"王守仁亦好"一语；二谓守仁曾遣冀元亨往见宸濠；三谓守仁亦因贺宸濠生辰而来；四谓守仁起兵，由于致仕都御史王懋中、知府伍文定攀激；五谓守仁破城之时，纵兵焚掠，而杀人太多；六谓宸濠本无能为，一知县之力可擒，守仁之功不足多，而其捷本所陈，妆点过实。然究其本心，不过忌其功名而已。

宸濠私书"王守仁亦好"之说，乃启充得于湖口知县章玄梅者。切惟刑部节奉钦依："原搜簿籍，既未送官，封记收掌，又事发日久，别生事端，委的真伪难辨，无凭查究，着原搜获之人尽行烧毁。钦此。"今玄梅之书从何而来？使有之，何足凭据？且出于宸濠之口，尤其不足取信者。夫豪杰用意，类非寻常可测。守仁虽有防宸濠而图之之意，使几事不密，则亦不过如孙燧、许逵之一死以报国而已，其何以成功以贻皇上今日之安哉？设使守仁略有交通宸濠之迹，而卒以灭之，其心事亦可以自白，况可以不足凭信之迹，遂疑其心，而舍其讨贼之大功哉？

其遣冀元亨往见者，是守仁知宸濠素蓄逆谋，而元亨素怀忠孝，欲使启其良心，而因以探其密计尔。元亨一见，不合而归。使言合志投，当留信宿，何反逆之日，反在千里之外乎？今元亨之冤魂既伸，而守仁之心事不白，天理人心何在乎？

毛玉疑守仁因贺宸濠生辰，而偶尔遇变。殊不知守仁奉敕将往福建，而瑞金、会昌等县瘴气生发，不敢经行，故道出丰城。且宸濠生日在十三，而守仁十五方抵丰城，若贺生辰，何独后期而至乎？

其谓守仁由王懋中等攀激起兵，尤为乖谬。守仁近丰城五里而闻变，即刻伪写两广都御史杨且大兵将临火牌，于知县顾泌接见之时，令人诈为驿夫入递，守仁佯喜，以为大兵即至，贼必易图，当令顾泌传牌入城，以疑宸濠。又令顾泌守城，许与拨兵助守。时有报称宸濠遣贼六百追虏王都者，守仁回船而南风大逆，乃恸哭告天而顷刻反风。守仁又恐贼兵追至，急乘渔舟脱身。此时王懋中安在？次日奔至蛇河，遇临江知府戴德孺，即议起兵。因不足恃，又奔入新淦城，欲与知县李美集兵。度不可居，复奔至吉安。见仓库充实，遂乃驻扎，传檄各处，起调军民。一面榜募忠义之士，方令伍文定以书请各乡官王懋中等盟誓勤王。而懋中又迟疑二日，乃始同盟。夫各府及万之兵，若非提督军门以便宜起调，其肯听致仕乡官而集乎？今乃颠倒其说，至谓守仁掩懋中之功，天理人心安在乎！

至于破城之时，焚者，宫中自焚，故内室毁而外宇存，官兵但救而无焚也。掠者，伍文定之兵乘胜夺贼衣资，众兵不然也。杀人者，知县刘守绪所领奉新之兵，以守仁号令"闭门者生，迎敌者死"，故杀迎敌者百余人。及守仁至，斩官兵杀掠者四十六人，遂无犯者矣。且省城之人，各受宸濠银二两，米一石，与之拒守，是贼也，杀之何罪？又宫为贼巢，财皆贼脏，焚之掠之，亦何罪哉？今舍其大功，而摘其小过，几何而不为逆贼报仇乎？

且宸濠势焰熏天，触者万死，人皆望风奔靡而已。及守仁调兵四集，捣其巢穴，散其党与，数败之余，羽翼俱尽，妻妾赴水，乃穷寇尔。夫然后知县王冕得以近之。今乃以为一知县可擒，甚无据也。果若所言，则孙燧、许逵何为被杀？而三司众官何为被缚耶？杨锐、张文锦何为守之一月不敢出战，必待省城破而贼自解围耶？伍文定何以一败而被杀者八百人，其余诸将，又何以战之三日而后擒灭耶？

至若捷本所陈，若作伪牌以疑贼心，行反间以解贼党之类，所不载者尤多，而谓以无为有可乎？

夫宸濠积谋有年，一旦大发，震撼两京，而守仁以一书生，谈笑平之于数日之内，功亦奇矣！使不即灭，而贻先帝亲征之劳，臣不知卖国之徒计安出也？使不即灭，先帝崩，臣又不知圣驾之来能高枕无忧否也？今建不世之功，而遭不明之谤，天理人心安在哉！臣知守仁之心，决非荣辱死生所能动者。但恐公论不昭，而忠臣义士解体尔。此万世忠义之冤，而国是之大不定者，宜乎天变之叠见也。

臣与守仁分系师生，义均生死。前之所辨，天下公言。伏愿圣明详察，乞降纶音，慰安守仁。仍戒饬言官，勿为异论。庶几国是以定，而亦消天变之一端也。臣干冒天威，不胜战栗待罪之至。

明军功以励忠勤疏门人黄绾光禄寺少卿时上

臣闻赏罚者，人主御天下之操柄也。得其操柄，死命可致，天下可运之掌；不得其操柄，百事具废，欲治得乎？故明主慎之，至亲不可移，至仇不可夺，有功必赏，有罪必诛。然必称天以命之，示非私也，臣下视之，不饰虚誉，不结援党，不思贿托，惟勉忠勤，死不敢易，欲不治得乎？今或不然，凡饰誉、援党、贿托，讥谗不及，必获显擢，无不如意。凡尽忠勤职，即讥谗蝟集，黜辱随至，无不失意。以此操柄失御，人皆以奸结巧避为贤，孰肯身仕国家事哉？臣不能枚举，姑以先朝末年陛下初政一事论之。

如宸濠构逆，虐焰吞天，藩郡震动，宗亲慑忧。陛下尝身见之矣，腹心应援，布满中外，鼎卿近幸，贿赂交驰，卖国奸臣，待时发动。两京乏备，四路无人，方镇远近，莫之如何，握兵观望，滔滔皆是。

惟镇守南、赣都御史王守仁，领敕福建勘事，道经南昌，中途闻变，指心吁天，誓不与贼俱生。赤身孤走，设奇运谋，乃遣优人赍谍，假与天兵约征，方镇会战，俾其邀获，以示有备。牵疑贼谋，以俟四路设备。中执叛臣家属，缪托腹心，又示无为，以安其心。然后激众以义，纠集乌合。待兵成虑审，发书骂贼，使觉悔。既出，摄兵收复南昌，按甲待之。贼至安庆，攻城方锐，警闻使还，算其归途，水陆邀击，大溃贼众，遂擒宸濠于樵舍。兵法有先胜而后求战者，非此谓也？

成功之后，江右疮痍未复，武宗皇帝南巡，奸权攘功，嫉潜百端，危疑莫测。守仁恭勤曲致，方靖地方，仅获身免。守仁为忠，可谓艰贞竭尽者矣。使时无守仁倡义统众，谋获机宜，战取有方，安庆卒破，金陵不保，长驱北上，应援蜂起，腹心阴助，京师存亡未可知也。虽毕竟天命有在，终必歼夷，旷日持久，士夫戮辱，苍生茶毒，可胜言也？

守仁南、赣镇守地方之责，初无所与。今受责地方者，遇事不敢担当，不过告变待命而已。守仁家于浙之山阴，浙乃江右通衢，兵力素弱，长驱或下，父兄宗族有噍类乎？此时守仁夫岂不思，但忘私奉公，以为社稷，不幸或败，夷灭何悔。守仁之志，可谓精贯白日者矣。幸而成功，宇内太平，所谓徙薪曲突，人不为功，亦不致思其忠。

又守仁于武宗初年，刘瑾为奸，人莫敢言，守仁斥之触恨，选杖毒决，碎尻折髀，死而复苏。流窜瘴裔，久方赦还，始获录用。乃者南、赣乏镇，溪谷凶民，聚党为盗，视效虐劫，肆无忌惮。凡在虔、楚、闽、广接壤山泽，无非贼巢。大小有司，束手无策，皆谓终不可理。守仁镇守三年，兵威武略，奇变如神，以故茶寮、桶冈诸寨，大冒、浰头诸寨，次第擒灭，增县置逻，立明约，遂为治境。视古名将，何以过此。江右之民，为立生祠，岁时祝祭，民心不忘，亦可见矣。

曩者陛下登极，命取来京宴赏，封之新建伯，而升南京兵部尚书。言者又谓不当来京宴赏，以致奢费。夫陛下大官之厨，日用无纪，较诸一飨之宴，所费几何，犹烦论之。北京岂无一职，必欲置之南京，此乃邪比蔽贤嫉功之所为也。守仁后丁父忧，服满遂不起用，反时造言排论。然虽蒙拜爵升官，铁券未给，禄米未颁，朝事无与，迹比樵渔。纵使有过，何庸论之，况有功无过哉！其意尤可知矣。

不独守仁，凡共勤王大小臣工，亦废黜殆尽，臣不能枚举，姑以一二论之。

彼时领兵知府，惟伍文定得升副都御史，得荫一子千户。邢珣、徐琏但升布政，即令闲住，彼亦何过？纵使有过，八议恶在？戴德孺虽升布政，即死于水，皆无荫子。副使陈槐因劝宰臣进贤，致怒仇人，希意诬之，独黜为民。御史伍希儒、谢源，辄以考察去官。且陈槐、邢珣等，皆抱用世之才，秉捐躯之义，因功废黜，深可太息。

然在今日，陛下操柄之失，莫此为甚。他日无事则可，万一有事，将谁效用哉？况守仁学原性命，德由忠恕，才优经济，使之事君处物，必能曲尽其诚，尤足以当薰陶，备顾问。以陛下不世出明贤之资，与之浃洽讲明，天下之治，生民之福，岂易言哉！前者言官屡荐，故尚书席书、吴廷举，今侍郎张璁、桂萼皆荐之，曾蒙简命，用为两广总制。臣谓总制寄止一方，何若用之庙堂，可以赞襄谋议，转移人心，所济天下矣。

伏惟陛下念明良遭遇之难，亟召守仁，令与大学士杨一清等共图至治。

另推才能，为两广总制。仍敕该部给与守仁应得铁券禄米。将陈槐、邢珣、徐琏等起用，伍希儒、谢源等查酌军功事例议录，戴德孺量与荫袭。此实陛下奉天所操之大柄，不可毫发移夺者，宜早收之，以为使人宣忠效力之劝。臣不胜恳悃之至。

地方疏 霍韬

窃见新建伯南京兵部尚书兼都察院左都御史王守仁奉命巡抚两广，已将田州、思恩抚处停当，随复剿平八寨及断藤峡等贼。臣等皆广东人，与贼邻壤，备知各贼为患实迹。尝窃切齿蹙额而叹曰：“两广良民，何其不幸！生邻恶境，妻子何日宁也？”又尝窃计曰：“两广何日得一好官员剿平各贼，俾良民各安其生，而顽民染患未深者，亦得格心向化也？”

乃今恭遇圣明，特起王守仁抚剿田州、思恩地方，臣等窃谋曰：“两广自是有底宁之期也！圣天子知人之泽也！”是役也，臣等为王守仁计曰：“前巡抚动调三省兵若干万，梧州三府积年储畜军饷费用不知若干万，复从广东布政司支去库银若干万，米不知支去若干万，杀死疫死狼兵乡兵民壮打手不知若干万，仅得田州安靖五十日耳。自是而思恩叛矣，吊岩贼出围肇庆府矣，杀数千家矣，此贼并时同出，盖与田州、思恩东西相应和者也。若王守仁者，乘此大败极敝之后，仰承圣明特擢之恩，虽合四省兵力，再支库银百余万，支米数百万，剿平田州，报功级数万人，亦且曰天下之大功也。”然而守仁不役一卒，不费斗粮，只宣扬陛下圣德，遂致思恩、田州两府顽民稽首来服，其奉扬圣化，以来远人，虽舜格有苗，何以过此！臣等是以叹服王守仁不惟能肃将天威，实能诞敷天德也。

若八寨之贼，断藤峡之贼，又非田州、思恩可比也。天下十二省俱多平壤，惟广西独在万山之丛，其土险，其水迅，其山之高，有猿猴不度、飞鸟不越者。故谚语曰："广西民三而贼七。"由山高土恶，习气凶悍，虽良民至者，亦化为贼也。八寨贼洪武年间所不能平。断藤峡成化八年都御史韩雍仅得讨平，及今五十余年，遗孽复炽。故广西贼巢，柳州、庆远、郁林、府江诸贼，虽时出劫掠，官兵京屡请征之。若八寨贼，则自国初至今，未有轻议征剿者，盖谓山水凶恶，进兵无路，消息少动，贼已先知，一夫控险，万兵莫敌，故百六十年未有敢征八寨贼者也。贼亦恃险肆恶，时出攻围城堡，杀掠良民，何啻万计。四方顽民，犯罪脱逃，投入八寨，则有司不敢追摄矣。邻近流贼避兵追剿，投入八寨，则官兵不敢谁何矣。是八寨者，实四方寇贼渊薮也，断藤峡又八寨之羽翼也。广西有八寨诸贼，犹人有心腹疾也。八寨不，则两广无安枕期也。今王守仁沉机不露，掩贼不备，一举而平之，百数十年豺虎窟穴，扫而清之，如拂尘然，非仰藉圣人神武不杀之威，何以致此？

臣等是以叹服王守仁能体陛下之仁，以怀绥田州、思恩向化之民，又能体陛下之义，以讨服八寨、断藤峡梗化之贼也。仁义之用，两得之也。

谨按王守仁之成功，有八善焉。乘湖兵归路之便，则兵不调而自集，一也。因田州、思恩效命之助，则劳而不怨，二也。机出意外，贼不及遁，所诛者真积年渠恶，非往年滥杀报功者比，三也。因归师讨逆贼，无粮运之费，四也。不役民兵，不募民马，一举成功，民不知扰，五也。平八寨，平断藤峡，则极恶者先诛，其细小巢穴可渐施德化，使去贼从良，得抚剿之宜，六也。八寨不平，则西而柳、庆，东而罗旁、绿水、新宁、恩平之贼，合数千里，共为窟穴，虽调兵数十万，费粮数百万，未易平伏。今八寨平定，则诸贼可以渐次抚剿，两广良民可渐安生业，纾圣明南顾之忧，七也。韩雍虽平断藤峡贼矣，旋复有贼者，实当尔时未及区画其地，为经久图，俾余贼复据为巢穴故也。今五十年生聚，则贼复炽盛也亦宜。若八寨乃百六十年所不能诛之剧贼，山川天险，尤难为功。今守仁既平其巢窟，即徙建城邑以镇定之，则恶贼失险，后日固不能为变，逋贼来归，不日且化为良民矣。诛恶绥良，得民父母之体，八也。

或者议王守仁，则曰："所奉命，抚剿田州、思恩也。乃不剿田州则亦已矣，遂剿八寨可乎？"臣则曰："昔吴、楚反攻梁，景帝诏周亚夫救梁，亚夫不奉诏，而绝吴、楚粮道，遂破吴、楚而平七国，安汉社稷。夫不奉诏，大罪也，景帝不以罪亚夫，何也？传曰：'阃以内'寡人制之；阃以外，将军制之。'又曰：'大夫出疆，有可以安国家，利社稷，专之可也，古之道也。'是故周亚夫知制吴、楚在绝其食道，而不在于救梁也，是故虽有诏命，犹不受也。惟明君则以为功，若腐儒则以为罪。今王守仁知田州、思恩可以德怀也，遂约其降而安定之；知八寨诸贼百六十年未易服也，遂因时仗义而讨平之。仁义之用，达天德者也。虽无诏命，先发后闻可也，况有便宜从事之旨乎？"

或者又曰："建置城邑，大事也；区处钱粮，户部职也。不先奏闻而辄兴功，可乎？"臣则曰："古者帝王千里之内自治，千里之外附之侯伯而已。是岂尧、舜、汤、武圣智反后世不如哉？盖虑舆图既广，则智力不及，与其役一己耳目之力而无益于事，孰若以天下贤才理天下事为逸而有功也。是故帝王之职，在于知人而已，既知其人之贤而委任之矣，则事之举错，一以付之而责其成功。若功效不孚，乃制其罪可也。今既任之，又从而牵制之，则豪杰何所措手足乎？是故王守仁之平八寨也，所杀者贼之渠魁耳，若逋逃者，固未及杀也。乘此时机，建置城邑，遂招逋逃之贼复业焉，则积年之贼皆可化为良民也。失此机会，撤兵而归，俟奏得旨，乃兴版筑，则贼渐来归，又渐生聚，据险结寨，以抗我师，虽欲筑城，亦不能矣。昔者范仲淹之守西边也，欲筑大顺城，虑敌人争之，乃先具版筑，然后巡边，急速兴工，一月成城。西夏觉而争之，已不及矣，尔时范仲淹若俟奏报，岂不败乃事哉？王守仁于建置城邑之役，盖计之熟矣，钱粮夫役，固不仰足户部而后有处也。其以一肩而分圣明南顾之忧，可谓贤矣。不以为功反以为过可乎？"

先是正德十四年，宸濠谋反，江西两司俯首从贼，惟王守仁同御史伍希儒、谢源誓心效忠。不幸奸臣张忠、许泰等欲掩王守仁之功以为己有，乃扬诸人曰："王守仁初同贼谋。"及公论难掩，乃又曰："宸濠金帛，俱王守仁、伍希儒、谢源满载以去。"当时大学士杨廷和，尚书乔宇，亦忌王守仁之功，遂不与辨白而黜伍希儒、谢源，俾落仕籍。王守仁不辨之谤，至今未雪，可谓黯哑之冤矣。

夫国家论功，有二道焉。有开国效功之臣焉，有定乱拯危之臣焉。开国之臣，成则侯也，败则虏也，虽勿计焉可也；惟祸变倏起，社稷安危凛乎一发，效忠定乱之臣则不忘也，何也？所以卫社稷也。昔者王守仁之执宸濠也，可谓定乱拯危之功矣。奸人犹或忌之而谤其短，夫如是，则后有事变，谁肯效忠乎？甚矣！小人忌功，足以误国也。

臣等是以叹曰："王守仁等江西之功不白，无以劝励忠之臣。若广西之功不白，又无以劝策勋之臣。是皆天下地方大虑也。"王守仁大臣也，岂以功赏有无为重轻哉？第恐当时有功之人及土官立功之人，视此解体，则在外抚臣，遂无所激劝以为建功之地耳。臣等广人也，目击八寨之贼为地方大患百数十年，一旦仰赖圣明任用守仁以底平定，不胜庆忭。今兵部功赏未见施行，户部覆题又复再勘，臣恐机会一失，大功遂沮，城堡不得修筑，逋贼复据巢穴，地方不胜可虑也。是故冒昧建言，惟圣明察焉。乞早裁断，俾官僚早得激劝，城寨早得修筑，逋贼早得招安，良民早得复业。岭海之外，歌泳太平，祝颂圣德，实臣等所以报陛下知遇一节也，亦臣等自为地方大虑也，不得已也。为此具奏。

征宸濠反间遗事钱德洪

龙光云：是年六月十五日，公于丰城闻宸濠之变。时参谋雷济、萧禹在侍，相与拜天誓死，起兵讨贼。欲趋还吉安，南风正急，舟不能动。又痛哭告天，顷之，得北风。宸濠追兵将及，潜入小渔船，与济等同载，得脱免。舟中计议，恐宸濠径袭南京，遂犯北京，两京仓猝无备。图欲沮挠，使迟留半月，远近闻知，自然有备无患。乃假写两广都御史火牌云："提督两广军务都御史杨为机密军务事：准兵部咨，及都察院右副都御史颜咨，俱为前事，本院带领狼达官兵四十八万，齐往江西公干。的于五月初三日在广州府起马前进，仰沿途军卫有司等衙门，即便照数预备粮草，伺候官兵到日支应。若临期缺乏误事，定行照依军法斩首。"等因。意示朝廷先差颜等勘事，已密于两广各处起调兵马，潜来袭取宸濠，使之恐惧，迟疑观望，不敢轻进。使济等密遣乖觉人役，持火牌设法打入省城。宸濠见火牌，果生疑惧。

十八日，回至吉安。又令济等假写南雄、南安、赣州等府报帖，日逐飞报府城，打入省下，一以动摇省城人心，一以鼓励吉安效义之士。

又与济等谋假写迎接京军文书云："提督军务都御史王为机密军务事：准兵部咨，该本部题，奉圣旨：'许泰、邰永分领边军四万，从凤阳等处陆路径扑南昌；刘晖、桂勇分领京边官军四万，从徐州、淮安等处水陆并进，分袭南昌；王守仁领兵二万，杨旦等领兵八万，秦金等领兵六万，各从信地分道并进，刻期夹攻南昌。务要遵照方略，并心协谋，依期速进。毋得彼先此后，致误事机。钦此。'等因。咨到职，除钦遵外，照得本职先因奉敕前往福建公干，行至丰城地方，卒遇宁王之变，见已退住吉安府起兵。今准前因，遵奉敕旨，候两广兵齐，依期前进外，看得兵部咨到缘由，系奉朝廷机密敕旨，皆是掩其不备，先发制人之谋。其时必以宁王之兵尚未举动。今宁王之兵已出，约亦有二三十万，若北来官兵不知的实消息，未免有误事机。以本职计之，若宁王坚守南昌，拥兵不出，京边官军远来，天时地利，两皆不便，一时恐亦难图。须是按兵徐行，或分兵先守南都，候宁王已离江西，然后或遮其前，或击其后，使之首尾不救，破之必矣。今宁王主谋李士实、刘养正等各有书密奇本职，其贼凌十一、闵廿四亦各密差心腹前来本职递状，皆要反戈立功报效。可见宁王已是众叛亲离之人，其败必不久矣。今闻两广共起兵四十八万，其先锋八万，系遵敕旨之数，今已到赣州地方。湖广起兵二十万，其先锋六万，系遵敕旨之数，今闻已到黄州府地方。本职起兵十万，遵照敕旨，先领兵二万，屯吉安府地方。各府知府等官各起兵快，约亦不下一万之数，共计亦有十一二万人马，尽已毂用。但得宁王早离江西，其中必有内变，因而乘机夹攻，为力甚易。为此，今用手本备开缘由前去，烦请查照裁处。并将一应进止机宜，计议停当，选差乖觉晓事人员，与同差去人役，星夜回报施行，须至手本者。"

既已写成手本，令济等选差惯能走递家人，重与盘费，以前事机阳作实情，备细密切说与，令渠潜踪隐迹，星夜前去南京及淮、扬等处迎接官兵。又令济等寻访素与宸濠交通之人，厚加结纳，令渠密去报知宁府。宸濠闻知，大加赏赐，差人四路跟捉。既见手本，愈加疑惧，将差人备细拷问详悉，当时杀死。因此宸濠又疑李士实、刘养正，不信其谋。

又与龙光计议，假写回报李士实书，内云："承手教密示，足见老先生精忠报国之本心，始知近日之事迫于势不得已而然，身虽陷于罗网，乃心罔不在王室也。所喻密谋，非老先生断不能及此。今又得子吉同心协力，当万万无一失矣。然几事不密则害成，务须乘时待机而发乃可。不然恐无益于国，而徒为老先生与子吉之累，又区区心所不忍也。况今兵势四路已合，只待此公一出，便可下手，但恐未肯轻出耳。昨凌、闵诸将遣人密传消息，亦皆出于老先生与子吉开导激发而然。但恐此三四人者皆是粗汉，易有漏泄，须戒令慎密，又曲为之防可也。目毕即付丙丁，知名不具。"与刘养正亦同。两书既就，遣雷济设法差递李士实，龙光设法差递刘养正。各差递人皆被宸濠杀死。宸濠由是愈疑刘、李，刘、李亦各自相疑惧，不肯出身任事。以故上下人心互生疑惧，兵势日衰。

又遣素与刘养正交厚指挥高睿致书刘养正，及遣雷济、萧禹引诱内官万锐等，私写书信与内官陈贤、刘吉、喻木等，俱皆反间之谋。又多写告示及招降旗号，开谕逆顺祸福，及写木牌等项，动以千计，分遣雷济、萧禹、龙光、王佐等分役经行贼垒，潜地将告示黏贴，及旗号木牌四路标插。又先张疑兵于丰城，示以欲攻之劳。又遣雷济、龙光将刘养正家属在吉安厚加看养，阴遣其家人密至刘养正处传递消息，亦皆反间之谋。

初时，宸濠谋定六月十七日出兵，自己于二十二日在江西起马，径趋南京，谒陵即位，遂直犯北京。因闻前项反间疑沮之谋，遂不敢轻出。故十七等日，先遣兵攻南康、九江，而自留省城。贼兵等候宸濠不出，亦各疑惧退沮，久驻江湖之上，师老气衰；又见四路所贴告示及插旗号木牌，人人解体，日渐散离，以故无心攻斗。其后宸濠探知四路无兵，前项事机已失，兵势已阻，人马已散，多有潜来投降者。我师一候宸濠出城，即统伍知府等官兵，疾趋攻破省城。度宸濠顾念根本之地，势必归救，遂预发兵迎击于鄱阳湖。大战三日，罪人斯得。

右反间始末，尝闻诸吉水致仕县丞龙光。光谓德洪曰："昔夫子写杨公火牌将发时，雷济问曰：'宁王见此恐未必信。'曰：'不信，可疑否？'对曰：'疑则不免。'夫子笑曰：'得渠一疑，彼之大事去矣。'既而叹曰：'宸濠素行无道，残害百姓，今虽一时从逆者众，必非本心，徒以威劫利诱，苟一时之合耳。纵使奋兵前去，我以问罪之师徐蹑其后，顺逆之势既判，胜负预可知也。但贼兵早越一方，遂破残一方民命。虎兕出柙，收之遂难。为今之计，只是迟留宸濠，一日不出，则天下实受一日之福。'"

光又言："夫子捷疏虑繁文太多，一切反间之计俱不言及。亦以设谋用诡，非君子得已之事，不欲明言示人。当时若使不行间计，迟留宁王，宁王必即时拥兵前进，正所谓迅雷不及掩耳，两京各路，何恃为备？所以破败宁王，使之坐失事机，全是迟留宁王一着。所以迟留宁王，全是谋行反间一事。今人读奏册所报，皆是可书之功，而不知书不能尽者十倍于奏册。"

又言："宁藩事平之后，京边官军南来，失其奸计，由是痛恨夫子，百计搜寻罗织，无所泄毒，挤怒门人冀元亨与济、禹、光等，俱欲置之死地。冀元亨被执，光等四窜逃匿，家破人亡，妻子离散。直伺官军离却省城，方敢出身回家。当时光等粘贴告示，标插旗号木牌，皆是半夜昏黑，冲风冒雨，涉险破浪，出入贼垒，万死中得一生，所差行间人役，被宸濠要杀者，俱是亲信家人。今当事平之后，议者不究始原，并将在册功次亦尽削去。此光等走役微劳，虽皆臣子本分，不足深惜，但赏罚若此，继后天下倘或再有事变，人皆以光等为鉴戒矣。谁肯复效死力哉？”

又言：“夫子应变之神真不可测。时官兵方破省城，忽传令造免死木牌数十万，莫知所用。及发兵迎击宸濠于湖上，取木牌顺流放下。时贼兵既闻省城已破，胁从之众俱欲逃窜无路，见水浮木牌，一时争取，散去不计其数。二十五日，贼势尚锐，值风不便，我兵少挫。夫子急令斩取先却者头。知府伍文定等立于锐炮之间，方奋督各兵，殊死抵战。贼兵忽见一大牌书：‘宁王已擒，我军毋得纵杀！’一时惊扰，遂大溃。次日贼兵既穷促，宸濠思欲潜遁，见一渔船隐在芦苇之中。宸濠大声叫渡。渔人移棹请渡，竟送中军，诸将尚未知也。其神运每如此。”

又言：“尝闻雷济云：夫子昔在丰城闻变，南风正急，拜受哭告曰：‘天若悯恻百万民命，幸假我一帆风！’须臾风稍定，顷之，舟人欢噪回风。济、禹取香烟试之舟上，果然。久之，北风大作。宸濠追兵将及时，夫人、公子在舟。夫子呼一小渔船自缚，敕令济、禹持米二斗，脔鱼五寸，与夫人为别。将发，问济曰：‘行备否？’济、禹对曰：‘已备。’夫子笑曰：‘还少一物。’济、禹思之不得。夫子指船头罗盖曰：‘到地方无此，何以示信？’于是又取罗盖以行。明日至吉安城下，城门方戒严，舟不得泊岸。济、禹揭罗盖以示，城中遂欢庆曰：‘王爷爷还矣。’乃开门罗拜迎入。于是济、禹心叹危迫之时，暇裕乃如此。”

德洪昔在师门，或问：“用兵有术否？”夫子曰：“用兵何术，但学问纯笃，养得此心不动，乃术尔。凡人智能相去不甚远，胜负之决不待卜诸临阵，只在此心动与不动之间。昔与宁王逆战于湖上时，南风转急，面命某某为火攻之具。是时前军正挫却，某某对立矍视，三四申告，耳如弗闻。此辈皆有大名于时者，平时智术岂有不足，临事忙失若此，智术将安所施？"

又尝闻邹谦之曰："昔先生与宁王交战时，与二三同志坐中军讲学。谍者走报前军失利，坐中皆有怖色。先生出见谍者，退而就坐，复接绪言，神色自若。顷之，谍者走报贼兵大溃，坐中皆有喜色。先生出见谍者，退而就坐，复接绪言，神色亦自若。"

又尝闻陈惟浚曰："惟浚尝闻之尚谦矣。尚谦言，昔见有待于先生者，自称可与行师。先生问之。对曰：'某能不动心。'曰：'不动心可易言耶？'对曰：'某得制动之方。'先生笑曰：'此心当对敌时且要制动，又谁与发谋出虑耶？'又问：'今人有不知学问者，尽能履险不惧，是亦可与行师否？'先生曰：'人之性气刚者亦能履险不惧，但其心必待强持而后能。即强持便是本体之蔽，便不能宰割庶事。孟施舍之所谓守气者也。若人真肯在良知上用功，时时精明，不蔽于欲，自能临事不动。不动真体，自能应变无言。此曾子之所谓守约，自反而缩，虽千万人吾往者也。'"

又尝闻刘邦采曰："昔有问：'人能养得此心不动，即可与行师否？'先生曰：'也须学过。此是对刀杀人事，岂意想可得？必须身习其事，斯节制渐明，智慧渐周，方可信行天下；未有不履其事而能造其理者，此后世格物之学所以为谬也。孔子自谓军旅之事未之学，此亦不是谦言。但圣人得位行志，自有消变未形之道，不须用此。后世论治，根源上全不讲及，每事只在半中截做起，故犯手脚。若在根源上讲求，岂有必事杀人而后安得人之理。某自征赣以来，朝廷使我日以杀人为事，心岂割忍，但事势至此。

譬之既病之人，且须治其外邪，方可扶回元气，病后施药，犹胜立视其死故耳。可惜平生精神，俱用此等没紧要事上去了。'"

昔者德洪事先生八年，在侍同门每有问兵事者，皆默而不答，以故南、赣、宁藩始末俱不与闻。先生殁后，搜录遗书七年，而奏疏文移始集。及查对月日，而后五征始末具见。独于用间一事，昔尝概闻，奏疏文移俱无所见。去年德洪主试广东，道经江西，访问龙光，始获间书、间牌诸稿，并所闻于诸同门者，归以附录云。时嘉靖乙未八月，书于姑苏之郡学。

阳明先生平浰头记 大学士湖东费宏

惠之龙川，北抵赣，其山谷贼巢，亡虑数百，而浰头最大。浰之贼肆恶以毒吾民者，亡虑数千，而池仲容最著。仲容之放兵四劫，亡虑数十年，而龙川、翁源、始兴、龙南、信丰、安远、会昌以迩巢受毒无数。

正德丁丑之春，信丰复告急于巡抚都御史王公伯安，召诸县苦贼者数十人，问何以攻之。皆谓非多集狼兵弗济。又谓狼兵亦尝再用矣，竟以招而后定。公曰："盗以招蔓，此顷年大弊也，吾方惩之。且兵无常势，奚必狼而后济耶？若等能为吾用，独非兵乎！"乃与巡按御史屠君安卿、毛君鸣冈合疏以剿请；又请重兵权，肃军法，以一士心。诏加公提督军务，赐之旗牌，听以便宜区画，惟功之有成，不限以时。

时横水、桶冈盗亦起，而视浰为急。公议先攻二峒，乃会兵以图浰。凡军中筹画，多谘之兵备副使杨君廷宜，请募诸县机兵，而以其佣募新民之任战者，取赎金储谷、盐课以饷之，而兵与食足焉。

二峒之攻，虑仲容乘虚以扰我也，谋伐其交，使辩士周祥等谕其党黄金巢等，得降者五百人，藉以为兵。仲容独愤不从。冬初，闻横水破，始惧，使弟仲安率老弱三百人来图缓兵，且我觇之。公阳许之，使据上新地以遏桶冈之贼，而实迟其归图。

阅月，仲容闻桶冈破，益惧，为备益严。公使以牛酒诇之。贼度不可隐，则曰："卢珂、郑志高、陈英吾仇也，恐其见袭而备之耳。"珂等皆龙川归顺之民，有众三千，仲容胁之不可，故深仇之。公方欲以计生致仲容，乃阳檄龙川卢珂等构兵之实，若甚恐焉。趣利刊木，且假道以诛珂党。十二月望，珂等各来告仲容必反。公复怒其诬构，叱收之，阴谕意向，使遣人先归集众。

时兵还自桶冈，公合乐大飨，散之归农，示不复用。使仲安亦领众归。又遗指挥余恩谕仲容毋撤备以防珂党。仲容益喜，前所辩士因说之亲诣公谢，且曰："往则我公信尔无他，而诛珂等必矣。"仲容然，率四十人来见。公闻其就道也，密饬诸县勒兵分哨。又使千户孟俊伪持一檄，经涮巢，宣言将拘珂党，实督集其兵也。贼道俊出境，不复疑。

闰十二月下弦，仲容既至赣，是夕释珂等驰归。縻仲容，令官属以次饷犒。明年正月癸卯朏，公度诸兵已集，引仲容入，并其党擒之。出珂等所告，讯鞫具状，亟使人约诸兵入巢。

越四日丁未，同时并进。其军于龙川者，惠州知府陈祥，率通判徐玑，从和平都入；指挥姚玺率新民梅南春等，从乌龙镇入；孟俊率珂等从平地水入。军于龙南者，赣州知府邢珣率同知夏克义，知县王天与等，从太平保入；推官危寿率义民叶方等，从南平入；守备指挥郑文率义民孙洪舜等从冷水径入；余恩率百长王受等，从高砂保入。军于信丰者，南安知府季敩率训导蓝铎等，从黄田冈入；县丞舒富率义民赵志标等，从乌径入。公自率中坚督文捣下涮大巢。副使君督余哨会于三涮。贼党自仲容至赣，备已弛矣。至是，闻官兵骤入，皆惊失措。乃分投出御，而悉其精锐千余，迎敌于龙子岭。我兵列为三冲，犄角而前。恩以受兵，首与贼战，却之。奋追里许，贼伏四起，击受后。寿乃以方兵鼓噪往援，俊复以珂等兵从旁冲击，呼声震山谷，贼大败而溃。遂并上、中二涮克之。各哨兵乘胜奋击，是日遂破巢十一，曰热水，曰五花障，曰淡方，曰石门，曰上下陵，曰芳竹湖，曰白沙，曰曲潭，曰赤塘，曰古坑，曰三坑。

明日，探贼所奔，分道急击。己酉，破巢凡六，曰铁石障，曰羊角山，曰黄田坳，曰岭冈，曰塘含冈，曰溪尾。庚戌，破巢凡二，曰大门山，曰镇里寨。辛亥，破巢凡九，曰中村，曰半径，曰都坑，曰尺八岭，曰新田径，曰古地，曰空背，曰旗岭，曰顿冈。癸丑，破巢凡四，曰狗脚坳，曰水晶洞，曰五洞，曰蓝州。丙辰，破巢凡二，曰风盘，曰茶山。

其奔者尚八百余徒，聚于九连山，山峻而衺广，与龙门山后诸巢接。公虑以兵进逼，其势必合，合难制矣。乃选锐士七百余人衣所得贼衣，若溃而奔，取贼所据厓下涧道，乘暮而入。贼以为其党也，从厓下招呼。我兵亦佯与和应，已度险，扼其后路。明日，贼始觉，并力求敌，我兵从高临下，击败之。公度其必溃也，预戒各哨设伏以待。乙丑，覆之于五花障，于白沙，于银坑水。丁卯，覆之于乌龙镇，于中村，于北山，于风门奥。

分逃余孽，尚三百余徒，各哨乃会兵追之。二月辛未，复与战于和平。甲戌，战于上坪、下坪。丁丑，战于黄田坳，辛巳，战于铁障山。癸未，战于乾村，于梨树。乙酉，战于芳竹。壬辰，战于百顺，于和峒。乙未，战于水源，于长吉，于天堂寨。谍报各巢之稔恶者盖几尽矣，惟胁从二百余徒，聚九连谷山，呼号乞降。公遣珣往抚之，籍其处之白沙。

公率副使君乃即祥应和平，相其险易，经理立县设隘，庶几永宁，遂班师而归，盖戊寅三月丁未也。凡所捣贼巢三十八，所擒斩贼酋二十九人，中酋三十八人，从贼三千六十八人，俘贼属男妇八百九十人，卤获马牛器仗称是。是役也，以力则兵仅数千，以时则旬仅六夹，遂能灭此凶狡稽诛之虏，以除三徼数十年之大患，其功伟矣。

捷闻，有诏褒赏，官公之子世锦衣百户，副使君加俸一秩。于是邢侯、夏侯、危侯偕通判文侯运、吴侯昌谓公兹举，足以威不轨而昭文德，不可以无传也，使人自赣来请予书其事。

嗟呼！惟兵者不祥之器，王公用儒者谋谟之业，而乃躬擐甲胄，率先将士，下上山谷，与死寇角胜争利，出于万死。而公平日岂习杀伐之事，而贪取摧陷之功以为快哉？顾盗之于民，不容并育，譬则莠骄害稼，而养之弗薅，从虎狼之狂噬，而听犊牧之衰耗，此不仁者所不忍为，而公亦必不以不仁自处也。公之心，予知之，公之功，则播之天下，传之后世，何俟予之书之也。然而人知渠魁之坐缚，凶孽之荡平，以为成功如此之易，而不知公之筹虑如此其密，建请如此其忠，上之所以委任如此其专，副使君之所赞佐如此其勤，文武将吏之所以奔走御侮如此其劳，而功之成所以如此其不易，是则不可以不书也。予故为备书之，以昭示赣人，庶某无忘，且有考焉。

移置阳明先生石刻记 费宏

昔阳明王先生督兵于赣也，与学士大夫切劘于圣贤之学，自缙绅至于闾阎，以及四方之过宾，皆得受业问道。盖濂、洛之传，至是复明。而先生治兵料敌，卒不以平奸宄者，皆原于切劘之力。于是深信人心本善，无不可复，其不然者，由倡之不力，辅之不周，而为学之志未立故也。既以责志为教，肆其子弟，复取《大学》《中庸》古本，序其大端，与濂溪《太极图说》联书，刻于郁孤山之上。使登览而游息于此者，出埃墙之表，动高明旷远之志，庶几见所书而兴起其志，不使至于懈惰，盖所以为倡而辅之之虑切也。

先生去赣二十余年，石为风雨之所摧剥者，日就缺坏，而是山复为公廨所拘，观者出入不便。嘉靖壬寅，宪副江阴薛君应登备兵之暇，访先生故迹，睹斯石，悲慨焉。既移置于先生祠中，复求搨本之善者，补刻其缺坏，而托记于予。

予尝观先生所书，恨其学之不俱传也。自孔、孟以后，明其学者濂溪耳。故'图说'原天所以生人者，本于无极，而求复其原，则以无欲为主，舍无欲而言中正仁义，皆不可以合德而反终。故《大学》言致知，《中庸》言慎独，独知之地，欲所由辨，求其寡而无焉，此至易而难者也。先生数百年之下，处困而后自得，恍然悔既往之非，真若脱溷淖而御冷风。故既自以切劘，而尤不敢有隐于天下，于是择其辞书之石，冀来者之自得犹夫己也。

今先生之言遍天下，天下之人，多易其言，而不知其处困之功，与责志之教。故深于解悟者，每不屑于持守，而意见所至，即皆自是而不疑，哓哓然方且以议论相持竞，譬则石已缺坏，而犹不蔽风雨，顾以为崇获之严，贸焉莫知其所出入，岂不失哉？

夫欲之易炽，速于风雨，而志之难立，有甚于石，其积习之久，非一日可移置也。然使精神凝聚，即独知之地以从事焉，则又不易地，不由人而足以自反，譬则石之摧剥于风雨者，复庇之以厦屋，虽失于昔，不犹可以保其终乎？今石存，则升先生之堂者，宜有待矣。

薛君有志于学，其完此石，盖亦辅世之意。而余之困而不学，则有愧于切劘之助也。书之石阴，亦以为久要云。